The Early Dialogues
Apology to Lysis
Πλάτων
Plato

The Early Dialogues - Plato
Copyright © Jiahu Books 2013
First Published in Great Britain in 2013 by Jiahu Books – part of Richardson-Prachai Solutions Ltd, 34 Egerton Gate, Milton Keynes, MK5 7HH
ISBN: 978-1-909669-88-8
Conditions of sale
All rights reserved. You must not circulate this book in any other binding or cover and you must impose the same condition on any acquirer.
A CIP catalogue record for this book is available from the British Library
Visit us at: jiahubooks.co.uk

Ἀπολογία Σωκράτους	5
Χαρμίδης	27
Κρίτων	51
Πλάτωνος Εὐθύφρων	65
Ἀλκιβιάδης α'	85
Ἱππίας Μείζων	99
Ἱππίας Ἐλάττων	132
Ἴων	152
Λάχης	168
Λύσις	196

Ἀπολογία Σωκράτους

[17a] ὅτι μὲν ὑμεῖς, ὦ ἄνδρες Ἀθηναῖοι, πεπόνθατε ὑπὸ τῶν ἐμῶν κατηγόρων, οὐκ οἶδα· ἐγὼ δ' οὖν καὶ αὐτὸς ὑπ' αὐτῶν ὀλίγου ἐμαυτοῦ ἐπελαθόμην, οὕτω πιθανῶς ἔλεγον. καίτοι ἀληθές γε ὡς ἔπος εἰπεῖν οὐδὲν εἰρήκασιν. μάλιστα δὲ αὐτῶν ἓν ἐθαύμασα τῶν πολλῶν ὧν ἐψεύσαντο, τοῦτο ἐν ᾧ ἔλεγον ὡς χρῆν ὑμᾶς εὐλαβεῖσθαι μὴ ὑπ' ἐμοῦ ἐξαπατηθῆτε [17b] ὡς δεινοῦ ὄντος λέγειν. τὸ γὰρ μὴ αἰσχυνθῆναι ὅτι αὐτίκα ὑπ' ἐμοῦ ἐξελεγχθήσονται ἔργῳ, ἐπειδὰν μηδ' ὁπωστιοῦν φαίνωμαι δεινὸς λέγειν, τοῦτό μοι ἔδοξεν αὐτῶν ἀναισχυντότατον εἶναι, εἰ μὴ ἄρα δεινὸν καλοῦσιν οὗτοι λέγειν τὸν τἀληθῆ λέγοντα· εἰ μὲν γὰρ τοῦτο λέγουσιν, ὁμολογοίην ἂν ἔγωγε οὐ κατὰ τούτους εἶναι ῥήτωρ. οὗτοι μὲν οὖν, ὥσπερ ἐγὼ λέγω, ἤ τι ἢ οὐδὲν ἀληθὲς εἰρήκασιν, ὑμεῖς δέ μου ἀκούσεσθε πᾶσαν τὴν ἀλήθειαν--οὐ μέντοι μὰ Δία, ὦ ἄνδρες Ἀθηναῖοι, κεκαλλιεπημένους γε λόγους, ὥσπερ οἱ τούτων, [17c] ῥήμασί τε καὶ ὀνόμασιν οὐδὲ κεκοσμημένους, ἀλλ' ἀκούσεσθε εἰκῇ λεγόμενα τοῖς ἐπιτυχοῦσιν ὀνόμασιν--πιστεύω γὰρ δίκαια εἶναι ἃ λέγω--καὶ μηδεὶς ὑμῶν προσδοκησάτω ἄλλως· οὐδὲ γὰρ ἂν δήπου πρέποι, ὦ ἄνδρες, τῇδε τῇ ἡλικίᾳ ὥσπερ μειρακίῳ πλάττοντι λόγους εἰς ὑμᾶς εἰσιέναι. καὶ μέντοι καὶ πάνυ, ὦ ἄνδρες Ἀθηναῖοι, τοῦτο ὑμῶν δέομαι καὶ παρίεμαι· ἐὰν διὰ τῶν αὐτῶν λόγων ἀκούητέ μου ἀπολογουμένου δι' ὧνπερ εἴωθα λέγειν καὶ ἐν ἀγορᾷ ἐπὶ τῶν τραπεζῶν, ἵνα ὑμῶν πολλοὶ ἀκηκόασι, καὶ ἄλλοθι, μήτε [17d] θαυμάζειν μήτε θορυβεῖν τούτου ἕνεκα. ἔχει γὰρ οὑτωσί. νῦν ἐγὼ πρῶτον ἐπὶ δικαστήριον ἀναβέβηκα, ἔτη γεγονὼς ἑβδομήκοντα· ἀτεχνῶς οὖν ξένως ἔχω τῆς ἐνθάδε λέξεως. ὥσπερ οὖν ἄν, εἰ τῷ ὄντι ξένος ἐτύγχανον ὤν, συνεγιγνώσκετε δήπου ἄν μοι εἰ ἐν ἐκείνῃ τῇ φωνῇ τε καὶ τῷ τρόπῳ [18a] ἔλεγον ἐν οἷσπερ ἐτεθράμμην, καὶ δὴ καὶ νῦν τοῦτο ὑμῶν δέομαι δίκαιον, ὥς γέ μοι δοκῶ, τὸν μὲν τρόπον τῆς λέξεως ἐᾶν--ἴσως μὲν γὰρ χείρων, ἴσως δὲ βελτίων ἂν εἴη--αὐτὸ δὲ τοῦτο σκοπεῖν καὶ τούτῳ τὸν νοῦν προσέχειν, εἰ δίκαια λέγω ἢ μή· δικαστοῦ μὲν γὰρ αὕτη ἀρετή, ῥήτορος δὲ τἀληθῆ λέγειν.

πρῶτον μὲν οὖν δίκαιός εἰμι ἀπολογήσασθαι, ὦ ἄνδρες Ἀθηναῖοι, πρὸς τὰ πρῶτά μου ψευδῆ κατηγορημένα καὶ τοὺς πρώτους κατηγόρους, ἔπειτα δὲ πρὸς τὰ ὕστερον καὶ τοὺς [18b] ὑστέρους. ἐμοῦ γὰρ πολλοὶ κατήγοροι

γεγόνασι πρὸς ὑμᾶς καὶ πάλαι πολλὰ ἤδη ἔτη καὶ οὐδὲν ἀληθὲς λέγοντες, οὓς ἐγὼ μᾶλλον φοβοῦμαι ἢ τοὺς ἀμφὶ Ἄνυτον, καίπερ ὄντας καὶ τούτους δεινούς· ἀλλ' ἐκεῖνοι δεινότεροι, ὦ ἄνδρες, οἳ ὑμῶν τοὺς πολλοὺς ἐκ παίδων παραλαμβάνοντες ἔπειθόν τε καὶ κατηγόρουν ἐμοῦ μᾶλλον οὐδὲν ἀληθές, ὡς ἔστιν τις Σωκράτης σοφὸς ἀνήρ, τά τε μετέωρα φροντιστὴς καὶ τὰ ὑπὸ γῆς πάντα ἀνεζητηκὼς καὶ τὸν ἥττω λόγον κρείττω [18c] ποιῶν. οὗτοι, ὦ ἄνδρες Ἀθηναῖοι, <οἱ> ταύτην τὴν φήμην κατασκεδάσαντες, οἱ δεινοί εἰσίν μου κατήγοροι· οἱ γὰρ ἀκούοντες ἡγοῦνται τοὺς ταῦτα ζητοῦντας οὐδὲ θεοὺς νομίζειν. ἔπειτά εἰσιν οὗτοι οἱ κατήγοροι πολλοὶ καὶ πολὺν χρόνον ἤδη κατηγορηκότες, ἔτι δὲ καὶ ἐν ταύτῃ τῇ ἡλικίᾳ λέγοντες πρὸς ὑμᾶς ἐν ᾗ ἂν μάλιστα ἐπιστεύσατε, παῖδες ὄντες ἔνιοι ὑμῶν καὶ μειράκια, ἀτεχνῶς ἐρήμην κατηγοροῦντες ἀπολογουμένου οὐδενός. ὃ δὲ πάντων ἀλογώτατον, ὅτι οὐδὲ τὰ [18d] ὀνόματα οἷόν τε αὐτῶν εἰδέναι καὶ εἰπεῖν, πλὴν εἴ τις κωμῳδοποιὸς τυγχάνει ὤν. ὅσοι δὲ φθόνῳ καὶ διαβολῇ χρώμενοι ὑμᾶς ἀνέπειθον--οἱ δὲ καὶ αὐτοὶ πεπεισμένοι ἄλλους πείθοντες--οὗτοι πάντες ἀπορώτατοί εἰσιν· οὐδὲ γὰρ ἀναβιβάσασθαι οἷόν τ' ἐστὶν αὐτῶν ἐνταυθοῖ οὐδ' ἐλέγξαι οὐδένα, ἀλλ' ἀνάγκη ἀτεχνῶς ὥσπερ σκιαμαχεῖν ἀπολογούμενόν τε καὶ ἐλέγχειν μηδενὸς ἀποκρινομένου. ἀξιώσατε οὖν καὶ ὑμεῖς, ὥσπερ ἐγὼ λέγω, διττούς μου τοὺς κατηγόρους γεγονέναι, ἑτέρους μὲν τοὺς ἄρτι κατηγορήσαντας, ἑτέρους δὲ [18e]τοὺς πάλαι οὓς ἐγὼ λέγω, καὶ οἰήθητε δεῖν πρὸς ἐκείνους πρῶτόν με ἀπολογήσασθαι· καὶ γὰρ ὑμεῖς ἐκείνων πρότερον ἠκούσατε κατηγορούντων καὶ πολὺ μᾶλλον ἢ τῶνδε τῶν ὕστερον.
εἶεν· ἀπολογητέον δή, ὦ ἄνδρες Ἀθηναῖοι, καὶ ἐπιχειρητέον [19a] ὑμῶν ἐξελέσθαι τὴν διαβολὴν ἣν ὑμεῖς ἐν πολλῷ χρόνῳ ἔσχετε ταύτην ἐν οὕτως ὀλίγῳ χρόνῳ. βουλοίμην μὲν οὖν ἂν τοῦτο οὕτως γενέσθαι, εἴ τι ἄμεινον καὶ ὑμῖν καὶ ἐμοί, καὶ πλέον τί με ποιῆσαι ἀπολογούμενον· οἶμαι δὲ αὐτὸ χαλεπὸν εἶναι, καὶ οὐ πάνυ με λανθάνει οἷόν ἐστιν. ὅμως τοῦτο μὲν ἴτω ὅπῃ τῷ θεῷ φίλον, τῷ δὲ νόμῳ πειστέον καὶ ἀπολογητέον.
ἀναλάβωμεν οὖν ἐξ ἀρχῆς τίς ἡ κατηγορία ἐστὶν ἐξ ἧς [19b] ἡ ἐμὴ διαβολὴ γέγονεν, ᾗ δὴ καὶ πιστεύων Μέλητός με ἐγράψατο τὴν γραφὴν ταύτην.
εἶεν· τί δὴ λέγοντες διέβαλλον οἱ διαβάλλοντες; ὥσπερ οὖν κατηγόρων τὴν ἀντωμοσίαν δεῖ ἀναγνῶναι αὐτῶν· "Σωκράτης ἀδικεῖ καὶ περιεργάζεται ζητῶν τά τε ὑπὸ γῆς καὶ οὐράνια καὶ τὸν ἥττω λόγον κρείττω [19c] ποιῶν καὶ ἄλλους ταὐτὰ ταῦτα διδάσκων". τοιαύτη τίς ἐστιν· ταῦτα γὰρ ἑωρᾶτε καὶ αὐτοὶ ἐν τῇ Ἀριστοφάνους κωμῳδίᾳ, Σωκράτη τινὰ ἐκεῖ περιφερόμενον, φάσκοντά τε ἀεροβατεῖν καὶ ἄλλην πολλὴν φλυαρίαν φλυαροῦντα, ὧν ἐγὼ οὐδὲν οὔτε μέγα οὔτε μικρὸν πέρι

ἐπαΐω. καὶ οὐχ ὡς ἀτιμάζων λέγω τὴν τοιαύτην ἐπιστήμην, εἴ τις περὶ τῶν τοιούτων σοφός ἐστιν--μὴ πως ἐγὼ ὑπὸ Μελήτου τοσαύτας δίκας φεύγοιμι-- ἀλλὰ γὰρ ἐμοὶ τούτων, ὦ ἄνδρες Ἀθηναῖοι, οὐδὲν μέτεστιν. [19d] μάρτυρας δὲ αὖ ὑμῶν τοὺς πολλοὺς παρέχομαι, καὶ ἀξιῶ ὑμᾶς ἀλλήλους διδάσκειν τε καὶ φράζειν, ὅσοι ἐμοῦ πώποτε ἀκηκόατε διαλεγομένου--πολλοὶ δὲ ὑμῶν οἱ τοιοῦτοί εἰσιν-- φράζετε οὖν ἀλλήλοις εἰ πώποτε ἢ μικρὸν ἢ μέγα ἤκουσέ τις ὑμῶν ἐμοῦ περὶ τῶν τοιούτων διαλεγομένου, καὶ ἐκ τούτου γνώσεσθε ὅτι τοιαῦτ' ἐστὶ καὶ τἆλλα περὶ ἐμοῦ ἃ οἱ πολλοὶ λέγουσιν.

ἀλλὰ γὰρ οὔτε τούτων οὐδέν ἐστιν, οὐδέ γ' εἴ τινος ἀκηκόατε ὡς ἐγὼ παιδεύειν ἐπιχειρῶ ἀνθρώπους καὶ χρήματα [19e] πράττομαι, οὐδὲ τοῦτο ἀληθές. ἐπεὶ καὶ τοῦτό γέ μοι δοκεῖ καλὸν εἶναι, εἴ τις οἷός τ' εἴη παιδεύειν ἀνθρώπους ὥσπερ Γοργίας τε ὁ Λεοντῖνος καὶ Πρόδικος ὁ Κεῖος καὶ Ἱππίας ὁ Ἠλεῖος. τούτων γὰρ ἕκαστος, ὦ ἄνδρες, οἷός τ' ἐστὶν ἰὼν εἰς ἑκάστην τῶν πόλεων τοὺς νέους--οἷς ἔξεστι τῶν ἑαυτῶν πολιτῶν προῖκα συνεῖναι ᾧ ἂν βούλωνται--τούτους πείθουσι [20a] τὰς ἐκείνων συνουσίας ἀπολιπόντας σφίσιν συνεῖναι χρήματα διδόντας καὶ χάριν προσειδέναι. ἐπεὶ καὶ ἄλλος ἀνήρ ἐστι Πάριος ἐνθάδε σοφὸς ὃν ἐγὼ ᾐσθόμην ἐπιδημοῦντα· ἔτυχον γὰρ προσελθὼν ἀνδρὶ ὃς τετέλεκε χρήματα σοφισταῖς πλείω ἢ σύμπαντες οἱ ἄλλοι, Καλλίᾳ τῷ Ἱππονίκου· τοῦτον οὖν ἀνηρόμην--ἐστὸν γὰρ αὐτῷ δύο ὑεῖ-- "ὦ Καλλία," ἦν δ' ἐγώ, "εἰ μέν σου τὼ ὑεῖ πώλω ἢ μόσχω ἐγενέσθην, εἴχομεν ἂν αὐτοῖν ἐπιστάτην λαβεῖν καὶ μισθώσασθαι ὃς [20b] ἔμελλεν αὐτὼ καλώ τε κἀγαθὼ ποιήσειν τὴν προσήκουσαν ἀρετήν, ἦν δ' ἂν οὗτος ἢ τῶν ἱππικῶν τις ἢ τῶν γεωργικῶν· νῦν δ' ἐπειδὴ ἀνθρώπω ἐστόν, τίνα αὐτοῖν ἐν νῷ ἔχεις ἐπιστάτην λαβεῖν; τίς τῆς τοιαύτης ἀρετῆς, τῆς ἀνθρωπίνης τε καὶ πολιτικῆς, ἐπιστήμων ἐστίν; οἶμαι γάρ σε ἐσκέφθαι διὰ τὴν τῶν ὑέων κτῆσιν. ἔστιν τις," ἔφην ἐγώ, "ἢ οὔ;" "πάνυ γε," ἦ δ' ὅς. "τίς," ἦν δ' ἐγώ, "καὶ ποδαπός, καὶ πόσου διδάσκει;" "Εὔηνος," ἔφη, "ὦ Σώκρατες, Πάριος, πέντε μνῶν". καὶ ἐγὼ τὸν Εὔηνον ἐμακάρισα εἰ ὡς ἀληθῶς [20c] ἔχοι ταύτην τὴν τέχνην καὶ οὕτως ἐμμελῶς διδάσκει. ἐγὼ γοῦν καὶ αὐτὸς ἐκαλλυνόμην τε καὶ ἡβρυνόμην ἂν εἰ ἠπιστάμην ταῦτα· ἀλλ' οὐ γὰρ ἐπίσταμαι, ὦ ἄνδρες Ἀθηναῖοι.

ὑπολάβοι ἂν οὖν τις ὑμῶν ἴσως· "ἀλλ', ὦ Σώκρατες, τὸ σὸν τί ἐστι πρᾶγμα; πόθεν αἱ διαβολαί σοι αὗται γεγόνασιν; οὐ γὰρ δήπου σοῦ γε οὐδὲν τῶν ἄλλων περιττότερον πραγματευομένου ἔπειτα τοσαύτη φήμη τε καὶ λόγος γέγονεν, εἰ μή τι ἔπραττες ἀλλοῖον ἢ οἱ πολλοί. λέγε οὖν ἡμῖν τί [20d] ἐστιν, ἵνα μὴ ἡμεῖς περὶ σοῦ αὐτοσχεδιάζωμεν". ταυτί μοι δοκεῖ δίκαια λέγειν ὁ λέγων, κἀγὼ ὑμῖν πειράσομαι ἀποδεῖξαι τί ποτ' ἐστὶν τοῦτο ὃ ἐμοὶ πεποίηκεν τό τε ὄνομα καὶ τὴν διαβολήν. ἀκούετε δή. καὶ ἴσως μὲν δόξω τισὶν ὑμῶν παίζειν· εὖ μέντοι ἴστε, πᾶσαν ὑμῖν τὴν ἀλήθειαν ἐρῶ. ἐγὼ γάρ, ὦ ἄνδρες Ἀθηναῖοι, δι' οὐδὲν ἀλλ' ἢ διὰ σοφίαν τινὰ τοῦτο τὸ ὄνομα ἔσχηκα. ποίαν δὴ σοφίαν ταύτην; ἥπερ ἐστὶν ἴσως ἀνθρωπίνη σοφία· τῷ ὄντι γὰρ κινδυνεύω ταύτην εἶναι σοφός. οὗτοι δὲ τάχ' ἄν, οὓς ἄρτι [20e] ἔλεγον, μείζω τινὰ ἢ κατ' ἄνθρωπον σοφίαν σοφοὶ εἶεν, ἢ οὐκ ἔχω τί λέγω· οὐ γὰρ δὴ ἔγωγε αὐτὴν ἐπίσταμαι, ἀλλ' ὅστις φησὶ ψεύδεταί τε καὶ ἐπὶ διαβολῇ τῇ ἐμῇ λέγει. καί μοι, ὦ ἄνδρες Ἀθηναῖοι, μὴ θορυβήσητε, μηδ' ἐὰν δόξω τι ὑμῖν μέγα λέγειν· οὐ γὰρ ἐμὸν ἐρῶ τὸν λόγον ὃν ἂν λέγω, ἀλλ' εἰς ἀξιόχρεων ὑμῖν τὸν λέγοντα ἀνοίσω. τῆς γὰρ ἐμῆς, εἰ δή τίς ἐστιν σοφία καὶ οἵα, μάρτυρα ὑμῖν παρέξομαι τὸν θεὸν τὸν ἐν Δελφοῖς. Χαιρεφῶντα γὰρ ἴστε που. οὗτος [21a] ἐμός τε ἑταῖρος ἦν ἐκ νέου καὶ ὑμῶν τῷ πλήθει ἑταῖρός τε καὶ συνέφυγε τὴν φυγὴν ταύτην καὶ μεθ' ὑμῶν κατῆλθε. καὶ ἴστε δὴ οἷος ἦν Χαιρεφῶν, ὡς σφοδρὸς ἐφ' ὅτι ὁρμήσειεν. καὶ δή ποτε καὶ εἰς Δελφοὺς ἐλθὼν ἐτόλμησε τοῦτο μαντεύσασθαι--καί, ὅπερ λέγω, μὴ θορυβεῖτε, ὦ ἄνδρες--ἤρετο γὰρ δὴ εἴ τις ἐμοῦ εἴη σοφώτερος. ἀνεῖλεν οὖν ἡ Πυθία μηδένα σοφώτερον εἶναι. καὶ τούτων πέρι ὁ ἀδελφὸς ὑμῖν αὐτοῦ οὑτοσὶ μαρτυρήσει, ἐπειδὴ ἐκεῖνος τετελεύτηκεν. [21b] σκέψασθε δὴ ὧν ἕνεκα ταῦτα λέγω· μέλλω γὰρ ὑμᾶς διδάξειν ὅθεν μοι ἡ διαβολὴ γέγονεν. ταῦτα γὰρ ἐγὼ ἀκούσας ἐνεθυμούμην οὑτωσί· "τί ποτε λέγει ὁ θεός, καὶ τί ποτε αἰνίττεται; ἐγὼ γὰρ δὴ οὔτε μέγα οὔτε σμικρὸν σύνοιδα ἐμαυτῷ σοφὸς ὤν· τί οὖν ποτε λέγει φάσκων ἐμὲ σοφώτατον εἶναι; οὐ γὰρ δήπου ψεύδεταί γε· οὐ γὰρ θέμις αὐτῷ". καὶ πολὺν μὲν χρόνον ἠπόρουν τί ποτε λέγει· ἔπειτα μόγις πάνυ ἐπὶ ζήτησιν αὐτοῦ τοιαύτην τινὰ ἐτραπόμην. ἦλθον ἐπί τινα τῶν δοκούντων σοφῶν εἶναι, ὡς [21c] ἐνταῦθα εἴπερ που ἐλέγξων τὸ μαντεῖον καὶ ἀποφανῶν τῷ χρησμῷ ὅτι "οὑτοσὶ ἐμοῦ σοφώτερός ἐστι, σὺ δ' ἐμὲ ἔφησθα". διασκοπῶν οὖν τοῦτον--ὀνόματι γὰρ οὐδὲν δέομαι λέγειν, ἦν δέ τις τῶν πολιτικῶν πρὸς ὃν ἐγὼ σκοπῶν τοιοῦτόν τι ἔπαθον, ὦ ἄνδρες Ἀθηναῖοι, καὶ διαλεγόμενος αὐτῷ--ἔδοξέ μοι οὗτος ὁ ἀνὴρ δοκεῖν μὲν εἶναι σοφὸς ἄλλοις τε πολλοῖς ἀνθρώποις καὶ μάλιστα ἑαυτῷ, εἶναι δ' οὔ· κἄπειτα ἐπειρώμην αὐτῷ δεικνύναι ὅτι οἴοιτο μὲν εἶναι σοφός, εἴη δ' οὔ. [21d] ἐντεῦθεν οὖν τούτῳ τε ἀπηχθόμην καὶ πολλοῖς τῶν παρόντων· πρὸς ἐμαυτὸν δ' οὖν ἀπιὼν ἐλογιζόμην ὅτι τούτου μὲν τοῦ ἀνθρώπου ἐγὼ σοφώτερός εἰμι· κινδυνεύει μὲν γὰρ ἡμῶν οὐδέτερος οὐδὲν καλὸν κἀγαθὸν εἰδέναι, ἀλλ' οὗτος μὲν οἴεταί τι εἰδέναι οὐκ εἰδώς, ἐγὼ δέ, ὥσπερ οὖν οὐκ οἶδα, οὐδὲ οἴομαι· ἔοικα γοῦν τούτου γε σμικρῷ τινι αὐτῷ τούτῳ σοφώτερος εἶναι, ὅτι ἃ μὴ οἶδα οὐδὲ οἴομαι εἰδέναι. ἐντεῦθεν ἐπ' ἄλλον ᾖα τῶν ἐκείνου δοκούντων σοφωτέρων εἶναι καί [21e] μοι ταὐτὰ ταῦτα ἔδοξε, καὶ ἐνταῦθα κἀκείνῳ καὶ ἄλλοις πολλοῖς ἀπηχθόμην.

μετὰ ταῦτ' οὖν ἤδη ἐφεξῆς ᾖα, αἰσθανόμενος μὲν καὶ λυπούμενος καὶ δεδιὼς ὅτι ἀπηχθανόμην, ὅμως δὲ ἀναγκαῖον ἐδόκει εἶναι τὸ τοῦ θεοῦ περὶ πλείστου ποιεῖσθαι--ἰτέον οὖν, σκοποῦντι τὸν χρησμὸν τί λέγει, ἐπὶ ἅπαντας τούς τι [22a]δοκοῦντας εἰδέναι. καὶ νὴ τὸν κύνα, ὦ ἄνδρες Ἀθηναῖοι-- δεῖ γὰρ πρὸς ὑμᾶς τἀληθῆ λέγειν--ἦ μὴν ἐγὼ ἔπαθόν τι τοιοῦτον· οἱ μὲν μάλιστα εὐδοκιμοῦντες ἔδοξάν μοι ὀλίγου δεῖν τοῦ πλείστου ἐνδεεῖς εἶναι ζητοῦντι κατὰ τὸν θεόν, ἄλλοι δὲ δοκοῦντες φαυλότεροι ἐπιεικέστεροι εἶναι ἄνδρες πρὸς τὸ φρονίμως ἔχειν. δεῖ δὴ ὑμῖν τὴν ἐμὴν πλάνην ἐπιδεῖξαι ὥσπερ πόνους τινὰς πονοῦντος ἵνα μοι καὶ ἀνέλεγκτος ἡ μαντεία γένοιτο. μετὰ γὰρ τοὺς πολιτικοὺς ᾖα ἐπὶ τοὺς ποιητὰς τούς τε τῶν τραγῳδιῶν καὶ τοὺς τῶν [22b] διθυράμβων καὶ τοὺς ἄλλους, ὡς ἐνταῦθα ἐπ' αὐτοφώρῳ καταληψόμενος ἐμαυτὸν ἀμαθέστερον ἐκείνων ὄντα. ἀναλαμβάνων οὖν αὐτῶν τὰ ποιήματα ἅ μοι ἐδόκει μάλιστα πεπραγματεῦσθαι αὐτοῖς, διηρώτων ἂν αὐτοὺς τί λέγοιεν, ἵν' ἅμα τι καὶ μανθάνοιμι παρ' αὐτῶν. αἰσχύνομαι οὖν ὑμῖν εἰπεῖν, ὦ ἄνδρες, τἀληθῆ· ὅμως δὲ ῥητέον. ὡς ἔπος γὰρ εἰπεῖν ὀλίγου αὐτῶν ἅπαντες οἱ παρόντες ἂν βέλτιον ἔλεγον περὶ ὧν αὐτοὶ ἐπεποιήκεσαν. ἔγνων οὖν αὖ καὶ περὶ τῶν ποιητῶν ἐν ὀλίγῳ τοῦτο, ὅτι οὐ σοφίᾳ ποιοῖεν [22c] ἃ ποιοῖεν, ἀλλὰ φύσει τινὶ καὶ ἐνθουσιάζοντες ὥσπερ οἱ θεομάντεις καὶ οἱ χρησμῳδοί· καὶ γὰρ οὗτοι λέγουσι μὲν πολλὰ καὶ καλά, ἴσασιν δὲ οὐδὲν ὧν λέγουσι. τοιοῦτόν τί μοι ἐφάνησαν πάθος καὶ οἱ ποιηταὶ πεπονθότες, καὶ ἅμα ᾐσθόμην αὐτῶν διὰ τὴν ποίησιν οἰομένων καὶ τἆλλα σοφωτάτων εἶναι ἀνθρώπων ἃ οὐκ ἦσαν. ἀπῇα οὖν καὶ ἐντεῦθεν τῷ αὐτῷ οἰόμενος περιγεγονέναι ᾧπερ καὶ τῶν πολιτικῶν. τελευτῶν οὖν ἐπὶ τοὺς χειροτέχνας ᾖα· ἐμαυτῷ γὰρ [22d] συνῄδη οὐδὲν ἐπισταμένῳ ὡς ἔπος εἰπεῖν, τούτους δέ γ' ᾔδη ὅτι εὑρήσοιμι πολλὰ καὶ καλὰ ἐπισταμένους. καὶ τούτου μὲν οὐκ ἐψεύσθην, ἀλλ' ἠπίσταντο ἃ ἐγὼ οὐκ ἠπιστάμην καί μου ταύτῃ σοφώτεροι ἦσαν. ἀλλ', ὦ ἄνδρες Ἀθηναῖοι, ταὐτόν μοι ἔδοξαν ἔχειν ἁμάρτημα ὅπερ καὶ οἱ ποιηταὶ καὶ οἱ ἀγαθοὶ δημιουργοί--διὰ τὸ τὴν τέχνην καλῶς ἐξεργάζεσθαι ἕκαστος ἠξίου καὶ τἆλλα τὰ μέγιστα σοφώτατος εἶναι--καὶ αὐτῶν αὕτη ἡ πλημμέλεια ἐκείνην τὴν σοφίαν [22e] ἀποκρύπτειν· ὥστε με ἐμαυτὸν ἀνερωτᾶν ὑπὲρ τοῦ χρησμοῦ πότερα δεξαίμην ἂν οὕτως ὥσπερ ἔχω ἔχειν, μήτε τι σοφὸς ὢν τὴν ἐκείνων σοφίαν μήτε ἀμαθὴς τὴν ἀμαθίαν, ἢ ἀμφότερα ἃ ἐκεῖνοι ἔχουσιν ἔχειν. ἀπεκρινάμην οὖν ἐμαυτῷ καὶ τῷ χρησμῷ ὅτι μοι λυσιτελοῖ ὥσπερ ἔχω ἔχειν.
ἐκ ταυτησὶ δὴ τῆς ἐξετάσεως, ὦ ἄνδρες Ἀθηναῖοι, [23a] πολλαὶ μὲν ἀπέχθειαί μοι γεγόνασι καὶ οἷαι χαλεπώταται καὶ βαρύταται, ὥστε πολλὰς διαβολὰς ἀπ' αὐτῶν γεγονέναι, ὄνομα δὲ τοῦτο λέγεσθαι, σοφὸς εἶναι·

οἴονται γάρ με ἑκάστοτε οἱ παρόντες ταῦτα αὐτὸν εἶναι σοφὸν ἃ ἂν ἄλλον ἐξελέγξω. τὸ δὲ κινδυνεύει, ὦ ἄνδρες, τῷ ὄντι ὁ θεὸς σοφὸς εἶναι, καὶ ἐν τῷ χρησμῷ τούτῳ τοῦτο λέγειν, ὅτι ἡ ἀνθρωπίνη σοφία ὀλίγου τινὸς ἀξία ἐστὶν καὶ οὐδενός. καὶ φαίνεται τοῦτον λέγειν τὸν Σωκράτη, προσκεχρῆσθαι δὲ [23b] τῷ ἐμῷ ὀνόματι, ἐμὲ παράδειγμα ποιούμενος, ὥσπερ ἂν <εἰ> εἴποι ὅτι "οὗτος ὑμῶν, ὦ ἄνθρωποι, σοφώτατός ἐστιν, ὅστις ὥσπερ Σωκράτης ἔγνωκεν ὅτι οὐδενὸς ἄξιός ἐστι τῇ ἀληθείᾳ πρὸς σοφίαν". ταῦτ' οὖν ἐγὼ μὲν ἔτι καὶ νῦν περιιὼν ζητῶ καὶ ἐρευνῶ κατὰ τὸν θεὸν καὶ τῶν ἀστῶν καὶ ξένων ἄν τινα οἴωμαι σοφὸν εἶναι· καὶ ἐπειδάν μοι μὴ δοκῇ, τῷ θεῷ βοηθῶν ἐνδείκνυμαι ὅτι οὐκ ἔστι σοφός. καὶ ὑπὸ ταύτης τῆς ἀσχολίας οὔτε τι τῶν τῆς πόλεως πρᾶξαί μοι σχολὴ γέγονεν ἄξιον λόγου οὔτε τῶν οἰκείων, ἀλλ' ἐν [23c] πενίᾳ μυρίᾳ εἰμὶ διὰ τὴν τοῦ θεοῦ λατρείαν.

πρὸς δὲ τούτοις οἱ νέοι μοι ἐπακολουθοῦντες--οἷς μάλιστα σχολή ἐστιν, οἱ τῶν πλουσιωτάτων--αὐτόματοι, χαίρουσιν ἀκούοντες ἐξεταζομένων τῶν ἀνθρώπων, καὶ αὐτοὶ πολλάκις ἐμὲ μιμοῦνται, εἶτα ἐπιχειροῦσιν ἄλλους ἐξετάζειν· κᾆπειτα οἶμαι εὑρίσκουσι πολλὴν ἀφθονίαν οἰομένων μὲν εἰδέναι τι ἀνθρώπων, εἰδότων δὲ ὀλίγα ἢ οὐδέν. ἐντεῦθεν οὖν οἱ ὑπ' αὐτῶν ἐξεταζόμενοι ἐμοὶ ὀργίζονται, οὐχ αὑτοῖς, [23d] καὶ λέγουσιν ὡς Σωκράτης τίς ἐστι μιαρώτατος καὶ διαφθείρει τοὺς νέους· καὶ ἐπειδάν τις αὐτοὺς ἐρωτᾷ ὅτι ποιῶν καὶ ὅτι διδάσκων, ἔχουσι μὲν οὐδὲν εἰπεῖν ἀλλ' ἀγνοοῦσιν, ἵνα δὲ μὴ δοκῶσιν ἀπορεῖν, τὰ κατὰ πάντων τῶν φιλοσοφούντων πρόχειρα ταῦτα λέγουσιν, ὅτι "τὰ μετέωρα καὶ τὰ ὑπὸ γῆς" καὶ "θεοὺς μὴ νομίζειν" καὶ "τὸν ἥττω λόγον κρείττω ποιεῖν". τὰ γὰρ ἀληθῆ οἴομαι οὐκ ἂν ἐθέλοιεν λέγειν, ὅτι κατάδηλοι γίγνονται προσποιούμενοι μὲν εἰδέναι, εἰδότες δὲ οὐδέν. ἅτε οὖν οἶμαι φιλότιμοι [23e] ὄντες καὶ σφοδροὶ καὶ πολλοί, καὶ συντεταμένως καὶ πιθανῶς λέγοντες περὶ ἐμοῦ, ἐμπεπλήκασιν ὑμῶν τὰ ὦτα καὶ πάλαι καὶ σφοδρῶς διαβάλλοντες. ἐκ τούτων καὶ Μέλητός μοι ἐπέθετο καὶ Ἄνυτος καὶ Λύκων, Μέλητος μὲν ὑπὲρ τῶν ποιητῶν ἀχθόμενος, Ἄνυτος δὲ ὑπὲρ τῶν δημιουργῶν καὶ [24a] τῶν πολιτικῶν, Λύκων δὲ ὑπὲρ τῶν ῥητόρων· ὥστε, ὅπερ ἀρχόμενος ἐγὼ ἔλεγον, θαυμάζοιμ' ἂν εἰ οἷός τ' εἴην ἐγὼ ὑμῶν ταύτην τὴν διαβολὴν ἐξελέσθαι ἐν οὕτως ὀλίγῳ χρόνῳ οὕτω πολλὴν γεγονυῖαν. ταῦτ' ἔστιν ὑμῖν, ὦ ἄνδρες Ἀθηναῖοι, τἀληθῆ, καὶ ὑμᾶς οὔτε μέγα οὔτε μικρὸν ἀποκρυψάμενος ἐγὼ λέγω οὐδ' ὑποστειλάμενος. καίτοι οἶδα σχεδὸν ὅτι αὐτοῖς τούτοις ἀπεχθάνομαι, ὃ καὶ τεκμήριον ὅτι ἀληθῆ λέγω καὶ ὅτι αὕτη ἐστὶν ἡ διαβολὴ ἡ ἐμὴ καὶ τὰ αἴτια [24b] ταῦτά ἐστιν. καὶ ἐάντε νῦν ἐάντε αὖθις ζητήσητε ταῦτα, οὕτως εὑρήσετε.

περὶ μὲν οὖν ὧν οἱ πρῶτοί μου κατήγοροι κατηγόρουν αὕτη ἔστω ἱκανὴ

ἀπολογία πρὸς ὑμᾶς· πρὸς δὲ Μέλητον τὸν ἀγαθὸν καὶ φιλόπολιν, ὥς φησι, καὶ τοὺς ὑστέρους μετὰ ταῦτα πειράσομαι ἀπολογήσασθαι. αὖθις γὰρ δή, ὥσπερ ἑτέρων τούτων ὄντων κατηγόρων, λάβωμεν αὖ τὴν τούτων ἀντωμοσίαν. ἔχει δέ πως ὧδε· Σωκράτη φησὶν ἀδικεῖν τούς τε νέους διαφθείροντα καὶ θεοὺς οὓς ἡ πόλις [24c] νομίζει οὐ νομίζοντα, ἕτερα δὲ δαιμόνια καινά. τὸ μὲν δὴ ἔγκλημα τοιοῦτόν ἐστιν· τούτου δὲ τοῦ ἐγκλήματος ἓν ἕκαστον ἐξετάσωμεν.
φησὶ γὰρ δὴ τοὺς νέους ἀδικεῖν με διαφθείροντα. ἐγὼ δέ γε, ὦ ἄνδρες Ἀθηναῖοι, ἀδικεῖν φημι Μέλητον, ὅτι σπουδῇ χαριεντίζεται, ῥᾳδίως εἰς ἀγῶνα καθιστὰς ἀνθρώπους, περὶ πραγμάτων προσποιούμενος σπουδάζειν καὶ κήδεσθαι ὧν οὐδὲν τούτῳ πώποτε ἐμέλησεν· ὡς δὲ τοῦτο οὕτως ἔχει, πειράσομαι καὶ ὑμῖν ἐπιδεῖξαι. καί μοι δεῦρο, ὦ Μέλητε, εἰπέ· ἄλλο τι ἢ [24d] περὶ πλείστου ποιῇ ὅπως ὡς βέλτιστοι οἱ νεώτεροι ἔσονται;
ἔγωγε.
ἴθι δή νυν εἰπὲ τούτοις, τίς αὐτοὺς βελτίους ποιεῖ; δῆλον γὰρ ὅτι οἶσθα, μέλον γέ σοι. τὸν μὲν γὰρ διαφθείροντα ἐξευρών, ὡς φῄς, ἐμέ, εἰσάγεις τουτοισὶ καὶ κατηγορεῖς· τὸν δὲ δὴ βελτίους ποιοῦντα ἴθι εἰπὲ καὶ μήνυσον αὐτοῖς τίς ἐστιν. --ὁρᾷς, ὦ Μέλητε, ὅτι σιγᾷς καὶ οὐκ ἔχεις εἰπεῖν; καίτοι οὐκ αἰσχρόν σοι δοκεῖ εἶναι καὶ ἱκανὸν τεκμήριον οὗ δὴ ἐγὼ λέγω, ὅτι σοι οὐδὲν μεμέληκεν; ἀλλ᾽ εἰπέ, ὠγαθέ, τίς αὐτοὺς ἀμείνους ποιεῖ;
οἱ νόμοι.
[24e] ἀλλ᾽ οὐ τοῦτο ἐρωτῶ, ὦ βέλτιστε, ἀλλὰ τίς ἄνθρωπος, ὅστις πρῶτον καὶ αὐτὸ τοῦτο οἶδε, τοὺς νόμους;
οὗτοι, ὦ Σώκρατες, οἱ δικασταί.
πῶς λέγεις, ὦ Μέλητε; οἵδε τοὺς νέους παιδεύειν οἷοί τέ εἰσι καὶ βελτίους ποιοῦσιν;
μάλιστα.
πότερον ἅπαντες, ἢ οἱ μὲν αὐτῶν, οἱ δ᾽ οὔ;
ἅπαντες.
εὖ γε νὴ τὴν Ἥραν λέγεις καὶ πολλὴν ἀφθονίαν τῶν ὠφελούντων. τί δὲ δή; οἱ δὲ ἀκροαταὶ βελτίους ποιοῦσιν [25a] ἢ οὔ;
καὶ οὗτοι.
τί δέ, οἱ βουλευταί;
καὶ οἱ βουλευταί.
ἀλλ᾽ ἄρα, ὦ Μέλητε, μὴ οἱ ἐν τῇ ἐκκλησίᾳ, οἱ ἐκκλησιασταί, διαφθείρουσι τοὺς νεωτέρους; ἢ κἀκεῖνοι βελτίους ποιοῦσιν ἅπαντες;
κἀκεῖνοι.
πάντες ἄρα, ὡς ἔοικεν, Ἀθηναῖοι καλοὺς κἀγαθοὺς ποιοῦσι πλὴν ἐμοῦ, ἐγὼ

δὲ μόνος διαφθείρω. οὕτω λέγεις;
πάνυ σφόδρα ταῦτα λέγω.
πολλήν γέ μου κατέγνωκας δυστυχίαν. καί μοι ἀπόκριναι· ἦ καὶ περὶ ἵππους οὕτω σοι δοκεῖ ἔχειν; οἱ μὲν [25b] βελτίους ποιοῦντες αὐτοὺς πάντες ἄνθρωποι εἶναι, εἷς δέ τις ὁ διαφθείρων; ἢ τοὐναντίον τούτου πᾶν εἷς μέν τις ὁ βελτίους οἷός τ' ὢν ποιεῖν ἢ πάνυ ὀλίγοι, οἱ ἱππικοί, οἱ δὲ πολλοὶ ἐάνπερ συνῶσι καὶ χρῶνται ἵπποις, διαφθείρουσιν; οὐχ οὕτως ἔχει, ὦ Μέλητε, καὶ περὶ ἵππων καὶ τῶν ἄλλων ἁπάντων ζῴων; πάντως δήπου, ἐάντε σὺ καὶ Ἄνυτος οὐ φῆτε ἐάντε φῆτε· πολλὴ γὰρ ἄν τις εὐδαιμονία εἴη περὶ τοὺς νέους εἰ εἷς μὲν μόνος αὐτοὺς διαφθείρει, οἱ δ'
ἄλλοι [25c] ὠφελοῦσιν. ἀλλὰ γάρ, ὦ Μέλητε, ἱκανῶς ἐπιδείκνυσαι ὅτι οὐδεπώποτε ἐφρόντισας τῶν νέων, καὶ σαφῶς ἀποφαίνεις τὴν σαυτοῦ ἀμέλειαν, ὅτι οὐδέν σοι μεμέληκεν περὶ ὧν ἐμὲ εἰσάγεις.
ἔτι δὲ ἡμῖν εἰπέ, ὦ πρὸς Διὸς Μέλητε, πότερόν ἐστιν οἰκεῖν ἄμεινον ἐν πολίταις χρηστοῖς ἢ πονηροῖς; ὦ τάν, ἀπόκριναι· οὐδὲν γάρ τοι χαλεπὸν ἐρωτῶ. οὐχ οἱ μὲν πονηροὶ κακόν τι ἐργάζονται τοὺς ἀεὶ ἐγγυτάτω αὐτῶν ὄντας, οἱ δ' ἀγαθοὶ ἀγαθόν τι;
πάνυ γε.
[25d] ἔστιν οὖν ὅστις βούλεται ὑπὸ τῶν συνόντων βλάπτεσθαι μᾶλλον ἢ ὠφελεῖσθαι; ἀποκρίνου, ὦ ἀγαθέ· καὶ γὰρ ὁ νόμος κελεύει ἀποκρίνεσθαι. ἔσθ' ὅστις βούλεται βλάπτεσθαι;
οὐ δῆτα.
φέρε δή, πότερον ἐμὲ εἰσάγεις δεῦρο ὡς διαφθείροντα τοὺς νέους καὶ πονηροτέρους ποιοῦντα ἑκόντα ἢ ἄκοντα;
ἑκόντα ἔγωγε.
τί δῆτα, ὦ Μέλητε; τοσοῦτον σὺ ἐμοῦ σοφώτερος εἶ τηλικούτου ὄντος τηλικόσδε ὤν, ὥστε σὺ μὲν ἔγνωκας ὅτι οἱ μὲν κακοὶ κακόν τι ἐργάζονται ἀεὶ τοὺς μάλιστα πλησίον [25e] ἑαυτῶν, οἱ δὲ ἀγαθοὶ ἀγαθόν, ἐγὼ δὲ δὴ εἰς τοσοῦτον ἀμαθίας ἥκω ὥστε καὶ τοῦτ' ἀγνοῶ, ὅτι ἐάν τινα μοχθηρὸν ποιήσω τῶν συνόντων, κινδυνεύσω κακόν τι λαβεῖν ὑπ' αὐτοῦ, ὥστε τοῦτο <τὸ> τοσοῦτον κακὸν ἑκὼν ποιῶ, ὡς φῂς σύ; ταῦτα ἐγώ σοι οὐ πείθομαι, ὦ Μέλητε, οἶμαι δὲ οὐδὲ ἄλλον ἀνθρώπων οὐδένα· ἀλλ' ἢ οὐ διαφθείρω, ἢ εἰ διαφθείρω, [26a] ἄκων, ὥστε σύ γε κατ' ἀμφότερα ψεύδῃ. εἰ δὲ ἄκων διαφθείρω, τῶν τοιούτων [καὶ ἀκουσίων] ἁμαρτημάτων οὐ δεῦρο νόμος εἰσάγειν ἐστίν, ἀλλὰ ἰδίᾳ λαβόντα διδάσκειν καὶ νουθετεῖν· δῆλον γὰρ ὅτι ἐὰν μάθω, παύσομαι ὅ γε ἄκων ποιῶ. σὺ δὲ συγγενέσθαι μέν μοι καὶ διδάξαι ἔφυγες καὶ οὐκ ἠθέλησας, δεῦρο δὲ εἰσάγεις, οἷ νόμος ἐστὶν εἰσάγειν τοὺς κολάσεως δεομένους ἀλλ' οὐ μαθήσεως.
ἀλλὰ γάρ, ὦ ἄνδρες Ἀθηναῖοι, τοῦτο μὲν ἤδη δῆλον [26b] οὑγὼ ἔλεγον, ὅτι

Μελήτῳ τούτων οὔτε μέγα οὔτε μικρὸν πώποτε ἐμέλησεν. ὅμως δὲ δὴ λέγε ἡμῖν, πῶς με φῂς διαφθείρειν, ὦ Μέλητε, τοὺς νεωτέρους; ἢ δῆλον δὴ ὅτι κατὰ τὴν γραφὴν ἣν ἐγράψω θεοὺς διδάσκοντα μὴ νομίζειν οὓς ἡ πόλις νομίζει, ἕτερα δὲ δαιμόνια καινά; οὐ ταῦτα λέγεις ὅτι διδάσκων διαφθείρω;
πάνυ μὲν οὖν σφόδρα ταῦτα λέγω.
πρὸς αὐτῶν τοίνυν, ὦ Μέλητε, τούτων τῶν θεῶν ὧν νῦν ὁ λόγος ἐστίν, εἰπὲ ἔτι σαφέστερον καὶ ἐμοὶ καὶ τοῖς ἀνδράσιν [26c] τουτοισί. ἐγὼ γὰρ οὐ δύναμαι μαθεῖν πότερον λέγεις διδάσκειν με νομίζειν εἶναί τινας θεούς-- καὶ αὐτὸς ἄρα νομίζω εἶναι θεοὺς καὶ οὐκ εἰμὶ τὸ παράπαν ἄθεος οὐδὲ ταύτῃ ἀδικῶ --οὐ μέντοι οὕσπερ γε ἡ πόλις ἀλλὰ ἑτέρους, καὶ τοῦτ' ἔστιν ὃ μοι ἐγκαλεῖς, ὅτι ἑτέρους, ἢ παντάπασί με φῂς οὔτε αὐτὸν νομίζειν θεοὺς τούς τε ἄλλους ταῦτα διδάσκειν.
ταῦτα λέγω, ὡς τὸ παράπαν οὐ νομίζεις θεούς.
[26d] ὦ θαυμάσιε Μέλητε, ἵνα τί ταῦτα λέγεις; οὐδὲ ἥλιον οὐδὲ σελήνην ἄρα νομίζω θεοὺς εἶναι, ὥσπερ οἱ ἄλλοι ἄνθρωποι;
μὰ Δί', ὦ ἄνδρες δικασταί, ἐπεὶ τὸν μὲν ἥλιον λίθον φησὶν εἶναι, τὴν δὲ σελήνην γῆν.
Ἀναξαγόρου οἴει κατηγορεῖν, ὦ φίλε Μέλητε; καὶ οὕτω καταφρονεῖς τῶνδε καὶ οἴει αὐτοὺς ἀπείρους γραμμάτων εἶναι ὥστε οὐκ εἰδέναι ὅτι τὰ Ἀναξαγόρου βιβλία τοῦ Κλαζομενίου γέμει τούτων τῶν λόγων; καὶ δὴ καὶ οἱ νέοι ταῦτα παρ' ἐμοῦ μανθάνουσιν, ἃ ἔξεστιν ἐνίοτε εἰ πάνυ πολλοῦ δραχμῆς [26e] ἐκ τῆς ὀρχήστρας πριαμένοις Σωκράτους καταγελᾶν, ἐὰν προσποιῆται ἑαυτοῦ εἶναι, ἄλλως τε καὶ οὕτως ἄτοπα ὄντα; ἀλλ', ὦ πρὸς Διός, οὑτωσί σοι δοκῶ; οὐδένα νομίζω θεὸν εἶναι;
οὐ μέντοι μὰ Δία οὐδ' ὁπωστιοῦν.
ἄπιστός γ' εἶ, ὦ Μέλητε, καὶ ταῦτα μέντοι, ὡς ἐμοὶ δοκεῖς, σαυτῷ. ἐμοὶ γὰρ δοκεῖ οὑτοσί, ὦ ἄνδρες Ἀθηναῖοι, πάνυ εἶναι ὑβριστὴς καὶ ἀκόλαστος, καὶ ἀτεχνῶς τὴν γραφὴν ταύτην ὕβρει τινὶ καὶ ἀκολασίᾳ καὶ νεότητι γράψασθαι.
[27a] ἔοικεν γὰρ ὥσπερ αἴνιγμα συντιθέντι διαπειρωμένῳ "ἆρα γνώσεται Σωκράτης ὁ σοφὸς δὴ ἐμοῦ χαριεντιζομένου καὶ ἐναντί' ἐμαυτῷ λέγοντος, ἢ ἐξαπατήσω αὐτὸν καὶ τοὺς ἄλλους τοὺς ἀκούοντας;" οὗτος γὰρ ἐμοὶ φαίνεται τὰ ἐναντία λέγειν αὐτὸς ἑαυτῷ ἐν τῇ γραφῇ ὥσπερ ἂν εἰ εἴποι· "ἀδικεῖ Σωκράτης θεοὺς οὐ νομίζων, ἀλλὰ θεοὺς νομίζων". καίτοι τοῦτό ἐστι παίζοντος.
συνεπισκέψασθε δή, ὦ ἄνδρες, ᾗ μοι φαίνεται ταῦτα λέγειν· σὺ δὲ ἡμῖν ἀπόκριναι, ὦ Μέλητε. ὑμεῖς δέ, ὅπερ [27b] κατ' ἀρχὰς ὑμᾶς παρῃτησάμην, μέμνησθέ μοι μὴ θορυβεῖν ἐὰν ἐν τῷ εἰωθότι τρόπῳ τοὺς λόγους ποιῶμαι.

ἔστιν ὅστις ἀνθρώπων, ὦ Μέλητε, ἀνθρώπεια μὲν νομίζει πράγματ' εἶναι, ἀνθρώπους δὲ οὐ νομίζει; ἀποκρινέσθω, ὦ ἄνδρες, καὶ μὴ ἄλλα καὶ ἄλλα θορυβείτω· ἔσθ' ὅστις ἵππους μὲν οὐ νομίζει, ἱππικὰ δὲ πράγματα; ἢ αὐλητὰς μὲν οὐ νομίζει εἶναι, αὐλητικὰ δὲ πράγματα; οὐκ ἔστιν, ὦ ἄριστε ἀνδρῶν· εἰ μὴ σὺ βούλει ἀποκρίνεσθαι, ἐγὼ σοὶ λέγω καὶ τοῖς ἄλλοις τουτοισί. ἀλλὰ τὸ ἐπὶ τούτῳ γε ἀπόκριναι· [27c] ἔσθ' ὅστις δαιμόνια μὲν νομίζει πράγματ' εἶναι, δαίμονας δὲ οὐ νομίζει;
οὐκ ἔστιν.
ὡς ὤνησας ὅτι μόγις ἀπεκρίνω ὑπὸ τουτωνὶ ἀναγκαζόμενος. οὐκοῦν δαιμόνια μὲν φῄς με καὶ νομίζειν καὶ διδάσκειν, εἴτ' οὖν καινὰ εἴτε παλαιά, ἀλλ' οὖν δαιμόνιά γε νομίζω κατὰ τὸν σὸν λόγον, καὶ ταῦτα καὶ διωμόσω ἐν τῇ ἀντιγραφῇ. εἰ δὲ δαιμόνια νομίζω, καὶ δαίμονας δήπου πολλὴ ἀνάγκη νομίζειν μέ ἐστιν· οὐχ οὕτως ἔχει; ἔχει δή· τίθημι γάρ σε ὁμολογοῦντα, ἐπειδὴ οὐκ ἀποκρίνῃ. τοὺς δὲ [27d] δαίμονας οὐχὶ ἤτοι θεούς γε ἡγούμεθα ἢ θεῶν παῖδας; φῂς ἢ οὔ;
πάνυ γε.
οὐκοῦν εἴπερ δαίμονας ἡγοῦμαι, ὡς σὺ φῄς, εἰ μὲν θεοί τινές εἰσιν οἱ δαίμονες, τοῦτ' ἂν εἴη ὃ ἐγώ φημί σε αἰνίττεσθαι καὶ χαριεντίζεσθαι, θεοὺς οὐχ ἡγούμενον φάναι με θεοὺς αὖ ἡγεῖσθαι πάλιν, ἐπειδήπερ γε δαίμονας ἡγοῦμαι· εἰ δ' αὖ οἱ δαίμονες θεῶν παῖδές εἰσιν νόθοι τινὲς ἢ ἐκ νυμφῶν ἢ ἔκ τινων ἄλλων ὧν δὴ καὶ λέγονται, τίς ἂν ἀνθρώπων θεῶν μὲν παῖδας ἡγοῖτο εἶναι, θεοὺς δὲ μή; ὁμοίως γὰρ [27e] ἂν ἄτοπον εἴη ὥσπερ ἂν εἴ τις ἵππων μὲν παῖδας ἡγοῖτο ἢ καὶ ὄνων, τοὺς ἡμιόνους, ἵππους δὲ καὶ ὄνους μὴ ἡγοῖτο εἶναι. ἀλλ', ὦ Μέλητε, οὐκ ἔστιν ὅπως σὺ ταῦτα οὐχὶ ἀποπειρώμενος ἡμῶν ἐγράψω τὴν γραφὴν ταύτην ἢ ἀπορῶν ὅτι ἐγκαλοῖς ἐμοὶ ἀληθὲς ἀδίκημα· ὅπως δὲ σύ τινα πείθοις ἂν καὶ σμικρὸν νοῦν ἔχοντα ἀνθρώπων, ὡς οὐ τοῦ αὐτοῦ ἔστιν καὶ δαιμόνια καὶ θεῖα ἡγεῖσθαι, καὶ αὖ τοῦ αὐτοῦ μήτε [28a] δαίμονας μήτε θεοὺς μήτε ἥρωας, οὐδεμία μηχανή ἐστιν.
ἀλλὰ γάρ, ὦ ἄνδρες Ἀθηναῖοι, ὡς μὲν ἐγὼ οὐκ ἀδικῶ κατὰ τὴν Μελήτου γραφήν, οὐ πολλῆς μοι δοκεῖ εἶναι ἀπολογίας, ἀλλὰ ἱκανὰ καὶ ταῦτα· ὃ δὲ καὶ ἐν τοῖς ἔμπροσθεν ἔλεγον, ὅτι πολλή μοι ἀπέχθεια γέγονεν καὶ πρὸς πολλούς, εὖ ἴστε ὅτι ἀληθές ἐστιν. καὶ τοῦτ' ἔστιν ὃ ἐμὲ αἱρεῖ, ἐάνπερ αἱρῇ, οὐ Μέλητος οὐδὲ Ἄνυτος ἀλλ' ἡ τῶν πολλῶν διαβολή τε καὶ φθόνος. ἃ δὴ πολλοὺς καὶ ἄλλους καὶ ἀγαθοὺς [28b] ἄνδρας ᾕρηκεν, οἶμαι δὲ καὶ αἱρήσει· οὐδὲν δὲ δεινὸν μὴ ἐν ἐμοὶ στῇ.
ἴσως ἂν οὖν εἴποι τις· "εἶτ' οὐκ αἰσχύνῃ, ὦ Σώκρατες, τοιοῦτον ἐπιτήδευμα ἐπιτηδεύσας ἐξ οὗ κινδυνεύεις νυνὶ ἀποθανεῖν;" ἐγὼ δὲ τούτῳ ἂν δίκαιον λόγον ἀντείποιμι, ὅτι 'οὐ καλῶς λέγεις, ὦ ἄνθρωπε, εἰ οἴει δεῖν

κίνδυνον ὑπολογίζεσθαι τοῦ ζῆν ἢ τεθνάναι ἄνδρα ὅτου τι καὶ σμικρὸν ὄφελός ἐστιν, ἀλλ' οὐκ ἐκεῖνο μόνον σκοπεῖν ὅταν πράττῃ, πότερον δίκαια ἢ ἄδικα πράττει, καὶ ἀνδρὸς ἀγαθοῦ ἔργα ἢ κακοῦ. φαῦλοι [28c] γὰρ ἂν τῷ γε σῷ λόγῳ εἶεν τῶν ἡμιθέων ὅσοι ἐν Τροίᾳ τετελευτήκασιν οἵ τε ἄλλοι καὶ ὁ τῆς Θέτιδος υἱός, ὃς τοσοῦτον τοῦ κινδύνου κατεφρόνησεν παρὰ τὸ αἰσχρόν τι ὑπομεῖναι ὥστε, ἐπειδὴ εἶπεν ἡ μήτηρ αὐτῷ προθυμουμένῳ Ἕκτορα ἀποκτεῖναι, θεὸς οὖσα, οὑτωσί πως, ὡς ἐγὼ οἶμαι· "ὦ παῖ, εἰ τιμωρήσεις Πατρόκλῳ τῷ ἑταίρῳ τὸν φόνον καὶ Ἕκτορα ἀποκτενεῖς, αὐτὸς ἀποθανῇ--αὐτίκα γάρ τοι", φησί, "μεθ' Ἕκτορα πότμος ἑτοῖμος" --ὁ δὲ τοῦτο ἀκούσας τοῦ μὲν θανάτου καὶ τοῦ κινδύνου ὠλιγώρησε, πολὺ δὲ μᾶλλον [28d] δείσας τὸ ζῆν κακὸς ὢν καὶ τοῖς φίλοις μὴ τιμωρεῖν, "αὐτίκα", φησί, "τεθναίην, δίκην ἐπιθεὶς τῷ ἀδικοῦντι, ἵνα μὴ ἐνθάδε μένω καταγέλαστος παρὰ νηυσὶ κορωνίσιν ἄχθος ἀρούρης". μὴ αὐτὸν οἴει φροντίσαι θανάτου καὶ κινδύνου;'
οὕτω γὰρ ἔχει, ὦ ἄνδρες Ἀθηναῖοι, τῇ ἀληθείᾳ· οὗ ἄν τις ἑαυτὸν τάξῃ ἡγησάμενος βέλτιστον εἶναι ἢ ὑπ' ἄρχοντος ταχθῇ, ἐνταῦθα δεῖ, ὡς ἐμοὶ δοκεῖ, μένοντα κινδυνεύειν, μηδὲν ὑπολογιζόμενον μήτε θάνατον μήτε ἄλλο μηδὲν πρὸ τοῦ αἰσχροῦ. ἐγὼ οὖν δεινὰ ἂν εἴην εἰργασμένος, ὦ ἄνδρες [28e] Ἀθηναῖοι, εἰ ὅτε μέν με οἱ ἄρχοντες ἔταττον, οὓς ὑμεῖς εἵλεσθε ἄρχειν μου, καὶ ἐν Ποτειδαίᾳ καὶ ἐν Ἀμφιπόλει καὶ ἐπὶ Δηλίῳ, τότε μὲν οὗ ἐκεῖνοι ἔταττον ἔμενον ὥσπερ καὶ ἄλλος τις καὶ ἐκινδύνευον ἀποθανεῖν, τοῦ δὲ θεοῦ τάττοντος, ὡς ἐγὼ ᾠήθην τε καὶ ὑπέλαβον, φιλοσοφοῦντά με δεῖν ζῆν καὶ ἐξετάζοντα ἐμαυτὸν καὶ τοὺς ἄλλους, ἐνταῦθα δὲ φοβηθεὶς ἢ θάνατον [29a] ἢ ἄλλ' ὁτιοῦν πρᾶγμα λίποιμι τὴν τάξιν.
δεινόν τἂν εἴη, καὶ ὡς ἀληθῶς τότ' ἄν με δικαίως εἰσάγοι τις εἰς δικαστήριον, ὅτι οὐ νομίζω θεοὺς εἶναι ἀπειθῶν τῇ μαντείᾳ καὶ δεδιὼς θάνατον καὶ οἰόμενος σοφὸς εἶναι οὐκ ὤν. τὸ γάρ τοι θάνατον δεδιέναι, ὦ ἄνδρες, οὐδὲν ἄλλο ἐστὶν ἢ δοκεῖν σοφὸν εἶναι μὴ ὄντα· δοκεῖν γὰρ εἰδέναι ἐστὶν ἃ οὐκ οἶδεν. οἶδε μὲν γὰρ οὐδεὶς τὸν θάνατον οὐδ' εἰ τυγχάνει τῷ ἀνθρώπῳ πάντων μέγιστον ὂν τῶν ἀγαθῶν, δεδίασι δ' ὡς εὖ εἰδότες [29b] ὅτι μέγιστον τῶν κακῶν ἐστι.
καίτοι πῶς οὐκ ἀμαθία ἐστὶν αὕτη ἡ ἐπονείδιστος, ἡ τοῦ οἴεσθαι εἰδέναι ἃ οὐκ οἶδεν; ἐγὼ δ', ὦ ἄνδρες, τούτῳ καὶ ἐνταῦθα ἴσως διαφέρω τῶν πολλῶν ἀνθρώπων, καὶ εἰ δή τῳ σοφώτερός του φαίην εἶναι, τούτῳ ἄν, ὅτι οὐκ εἰδὼς ἱκανῶς περὶ τῶν ἐν
ιδου οὕτω καὶ οἴομαι οὐκ εἰδέναι· τὸ δὲ ἀδικεῖν καὶ ἀπειθεῖν τῷ βελτίονι καὶ θεῷ καὶ ἀνθρώπῳ, ὅτι κακὸν καὶ αἰσχρόν ἐστιν οἶδα. πρὸ οὖν τῶν κακῶν ὧν οἶδα ὅτι κακά ἐστιν, ἃ μὴ οἶδα εἰ καὶ ἀγαθὰ ὄντα τυγχάνει

οὐδέποτε φοβήσομαι οὐδὲ φεύξομαι· ὥστε οὐδ' εἴ [29c] με νῦν ὑμεῖς ἀφίετε Ἀνύτῳ ἀπιστήσαντες, ὃς ἔφη ἢ τὴν ἀρχὴν οὐ δεῖν ἐμὲ δεῦρο εἰσελθεῖν ἤ, ἐπειδὴ εἰσῆλθον, οὐχ οἷόν τ' εἶναι τὸ μὴ ἀποκτεῖναί με, λέγων πρὸς ὑμᾶς ὡς εἰ διαφευξοίμην ἤδη [ἂν]ὑμῶν οἱ ὑεῖς ἐπιτηδεύοντες ἃ Σωκράτης διδάσκει πάντες παντάπασι διαφθαρήσονται, --εἴ μοι πρὸς ταῦτα εἴποιτε· "ὦ Σώκρατες, νῦν μὲν Ἀνύτῳ οὐ πεισόμεθα ἀλλ' ἀφίεμέν σε, ἐπὶ τούτῳ μέντοι, ἐφ' ᾧτε μηκέτι ἐν ταύτῃ τῇ ζητήσει διατρίβειν μηδὲ φιλοσοφεῖν· ἐὰν δὲ [29d] ἁλῷς ἔτι τοῦτο πράττων, ἀποθανῇ" --
εἰ οὖν με, ὅπερ εἶπον, ἐπὶ τούτοις ἀφίοιτε, εἴποιμ' ἂν ὑμῖν ὅτι "ἐγὼ ὑμᾶς, ὦ ἄνδρες Ἀθηναῖοι, ἀσπάζομαι μὲν καὶ φιλῶ, πείσομαι δὲ μᾶλλον τῷ θεῷ ἢ ὑμῖν, καὶ ἕωσπερ ἂν ἐμπνέω καὶ οἷός τε ὦ, οὐ μὴ παύσωμαι φιλοσοφῶν καὶ ὑμῖν παρακελευόμενός τε καὶ ἐνδεικνύμενος ὅτῳ ἂν ἀεὶ ἐντυγχάνω ὑμῶν, λέγων οἷάπερ εἴωθα, ὅτι "ὦ ἄριστε ἀνδρῶν, Ἀθηναῖος ὤν, πόλεως τῆς μεγίστης καὶ εὐδοκιμωτάτης εἰς σοφίαν καὶ ἰσχύν, χρημάτων μὲν οὐκ αἰσχύνῃ ἐπιμελούμενος ὅπως σοι ἔσται ὡς πλεῖστα, [29e] καὶ δόξης καὶ τιμῆς, φρονήσεως δὲ καὶ ἀληθείας καὶ τῆς ψυχῆς ὅπως ὡς βελτίστη ἔσται οὐκ ἐπιμελῇ οὐδὲ φροντίζεις;" καὶ ἐάν τις ὑμῶν ἀμφισβητήσῃ καὶ φῇ ἐπιμελεῖσθαι, οὐκ εὐθὺς ἀφήσω αὐτὸν οὐδ' ἄπειμι, ἀλλ' ἐρήσομαι αὐτὸν καὶ ἐξετάσω καὶ ἐλέγξω, καὶ ἐάν μοι μὴ δοκῇ κεκτῆσθαι
ἀρετήν, [30a] φάναι δέ, ὀνειδιῶ ὅτι τὰ πλείστου ἄξια περὶ ἐλαχίστου ποιεῖται, τὰ δὲ φαυλότερα περὶ πλείονος. ταῦτα καὶ νεωτέρῳ καὶ πρεσβυτέρῳ ὅτῳ ἂν ἐντυγχάνω ποιήσω, καὶ ξένῳ καὶ ἀστῷ, μᾶλλον δὲ τοῖς ἀστοῖς, ὅσῳ μου ἐγγυτέρω ἐστὲ γένει. ταῦτα γὰρ κελεύει ὁ θεός, εὖ ἴστε, καὶ ἐγὼ οἴομαι οὐδέν πω ὑμῖν μεῖζον ἀγαθὸν γενέσθαι ἐν τῇ πόλει ἢ τὴν ἐμὴν τῷ θεῷ ὑπηρεσίαν. οὐδὲν γὰρ ἄλλο πράττων ἐγὼ περιέρχομαι ἢ πείθων ὑμῶν καὶ νεωτέρους καὶ πρεσβυτέρους μήτε
σωμάτων [30b] ἐπιμελεῖσθαι μήτε χρημάτων πρότερον μηδὲ οὕτω σφόδρα ὡς τῆς ψυχῆς ὅπως ὡς ἀρίστη ἔσται, λέγων ὅτι 'οὐκ ἐκ χρημάτων ἀρετὴ γίγνεται, ἀλλ' ἐξ ἀρετῆς χρήματα καὶ τὰ ἄλλα ἀγαθὰ τοῖς ἀνθρώποις ἅπαντα καὶ ἰδίᾳ καὶ δημοσίᾳ'. εἰ μὲν οὖν ταῦτα λέγων διαφθείρω τοὺς νέους, ταῦτ' ἂν εἴη βλαβερά· εἰ δέ τίς μέ φησιν ἄλλα λέγειν ἢ ταῦτα, οὐδὲν λέγει. πρὸς ταῦτα", φαίην ἄν, "ὦ ἄνδρες Ἀθηναῖοι, ἢ πείθεσθε Ἀνύτῳ ἢ μή, καὶ ἢ ἀφίετέ με ἢ μή, ὡς ἐμοῦ οὐκ [30c] ἂν ποιήσαντος ἄλλα, οὐδ' εἰ μέλλω πολλάκις τεθνάναι."
μὴ θορυβεῖτε, ὦ ἄνδρες Ἀθηναῖοι, ἀλλ' ἐμμείνατέ μοι οἷς ἐδεήθην ὑμῶν, μὴ θορυβεῖν ἐφ' οἷς ἂν λέγω ἀλλ' ἀκούειν· καὶ γάρ, ὡς ἐγὼ οἶμαι, ὀνήσεσθε ἀκούοντες. μέλλω γὰρ οὖν ἄττα ὑμῖν ἐρεῖν καὶ ἄλλα ἐφ' οἷς ἴσως βοήσεσθε· ἀλλὰ μηδαμῶς ποιεῖτε τοῦτο. εὖ γὰρ ἴστε, ἐάν με ἀποκτείνητε τοιοῦτον ὄντα οἷον ἐγὼ λέγω, οὐκ ἐμὲ μείζω βλάψετε ἢ ὑμᾶς αὐτούς· ἐμὲ

μὲν γὰρ οὐδὲν ἂν βλάψειεν οὔτε Μέλητος οὔτε Ἄνυτος--οὐδὲ γὰρ ἂν δύναιτο--οὐ γὰρ οἴομαι θεμιτὸν [30d] εἶναι ἀμείνονι ἀνδρὶ ὑπὸ χείρονος βλάπτεσθαι. ἀποκτείνειε μεντἂν ἴσως ἢ ἐξελάσειεν ἢ ἀτιμώσειεν· ἀλλὰ ταῦτα οὗτος μὲν ἴσως οἴεται καὶ ἄλλος τίς που μεγάλα κακά, ἐγὼ δ' οὐκ οἴομαι, ἀλλὰ πολὺ μᾶλλον ποιεῖν ἃ οὑτοσὶ νῦν ποιεῖ, ἄνδρα ἀδίκως ἐπιχειρεῖν ἀποκτεινύναι. νῦν οὖν, ὦ ἄνδρες Ἀθηναῖοι, πολλοῦ δέω ἐγὼ ὑπὲρ ἐμαυτοῦ ἀπολογεῖσθαι, ὥς τις ἂν οἴοιτο, ἀλλὰ ὑπὲρ ὑμῶν, μή τι ἐξαμάρτητε περὶ τὴν τοῦ [30e] θεοῦ δόσιν ὑμῖν ἐμοῦ καταψηφισάμενοι. ἐὰν γάρ με ἀποκτείνητε, οὐ ῥᾳδίως ἄλλον τοιοῦτον εὑρήσετε, ἀτεχνῶς--εἰ καὶ γελοιότερον εἰπεῖν--προσκείμενον τῇ πόλει ὑπὸ τοῦ θεοῦ ὥσπερ ἵππῳ μεγάλῳ μὲν καὶ γενναίῳ, ὑπὸ μεγέθους δὲ νωθεστέρῳ καὶ δεομένῳ ἐγείρεσθαι ὑπὸ μύωπός τινος, οἷον δή μοι δοκεῖ ὁ θεὸς ἐμὲ τῇ πόλει προστεθηκέναι τοιοῦτόν τινα, ὃς ὑμᾶς ἐγείρων καὶ πείθων καὶ ὀνειδίζων ἕνα ἕκαστον [31a] οὐδὲν παύομαι τὴν ἡμέραν ὅλην πανταχοῦ προσκαθίζων. τοιοῦτος οὖν ἄλλος οὐ ῥᾳδίως ὑμῖν γενήσεται, ὦ ἄνδρες, ἀλλ' ἐὰν ἐμοὶ πείθησθε, φείσεσθέ μου· ὑμεῖς δ' ἴσως τάχ' ἂν ἀχθόμενοι, ὥσπερ οἱ νυστάζοντες ἐγειρόμενοι, κρούσαντες ἄν με, πειθόμενοι Ἀνύτῳ, ῥᾳδίως ἂν ἀποκτείναιτε, εἶτα τὸν λοιπὸν βίον καθεύδοντες διατελοῖτε ἄν, εἰ μή τινα ἄλλον ὁ θεὸς ὑμῖν ἐπιπέμψειεν κηδόμενος ὑμῶν. ὅτι δ' ἐγὼ τυγχάνω ὢν τοιοῦτος οἷος ὑπὸ τοῦ θεοῦ τῇ πόλει δεδόσθαι, ἐνθένδε [31b] ἂν κατανοήσαιτε· οὐ γὰρ ἀνθρωπίνῳ ἔοικε τὸ ἐμὲ τῶν μὲν ἐμαυτοῦ πάντων ἠμεληκέναι καὶ ἀνέχεσθαι τῶν οἰκείων ἀμελουμένων τοσαῦτα ἤδη ἔτη, τὸ δὲ ὑμέτερον πράττειν ἀεί, ἰδίᾳ ἑκάστῳ προσιόντα ὥσπερ πατέρα ἢ ἀδελφὸν πρεσβύτερον πείθοντα ἐπιμελεῖσθαι ἀρετῆς. καὶ εἰ μέν τι ἀπὸ τούτων ἀπέλαυον καὶ μισθὸν λαμβάνων ταῦτα παρεκελευόμην, εἶχον ἄν τινα λόγον· νῦν δὲ ὁρᾶτε δὴ καὶ αὐτοὶ ὅτι οἱ κατήγοροι τἆλλα πάντα ἀναισχύντως οὕτω κατηγοροῦντες τοῦτό γε οὐχ οἷοί τε ἐγένοντο ἀπαναισχυντῆσαι [31c] παρασχόμενοι μάρτυρα, ὡς ἐγώ ποτέ τινα ἢ ἐπραξάμην μισθὸν ἢ ᾔτησα. ἱκανὸν γάρ, οἶμαι, ἐγὼ παρέχομαι τὸν μάρτυρα ὡς ἀληθῆ λέγω, τὴν πενίαν.
ἴσως ἂν οὖν δόξειεν ἄτοπον εἶναι, ὅτι δὴ ἐγὼ ἰδίᾳ μὲν ταῦτα συμβουλεύω περιιὼν καὶ πολυπραγμονῶ, δημοσίᾳ δὲ οὐ τολμῶ ἀναβαίνων εἰς τὸ πλῆθος τὸ ὑμέτερον συμβουλεύειν τῇ πόλει. τούτου δὲ αἴτιόν ἐστιν ὃ ὑμεῖς ἐμοῦ πολλάκις ἀκηκόατε πολλαχοῦ λέγοντος, ὅτι μοι θεῖόν τι καὶ [31d] δαιμόνιον γίγνεται [φωνή], ὃ δὴ καὶ ἐν τῇ γραφῇ ἐπικωμῳδῶν Μέλητος ἐγράψατο. ἐμοὶ δὲ τοῦτ' ἔστιν ἐκ παιδὸς ἀρξάμενον, φωνή τις γιγνομένη, ἣ ὅταν γένηται, ἀεὶ ἀποτρέπει με τοῦτο ὃ ἂν μέλλω πράττειν, προτρέπει δὲ οὔποτε. τοῦτ' ἔστιν ὅ μοι ἐναντιοῦται τὰ πολιτικὰ πράττειν, καὶ παγκάλως γέ μοι δοκεῖ ἐναντιοῦσθαι· εὖ γὰρ ἴστε, ὦ ἄνδρες Ἀθηναῖοι,

εἰ ἐγὼ πάλαι ἐπεχείρησα πράττειν τὰ πολιτικὰ πράγματα, πάλαι ἂν ἀπολώλη καὶ οὔτ' ἂν ὑμᾶς ὠφελήκη [31e] οὐδὲν οὔτ' ἂν ἐμαυτόν. καί μοι μὴ ἄχθεσθε λέγοντι τἀληθῆ· οὐ γὰρ ἔστιν ὅστις ἀνθρώπων σωθήσεται οὔτε ὑμῖν οὔτε ἄλλῳ πλήθει οὐδενὶ γνησίως ἐναντιούμενος καὶ διακωλύων πολλὰ ἄδικα καὶ παράνομα ἐν τῇ πόλει γίγνεσθαι, ἀλλ' [32a] ἀναγκαῖόν ἐστι τὸν τῷ ὄντι μαχούμενον ὑπὲρ τοῦ δικαίου, καὶ εἰ μέλλει ὀλίγον χρόνον σωθήσεσθαι, ἰδιωτεύειν ἀλλὰ μὴ δημοσιεύειν. μεγάλα δ' ἔγωγε ὑμῖν τεκμήρια παρέξομαι τούτων, οὐ λόγους ἀλλ' ὃ ὑμεῖς τιμᾶτε, ἔργα. ἀκούσατε δή μοι τὰ συμβεβηκότα, ἵνα εἰδῆτε ὅτι οὐδ' ἂν ἑνὶ ὑπεικάθοιμι παρὰ τὸ δίκαιον δείσας θάνατον, μὴ ὑπείκων δὲ ἀλλὰ κἂν ἀπολοίμην. ἐρῶ δὲ ὑμῖν φορτικὰ μὲν καὶ δικανικά, ἀληθῆ δέ. ἐγὼ γάρ, ὦ ἄνδρες Ἀθηναῖοι, ἄλλην μὲν ἀρχὴν οὐδεμίαν [32b] πώποτε ἦρξα ἐν τῇ πόλει, ἐβούλευσα δέ· καὶ ἔτυχεν ἡμῶν ἡ φυλὴ Ἀντιοχὶς πρυτανεύουσα ὅτε ὑμεῖς τοὺς δέκα στρατηγοὺς τοὺς οὐκ ἀνελομένους τοὺς ἐκ τῆς ναυμαχίας ἐβουλεύσασθε ἀθρόους κρίνειν, παρανόμως, ὡς ἐν τῷ ὑστέρῳ χρόνῳ πᾶσιν ὑμῖν ἔδοξεν. τότ' ἐγὼ μόνος τῶν πρυτάνεων ἠναντιώθην ὑμῖν μηδὲν ποιεῖν παρὰ τοὺς νόμους καὶ ἐναντία ἐψηφισάμην· καὶ ἑτοίμων ὄντων ἐνδεικνύναι με καὶ ἀπάγειν τῶν ῥητόρων, καὶ ὑμῶν κελευόντων καὶ βοώντων, μετὰ τοῦ [32c] νόμου καὶ τοῦ δικαίου ᾤμην μᾶλλόν με δεῖν διακινδυνεύειν ἢ μεθ' ὑμῶν γενέσθαι μὴ δίκαια βουλευομένων, φοβηθέντα δεσμὸν ἢ θάνατον. καὶ ταῦτα μὲν ἦν ἔτι δημοκρατουμένης τῆς πόλεως· ἐπειδὴ δὲ ὀλιγαρχία ἐγένετο, οἱ τριάκοντα αὖ μεταπεμψάμενοί με πέμπτον αὐτὸν εἰς τὴν θόλον προσέταξαν ἀγαγεῖν ἐκ Σαλαμῖνος Λέοντα τὸν Σαλαμίνιον ἵνα ἀποθάνοι, οἷα δὴ καὶ ἄλλοις ἐκεῖνοι πολλοῖς πολλὰ προσέταττον, βουλόμενοι ὡς πλείστους ἀναπλῆσαι αἰτιῶν. τότε μέντοι ἐγὼ [32d] οὐ λόγῳ ἀλλ' ἔργῳ αὖ ἐνεδειξάμην ὅτι ἐμοὶ θανάτου μὲν μέλει, εἰ μὴ ἀγροικότερον ἦν εἰπεῖν, οὐδ' ὁτιοῦν, τοῦ δὲ μηδὲν ἄδικον μηδ' ἀνόσιον ἐργάζεσθαι, τούτου δὲ τὸ πᾶν μέλει. ἐμὲ γὰρ ἐκείνη ἡ ἀρχὴ οὐκ ἐξέπληξεν, οὕτως ἰσχυρὰ οὖσα, ὥστε ἄδικόν τι ἐργάσασθαι, ἀλλ' ἐπειδὴ ἐκ τῆς θόλου ἐξήλθομεν, οἱ μὲν τέτταρες ᾤχοντο εἰς Σαλαμῖνα καὶ ἤγαγον Λέοντα, ἐγὼ δὲ ᾠχόμην ἀπιὼν οἴκαδε. καὶ ἴσως ἂν διὰ ταῦτα ἀπέθανον, εἰ μὴ ἡ ἀρχὴ διὰ ταχέων κατελύθη. καὶ [32e] τούτων ὑμῖν ἔσονται πολλοὶ μάρτυρες.
ἆρ' οὖν ἄν με οἴεσθε τοσάδε ἔτη διαγενέσθαι εἰ ἔπραττον τὰ δημόσια, καὶ πράττων ἀξίως ἀνδρὸς ἀγαθοῦ ἐβοήθουν τοῖς δικαίοις καὶ ὥσπερ χρὴ τοῦτο περὶ πλείστου ἐποιούμην; πολλοῦ γε δεῖ, ὦ ἄνδρες Ἀθηναῖοι· οὐδὲ γὰρ ἂν ἄλλος [33a]ἀνθρώπων οὐδείς. ἀλλ' ἐγὼ διὰ παντὸς τοῦ βίου δημοσίᾳ τε εἴ πού τι ἔπραξα τοιοῦτος φανοῦμαι, καὶ ἰδίᾳ ὁ αὐτὸς οὗτος, οὐδενὶ πώποτε συγχωρήσας οὐδὲν παρὰ τὸ δίκαιον οὔτε ἄλλῳ οὔτε

τούτων οὐδενὶ οὓς δὴ διαβάλλοντες ἐμέ φασιν ἐμοὺς μαθητὰς εἶναι. ἐγὼ δὲ διδάσκαλος μὲν οὐδενὸς πώποτ' ἐγενόμην· εἰ δέ τίς μου λέγοντος καὶ τὰ ἐμαυτοῦ πράττοντος ἐπιθυμοῖ ἀκούειν, εἴτε νεώτερος εἴτε πρεσβύτερος, οὐδενὶ πώποτε ἐφθόνησα, οὐδὲ χρήματα μὲν λαμβάνων διαλέγομαι [33b] μὴ λαμβάνων δὲ οὔ, ἀλλ' ὁμοίως καὶ πλουσίῳ καὶ πένητι παρέχω ἐμαυτὸν ἐρωτᾶν, καὶ ἐάν τις βούληται ἀποκρινόμενος ἀκούειν ὧν ἂν λέγω. καὶ τούτων ἐγὼ εἴτε τις χρηστὸς γίγνεται εἴτε μή, οὐκ ἂν δικαίως τὴν αἰτίαν ὑπέχοιμι, ὧν μήτε ὑπεσχόμην μηδενὶ μηδὲν πώποτε μάθημα μήτε ἐδίδαξα· εἰ δέ τίς φησι παρ' ἐμοῦ πώποτέ τι μαθεῖν ἢ ἀκοῦσαι ἰδίᾳ ὅτι μὴ καὶ οἱ ἄλλοι πάντες, εὖ ἴστε ὅτι οὐκ ἀληθῆ λέγει.

ἀλλὰ διὰ τί δή ποτε μετ' ἐμοῦ χαίρουσί τινες πολὺν [33c] χρόνον διατρίβοντες; ἀκηκόατε, ὦ ἄνδρες Ἀθηναῖοι, πᾶσαν ὑμῖν τὴν ἀλήθειαν ἐγὼ εἶπον· ὅτι ἀκούοντες χαίρουσιν ἐξεταζομένοις τοῖς οἰομένοις μὲν εἶναι σοφοῖς, οὖσι δ' οὔ. ἔστι γὰρ οὐκ ἀηδές. ἐμοὶ δὲ τοῦτο, ὡς ἐγώ φημι, προστέτακται ὑπὸ τοῦ θεοῦ πράττειν καὶ ἐκ μαντείων καὶ ἐξ ἐνυπνίων καὶ παντὶ τρόπῳ ᾧπέρ τίς ποτε καὶ ἄλλη θεία μοῖρα ἀνθρώπῳ καὶ ὁτιοῦν προσέταξε πράττειν. ταῦτα, ὦ ἄνδρες Ἀθηναῖοι, καὶ ἀληθῆ ἐστιν καὶ εὐέλεγκτα. εἰ γὰρ δὴ ἔγωγε τῶν νέων [33d] τοὺς μὲν διαφθείρω τοὺς δὲ διέφθαρκα, χρῆν δήπου, εἴτε τινὲς αὐτῶν πρεσβύτεροι γενόμενοι ἔγνωσαν ὅτι νέοις οὖσιν αὐτοῖς ἐγὼ κακὸν πώποτέ τι συνεβούλευσα, νυνὶ αὐτοὺς ἀναβαίνοντας ἐμοῦ κατηγορεῖν καὶ τιμωρεῖσθαι· εἰ δὲ μὴ αὐτοὶ ἤθελον, τῶν οἰκείων τινὰς τῶν ἐκείνων, πατέρας καὶ ἀδελφοὺς καὶ ἄλλους τοὺς προσήκοντας, εἴπερ ὑπ' ἐμοῦ τι κακὸν ἐπεπόνθεσαν αὐτῶν οἱ οἰκεῖοι, νῦν μεμνῆσθαι καὶ τιμωρεῖσθαι. πάντως δὲ πάρεισιν αὐτῶν πολλοὶ ἐνταυθοῖ οὓς ἐγὼ ὁρῶ, πρῶτον μὲν Κρίτων οὑτοσί, ἐμὸς ἡλικιώτης [33e] καὶ δημότης, Κριτοβούλου τοῦδε πατήρ, ἔπειτα Λυσανίας ὁ Σφήττιος, Αἰσχίνου τοῦδε πατήρ, ἔτι δ' Ἀντιφῶν ὁ Κηφισιεὺς οὑτοσί, Ἐπιγένους πατήρ, ἄλλοι τοίνυν οὗτοι ὧν οἱ ἀδελφοὶ ἐν ταύτῃ τῇ διατριβῇ γεγόνασιν, Νικόστρατος Θεοζοτίδου, ἀδελφὸς Θεοδότου--καὶ ὁ μὲν Θεόδοτος τετελεύτηκεν, ὥστε οὐκ ἂν ἐκεῖνός γε αὐτοῦ καταδεηθείη--καὶ Παράλιος ὅδε, ὁ Δημοδόκου, οὗ ἦν Θεάγης ἀδελφός· ὅδε δὲ [34a] Ἀδείμαντος, ὁ Ἀρίστωνος, οὗ ἀδελφὸς οὑτοσὶ Πλάτων, καὶ Αἰαντόδωρος, οὗ Ἀπολλόδωρος ὅδε ἀδελφός. καὶ ἄλλους πολλοὺς ἐγὼ ἔχω ὑμῖν εἰπεῖν, ὧν τινα ἐχρῆν μάλιστα μὲν ἐν τῷ ἑαυτοῦ λόγῳ παρασχέσθαι Μέλητον μάρτυρα· εἰ δὲ τότε ἐπελάθετο, νῦν παρασχέσθω--ἐγὼ παραχωρῶ--καὶ λεγέτω εἴ τι ἔχει τοιοῦτον. ἀλλὰ τούτου πᾶν τοὐναντίον εὑρήσετε, ὦ ἄνδρες, πάντας ἐμοὶ βοηθεῖν ἑτοίμους τῷ διαφθείροντι, τῷ κακὰ ἐργαζομένῳ τοὺς οἰκείους αὐτῶν, ὥς φασι Μέλητος καὶ [34b] Ἄνυτος. αὐτοὶ μὲν γὰρ οἱ διεφθαρμένοι τάχ' ἂν λόγον ἔχοιεν βοηθοῦντες· οἱ δὲ

19

ἀδιάφθαρτοι, πρεσβύτεροι ἤδη ἄνδρες, οἱ τούτων προσήκοντες, τίνα ἄλλον ἔχουσι λόγον βοηθοῦντες ἐμοὶ ἀλλ' ἢ τὸν ὀρθόν τε καὶ δίκαιον, ὅτι συνίσασι Μελήτῳ μὲν ψευδομένῳ, ἐμοὶ δὲ ἀληθεύοντι;
εἶεν δή, ὦ ἄνδρες· ἃ μὲν ἐγὼ ἔχοιμ' ἂν ἀπολογεῖσθαι, σχεδόν ἐστι ταῦτα καὶ ἄλλα ἴσως τοιαῦτα.
τάχα δ' ἄν τις [34c] ὑμῶν ἀγανακτήσειεν ἀναμνησθεὶς ἑαυτοῦ, εἰ ὁ μὲν καὶ ἐλάττω τουτουῒ τοῦ ἀγῶνος ἀγῶνα ἀγωνιζόμενος ἐδεήθη τε καὶ ἱκέτευσε τοὺς δικαστὰς μετὰ πολλῶν δακρύων, παιδία τε αὑτοῦ ἀναβιβασάμενος ἵνα ὅτι μάλιστα ἐλεηθείη, καὶ ἄλλους τῶν οἰκείων καὶ φίλων πολλούς, ἐγὼ δὲ οὐδὲν ἄρα τούτων ποιήσω, καὶ ταῦτα κινδυνεύων, ὡς ἂν δόξαιμι, τὸν ἔσχατον κίνδυνον. τάχ' ἂν οὖν τις ταῦτα ἐννοήσας αὐθαδέστερον ἂν πρός με σχοίη καὶ ὀργισθεὶς αὐτοῖς τούτοις θεῖτο ἂν μετ' [34d] ὀργῆς τὴν ψῆφον. εἰ δή τις ὑμῶν οὕτως ἔχει--οὐκ ἀξιῶ μὲν γὰρ ἔγωγε, εἰ δ' οὖν-- ἐπιεικῆ ἄν μοι δοκῶ πρὸς τοῦτον λέγειν λέγων ὅτι "ἐμοί, ὦ ἄριστε, εἰσὶν μέν πού τινες καὶ οἰκεῖοι· καὶ γὰρ τοῦτο αὐτὸ τὸ τοῦ Ὁμήρου, οὐδ' ἐγὼ 'ἀπὸ δρυὸς οὐδ' ἀπὸ πέτρης' πέφυκα ἀλλ' ἐξ ἀνθρώπων, ὥστε καὶ οἰκεῖοί μοί εἰσι καὶ ὑεῖς γε, ὦ ἄνδρες Ἀθηναῖοι, τρεῖς, εἷς μὲν μειράκιον ἤδη, δύο δὲ παιδία· ἀλλ' ὅμως οὐδένα αὐτῶν δεῦρο ἀναβιβασάμενος δεήσομαι ὑμῶν ἀποψηφίσασθαι". τί δὴ οὖν οὐδὲν τούτων ποιήσω; οὐκ αὐθαδιζόμενος, ὦ ἄνδρες [34e] Ἀθηναῖοι, οὐδ' ὑμᾶς ἀτιμάζων, ἀλλ' εἰ μὲν θαρραλέως ἐγὼ ἔχω πρὸς θάνατον ἢ μή, ἄλλος λόγος, πρὸς δ' οὖν δόξαν καὶ ἐμοὶ καὶ ὑμῖν καὶ ὅλῃ τῇ πόλει οὔ μοι δοκεῖ καλὸν εἶναι ἐμὲ τούτων οὐδὲν ποιεῖν καὶ τηλικόνδε ὄντα καὶ τοῦτο τοὔνομα ἔχοντα, εἴτ' οὖν ἀληθὲς εἴτ' οὖν ψεῦδος, ἀλλ' οὖν δεδογμένον [35a] γέ ἐστί τῳ Σωκράτη διαφέρειν τῶν πολλῶν ἀνθρώπων. εἰ οὖν ὑμῶν οἱ δοκοῦντες διαφέρειν εἴτε σοφίᾳ εἴτε ἀνδρείᾳ εἴτε ἄλλῃ ᾑτινιοῦν ἀρετῇ τοιοῦτοι ἔσονται, αἰσχρὸν ἂν εἴη· οἵουσπερ ἐγὼ πολλάκις ἑώρακά τινας ὅταν κρίνωνται, δοκοῦντας μέν τι εἶναι, θαυμάσια δὲ ἐργαζομένους, ὡς δεινόν τι οἰομένους πείσεσθαι εἰ ἀποθανοῦνται, ὥσπερ ἀθανάτων ἐσομένων ἂν ὑμεῖς αὐτοὺς μὴ ἀποκτείνητε· οἳ ἐμοὶ δοκοῦσιν αἰσχύνην τῇ πόλει περιάπτειν, ὥστ' ἄν τινα καὶ τῶν ξένων [35b] ὑπολαβεῖν ὅτι οἱ διαφέροντες Ἀθηναίων εἰς ἀρετήν, οὓς αὐτοὶ ἑαυτῶν ἔν τε ταῖς ἀρχαῖς καὶ ταῖς ἄλλαις τιμαῖς προκρίνουσιν, οὗτοι γυναικῶν οὐδὲν διαφέρουσιν. ταῦτα γάρ, ὦ ἄνδρες Ἀθηναῖοι, οὔτε ὑμᾶς χρὴ ποιεῖν τοὺς δοκοῦντας καὶ ὁπηοῦν τι εἶναι, οὔτ', ἂν ἡμεῖς ποιῶμεν, ὑμᾶς ἐπιτρέπειν, ἀλλὰ τοῦτο αὐτὸ ἐνδείκνυσθαι, ὅτι πολὺ μᾶλλον καταψηφιεῖσθε τοῦ τὰ ἐλεινὰ ταῦτα δράματα εἰσάγοντος καὶ καταγέλαστον τὴν πόλιν ποιοῦντος ἢ τοῦ ἡσυχίαν ἄγοντος.
χωρὶς δὲ τῆς δόξης, ὦ ἄνδρες, οὐδὲ δίκαιόν μοι δοκεῖ [35c] εἶναι δεῖσθαι τοῦ δικαστοῦ οὐδὲ δεόμενον ἀποφεύγειν, ἀλλὰ διδάσκειν καὶ πείθειν. οὐ

γὰρ ἐπὶ τούτῳ κάθηται ὁ δικαστής, ἐπὶ τῷ καταχαρίζεσθαι τὰ δίκαια, ἀλλ᾽ ἐπὶ τῷ κρίνειν ταῦτα· καὶ ὀμώμοκεν οὐ χαριεῖσθαι οἷς ἂν δοκῇ αὐτῷ, ἀλλὰ δικάσειν κατὰ τοὺς νόμους. οὔκουν χρὴ οὔτε ἡμᾶς ἐθίζειν ὑμᾶς ἐπιορκεῖν οὔθ᾽ ὑμᾶς ἐθίζεσθαι· οὐδέτεροι γὰρ ἂν ἡμῶν εὐσεβοῖεν. μὴ οὖν ἀξιοῦτέ με, ὦ ἄνδρες Ἀθηναῖοι, τοιαῦτα δεῖν πρὸς ὑμᾶς πράττειν ἃ μήτε ἡγοῦμαι καλὰ εἶναι μήτε [35d] δίκαια μήτε ὅσια, ἄλλως τε μέντοι νὴ Δία πάντως καὶ ἀσεβείας φεύγοντα ὑπὸ Μελήτου τουτουΐ. σαφῶς γὰρ ἄν, εἰ πείθοιμι ὑμᾶς καὶ τῷ δεῖσθαι βιαζοίμην ὀμωμοκότας, θεοὺς ἂν διδάσκοιμι μὴ ἡγεῖσθαι ὑμᾶς εἶναι, καὶ ἀτεχνῶς ἀπολογούμενος κατηγοροίην ἂν ἐμαυτοῦ ὡς θεοὺς οὐ νομίζω. ἀλλὰ πολλοῦ δεῖ οὕτως ἔχειν· νομίζω τε γάρ, ὦ ἄνδρες Ἀθηναῖοι, ὡς οὐδεὶς τῶν ἐμῶν κατηγόρων, καὶ ὑμῖν ἐπιτρέπω καὶ τῷ θεῷ κρῖναι περὶ ἐμοῦ ὅπῃ μέλλει ἐμοί τε ἄριστα εἶναι καὶ ὑμῖν.

[35e] τὸ μὲν μὴ ἀγανακτεῖν, ὦ ἄνδρες Ἀθηναῖοι, ἐπὶ τούτῳ [36a] τῷ γεγονότι, ὅτι μου κατεψηφίσασθε, ἄλλα τέ μοι πολλὰ συμβάλλεται, καὶ οὐκ ἀνέλπιστόν μοι γέγονεν τὸ γεγονὸς τοῦτο, ἀλλὰ πολὺ μᾶλλον θαυμάζω ἑκατέρων τῶν ψήφων τὸν γεγονότα ἀριθμόν. οὐ γὰρ ᾠόμην ἔγωγε οὕτω παρ᾽ ὀλίγον ἔσεσθαι ἀλλὰ παρὰ πολύ· νῦν δέ, ὡς ἔοικεν, εἰ τριάκοντα μόναι μετέπεσον τῶν ψήφων, ἀπεπεφεύγη ἄν. Μέλητον μὲν οὖν, ὡς ἐμοὶ δοκῶ, καὶ νῦν ἀποπέφευγα, καὶ οὐ μόνον ἀποπέφευγα, ἀλλὰ παντὶ δῆλον τοῦτό γε, ὅτι εἰ μὴ ἀνέβη Ἄνυτος καὶ Λύκων κατηγορήσοντες ἐμοῦ, κἂν ὦφλε [36b] χιλίας δραχμάς, οὐ μεταλαβὼν τὸ πέμπτον μέρος τῶν ψήφων.

τιμᾶται δ᾽ οὖν μοι ὁ ἀνὴρ θανάτου. εἶεν· ἐγὼ δὲ δὴ τίνος ὑμῖν ἀντιτιμήσομαι, ὦ ἄνδρες Ἀθηναῖοι; ἢ δῆλον ὅτι τῆς ἀξίας; τί οὖν; τί ἄξιός εἰμι παθεῖν ἢ ἀποτεῖσαι, ὅτι μαθὼν ἐν τῷ βίῳ οὐχ ἡσυχίαν ἦγον, ἀλλ᾽ ἀμελήσας ὧνπερ οἱ πολλοί, χρηματισμοῦ τε καὶ οἰκονομίας καὶ στρατηγιῶν καὶ δημηγοριῶν καὶ τῶν ἄλλων ἀρχῶν καὶ συνωμοσιῶν καὶ στάσεων τῶν ἐν τῇ πόλει γιγνομένων, ἡγησάμενος ἐμαυτὸν [36c] τῷ ὄντι ἐπιεικέστερον εἶναι ἢ ὥστε εἰς ταῦτ᾽ ἰόντα σῴζεσθαι, ἐνταῦθα μὲν οὐκ ᾖα οἷ ἐλθὼν μήτε ὑμῖν μήτε ἐμαυτῷ ἔμελλον μηδὲν ὄφελος εἶναι, ἐπὶ δὲ τὸ ἰδίᾳ ἕκαστον ἰὼν εὐεργετεῖν τὴν μεγίστην εὐεργεσίαν, ὡς ἐγώ φημι, ἐνταῦθα ᾖα, ἐπιχειρῶν ἕκαστον ὑμῶν πείθειν μὴ πρότερον μήτε τῶν ἑαυτοῦ μηδενὸς ἐπιμελεῖσθαι πρὶν ἑαυτοῦ ἐπιμεληθείη ὅπως ὡς βέλτιστος καὶ φρονιμώτατος ἔσοιτο, μήτε τῶν τῆς πόλεως, πρὶν αὐτῆς τῆς πόλεως, τῶν τε ἄλλων οὕτω κατὰ τὸν [36d] αὐτὸν τρόπον ἐπιμελεῖσθαι--τί οὖν εἰμι ἄξιος παθεῖν τοιοῦτος ὤν; ἀγαθόν τι, ὦ ἄνδρες Ἀθηναῖοι, εἰ δεῖ γε κατὰ τὴν ἀξίαν τῇ ἀληθείᾳ τιμᾶσθαι· καὶ ταῦτά γε ἀγαθὸν τοιοῦτον ὅτι ἂν πρέποι ἐμοί. τί οὖν πρέπει ἀνδρὶ πένητι εὐεργέτῃ δεομένῳ ἄγειν σχολὴν ἐπὶ τῇ ὑμετέρᾳ παρακελεύσει; οὐκ ἔσθ᾽ ὅτι μᾶλλον, ὦ ἄνδρες Ἀθηναῖοι,

πρέπει οὕτως ὡς τὸν τοιοῦτον ἄνδρα ἐν πρυτανείῳ σιτεῖσθαι, πολύ γε μᾶλλον ἢ εἴ τις ὑμῶν ἵππῳ ἢ συνωρίδι ἢ ζεύγει νενίκηκεν Ὀλυμπίασιν· ὁ μὲν γὰρ ὑμᾶς ποιεῖ εὐδαίμονας δοκεῖν εἶναι, ἐγὼ δὲ [36e] εἶναι, καὶ ὁ μὲν τροφῆς οὐδὲν δεῖται, ἐγὼ δὲ δέομαι. εἰ οὖν δεῖ με κατὰ τὸ δίκαιον τῆς ἀξίας τιμᾶσθαι, τούτου [37a] τιμῶμαι, ἐν πρυτανείῳ σιτήσεως.
ἴσως οὖν ὑμῖν καὶ ταυτὶ λέγων παραπλησίως δοκῶ λέγειν ὥσπερ περὶ τοῦ οἴκτου καὶ τῆς ἀντιβολήσεως, ἀπαυθαδιζόμενος· τὸ δὲ οὐκ ἔστιν, ὦ ἄνδρες Ἀθηναῖοι, τοιοῦτον ἀλλὰ τοιόνδε μᾶλλον. πέπεισμαι ἐγὼ ἑκὼν εἶναι μηδένα ἀδικεῖν ἀνθρώπων, ἀλλὰ ὑμᾶς τοῦτο οὐ πείθω· ὀλίγον γὰρ χρόνον ἀλλήλοις διειλέγμεθα. ἐπεί, ὡς ἐγᾦμαι, εἰ ἦν ὑμῖν νόμος, ὥσπερ καὶ ἄλλοις ἀνθρώποις, περὶ θανάτου μὴ μίαν ἡμέραν [37b] μόνον κρίνειν ἀλλὰ πολλάς, ἐπείσθητε ἄν· νῦν δ' οὐ ῥᾴδιον ἐν χρόνῳ ὀλίγῳ μεγάλας διαβολὰς ἀπολύεσθαι. πεπεισμένος δὴ ἐγὼ μηδένα ἀδικεῖν πολλοῦ δέω ἐμαυτόν γε ἀδικήσειν καὶ κατ' ἐμαυτοῦ ἐρεῖν αὐτὸς ὡς ἄξιός εἰμί του κακοῦ καὶ τιμήσεσθαι τοιούτου τινὸς ἐμαυτῷ. τί δείσας; ἦ μὴ πάθω τοῦτο οὗ Μέλητός μοι τιμᾶται, ὅ φημι οὐκ εἰδέναι οὔτ' εἰ ἀγαθὸν οὔτ' εἰ κακόν ἐστιν; ἀντὶ τούτου δὴ ἕλωμαι ὧν εὖ οἶδά τι κακῶν ὄντων τούτου τιμησάμενος; πότερον δεσμοῦ;
[37c] καὶ τί με δεῖ ζῆν ἐν δεσμωτηρίῳ, δουλεύοντα τῇ ἀεὶ καθισταμένῃ ἀρχῇ, τοῖς ἕνδεκα; ἀλλὰ χρημάτων καὶ δεδέσθαι ἕως ἂν ἐκτείσω; ἀλλὰ ταὐτόν μοί ἐστιν ὅπερ νυνδὴ ἔλεγον· οὐ γὰρ ἔστι μοι χρήματα ὁπόθεν ἐκτείσω. ἀλλὰ δὴ φυγῆς τιμήσωμαι; ἴσως γὰρ ἄν μοι τούτου τιμήσαιτε. πολλὴ μεντἂν με φιλοψυχία ἔχοι, ὦ ἄνδρες Ἀθηναῖοι, εἰ οὕτως ἀλόγιστός εἰμι ὥστε μὴ δύνασθαι λογίζεσθαι ὅτι ὑμεῖς μὲν ὄντες πολῖταί μου οὐχ οἷοί τε ἐγένεσθε ἐνεγκεῖν τὰς ἐμὰς [37d] διατριβὰς καὶ τοὺς λόγους, ἀλλ' ὑμῖν βαρύτεραι γεγόνασιν καὶ ἐπιφθονώτεραι, ὥστε ζητεῖτε αὐτῶν νυνὶ ἀπαλλαγῆναι· ἄλλοι δὲ ἄρα αὐτὰς οἴσουσι ῥᾳδίως; πολλοῦ γε δεῖ, ὦ ἄνδρες Ἀθηναῖοι. καλὸς οὖν ἄν μοι ὁ βίος εἴη ἐξελθόντι τηλικῷδε ἀνθρώπῳ ἄλλην ἐξ ἄλλης πόλεως ἀμειβομένῳ καὶ ἐξελαυνομένῳ ζῆν. εὖ γὰρ οἶδ' ὅτι ὅποι ἂν ἔλθω, λέγοντος ἐμοῦ ἀκροάσονται οἱ νέοι ὥσπερ ἐνθάδε· κἂν μὲν τούτους ἀπελαύνω, οὗτοί με αὐτοὶ ἐξελῶσι πείθοντες τοὺς πρεσβυτέρους· [37e] ἐὰν δὲ μὴ ἀπελαύνω, οἱ τούτων πατέρες δὲ καὶ οἰκεῖοι δι' αὐτοὺς τούτους.
ἴσως οὖν ἄν τις εἴποι· "σιγῶν δὲ καὶ ἡσυχίαν ἄγων, ὦ Σώκρατες, οὐχ οἷός τ' ἔσῃ ἡμῖν ἐξελθὼν ζῆν;" τουτὶ δή ἐστι πάντων χαλεπώτατον πεῖσαί τινας ὑμῶν. ἐάντε γὰρ λέγω ὅτι τῷ θεῷ ἀπειθεῖν τοῦτ' ἐστὶν καὶ διὰ τοῦτ' ἀδύνατον [38a] ἡσυχίαν ἄγειν, οὐ πείσεσθέ μοι ὡς εἰρωνευομένῳ· ἐάντ' αὖ λέγω ὅτι καὶ τυγχάνει μέγιστον ἀγαθὸν ὂν ἀνθρώπῳ τοῦτο, ἑκάστης ἡμέρας περὶ ἀρετῆς τοὺς λόγους ποιεῖσθαι καὶ τῶν ἄλλων περὶ ὧν ὑμεῖς

ἐμοῦ ἀκούετε διαλεγομένου καὶ ἐμαυτὸν καὶ ἄλλους ἐξετάζοντος, ὁ δὲ ἀνεξέταστος βίος οὐ βιωτὸς ἀνθρώπῳ, ταῦτα δ' ἔτι ἧττον πείσεσθέ μοι λέγοντι. τὰ δὲ ἔχει μὲν οὕτως, ὡς ἐγώ φημι, ὦ ἄνδρες, πείθειν δὲ οὐ ῥᾴδιον. καὶ ἐγὼ ἅμα οὐκ εἴθισμαι ἐμαυτὸν ἀξιοῦν κακοῦ [38b] οὐδενός. εἰ μὲν γὰρ ἦν μοι χρήματα, ἐτιμησάμην ἂν χρημάτων ὅσα ἔμελλον ἐκτείσειν, οὐδὲν γὰρ ἂν ἐβλάβην· νῦν δὲ οὐ γὰρ ἔστιν, εἰ μὴ ἄρα ὅσον ἂν ἐγὼ δυναίμην ἐκτεῖσαι, τοσούτου βούλεσθέ μοι τιμῆσαι. ἴσως δ' ἂν δυναίμην ἐκτεῖσαι ὑμῖν που μνᾶν ἀργυρίου· τοσούτου οὖν τιμῶμαι.
Πλάτων δὲ ὅδε, ὦ ἄνδρες Ἀθηναῖοι, καὶ Κρίτων καὶ Κριτόβουλος καὶ Ἀπολλόδωρος κελεύουσί με τριάκοντα μνῶν τιμήσασθαι, αὐτοὶ δ' ἐγγυᾶσθαι· τιμῶμαι οὖν τοσούτου, ἐγγυηταὶ δὲ ὑμῖν ἔσονται τοῦ ἀργυρίου οὗτοι ἀξιόχρεῳ.
[38c] οὐ πολλοῦ γ' ἕνεκα χρόνου, ὦ ἄνδρες Ἀθηναῖοι, ὄνομα ἕξετε καὶ αἰτίαν ὑπὸ τῶν βουλομένων τὴν πόλιν λοιδορεῖν ὡς Σωκράτη ἀπεκτόνατε, ἄνδρα σοφόν--φήσουσι γὰρ δὴ σοφὸν εἶναι, εἰ καὶ μὴ εἰμί, οἱ βουλόμενοι ὑμῖν ὀνειδίζειν-- εἰ γοῦν περιεμείνατε ὀλίγον χρόνον, ἀπὸ τοῦ αὐτομάτου ἂν ὑμῖν τοῦτο ἐγένετο· ὁρᾶτε γὰρ δὴ τὴν ἡλικίαν ὅτι πόρρω ἤδη ἐστὶ τοῦ βίου θανάτου δὲ ἐγγύς. λέγω δὲ τοῦτο οὐ [38d] πρὸς πάντας ὑμᾶς, ἀλλὰ πρὸς τοὺς ἐμοῦ καταψηφισαμένους θάνατον. λέγω δὲ καὶ τόδε πρὸς τοὺς αὐτοὺς τούτους. ἴσως με οἴεσθε, ὦ ἄνδρες Ἀθηναῖοι, ἀπορίᾳ λόγων ἑαλωκέναι τοιούτων οἷς ἂν ὑμᾶς ἔπεισα, εἰ ᾤμην δεῖν ἅπαντα ποιεῖν καὶ λέγειν ὥστε ἀποφυγεῖν τὴν δίκην. πολλοῦ γε δεῖ. ἀλλ' ἀπορίᾳ μὲν ἑάλωκα, οὐ μέντοι λόγων, ἀλλὰ τόλμης καὶ ἀναισχυντίας καὶ τοῦ μὴ ἐθέλειν λέγειν πρὸς ὑμᾶς τοιαῦτα οἷ' ἂν ὑμῖν μὲν ἥδιστα ἦν ἀκούειν-- θρηνοῦντός τέ μου καὶ ὀδυρομένου καὶ ἄλλα ποιοῦντος καὶ [38e] λέγοντος πολλὰ καὶ ἀνάξια ἐμοῦ, ὡς ἐγώ φημι, οἷα δὴ καὶ εἴθισθε ὑμεῖς τῶν ἄλλων ἀκούειν. ἀλλ' οὔτε τότε ᾠήθην δεῖν ἕνεκα τοῦ κινδύνου πρᾶξαι οὐδὲν ἀνελεύθερον, οὔτε νῦν μοι μεταμέλει οὕτως ἀπολογησαμένῳ, ἀλλὰ πολὺ μᾶλλον αἱροῦμαι ὧδε ἀπολογησάμενος τεθνάναι ἢ ἐκείνως ζῆν. οὔτε γὰρ ἐν δίκῃ οὔτ' ἐν πολέμῳ οὔτ' ἐμὲ οὔτ' ἄλλον οὐδένα δεῖ [39a] τοῦτο μηχανᾶσθαι, ὅπως ἀποφεύξεται πᾶν ποιῶν θάνατον. καὶ γὰρ ἐν ταῖς μάχαις πολλάκις δῆλον γίγνεται ὅτι τό γε ἀποθανεῖν ἄν τις ἐκφύγοι καὶ ὅπλα ἀφεὶς καὶ ἐφ' ἱκετείαν τραπόμενος τῶν διωκόντων· καὶ ἄλλαι μηχαναὶ πολλαί εἰσιν ἐν ἑκάστοις τοῖς κινδύνοις ὥστε διαφεύγειν θάνατον, ἐάν τις τολμᾷ πᾶν ποιεῖν καὶ λέγειν. ἀλλὰ μὴ οὐ τοῦτ' ᾖ χαλεπόν, ὦ ἄνδρες, θάνατον ἐκφυγεῖν, ἀλλὰ πολὺ χαλεπώτερον πονηρίαν· [39b] θᾶττον γὰρ θανάτου θεῖ. καὶ νῦν ἐγὼ μὲν ἅτε βραδὺς ὢν καὶ πρεσβύτης ὑπὸ τοῦ βραδυτέρου ἑάλων, οἱ δ' ἐμοὶ κατήγοροι ἅτε δεινοὶ καὶ ὀξεῖς ὄντες ὑπὸ τοῦ θάττονος, τῆς κακίας. καὶ νῦν ἐγὼ μὲν ἄπειμι ὑφ' ὑμῶν θανάτου δίκην ὀφλών, οὗτοι

δ' ὑπὸ τῆς ἀληθείας ὠφληκότες μοχθηρίαν καὶ ἀδικίαν. καὶ ἐγώ τε τῷ τιμήματι ἐμμένω καὶ οὗτοι. ταῦτα μέν που ἴσως οὕτως καὶ ἔδει σχεῖν, καὶ οἶμαι αὐτὰ μετρίως ἔχειν.

[39c] τὸ δὲ δὴ μετὰ τοῦτο ἐπιθυμῶ ὑμῖν χρησμῳδῆσαι, ὦ καταψηφισάμενοί μου· καὶ γάρ εἰμι ἤδη ἐνταῦθα ἐν ᾧ μάλιστα ἄνθρωποι χρησμῳδοῦσιν, ὅταν μέλλωσιν ἀποθανεῖσθαι. φημὶ γάρ, ὦ ἄνδρες οἳ ἐμὲ ἀπεκτόνατε, τιμωρίαν ὑμῖν ἥξειν εὐθὺς μετὰ τὸν ἐμὸν θάνατον πολὺ χαλεπωτέραν νὴ Δία ἢ οἵαν ἐμὲ ἀπεκτόνατε· νῦν γὰρ τοῦτο εἴργασθε οἰόμενοι μὲν ἀπαλλάξεσθαι τοῦ διδόναι ἔλεγχον τοῦ βίου, τὸ δὲ ὑμῖν πολὺ ἐναντίον ἀποβήσεται, ὡς ἐγώ φημι. πλείους ἔσονται ὑμᾶς [39d] οἱ ἐλέγχοντες, οὓς νῦν ἐγὼ κατεῖχον, ὑμεῖς δὲ οὐκ ᾐσθάνεσθε· καὶ χαλεπώτεροι ἔσονται ὅσῳ νεώτεροί εἰσιν, καὶ ὑμεῖς μᾶλλον ἀγανακτήσετε. εἰ γὰρ οἴεσθε ἀποκτείνοντες ἀνθρώπους ἐπισχήσειν τοῦ ὀνειδίζειν τινὰ ὑμῖν ὅτι οὐκ ὀρθῶς ζῆτε, οὐ καλῶς διανοεῖσθε· οὐ γάρ ἐσθ' αὕτη ἡ ἀπαλλαγὴ οὔτε πάνυ δυνατὴ οὔτε καλή, ἀλλ' ἐκείνη καὶ καλλίστη καὶ ῥᾴστη, μὴ τοὺς ἄλλους κολούειν ἀλλ' ἑαυτὸν παρασκευάζειν ὅπως ἔσται ὡς βέλτιστος. ταῦτα μὲν οὖν ὑμῖν τοῖς καταψηφισαμένοις μαντευσάμενος ἀπαλλάττομαι.

[39e] τοῖς δὲ ἀποψηφισαμένοις ἡδέως ἂν διαλεχθείην ὑπὲρ τοῦ γεγονότος τουτουΐ πράγματος, ἐν ᾧ οἱ ἄρχοντες ἀσχολίαν ἄγουσι καὶ οὔπω ἔρχομαι οἷ ἐλθόντα με δεῖ τεθνάναι. ἀλλά μοι, ὦ ἄνδρες, παραμείνατε τοσοῦτον χρόνον· οὐδὲν γὰρ κωλύει διαμυθολογῆσαι πρὸς ἀλλήλους ἕως ἔξεστιν. ὑμῖν [40a] γὰρ ὡς φίλοις οὖσιν ἐπιδεῖξαι ἐθέλω τὸ νυνί μοι συμβεβηκὸς τί ποτε νοεῖ. ἐμοὶ γάρ, ὦ ἄνδρες δικασταί--ὑμᾶς γὰρ δικαστὰς καλῶν ὀρθῶς ἂν καλοίην--θαυμάσιόν τι γέγονεν. ἡ γὰρ εἰωθυῖά μοι μαντικὴ ἡ τοῦ δαιμονίου ἐν μὲν τῷ πρόσθεν χρόνῳ παντὶ πάνυ πυκνὴ ἀεὶ ἦν καὶ πάνυ ἐπὶ σμικροῖς ἐναντιουμένη, εἴ τι μέλλοιμι μὴ ὀρθῶς πράξειν. νυνὶ δὲ συμβέβηκέ μοι ἅπερ ὁρᾶτε καὶ αὐτοί, ταυτὶ ἅ γε δὴ οἰηθείη ἄν τις καὶ νομίζεται ἔσχατα κακῶν εἶναι· ἐμοὶ δὲ [40b] οὔτε ἐξιόντι ἕωθεν οἴκοθεν ἠναντιώθη τὸ τοῦ θεοῦ σημεῖον, οὔτε ἡνίκα ἀνέβαινον ἐνταυθοῖ ἐπὶ τὸ δικαστήριον, οὔτε ἐν τῷ λόγῳ οὐδαμοῦ μέλλοντί τι ἐρεῖν. καίτοι ἐν ἄλλοις λόγοις πολλαχοῦ δή με ἐπέσχε λέγοντα μεταξύ· νῦν δὲ οὐδαμοῦ περὶ ταύτην τὴν πρᾶξιν οὔτ' ἐν ἔργῳ οὐδενὶ οὔτ' ἐν λόγῳ ἠναντίωταί μοι. τί οὖν αἴτιον εἶναι ὑπολαμβάνω; ἐγὼ ὑμῖν ἐρῶ· κινδυνεύει γάρ μοι τὸ συμβεβηκὸς τοῦτο ἀγαθὸν γεγονέναι, καὶ οὐκ ἔσθ' ὅπως ἡμεῖς ὀρθῶς ὑπολαμβάνομεν, [40c] ὅσοι οἰόμεθα κακὸν εἶναι τὸ τεθνάναι. μέγα μοι τεκμήριον τούτου γέγονεν· οὐ γὰρ ἔσθ' ὅπως οὐκ ἠναντιώθη ἄν μοι τὸ εἰωθὸς σημεῖον, εἰ μή τι ἔμελλον ἐγὼ ἀγαθὸν πράξειν. ἐννοήσωμεν δὲ καὶ τῇδε ὡς πολλὴ ἐλπίς ἐστιν ἀγαθὸν αὐτὸ εἶναι. δυοῖν γὰρ θάτερόν ἐστιν τὸ

τεθνάναι· ἢ γὰρ οἷον μηδὲν εἶναι μηδὲ αἴσθησιν μηδεμίαν μηδενὸς ἔχειν τὸν τεθνεῶτα, ἢ κατὰ τὰ λεγόμενα μεταβολή τις τυγχάνει οὖσα καὶ μετοίκησις τῇ ψυχῇ τοῦ τόπου τοῦ ἐνθένδε εἰς ἄλλον τόπον. καὶ εἴτε δὴ μηδεμία αἴσθησίς ἐστιν ἀλλ' [40d] οἷον ὕπνος ἐπειδάν τις καθεύδων μηδ' ὄναρ μηδὲν ὁρᾷ, θαυμάσιον κέρδος ἂν εἴη ὁ θάνατος--ἐγὼ γὰρ ἂν οἶμαι, εἴ τινα ἐκλεξάμενον δέοι ταύτην τὴν νύκτα ἐν ᾗ οὕτω κατέδαρθεν ὥστε μηδὲ ὄναρ ἰδεῖν, καὶ τὰς ἄλλας νύκτας τε καὶ ἡμέρας τὰς τοῦ βίου τοῦ ἐαυτοῦ ἀντιπαραθέντα ταύτῃ τῇ νυκτὶ δέοι σκεψάμενον εἰπεῖν πόσας ἄμεινον καὶ ἥδιον ἡμέρας καὶ νύκτας ταύτης τῆς νυκτὸς βεβίωκεν ἐν τῷ ἑαυτοῦ βίῳ, οἶμαι ἂν μὴ ὅτι ἰδιώτην τινά, ἀλλὰ τὸν μέγαν βασιλέα εὐαριθμήτους [40e] ἂν εὑρεῖν αὐτὸν ταύτας πρὸς τὰς ἄλλας ἡμέρας καὶ νύκτας--εἰ οὖν τοιοῦτον ὁ θάνατός ἐστιν, κέρδος ἔγωγε λέγω· καὶ γὰρ οὐδὲν πλείων ὁ πᾶς χρόνος φαίνεται οὕτω δὴ εἶναι ἢ μία νύξ. εἰ δ' αὖ οἷον ἀποδημῆσαί ἐστιν ὁ θάνατος ἐνθένδε εἰς ἄλλον τόπον, καὶ ἀληθῆ ἐστιν τὰ λεγόμενα, ὡς ἄρα ἐκεῖ εἰσι πάντες οἱ τεθνεῶτες, τί μεῖζον ἀγαθὸν τούτου εἴη ἄν, ὦ ἄνδρες δικασταί; εἰ γάρ τις [41a] ἀφικόμενος εἰς ιδου, ἀπαλλαγεὶς τουτωνὶ τῶν φασκόντων δικαστῶν εἶναι, εὑρήσει τοὺς ὡς ἀληθῶς δικαστάς, οἵπερ καὶ λέγονται ἐκεῖ δικάζειν, Μίνως τε καὶ Ῥαδάμανθυς καὶ Αἰακὸς καὶ Τριπτόλεμος καὶ ἄλλοι ὅσοι τῶν ἡμιθέων δίκαιοι ἐγένοντο ἐν τῷ ἑαυτῶν βίῳ, ἆρα φαύλη ἂν εἴη ἡ ἀποδημία; ἢ αὖ Ὀρφεῖ συγγενέσθαι καὶ Μουσαίῳ καὶ Ἡσιόδῳ καὶ Ὁμήρῳ ἐπὶ πόσῳ ἄν τις δέξαιτ' ἂν ὑμῶν; ἐγὼ μὲν γὰρ πολλάκις ἐθέλω τεθνάναι εἰ ταῦτ' ἔστιν ἀληθῆ. ἐπεὶ [41b] ἔμοιγε καὶ αὐτῷ θαυμαστὴ ἂν εἴη ἡ διατριβὴ αὐτόθι, ὁπότε ἐντύχοιμι Παλαμήδει καὶ Αἴαντι τῷ Τελαμῶνος καὶ εἴ τις ἄλλος τῶν παλαιῶν διὰ κρίσιν ἄδικον τέθνηκεν, ἀντιπαραβάλλοντι τὰ ἐμαυτοῦ πάθη πρὸς τὰ ἐκείνων--ὡς ἐγὼ οἶμαι, οὐκ ἂν ἀηδὲς εἴη--καὶ δὴ τὸ μέγιστον, τοὺς ἐκεῖ ἐξετάζοντα καὶ ἐρευνῶντα ὥσπερ τοὺς ἐνταῦθα διάγειν, τίς αὐτῶν σοφός ἐστιν καὶ τίς οἴεται μέν, ἔστιν δ' οὔ. ἐπὶ πόσῳ δ' ἄν τις, ὦ ἄνδρες δικασταί, δέξαιτο ἐξετάσαι τὸν ἐπὶ Τροίαν ἀγαγόντα [41c] τὴν πολλὴν στρατιὰν ἢ Ὀδυσσέα ἢ Σίσυφον ἢ ἄλλους μυρίους ἄν τις εἴποι καὶ ἄνδρας καὶ γυναῖκας, οἷς ἐκεῖ διαλέγεσθαι καὶ συνεῖναι καὶ ἐξετάζειν ἀμήχανον ἂν εἴη εὐδαιμονίας; πάντως οὐ δήπου τούτου γε ἕνεκα οἱ ἐκεῖ ἀποκτείνουσι· τά τε γὰρ ἄλλα εὐδαιμονέστεροί εἰσιν οἱ ἐκεῖ τῶν ἐνθάδε, καὶ ἤδη τὸν λοιπὸν χρόνον ἀθάνατοί εἰσιν, εἴπερ γε τὰ λεγόμενα ἀληθῆ.
ἀλλὰ καὶ ὑμᾶς χρή, ὦ ἄνδρες δικασταί, εὐέλπιδας εἶναι πρὸς τὸν θάνατον, καὶ ἕν τι τοῦτο διανοεῖσθαι ἀληθές, ὅτι [41d] οὐκ ἔστιν ἀνδρὶ ἀγαθῷ κακὸν οὐδὲν οὔτε ζῶντι οὔτε τελευτήσαντι, οὐδὲ ἀμελεῖται ὑπὸ θεῶν τὰ τούτου πράγματα· οὐδὲ τὰ ἐμὰ νῦν ἀπὸ τοῦ αὐτομάτου γέγονεν, ἀλλά μοι δῆλόν ἐστι τοῦτο, ὅτι ἤδη τεθνάναι καὶ ἀπηλλάχθαι πραγμάτων βέλτιον

ἦν μοι. διὰ τοῦτο καὶ ἐμὲ οὐδαμοῦ ἀπέτρεψεν τὸ σημεῖον, καὶ ἔγωγε τοῖς καταψηφισαμένοις μου καὶ τοῖς κατηγόροις οὐ πάνυ χαλεπαίνω. καίτοι οὐ ταύτῃ τῇ διανοίᾳ κατεψηφίζοντό μου καὶ κατηγόρουν, ἀλλ' οἰόμενοι βλάπτειν· [41e] τοῦτο αὐτοῖς ἄξιον μέμφεσθαι. τοσόνδε μέντοι αὐτῶν δέομαι· τοὺς ὑεῖς μου, ἐπειδὰν ἡβήσωσι, τιμωρήσασθε, ὦ ἄνδρες, ταὐτὰ ταῦτα λυποῦντες ἅπερ ἐγὼ ὑμᾶς ἐλύπουν, ἐὰν ὑμῖν δοκῶσιν ἢ χρημάτων ἢ ἄλλου του πρότερον ἐπιμελεῖσθαι ἢ ἀρετῆς, καὶ ἐὰν δοκῶσί τι εἶναι μηδὲν ὄντες, ὀνειδίζετε αὐτοῖς ὥσπερ ἐγὼ ὑμῖν, ὅτι οὐκ ἐπιμελοῦνται ὧν δεῖ, καὶ οἴονταί τι εἶναι ὄντες οὐδενὸς ἄξιοι. καὶ ἐὰν [42a] ταῦτα ποιῆτε, δίκαια πεπονθὼς ἐγὼ ἔσομαι ὑφ' ὑμῶν αὐτός τε καὶ οἱ ὑεῖς. ἀλλὰ γὰρ ἤδη ὥρα ἀπιέναι, ἐμοὶ μὲν ἀποθανουμένῳ, ὑμῖν δὲ βιωσομένοις· ὁπότεροι δὲ ἡμῶν ἔρχονται ἐπὶ ἄμεινον πρᾶγμα, ἄδηλον παντὶ πλὴν ἢ τῷ θεῷ.

Χαρμίδης

[153a] Σωκράτης
Ἥκομεν τῇ προτεραίᾳ ἑσπέρας ἐκ Ποτειδαίας ἀπὸ τοῦ στρατοπέδου, οἷον δὲ διὰ χρόνου ἀφιγμένος ἀσμένως ᾖα ἐπὶ τὰς συνήθεις διατριβάς. καὶ δὴ καὶ εἰς τὴν Ταυρέου παλαίστραν τὴν καταντικρὺ τοῦ τῆς Βασίλης ἱεροῦ εἰσῆλθον, καὶ αὐτόθι κατέλαβον πάνυ πολλούς, τοὺς μὲν καὶ ἀγνῶτας ἐμοί, τοὺς δὲ πλείστους γνωρίμους. καί με ὡς [153b] εἶδον εἰσιόντα ἐξ ἀπροσδοκήτου, εὐθὺς πόρρωθεν ἠσπάζοντο ἄλλος ἄλλοθεν: Χαιρεφῶν δέ, ἅτε καὶ μανικὸς ὤν, ἀναπηδήσας ἐκ μέσων ἔθει πρός με, καί μου λαβόμενος+ τῆς χειρός+, ὦ Σώκρατες, ἦ δ' ὅς, πῶς ἐσώθης ἐκ τῆς μάχης; Ὀλίγον δὲ πρὶν ἡμᾶς ἀπιέναι μάχη ἐγεγόνει ἐν τῇ Ποτειδαίᾳ, ἣν ἄρτι ἦσαν οἱ τῇδε πεπυσμένοι.
καὶ ἐγὼ πρὸς αὐτὸν ἀποκρινόμενος, Οὑτωσί, ἔφην, ὡς σὺ ὁρᾷς.
καὶ μὴν ἤγγελταί γε δεῦρο, ἔφη, ἥ τε μάχη πάνυ ἰσχυρὰ [153c] γεγονέναι καὶ ἐν αὐτῇ πολλοὺς τῶν γνωρίμων τεθνάναι.
καὶ ἐπιεικῶς, ἦν δ' ἐγώ, ἀληθῆ ἀπήγγελται.
παρεγένου μέν, ἦ δ' ὅς, τῇ μάχῃ;
παρεγενόμην.
δεῦρο δή, ἔφη, καθεζόμενος ἡμῖν διήγησαι: οὐ γάρ τί πω πάντα+ σαφῶς πεπύσμεθα. καὶ ἅμα με καθίζει ἄγων παρὰ Κριτίαν τὸν Καλλαίσχρου. παρακαθεζόμενος οὖν+ ἠσπαζόμην τόν τε Κριτίαν καὶ τοὺς ἄλλους, καὶ διηγούμην αὐτοῖς τὰ ἀπὸ στρατοπέδου, ὅτι μέ [153d] τις ἀνέροιτο: ἠρώτων δὲ ἄλλος ἄλλο.
ἐπειδὴ δὲ τῶν τοιούτων ἅδην+ εἴχομεν, αὖθις ἐγὼ αὐτοὺς ἀνηρώτων τὰ τῇδε, περὶ φιλοσοφίας ὅπως ἔχοι τὰ νῦν, περί τε τῶν νέων, εἴ τινες ἐν αὐτοῖς διαφέροντες ἢ σοφίᾳ ἢ κάλλει ἢ ἀμφοτέροις ἐγγεγονότες εἶεν. καὶ ὁ Κριτίας ἀποβλέψας[154a] πρὸς τὴν θύραν, ἰδών τινας νεανίσκους εἰσιόντας καὶ λοιδορουμένους ἀλλήλοις καὶ ἄλλον ὄχλον ὄπισθεν ἑπόμενον, περὶ μὲν τῶν καλῶν, ἔφη, ὦ Σώκρατες, αὐτίκα μοι δοκεῖς εἴσεσθαι: οὗτοι γὰρ τυγχάνουσιν οἱ εἰσιόντες πρόδρομοί τε καὶ ἐρασταὶ ὄντες τοῦ δοκοῦντος καλλίστου εἶναι τά γε δὴ νῦν, φαίνεται δέ μοι καὶ αὐτὸς ἐγγὺς ἤδη που εἶναι προσιών.

ἔστιν δέ, ἦν δ' ἐγώ, τίς τε καὶ τοῦ;
οἶσθά που σύ γε, ἔφη, ἀλλ' οὔπω ἐν ἡλικίᾳ ἦν πρίν σε [154b] ἀπιέναι, Χαρμίδην τὸν τοῦ Γλαύκωνος τοῦ ἡμετέρου θείου ὑόν, ἐμὸν δὲ ἀνεψιόν.
οἶδα μέντοι νὴ Δία, ἦν δ' ἐγώ· οὐ γάρ τι φαῦλος οὐδὲ τότε ἦν ἔτι παῖς ὤν, νῦν δ' οἶμαί που εὖ μάλα ἂν ἤδη μειράκιον εἴη.
αὐτίκα, ἔφη, εἴσῃ καὶ ἡλίκος καὶ οἷος γέγονεν. καὶ ἅμα ταῦτ' αὐτοῦ λέγοντος ὁ Χαρμίδης εἰσέρχεται.
ἐμοὶ μὲν οὖν, ὦ ἑταῖρε, οὐδὲν σταθμητόν· ἀτεχνῶς γὰρ λευκὴ στάθμη εἰμὶ πρὸς τοὺς καλούς--σχεδὸν γάρ τί μοι πάντες οἱ ἐν τῇ ἡλικίᾳ καλοὶ φαίνονται--ἀτὰρ οὖν δὴ καὶ [154c] τότε ἐκεῖνος ἐμοὶ θαυμαστὸς ἐφάνη τό τε μέγεθος καὶ τὸ κάλλος, οἱ δὲ δὴ ἄλλοι πάντες ἐρᾶν ἔμοιγε ἐδόκουν αὐτοῦ-- οὕτως ἐκπεπληγμένοι τε καὶ τεθορυβημένοι ἦσαν, ἡνίκ' εἰσῄει-- πολλοὶ δὲ δὴ ἄλλοι ἐρασταὶ καὶ ἐν τοῖς ὄπισθεν εἵποντο. καὶ τὸ μὲν ἡμέτερον τὸ τῶν ἀνδρῶν ἧττον θαυμαστὸν ἦν· ἀλλ' ἐγὼ καὶ τοῖς παισὶ προσέσχον τὸν νοῦν, ὡς οὐδεὶς ἄλλοσ' ἔβλεπεν αὐτῶν, οὐδ' ὅστις σμικρότατος ἦν, ἀλλὰ πάντες ὥσπερ ἄγαλμα ἐθεῶντο αὐτόν. καὶ ὁ [154d] Χαιρεφῶν καλέσας με, τί σοι φαίνεται ὁ νεανίσκος, ἔφη, ὦ Σώκρατες; οὐκ εὐπρόσωπος;
ὑπερφυῶς, ἦν δ' ἐγώ.
οὗτος μέντοι, ἔφη, εἰ ἐθέλοι ἀποδῦναι, δόξει σοι ἀπρόσωπος εἶναι· οὕτως τὸ εἶδος πάγκαλός ἐστιν.
συνέφασαν οὖν καὶ οἱ ἄλλοι ταὐτὰ ταῦτα+ τῷ Χαιρεφῶντι· κἀγώ, Ἡράκλεις, ἔφην, ὡς ἄμαχον λέγετε τὸν ἄνδρα, εἰ ἔτι αὐτῷ ἓν δὴ μόνον τυγχάνει προσὸν σμικρόν τι.
τί; ἔφη ὁ Κριτίας.
[154e] εἰ τὴν ψυχήν, ἦν δ' ἐγώ, τυγχάνει εὖ πεφυκώς. πρέπει δέ που, ὦ Κριτία, τοιοῦτον αὐτὸν εἶναι τῆς γε ὑμετέρας ὄντα οἰκίας.
ἀλλ', ἔφη, πάνυ καλὸς καὶ ἀγαθός ἐστιν καὶ ταῦτα.
τί οὖν, ἔφην, οὐκ ἀπεδύσαμεν αὐτοῦ αὐτὸ τοῦτο καὶ ἐθεασάμεθα πρότερον τοῦ εἴδους; πάντως γάρ που τηλικοῦτος ὢν ἤδη ἐθέλει διαλέγεσθαι.
καὶ πάνυ γε, ἔφη ὁ Κριτίας, ἐπεί τοι καὶ ἔστιν φιλόσοφός [155a] τε καί, ὡς δοκεῖ ἄλλοις τε καὶ ἑαυτῷ, πάνυ ποιητικός.
τοῦτο μέν, ἦν δ' ἐγώ, ὦ φίλε Κριτία, πόρρωθεν ὑμῖν τὸ καλὸν ὑπάρχει ἀπὸ τῆς Σόλωνος συγγενείας. ἀλλὰ τί οὐκ ἐπέδειξάς μοι τὸν νεανίαν καλέσας δεῦρο; οὐδὲ γὰρ ἄν που εἰ ἔτι ἐτύγχανε νεώτερος ὤν, αἰσχρὸν ἂν ἦν αὐτῷ διαλέγεσθαι ἡμῖν ἐναντίον γε σοῦ, ἐπιτρόπου τε ἅμα καὶ ἀνεψιοῦ ὄντος.
ἀλλὰ καλῶς, ἔφη, λέγεις, καὶ καλοῦμεν αὐτόν. καὶ [155b] ἅμα πρὸς τὸν ἀκόλουθον, Παῖ, ἔφη, κάλει Χαρμίδην, εἰπὼν ὅτι βούλομαι αὐτὸν ἰατρῷ

συστῆσαι περὶ τῆς ἀσθενείας ἧς πρῴην πρός με ἔλεγεν ὅτι ἀσθενοῖ. πρὸς οὖν ἐμὲ ὁ Κριτίας, Ἔναγχός τοι ἔφη βαρύνεσθαί τι τὴν κεφαλὴν ἕωθεν ἀνιστάμενος: ἀλλὰ τί σε κωλύει προσποιήσασθαι πρὸς αὐτὸν ἐπίστασθαί τι κεφαλῆς φάρμακον;
οὐδέν, ἦν δ' ἐγώ: μόνον ἐλθέτω.
ἀλλ' ἥξει, ἔφη.
ὃ οὖν καὶ ἐγένετο. ἧκε γάρ, καὶ ἐποίησε γέλωτα [155c] πολύν: ἕκαστος γὰρ ἡμῶν τῶν καθημένων συγχωρῶν τὸν πλησίον ἐώθει σπουδῇ, ἵνα παρ' αὐτῷ καθέζοιτο, ἕως τῶν ἐπ' ἐσχάτῳ καθημένων τὸν μὲν ἀνεστήσαμεν, τὸν δὲ πλάγιον κατεβάλομεν. ὁ δ' ἐλθὼν μεταξὺ ἐμοῦ τε καὶ τοῦ Κριτίου ἐκαθέζετο. ἐνταῦθα μέντοι, ὦ φίλε, ἐγὼ ἤδη ἠπόρουν, καί μου ἡ πρόσθεν θρασύτης ἐξεκέκοπτο, ἣν εἶχον ἐγὼ ὡς πάνυ ῥᾳδίως αὐτῷ διαλεξόμενος: ἐπειδὴ δέ, φράσαντος τοῦ Κριτίου ὅτι ἐγὼ εἴην ὁ τὸ φάρμακον ἐπιστάμενος, ἐνέβλεψέν τέ μοι [155d] τοῖς ὀφθαλμοῖς ἀμήχανόν τι οἷον καὶ ἀνήγετο ὡς ἐρωτήσων, καὶ οἱ ἐν τῇ παλαίστρᾳ ἅπαντες περιέρρεον ἡμᾶς κύκλῳ κομιδῇ, τότε δή, ὦ γεννάδα, εἶδόν τε τὰ ἐντὸς τοῦ ἱματίου καὶ ἐφλεγόμην καὶ οὐκέτ' ἐν ἐμαυτοῦ ἦν καὶ ἐνόμισα σοφώτατον εἶναι τὸν Κυδίαν τὰ ἐρωτικά, ὃς εἶπεν ἐπὶ καλοῦ λέγων παιδός, ἄλλῳ ὑποτιθέμενος, εὐλαβεῖσθαι μὴ κατέναντα λέοντος νεβρὸν ἐλθόντα μοῖραν αἱρεῖσθαι [155e] κρεῶν: αὐτὸς γάρ μοι ἐδόκουν ὑπὸ τοῦ τοιούτου θρέμματος ἑαλωκέναι. ὅμως δὲ αὐτοῦ ἐρωτήσαντος εἰ ἐπισταίμην τὸ τῆς κεφαλῆς φάρμακον, μόγις πως ἀπεκρινάμην ὅτι ἐπισταίμην.
τί οὖν, ἦ δ' ὅς, ἐστίν;
καὶ ἐγὼ εἶπον ὅτι αὐτὸ μὲν εἴη φύλλον τι, ἐπῳδὴ δέ τις ἐπὶ τῷ φαρμάκῳ εἴη, ἣν εἰ μέν τις ἐπᾴδοι ἅμα καὶ χρῷτο αὐτῷ, παντάπασιν ὑγιᾶ ποιοῖ τὸ φάρμακον: ἄνευ δὲ τῆς ἐπῳδῆς οὐδὲν ὄφελος εἴη τοῦ φύλλου.
[156a] καὶ ὅς, Ἀπογράψομαι τοίνυν, ἔφη, παρὰ σοῦ τὴν ἐπῳδήν.
πότερον, ἦν δ' ἐγώ, ἐάν με πείθῃς ἢ κἂν μή;
γελάσας οὖν, ἐάν σε πείθω, ἔφη, ὦ Σώκρατες.
εἶεν, ἦν δ' ἐγώ: καὶ τοὔνομά μου σὺ ἀκριβοῖς;
εἰ μὴ ἀδικῶ γε, ἔφη: οὐ γάρ τι σοῦ ὀλίγος λόγος ἐστὶν ἐν τοῖς ἡμετέροις ἡλικιώταις, μέμνημαι+ δὲ ἔγωγε καὶ παῖς ὢν Κριτίᾳ+ τῷδε+ συνόντα σε.
καλῶς γε σύ, ἦν δ' ἐγώ, ποιῶν: μᾶλλον γάρ σοι παρρησιάσομαι [156b] περὶ τῆς ἐπῳδῆς οἵα τυγχάνει οὖσα: ἄρτι δ' ἠπόρουν τίνι τρόπῳ σοι ἐνδειξαίμην τὴν δύναμιν αὐτῆς. ἔστι γάρ, ὦ Χαρμίδη, τοιαύτη οἵα μὴ δύνασθαι τὴν κεφαλὴν μόνον ὑγιᾶ ποιεῖν, ἀλλ' ὥσπερ ἴσως ἤδη καὶ σὺ ἀκήκοας τῶν ἀγαθῶν ἰατρῶν, ἐπειδάν τις αὐτοῖς προσέλθῃ τοὺς ὀφθαλμοὺς ἀλγῶν, λέγουσί που ὅτι οὐχ οἷόν τε αὐτοὺς μόνους ἐπιχειρεῖν τοὺς ὀφθαλμοὺς ἰᾶσθαι, ἀλλ' ἀναγκαῖον εἴη ἅμα καὶ τὴν κεφαλὴν

θεραπεύειν, εἰ μέλλοι [156c] καὶ τὰ τῶν ὀμμάτων εὖ ἔχειν· καὶ αὖ τὸ τὴν κεφαλὴν οἴεσθαι ἄν ποτε θεραπεῦσαι αὐτὴν ἐφ' ἑαυτῆς ἄνευ ὅλου τοῦ σώματος πολλὴν ἄνοιαν εἶναι. ἐκ δὴ τούτου τοῦ λόγου διαίταις ἐπὶ πᾶν τὸ σῶμα τρεπόμενοι μετὰ τοῦ ὅλου τὸ μέρος ἐπιχειροῦσιν θεραπεύειν τε καὶ ἰᾶσθαι· ἢ οὐκ ᾔσθησαι ὅτι ταῦτα οὕτως λέγουσίν τε καὶ ἔχει;
πάνυ γε, ἔφη.
οὐκοῦν καλῶς σοι δοκεῖ λέγεσθαι καὶ ἀποδέχῃ τὸν λόγον;
πάντων μάλιστα, ἔφη.
[156d] κἀγὼ ἀκούσας αὐτοῦ ἐπαινέσαντος ἀνεθάρρησά τε, καί μοι κατὰ σμικρὸν πάλιν ἡ θρασύτης συνηγείρετο, καὶ ἀνεζωπυρούμην. καὶ εἶπον· τοιοῦτον τοίνυν ἐστίν, ὦ Χαρμίδη, καὶ τὸ ταύτης τῆς ἐπῳδῆς. ἔμαθον δ' αὐτὴν ἐγὼ ἐκεῖ ἐπὶ στρατιᾶς παρά τινος τῶν Θρᾳκῶν τῶν Ζαλμόξιδος ἰατρῶν, οἳ λέγονται καὶ ἀπαθανατίζειν. ἔλεγεν δὲ ὁ Θρᾲξ οὗτος ὅτι ταῦτα μὲν [ἰατροὶ] οἱ Ἕλληνες, ἃ νυνδὴ ἐγὼ ἔλεγον, καλῶς λέγοιεν· ἀλλὰ Ζάλμοξις, ἔφη, λέγει ὁ ἡμέτερος βασιλεύς, θεὸς ὤν, [156e] ὅτι ὥσπερ ὀφθαλμοὺς ἄνευ κεφαλῆς οὐ δεῖ ἐπιχειρεῖν ἰᾶσθαι οὐδὲ κεφαλὴν ἄνευ σώματος, οὕτως οὐδὲ σῶμα ἄνευ ψυχῆς, ἀλλὰ τοῦτο καὶ αἴτιον εἴη τοῦ διαφεύγειν τοὺς παρὰ τοῖς Ἕλλησιν ἰατροὺς τὰ πολλὰ νοσήματα, ὅτι τοῦ ὅλου ἀμελοῖεν οὗ δέοι τὴν ἐπιμέλειαν ποιεῖσθαι, οὗ μὴ καλῶς ἔχοντος ἀδύνατον εἴη τὸ μέρος εὖ ἔχειν. πάντα γὰρ ἔφη ἐκ τῆς ψυχῆς ὡρμῆσθαι καὶ τὰ κακὰ καὶ τὰ ἀγαθὰ τῷ σώματι καὶ παντὶ τῷ ἀνθρώπῳ, καὶ ἐκεῖθεν ἐπιρρεῖν ὥσπερ ἐκ τῆς κεφαλῆς ἐπὶ [157a] τὰ ὄμματα· δεῖν οὖν ἐκεῖνο καὶ πρῶτον καὶ μάλιστα θεραπεύειν, εἰ μέλλει καὶ τὰ τῆς κεφαλῆς καὶ τὰ τοῦ ἄλλου σώματος καλῶς ἔχειν. θεραπεύεσθαι δὲ τὴν ψυχὴν ἔφη, ὦ μακάριε, ἐπῳδαῖς τισιν, τὰς δ' ἐπῳδὰς ταύτας τοὺς λόγους εἶναι τοὺς καλούς· ἐκ δὲ τῶν τοιούτων λόγων ἐν ταῖς ψυχαῖς σωφροσύνην ἐγγίγνεσθαι, ἧς ἐγγενομένης καὶ παρούσης ῥᾴδιον ἤδη εἶναι τὴν ὑγίειαν καὶ τῇ κεφαλῇ καὶ τῷ ἄλλῳ [157b] σώματι πορίζειν. διδάσκων οὖν με τό τε φάρμακον καὶ τὰς ἐπῳδάς, "ὅπως," ἔφη, "τῷ φαρμάκῳ τούτῳ μηδείς σε πείσει τὴν αὑτοῦ κεφαλὴν θεραπεύειν, ὃς ἂν μὴ τὴν ψυχὴν πρῶτον παράσχῃ τῇ ἐπῳδῇ ὑπὸ σοῦ θεραπευθῆναι. καὶ γὰρ νῦν," ἔφη, "τοῦτ' ἔστιν τὸ ἁμάρτημα περὶ τοὺς ἀνθρώπους, ὅτι χωρὶς ἑκατέρου, σωφροσύνης τε καὶ ὑγιείας, ἰατροί τινες ἐπιχειροῦσιν εἶναι·" καί μοι πάνυ σφόδρα ἐνετέλλετο μήτε πλούσιον οὕτω μηδένα εἶναι μήτε γενναῖον μήτε καλόν, ὃς [157c] ἐμὲ πείσει ἄλλως ποιεῖν. ἐγὼ οὖν--ὀμώμοκα γὰρ αὐτῷ, καί μοι ἀνάγκη πείθεσθαι--πείσομαι οὖν, καὶ σοί, ἐὰν μὲν βούλῃ κατὰ τὰς τοῦ ξένου ἐντολὰς τὴν ψυχὴν πρῶτον παρασχεῖν ἐπᾷσαι ταῖς τοῦ Θρᾳκὸς ἐπῳδαῖς, προσοίσω τὸ φάρμακον τῇ κεφαλῇ· εἰ δὲ μή, οὐκ ἂν ἔχοιμεν† ὅτι ποιοῖμέν† σοι, ὦ φίλε Χαρμίδη.
ἀκούσας οὖν μου ὁ Κριτίας ταῦτ' εἰπόντος, Ἕρμαιον, ἔφη, ὦ Σώκρατες,

γεγονὸς ἂν εἴη ἡ τῆς κεφαλῆς ἀσθένεια τῷ νεανίσκῳ, εἰ ἀναγκασθήσεται καὶ τὴν διάνοιαν διὰ τὴν [157d] κεφαλὴν βελτίων γενέσθαι. λέγω+ μέντοι σοι ὅτι Χαρμίδης τῶν ἡλικιωτῶν οὐ μόνον τῇ ἰδέᾳ δοκεῖ διαφέρειν, ἀλλὰ καὶ αὐτῷ τούτῳ, οὗ σὺ φῂς τὴν ἐπῳδὴν ἔχειν: φῂς δὲ σωφροσύνης: ἦ γάρ; πάνυ γε, ἦν δ' ἐγώ.
εὖ τοίνυν ἴσθι, ἔφη, ὅτι πάνυ πολὺ δοκεῖ σωφρονέστατος εἶναι τῶν νυνί, καὶ τἆλλα πάντα, εἰς ὅσον ἡλικίας ἥκει, οὐδενὸς χείρων ὤν.
καὶ γάρ, ἦν δ' ἐγώ, καὶ δίκαιον, ὦ Χαρμίδη, διαφέρειν σε [157e] τῶν ἄλλων πᾶσιν τοῖς τοιούτοις: οὐ γὰρ οἶμαι ἄλλον οὐδένα τῶν ἐνθάδε ῥᾳδίως ἂν ἔχειν ἐπιδεῖξαι ποῖαι δύο οἰκίαι συνελθοῦσαι εἰς ταὐτὸν τῶν Ἀθήνησιν ἐκ τῶν εἰκότων καλλίω ἂν καὶ ἀμείνω γεννήσειαν ἢ ἐξ ὧν σὺ γέγονας. ἥ τε γὰρ πατρῴα ὑμῖν οἰκία, ἡ Κριτίου τοῦ Δρωπίδου, καὶ ὑπὸ Ἀνακρέοντος καὶ ὑπὸ Σόλωνος καὶ ὑπ' ἄλλων πολλῶν ποιητῶν ἐγκεκωμιασμένη παραδέδοται ἡμῖν, ὡς διαφέρουσα κάλλει τε[158a] καὶ ἀρετῇ καὶ τῇ ἄλλῃ λεγομένῃ εὐδαιμονίᾳ, καὶ αὖ ἡ πρὸς μητρὸς ὡσαύτως: Πυριλάμπους γὰρ τοῦ σοῦ θείου οὐδεὶς τῶν ἐν τῇ ἠπείρῳ λέγεται καλλίων καὶ μείζων ἀνὴρ δόξαι εἶναι, ὁσάκις ἐκεῖνος ἢ παρὰ μέγαν βασιλέα ἢ παρὰ ἄλλον τινὰ τῶν ἐν τῇ ἠπείρῳ πρεσβεύων ἀφίκετο, σύμπασα δὲ αὕτη ἡ οἰκία οὐδὲν τῆς ἑτέρας ὑποδεεστέρα. ἐκ δὴ τοιούτων γεγονότα εἰκός σε εἰς πάντα πρῶτον εἶναι. τὰ μὲν οὖν ὁρώμενα+ τῆς [158b] ἰδέας+, ὦ φίλε παῖ Γλαύκωνος, δοκεῖς μοι οὐδένα τῶν πρὸ σοῦ ἐν οὐδενὶ ὑποβεβηκέναι: εἰ δὲ δὴ καὶ πρὸς σωφροσύνην καὶ πρὸς τἆλλα κατὰ τὸν τοῦδε λόγον ἱκανῶς πέφυκας, μακάριόν σε, ἦν δ' ἐγώ, ὦ φίλε Χαρμίδη, ἡ μήτηρ ἔτικτεν. ἔχει δ' οὖν οὕτως. εἰ μέν σοι ἤδη πάρεστιν, ὡς λέγει Κριτίας ὅδε, σωφροσύνη καὶ εἶ σώφρων ἱκανῶς, οὐδὲν ἔτι σοι ἔδει οὔτε τῶν Ζαλμόξιδος οὔτε τῶν Ἀβάριδος τοῦ Ὑπερβορέου ἐπῳδῶν, ἀλλ' αὐτό σοι ἂν ἤδη δοτέον εἴη τὸ [158c] τῆς κεφαλῆς φάρμακον: εἰ δ' ἔτι τούτων ἐπιδεὴς εἶναι δοκεῖς, ἐπαστέον πρὸ τῆς τοῦ φαρμάκου δόσεως. αὐτὸς οὖν μοι εἰπὲ πότερον ὁμολογεῖς τῷδε καὶ φῂς ἱκανῶς ἤδη σωφροσύνης μετέχειν ἢ ἐνδεὴς εἶναι; ἀνερυθριάσας οὖν ὁ Χαρμίδης πρῶτον μὲν ἔτι καλλίων ἐφάνη--καὶ γὰρ τὸ αἰσχυντηλὸν αὐτοῦ τῇ ἡλικίᾳ ἔπρεψεν-- ἔπειτα καὶ οὐκ ἀγεννῶς ἀπεκρίνατο: εἶπεν γὰρ ὅτι οὐ ῥᾴδιον εἴη ἐν τῷ παρόντι οὔθ' ὁμολογεῖν οὔτε ἐξάρνῳ εἶναι τὰ [158d]ἐρωτώμενα. ἐὰν μὲν γάρ, ἦ δ' ὅς, μὴ φῶ εἶναι σώφρων, ἅμα μὲν ἄτοπον αὐτὸν καθ' ἑαυτοῦ τοιαῦτα λέγειν, ἅμα δὲ καὶ Κριτίαν τόνδε ψευδῆ ἐπιδείξω καὶ ἄλλους πολλούς, οἷς δοκῶ εἶναι σώφρων, ὡς ὁ τούτου λόγος: ἐὰν δ' αὖ φῶ καὶ ἐμαυτὸν ἐπαινῶ, ἴσως ἐπαχθὲς φανεῖται. ὥστε οὐκ ἔχω ὅτι σοι ἀποκρίνωμαι.
καὶ ἐγὼ εἶπον ὅτι μοι εἰκότα φαίνῃ λέγειν, ὦ Χαρμίδη. καί μοι δοκεῖ, ἦν δ' ἐγώ, κοινῇ ἂν εἴη σκεπτέον εἴτε κέκτησαι [158e] εἴτε μὴ ὃ πυνθάνομαι, ἵνα

μήτε σὺ ἀναγκάζῃ λέγειν ἃ μὴ βούλει, μήτ' αὖ ἐγὼ ἀσκέπτως ἐπὶ τὴν ἰατρικὴν τρέπωμαι. εἰ οὖν σοι φίλον, ἐθέλω σκοπεῖν μετὰ σοῦ· εἰ δὲ μή, ἐᾶν.

ἀλλὰ πάντων μάλιστα, ἔφη, φίλον· ὥστε τούτου γε ἕνεκα+, ὅπῃ αὐτὸς οἴει βέλτιον σκέψασθαι, ταύτῃ σκόπει.

τῇδε τοίνυν, ἔφην ἐγώ, δοκεῖ μοι βελτίστη εἶναι ἡ σκέψις περὶ αὐτοῦ. δῆλον γὰρ ὅτι εἴ σοι πάρεστιν σωφροσύνη, [159a] ἔχεις τι περὶ αὑτῆς δοξάζειν. ἀνάγκη γάρ που ἐνοῦσαν αὐτήν, εἴπερ ἔνεστιν, αἴσθησίν τινα παρέχειν, ἐξ ἧς δόξα ἄν τίς σοι περὶ αὐτῆς εἴη ὅτι ἐστὶν καὶ ὁποῖόν τι ἡ σωφροσύνη· ἢ οὐκ οἴει;

ἔγωγε, ἔφη, οἶμαι.

οὐκοῦν τοῦτό γε, ἔφην, ὃ οἴει, ἐπειδήπερ ἑλληνίζειν ἐπίστασαι, κἂν εἴποις δήπου αὐτὸ ὅτι σοι φαίνεται;

ἴσως, ἔφη.

ἵνα τοίνυν τοπάσωμεν εἴτε σοι ἔνεστιν εἴτε μή, εἰπέ, ἦν δ' ἐγώ, τί φῂς εἶναι σωφροσύνην κατὰ τὴν σὴν δόξαν.

[159b] καὶ ὃς τὸ μὲν πρῶτον ὤκνει τε καὶ οὐ πάνυ ἤθελεν ἀποκρίνασθαι· ἔπειτα μέντοι εἶπεν ὅτι οἷ δοκοῖ σωφροσύνη εἶναι τὸ κοσμίως πάντα πράττειν καὶ ἡσυχῇ, ἔν τε ταῖς ὁδοῖς βαδίζειν καὶ διαλέγεσθαι, καὶ τὰ ἄλλα πάντα ὡσαύτως ποιεῖν. καί μοι δοκεῖ, ἔφη, συλλήβδην ἡσυχιότης τις εἶναι ὃ ἐρωτᾷς.

ἆρ' οὖν, ἦν δ' ἐγώ, εὖ λέγεις; φασί γέ τοι, ὦ Χαρμίδη, τοὺς ἡσυχίους σώφρονας εἶναι· ἴδωμεν δὴ εἴ τι λέγουσιν. [159c] εἰπὲ γάρ μοι, οὐ τῶν καλῶν μέντοι ἡ σωφροσύνη ἐστίν;

πάνυ γε, ἔφη.

πότερον οὖν κάλλιστον ἐν γραμματιστοῦ τὰ ὅμοια γράμματα γράφειν ταχὺ ἢ ἡσυχῇ;

ταχύ.

τί δ' ἀναγιγνώσκειν; ταχέως ἢ βραδέως;

ταχέως.

καὶ μὲν δὴ καὶ τὸ κιθαρίζειν ταχέως καὶ τὸ παλαίειν ὀξέως πολὺ κάλλιον τοῦ ἡσυχῇ τε καὶ βραδέως;

ναί.

τί δὲ πυκτεύειν τε καὶ παγκρατιάζειν; οὐχ ὡσαύτως;

πάνυ γε.

θεῖν δὲ καὶ ἅλλεσθαι καὶ τὰ τοῦ σώματος ἅπαντα ἔργα, [159d] οὐ τὰ μὲν ὀξέως καὶ ταχὺ γιγνόμενα τὰ τοῦ καλοῦ ἐστιν, τὰ δὲ [βραδέα] μόγις τε καὶ ἡσυχῇ τὰ τοῦ αἰσχροῦ;

φαίνεται.

φαίνεται ἄρα ἡμῖν, ἔφην ἐγώ, κατά γε τὸ σῶμα οὐ τὸ ἡσύχιον, ἀλλὰ τὸ τάχιστον καὶ ὀξύτατον κάλλιστον ὄν. ἦ γάρ;
πάνυ γε.
ἡ δέ γε σωφροσύνη καλόν τι ἦν;
ναί.
οὐ τοίνυν κατά γε τὸ σῶμα ἡ ἡσυχιότης ἂν ἀλλ' ἡ ταχυτὴς σωφρονέστερον εἴη, ἐπειδὴ καλὸν ἡ σωφροσύνη.
ἔοικεν, ἔφη.
[159e] τί δέ; ἦν δ' ἐγώ, εὐμαθία κάλλιον ἢ δυσμαθία;
εὐμαθία.
ἔστιν δέ γ', ἔφην, ἡ μὲν εὐμαθία ταχέως μανθάνειν, ἡ δὲ δυσμαθία ἡσυχῇ καὶ βραδέως;
ναί.
διδάσκειν δὲ ἄλλον οὐ ταχέως [καὶ] κάλλιον καὶ σφόδρα μᾶλλον ἢ ἡσυχῇ τε καὶ βραδέως;
ναί.
τί δέ; ἀναμιμνῄσκεσθαι καὶ μεμνῆσθαι ἡσυχῇ τε καὶ βραδέως κάλλιον ἢ σφόδρα καὶ ταχέως;
σφόδρ', ἔφη, καὶ ταχέως.
[160a] ἡ δ' ἀγχίνοια οὐχὶ ὀξύτης τίς ἐστιν τῆς ψυχῆς ἀλλ' οὐχὶ ἡσυχία;
ἀληθῆ.
οὐκοῦν καὶ τὸ συνιέναι τὰ λεγόμενα, καὶ ἐν γραμματιστοῦ καὶ κιθαριστοῦ καὶ ἄλλοθι πανταχοῦ, οὐχ ὡς ἡσυχαίτατα ἀλλ' ὡς τάχιστά ἐστι κάλλιστα;
ναί.
ἀλλὰ μὴν ἔν γε ταῖς ζητήσεσιν τῆς ψυχῆς καὶ τῷ βουλεύεσθαι οὐχ ὁ ἡσυχιώτατος, ὡς ἐγὼ οἶμαι, καὶ μόγις βουλευόμενός τε καὶ ἀνευρίσκων ἐπαίνου δοκεῖ ἄξιος εἶναι, [160b] ἀλλ' ὁ ῥᾷστά τε καὶ τάχιστα τοῦτο δρῶν.
ἔστιν ταῦτα, ἔφη.
οὐκοῦν πάντα, ἦν δ' ἐγώ, ὦ Χαρμίδη, ἡμῖν καὶ τὰ περὶ τὴν ψυχὴν καὶ τὰ περὶ τὸ σῶμα, τὰ τοῦ τάχους τε καὶ τῆς ὀξύτητος καλλίω φαίνεται ἢ τὰ τῆς βραδυτῆτός τε καὶ ἡσυχιότητος;
κινδυνεύει, ἔφη.
οὐκ ἄρα ἡσυχιότης τις ἡ σωφροσύνη ἂν εἴη, οὐδ' ἡσύχιος ὁ σώφρων βίος, ἔκ γε τούτου τοῦ λόγου, ἐπειδὴ καλὸν αὐτὸν δεῖ εἶναι σώφρονα ὄντα. δυοῖν γὰρ δὴ τὰ ἕτερα: ἢ οὐδαμοῦ [160c] ἡμῖν ἢ πάνυ που ὀλιγαχοῦ αἱ ἡσύχιοι πράξεις ἐν τῷ βίῳ καλλίους ἐφάνησαν ἢ αἱ ταχεῖαί τε καὶ ἰσχυραί. εἰ δ' οὖν, ὦ φίλε, ὅτι μάλιστα μηδὲν ἐλάττους αἱ ἡσύχιοι τῶν σφοδρῶν τε καὶ ταχειῶν πράξεων τυγχάνουσιν καλλίους οὖσαι, οὐδὲ ταύτῃ σωφροσύνη ἂν εἴη μᾶλλόν τι τὸ ἡσυχῇ πράττειν ἢ τὸ σφόδρα τε καὶ

33

ταχέως, οὔτε ἐν βαδισμῷ οὔτε ἐν λέξει οὔτε ἄλλοθι οὐδαμοῦ, οὐδὲ ὁ ἡσύχιος βίος [κόσμιος] τοῦ μὴ ἡσυχίου [160d] σωφρονέστερος ἂν εἴη, ἐπειδὴ ἐν τῷ λόγῳ τῶν καλῶν τι ἡμῖν ἡ σωφροσύνη ὑπετέθη, καλὰ δὲ οὐχ ἧττον ταχέα τῶν ἡσυχίων πέφανται.
ὀρθῶς μοι δοκεῖς, ἔφη, ὦ Σώκρατες, εἰρηκέναι.
πάλιν τοίνυν, ἦν δ' ἐγώ, ὦ Χαρμίδη, μᾶλλον προσέχων τὸν νοῦν καὶ εἰς σεαυτὸν ἐμβλέψας, ἐννοήσας ὁποῖόν τινά σε ποιεῖ ἡ σωφροσύνη παροῦσα καὶ ποία τις οὖσα τοιοῦτον ἀπεργάζοιτο ἄν, πάντα ταῦτα συλλογισάμενος εἰπὲ εὖ καὶ [160e]ἀνδρείως τί σοι φαίνεται εἶναι;
καὶ ὃς ἐπισχὼν καὶ πάνυ ἀνδρικῶς πρὸς ἑαυτὸν διασκεψάμενος, δοκεῖ τοίνυν μοι, ἔφη, αἰσχύνεσθαι ποιεῖν ἡ σωφροσύνη καὶ αἰσχυντηλὸν τὸν ἄνθρωπον, καὶ εἶναι ὅπερ αἰδὼς ἡ σωφροσύνη.
εἶεν, ἦν δ' ἐγώ, οὐ καλὸν ἄρτι ὡμολόγεις τὴν σωφροσύνην εἶναι;
πάνυ γ', ἔφη.
οὐκοῦν καὶ ἀγαθοὶ ἄνδρες οἱ σώφρονες;
ναί.
ἆρ' οὖν ἂν εἴη ἀγαθὸν ὃ μὴ ἀγαθοὺς ἀπεργάζεται;
οὐ δῆτα.
οὐ μόνον οὖν ἄρα καλόν, ἀλλὰ καὶ ἀγαθόν ἐστιν.
[161a] ἔμοιγε δοκεῖ.
τί οὖν; ἦν δ' ἐγώ: Ὁμήρῳ οὐ πιστεύεις καλῶς λέγειν, λέγοντι ὅτι αἰδὼς δ' οὐκ ἀγαθὴ κεχρημένῳ ἀνδρὶ παρεῖναι;
ηομ. οδ. 17.347
ἔγωγ', ἔφη.
ἔστιν ἄρα, ὡς ἔοικεν, αἰδὼς οὐκ ἀγαθὸν καὶ ἀγαθόν.
φαίνεται.
σωφροσύνη δέ γε ἀγαθόν, εἴπερ ἀγαθοὺς ποιεῖ οἷς ἂν παρῇ, κακοὺς δὲ μή.
ἀλλὰ μὴν οὕτω γε δοκεῖ μοι ἔχειν, ὡς σὺ λέγεις.
οὐκ ἄρα σωφροσύνη ἂν εἴη αἰδώς, εἴπερ τὸ μὲν ἀγαθὸν [161b] τυγχάνει ὄν, αἰδὼς δὲ [μὴ] οὐδὲν μᾶλλον ἀγαθὸν ἢ καὶ κακόν.
ἀλλ' ἔμοιγε δοκεῖ, ἔφη, ὦ Σώκρατες, τοῦτο μὲν ὀρθῶς λέγεσθαι: τόδε δὲ σκέψαι τί σοι δοκεῖ εἶναι περὶ σωφροσύνης. ἄρτι γὰρ ἀνεμνήσθην--ὃ ἤδη του ἤκουσα λέγοντος-- ὅτι σωφροσύνη ἂν εἴη τὸ τὰ ἑαυτοῦ πράττειν.
σκόπει οὖν τοῦτο εἰ ὀρθῶς σοι δοκεῖ λέγειν ὁ λέγων.
καὶ ἐγώ, ὦ μιαρέ, ἔφην, Κριτίου τοῦδε ἀκήκοας αὐτὸ ἢ [161c] ἄλλου του τῶν σοφῶν.
ἔοικεν, ἔφη ὁ Κριτίας, ἄλλου: οὐ γὰρ δὴ ἐμοῦ γε.
ἀλλὰ τί διαφέρει, ἦ δ' ὅς, ὁ Χαρμίδης, ὦ Σώκρατες, ὅτου ἤκουσα;
οὐδέν, ἦν δ' ἐγώ: πάντως γὰρ οὐ τοῦτο σκεπτέον, ὅστις αὐτὸ εἶπεν, ἀλλὰ

πότερον ἀληθὲς λέγεται ἢ οὔ.
νῦν ὀρθῶς λέγεις, ἦ δ' ὅς.
νὴ Δία, ἦν δ' ἐγώ. ἀλλ' εἰ καὶ εὑρήσομεν αὐτὸ ὅπῃ γε ἔχει, θαυμάζοιμ' ἄν·
αἰνίγματι γάρ τινι ἔοικεν.
ὅτι δὴ τί γε; ἔφη.
[161d] ὅτι οὐ δήπου, ἦν δ' ἐγώ, ᾗ τὰ ῥήματα ἐφθέγξατο ταύτῃ καὶ ἐνόει,
λέγων σωφροσύνην εἶναι τὸ τὰ αὑτοῦ πράττειν. ἢ σὺ οὐδὲν ἡγῇ πράττειν
τὸν γραμματιστὴν ὅταν γράφῃ ἢ ἀναγιγνώσκῃ;
ἔγωγε, ἡγοῦμαι μὲν οὖν, ἔφη.
δοκεῖ οὖν σοι τὸ αὑτοῦ ὄνομα μόνον γράφειν ὁ γραμματιστὴς καὶ
ἀναγιγνώσκειν ἢ ὑμᾶς τοὺς παῖδας διδάσκειν, ἢ οὐδὲν ἧττον τὰ τῶν
ἐχθρῶν ἐγράφετε ἢ τὰ ὑμέτερα καὶ τὰ τῶν φίλων ὀνόματα;
οὐδὲν ἧττον.
ἦ οὖν ἐπολυπραγμονεῖτε καὶ οὐκ ἐσωφρονεῖτε τοῦτο [161e] δρῶντες;
οὐδαμῶς.
καὶ μὴν οὐ τὰ ὑμέτερά γε αὐτῶν ἐπράττετε, εἴπερ τὸ γράφειν πράττειν τί
ἐστιν καὶ τὸ ἀναγιγνώσκειν.
ἀλλὰ μὴν ἔστιν.
καὶ γὰρ τὸ ἰᾶσθαι, ὦ ἑταῖρε, καὶ τὸ οἰκοδομεῖν καὶ τὸ ὑφαίνειν καὶ τὸ
ᾑτινιοῦν τέχνῃ ὁτιοῦν τῶν τέχνης ἔργων ἀπεργάζεσθαι πράττειν δήπου τί
ἐστιν.
πάνυ γε.
τί οὖν; ἦν δ' ἐγώ, δοκεῖ ἄν σοι πόλις εὖ οἰκεῖσθαι ὑπὸ τούτου τοῦ νόμου
τοῦ κελεύοντος τὸ ἑαυτοῦ ἱμάτιον ἕκαστον ὑφαίνειν καὶ πλύνειν, καὶ
ὑποδήματα σκυτοτομεῖν, καὶ λήκυθον καὶ στλεγγίδα καὶ τἆλλα πάντα
κατὰ τὸν αὐτὸν λόγον, [162a] τῶν μὲν ἀλλοτρίων μὴ ἅπτεσθαι, τὰ δὲ
ἑαυτοῦ ἕκαστον ἐργάζεσθαί τε καὶ πράττειν;
οὐκ ἔμοιγε δοκεῖ, ἦ δ' ὅς.
ἀλλὰ μέντοι, ἔφην ἐγώ, σωφρόνως γε οἰκοῦσα εὖ ἂν οἰκοῖτο.
πῶς δ' οὔκ; ἔφη.
οὐκ ἄρα, ἦν δ' ἐγώ, τὸ τὰ τοιαῦτά τε καὶ οὕτω τὰ αὑτοῦ πράττειν
σωφροσύνη ἂν εἴη.
οὐ φαίνεται.
ᾐνίττετο ἄρα, ὡς ἔοικεν, ὅπερ ἄρτι ἐγὼ ἔλεγον, ὁ λέγων τὸ τὰ αὑτοῦ
πράττειν σωφροσύνην εἶναι· οὐ γάρ που οὕτω [162b] γε ἦν εὐήθης. ἢ
τινος ἠλιθίου ἤκουσας τουτὶ λέγοντος, ὦ Χαρμίδη;
ἥκιστά γε, ἔφη, ἐπεί τοι καὶ πάνυ ἐδόκει σοφὸς εἶναι.
παντὸς τοίνυν μᾶλλον, ὡς ἐμοὶ δοκεῖ, αἴνιγμα αὐτὸ προὔβαλεν, ὡς ὂν
χαλεπὸν τὸ τὰ αὑτοῦ πράττειν γνῶναι ὅτι ποτε ἔστιν.

ἴσως, ἔφη.
τί οὖν ἂν εἴη ποτὲ τὸ τὰ αὑτοῦ πράττειν; ἔχεις εἰπεῖν;
οὐκ οἶδα μὰ Δία ἔγωγε, ἦ δ' ὅς: ἀλλ' ἴσως οὐδὲν κωλύει μηδὲ τὸν λέγοντα μηδὲν εἰδέναι ὅτι ἐνόει. καὶ ἅμα ταῦτα λέγων ὑπεγέλα τε καὶ εἰς τὸν Κριτίαν ἀπέβλεπεν.
[162c] καὶ ὁ Κριτίας δῆλος μὲν ἦν καὶ πάλαι ἀγωνιῶν καὶ φιλοτίμως πρός τε τὸν Χαρμίδην καὶ πρὸς τοὺς παρόντας ἔχων, μόγις δ' ἑαυτὸν ἐν τῷ πρόσθεν κατέχων τότε οὐχ οἷός τε ἐγένετο: δοκεῖ γάρ μοι παντὸς μᾶλλον ἀληθὲς εἶναι, ὃ ἐγὼ ὑπέλαβον, τοῦ Κριτίου ἀκηκοέναι τὸν Χαρμίδην ταύτην τὴν ἀπόκρισιν περὶ τῆς σωφροσύνης. ὁ μὲν οὖν Χαρμίδης βουλόμενος μὴ αὐτὸς ὑπέχειν λόγον ἀλλ' ἐκεῖνον τῆς ἀποκρίσεως, [162d] ὑπεκίνει αὐτὸν ἐκεῖνον, καὶ ἐνεδείκνυτο ὡς ἐξεληλεγμένος εἴη: ὁ δ' οὐκ ἠνέσχετο, ἀλλά μοι ἔδοξεν ὀργισθῆναι αὐτῷ ὥσπερ ποιητὴς ὑποκριτῇ κακῶς διατιθέντι τὰ ἑαυτοῦ ποιήματα. ὥστ' ἐμβλέψας αὐτῷ+ εἶπεν, οὕτως οἴει, ὦ Χαρμίδη, εἰ σὺ μὴ οἶσθα ὅτι ποτ' ἐνόει ὃς ἔφη σωφροσύνην εἶναι τὸ τὰ ἑαυτοῦ πράττειν, οὐδὲ δὴ ἐκεῖνον εἰδέναι;
ἀλλ', ὦ βέλτιστε, ἔφην ἐγώ, Κριτία, τοῦτον μὲν οὐδὲν [162e] θαυμαστὸν ἀγνοεῖν τηλικοῦτον ὄντα: σὲ δέ που εἰκὸς εἰδέναι καὶ ἡλικίας ἕνεκα καὶ ἐπιμελείας. εἰ οὖν συγχωρεῖς τοῦτ' εἶναι σωφροσύνην ὅπερ οὑτοσὶ λέγει καὶ παραδέχῃ τὸν λόγον, ἔγωγε πολὺ ἂν ἥδιον μετὰ σοῦ σκοποίμην εἴτ' ἀληθὲς εἴτε μὴ τὸ λεχθέν.
ἀλλὰ πάνυ συγχωρῶ, ἔφη, καὶ παραδέχομαι.
καλῶς γε σὺ τοίνυν, ἦν δ' ἐγώ, ποιῶν. καί μοι λέγε, ἦ καὶ ἃ νυνδὴ ἠρώτων ἐγὼ συγχωρεῖς, τοὺς δημιουργοὺς πάντας ποιεῖν τι;
ἔγωγε.
[163a] ἦ οὖν δοκοῦσί σοι τὰ ἑαυτῶν μόνον ποιεῖν ἢ καὶ τὰ τῶν ἄλλων;
καὶ τὰ τῶν ἄλλων.
σωφρονοῦσιν οὖν οὐ τὰ ἑαυτῶν μόνον ποιοῦντες;
τί γὰρ κωλύει; ἔφη.
οὐδὲν ἐμέ γε, ἦν δ' ἐγώ: ἀλλ' ὅρα μὴ ἐκεῖνον κωλύει+, ὃς ὑποθέμενος σωφροσύνην εἶναι τὸ τὰ ἑαυτοῦ πράττειν ἔπειτα οὐδέν φησι κωλύειν καὶ τοὺς τὰ τῶν ἄλλων πράττοντας σωφρονεῖν.
ἐγὼ γάρ που, ἦ δ' ὅς, τοῦθ' ὡμολόγηκα, ὡς οἱ τὰ τῶν ἄλλων πράττοντες σωφρονοῦσιν, εἰ τοὺς ποιοῦντας ὡμολόγησα.
[163b] εἰπέ μοι, ἦν δ' ἐγώ, οὐ ταὐτὸν καλεῖς τὸ ποιεῖν καὶ τὸ πράττειν;
οὐ μέντοι, ἔφη: οὐδέ γε τὸ ἐργάζεσθαι καὶ τὸ ποιεῖν. ἔμαθον γὰρ παρ' Ἡσιόδου, ὃς ἔφη ἔργον [δ'] οὐδὲν εἶναι ὄνειδος. οἴει οὖν αὐτόν, εἰ τὰ τοιαῦτα ἔργα ἐκάλει καὶ ἐργάζεσθαι καὶ πράττειν, οἷα νυνδὴ σὺ ἔλεγες,

οὐδενὶ ἂν ὄνειδος φάναι εἶναι σκυτοτομοῦντι ἢ ταριχοπωλοῦντι ἢ ἐπ' οἰκήματος καθημένῳ+; οὐκ οἴεσθαί γε χρή, ὦ Σώκρατες, ἀλλὰ καὶ ἐκεῖνος οἶμαι ποίησιν πράξεως καὶ ἐργασίας ἄλλο ἐνόμιζεν, [163c] καὶ ποίημα μὲν γίγνεσθαι ὄνειδος ἐνίοτε, ὅταν μὴ
1 μετὰ τοῦ καλοῦ γίγνηται, ἔργον δὲ οὐδέποτε οὐδὲν ὄνειδος: τὰ γὰρ καλῶς τε καὶ ὠφελίμως ποιούμενα ἔργα ἐκάλει, καὶ ἐργασίας τε καὶ πράξεις τὰς τοιαύτας ποιήσεις. φάναι δέ γε χρὴ καὶ οἰκεῖα μόνα τὰ τοιαῦτα ἡγεῖσθαι αὐτόν, τὰ δὲ βλαβερὰ πάντα ἀλλότρια: ὥστε καὶ Ἡσίοδον χρὴ οἴεσθαι καὶ ἄλλον ὅστις φρόνιμος τὸν τὰ αὑτοῦ πράττοντα τοῦτον σώφρονα καλεῖν.

[163d] ὦ Κριτία, ἦν δ' ἐγώ, καὶ εὐθὺς ἀρχομένου σου σχεδὸν ἐμάνθανον τὸν λόγον, ὅτι τὰ οἰκεῖά τε καὶ τὰ αὑτοῦ ἀγαθὰ καλοίης, καὶ τὰς τῶν ἀγαθῶν ποιήσεις πράξεις: καὶ γὰρ Προδίκου μυρία τινὰ ἀκήκοα περὶ ὀνομάτων διαιροῦντος. ἀλλ' ἐγώ σοι τίθεσθαι μὲν τῶν ὀνομάτων δίδωμι ὅπῃ ἂν βούλῃ ἕκαστον: δήλου δὲ μόνον ἐφ' ὅτι ἂν φέρῃς τοὔνομα ὅτι ἂν λέγῃς. νῦν οὖν πάλιν ἐξ ἀρχῆς σαφέστερον ὅρισαι: [163e] ἆρα τὴν τῶν ἀγαθῶν πρᾶξιν ἢ ποίησιν ἢ ὅπως σὺ βούλει ὀνομάζειν, ταύτην λέγεις σὺ σωφροσύνην εἶναι;

ἔγωγε, ἔφη.

οὐκ ἄρα σωφρονεῖ ὁ τὰ κακὰ πράττων, ἀλλ' ὁ τἀγαθά;

σοὶ δέ, ἦ δ' ὅς, ὦ βέλτιστε, οὐχ οὕτω δοκεῖ;

ἔα, ἦν δ' ἐγώ: μὴ γάρ πω τὸ ἐμοὶ δοκοῦν σκοπῶμεν, ἀλλ' ὃ σὺ λέγεις νῦν.

ἀλλὰ μέντοι ἔγωγε, ἔφη, τὸν μὴ ἀγαθὰ ἀλλὰ κακὰ ποιοῦντα οὔ φημι σωφρονεῖν, τὸν δὲ ἀγαθὰ ἀλλὰ μὴ κακὰ σωφρονεῖν: τὴν γὰρ τῶν ἀγαθῶν πρᾶξιν σωφροσύνην εἶναι σαφῶς σοι διορίζομαι.

[164a] καὶ οὐδέν γέ σε ἴσως κωλύει ἀληθῆ λέγειν: τόδε γε μέντοι, ἦν δ' ἐγώ, θαυμάζω, εἰ σωφρονοῦντας ἀνθρώπους ἡγῇ σὺ ἀγνοεῖν ὅτι σωφρονοῦσιν.

ἀλλ' οὐχ ἡγοῦμαι, ἔφη.

οὐκ ὀλίγον πρότερον, ἔφην ἐγώ, ἐλέγετο ὑπὸ σοῦ ὅτι τοὺς δημιουργοὺς οὐδὲν κωλύει καὶ αὖ τὰ τῶν ἄλλων ποιοῦντας σωφρονεῖν;

ἐλέγετο γάρ, ἔφη: ἀλλὰ τί τοῦτο;

οὐδέν: ἀλλὰ λέγε εἰ δοκεῖ τίς σοι ἰατρός, ὑγιᾶ τινα [164b] ποιῶν, ὠφέλιμα καὶ ἑαυτῷ ποιεῖν καὶ ἐκείνῳ ὃν ἰῷτο;

ἔμοιγε.

οὐκοῦν τὰ δέοντα πράττει ὅ γε ταῦτα πράττων;

ναί.

ὁ τὰ δέοντα πράττων οὐ σωφρονεῖ;

σωφρονεῖ μὲν οὖν.

ἦ οὖν καὶ γιγνώσκειν ἀνάγκη τῷ ἰατρῷ ὅταν τε ὠφελίμως ἰᾶται καὶ ὅταν μή; καὶ ἑκάστῳ τῶν δημιουργῶν ὅταν τε μέλλῃ ὀνήσεσθαι ἀπὸ τοῦ ἔργου οὗ ἂν πράττῃ καὶ ὅταν μή;
ἴσως οὔ.
ἐνίοτε ἄρα, ἦν δ' ἐγώ, ὠφελίμως πράξας ἢ βλαβερῶς ὁ [164c] ἰατρὸς οὐ γιγνώσκει ἑαυτὸν ὡς ἔπραξεν· καίτοι ὠφελίμως πράξας, ὡς ὁ σὸς λόγος, σωφρόνως ἔπραξεν. ἢ οὐχ οὕτως ἔλεγες;
ἔγωγε.
οὐκοῦν, ὡς ἔοικεν, ἐνίοτε ὠφελίμως πράξας πράττει μὲν σωφρόνως καὶ σωφρονεῖ, ἀγνοεῖ δ' ἑαυτὸν ὅτι σωφρονεῖ;
ἀλλὰ τοῦτο μέν, ἔφη, ὦ Σώκρατες, οὐκ ἄν ποτε γένοιτο, ἀλλ' εἴ τι σὺ οἴει ἐκ τῶν ἔμπροσθεν ὑπ' ἐμοῦ ὡμολογημένων εἰς τοῦτο ἀναγκαῖον εἶναι συμβαίνειν, ἐκείνων ἄν τι ἔγωγε [164d] μᾶλλον ἀναθείμην, καὶ οὐκ ἂν αἰσχυνθείην μὴ οὐχὶ ὀρθῶς φάναι εἰρηκέναι, μᾶλλον ἤ ποτε συγχωρήσαιμ' ἂν ἀγνοοῦντα αὐτὸν ἑαυτὸν ἄνθρωπον σωφρονεῖν. σχεδὸν γάρ τι ἔγωγε αὐτὸ τοῦτό φημι εἶναι σωφροσύνην, τὸ γιγνώσκειν ἑαυτόν, καὶ συμφέρομαι τῷ ἐν Δελφοῖς ἀναθέντι τὸ τοιοῦτον γράμμα. καὶ γὰρ τοῦτο οὕτω μοι δοκεῖ τὸ γράμμα ἀνακεῖσθαι, ὡς δὴ πρόσρησις οὖσα τοῦ θεοῦ τῶν εἰσιόντων ἀντὶ τοῦ χαῖρε, ὡς [164e] τούτου μὲν οὐκ ὀρθοῦ ὄντος τοῦ προσρήματος, τοῦ χαίρειν, οὐδὲ δεῖν τοῦτο παρακελεύεσθαι ἀλλήλοις ἀλλὰ σωφρονεῖν. οὕτω μὲν δὴ ὁ θεὸς προσαγορεύει τοὺς εἰσιόντας εἰς τὸ ἱερὸν διαφέρον τι ἢ οἱ ἄνθρωποι, ὡς διανοούμενος ἀνέθηκεν ὁ ἀναθείς, ὥς μοι δοκεῖ· καὶ λέγει πρὸς τὸν ἀεὶ εἰσιόντα οὐκ ἄλλο τι ἢ Σωφρόνει, φησίν. αἰνιγματωδέστερον δὲ δή, ὡς μάντις, λέγει· τὸ γὰρ Γνῶθι+ σαυτὸν καὶ τὸ Σωφρόνει ἔστιν [165a] μὲν ταὐτόν, ὡς τὰ γράμματά φησιν καὶ ἐγώ, τάχα δ' ἄν τις οἰηθείη ἄλλο εἶναι, ὃ δή μοι δοκοῦσιν παθεῖν καὶ οἱ τὰ ὕστερον γράμματα ἀναθέντες, τό τε μηδὲν ἄγαν καὶ τὸ Ἐγγύη πάρα δ' ἄτη. καὶ γὰρ οὗτοι συμβουλὴν ᾠήθησαν εἶναι τὸ Γνῶθι σαυτόν, ἀλλ' οὐ τῶν εἰσιόντων [ἕνεκεν] ὑπὸ τοῦ θεοῦ πρόσρησιν· εἶθ' ἵνα δὴ καὶ σφεῖς μηδὲν ἧττον συμβουλὰς χρησίμους ἀναθεῖεν, ταῦτα γράψαντες ἀνέθεσαν. οὗ δὴ οὖν ἕνεκα λέγω, ὦ Σώκρατες, ταῦτα πάντα, τόδ'+ ἐστίν· τὰ
μὲν [165b] ἔμπροσθέν σοι πάντα ἀφίημι--ἴσως μὲν γάρ τι σὺ ἔλεγες περὶ αὐτῶν ὀρθότερον, ἴσως δ' ἐγώ, σαφὲς δ' οὐδὲν πάνυ ἦν ὧν ἐλέγομεν--νῦν δ' ἐθέλω τούτου σοι διδόναι λόγον, εἰ μὴ ὁμολογεῖς σωφροσύνην εἶναι τὸ γιγνώσκειν αὐτὸν ἑαυτόν.
ἀλλ', ἦν δ' ἐγώ, ὦ Κριτία, σὺ μὲν ὡς φάσκοντος ἐμοῦ εἰδέναι περὶ ὧν ἐρωτῶ προσφέρῃ πρός με, καὶ ἐὰν δὴ βούλωμαι, ὁμολογήσοντός σοι· τὸ δ' οὐχ οὕτως ἔχει, ἀλλὰ ζητῶ γὰρ μετὰ σοῦ ἀεὶ τὸ προτιθέμενον διὰ τὸ μὴ αὐτὸς [165c] εἰδέναι. σκεψάμενος οὖν ἐθέλω εἰπεῖν εἴτε ὁμολογῶ εἴτε μή.

ἀλλ' ἐπίσχες ἕως ἂν σκέψωμαι.
σκόπει δή, ἦ δ' ὅς.
καὶ γάρ, ἦν δ' ἐγώ, σκοπῶ. εἰ γὰρ δὴ γιγνώσκειν γέ τί ἐστιν ἡ σωφροσύνη, δῆλον ὅτι ἐπιστήμη τις ἂν εἴη καὶ τινός: ἢ οὔ;
ἔστιν, ἔφη, ἑαυτοῦ γε.
οὐκοῦν καὶ ἰατρική, ἔφην, ἐπιστήμη ἐστὶν τοῦ ὑγιεινοῦ;
πάνυ γε.
εἰ τοίνυν με, ἔφην, ἔροιο σύ· "ἰατρικὴ ὑγιεινοῦ ἐπιστήμη οὖσα τί ἡμῖν χρησίμη ἐστὶν καὶ τί ἀπεργάζεται," [165d] εἴποιμ' ἂν ὅτι οὐ σμικρὰν ὠφελίαν: τὴν γὰρ ὑγίειαν καλὸν ἡμῖν ἔργον ἀπεργάζεται, εἰ ἀποδέχῃ τοῦτο.
ἀποδέχομαι.
καὶ εἰ τοίνυν με ἔροιο τὴν οἰκοδομικήν, ἐπιστήμην οὖσαν τοῦ οἰκοδομεῖν, τί φημι ἔργον ἀπεργάζεσθαι, εἴποιμ' ἂν ὅτι οἰκήσεις: ὡσαύτως δὲ καὶ τῶν ἄλλων τεχνῶν+. χρὴ οὖν καὶ σὲ ὑπὲρ τῆς σωφροσύνης, ἐπειδὴ φῂς αὐτὴν ἑαυτοῦ ἐπιστήμην εἶναι, ἔχειν εἰπεῖν ἐρωτηθέντα, "ὦ Κριτία, σωφροσύνη, [165e] ἐπιστήμη οὖσα ἑαυτοῦ, τί καλὸν ἡμῖν ἔργον ἀπεργάζεται καὶ ἄξιον τοῦ ὀνόματος;" ἴθι οὖν, εἰπέ.
ἀλλ', ὦ Σώκρατες, ἔφη, οὐκ ὀρθῶς ζητεῖς. οὐ γὰρ ὁμοία αὕτη πέφυκεν ταῖς ἄλλαις ἐπιστήμαις, οὐδέ γε αἱ ἄλλαι ἀλλήλαις: σὺ δ' ὡς ὁμοίων οὐσῶν ποιῇ τὴν ζήτησιν. ἐπεὶ λέγε μοι, ἔφη, τῆς λογιστικῆς τέχνης ἢ τῆς γεωμετρικῆς τί ἐστιν τοιοῦτον ἔργον οἷον οἰκία οἰκοδομικῆς ἢ ἱμάτιον ὑφαντικῆς ἢ ἄλλα τοιαῦτ' ἔργα, ἃ πολλὰ ἄν τις ἔχοι πολλῶν τεχνῶν [166a] δεῖξαι; ἔχεις οὖν μοι καὶ σὺ τούτων τοιοῦτόν τι ἔργον δεῖξαι; ἀλλ' οὐχ ἕξεις.
καὶ ἐγὼ εἶπον ὅτι ἀληθῆ λέγεις: ἀλλὰ τόδε σοι ἔχω δεῖξαι, τίνος ἐστὶν ἐπιστήμη ἑκάστη τούτων τῶν ἐπιστημῶν, ὃ τυγχάνει ὂν ἄλλο αὐτῆς τῆς ἐπιστήμης. οἷον ἡ λογιστική ἐστίν που τοῦ ἀρτίου καὶ τοῦ περιττοῦ, πλήθους ὅπως ἔχει πρὸς αὑτὰ καὶ πρὸς ἄλληλα: ἦ γάρ;
πάνυ γε, ἔφη.
οὐκοῦν ἑτέρου ὄντος τοῦ περιττοῦ καὶ ἀρτίου αὐτῆς τῆς λογιστικῆς;
πῶς δ' οὔ;
[166b] καὶ μὴν αὖ ἡ στατικὴ τοῦ βαρυτέρου τε καὶ κουφοτέρου σταθμοῦ ἐστιν στατική: ἕτερον δέ ἐστι τὸ βαρύ τε καὶ κοῦφον τῆς στατικῆς αὐτῆς. συγχωρεῖς;
ἔγωγε.
λέγε δή, καὶ ἡ σωφροσύνη τίνος ἐστὶν ἐπιστήμη, ὃ τυγχάνει ἕτερον ὂν αὐτῆς τῆς σωφροσύνης;
τοῦτό ἐστιν ἐκεῖνο, ἔφη, ὦ Σώκρατες: ἐπ' αὐτὸ ἥκεις ἐρευνῶν τὸ ᾧ διαφέρει πασῶν τῶν ἐπιστημῶν ἡ σωφροσύνη: σὺ δὲ ὁμοιότητά τινα

ζητεῖς αὐτῆς ταῖς ἄλλαις. τὸ δ' οὐκ [166c] ἔστιν οὕτως, ἀλλ' αἱ μὲν ἄλλαι πᾶσαι ἄλλου εἰσὶν ἐπιστῆμαι, ἑαυτῶν δ' οὔ, ἡ δὲ μόνη τῶν τε ἄλλων ἐπιστημῶν ἐπιστήμη ἐστὶ καὶ αὐτὴ ἑαυτῆς. καὶ ταῦτά σε πολλοῦ δεῖ λεληθέναι, ἀλλὰ γὰρ οἶμαι ὃ ἄρτι οὐκ ἔφησθα ποιεῖν, τοῦτο ποιεῖς· ἐμὲ γὰρ ἐπιχειρεῖς ἐλέγχειν, ἐάσας περὶ οὗ ὁ λόγος ἐστίν.
οἷον, ἦν δ' ἐγώ, ποιεῖς ἡγούμενος, εἰ ὅτι μάλιστα σὲ ἐλέγχω, ἄλλου τινὸς ἕνεκα ἐλέγχειν ἢ οὗπερ ἕνεκα κἂν [166d] ἐμαυτὸν διερευνώμην τί λέγω, φοβούμενος μή ποτε λάθω οἰόμενος μέν τι εἰδέναι, εἰδὼς δὲ μή. καὶ νῦν δὴ οὖν ἔγωγέ φημι τοῦτο ποιεῖν, τὸν λόγον σκοπεῖν μάλιστα μὲν ἐμαυτοῦ ἕνεκα, ἴσως δὲ δὴ καὶ τῶν ἄλλων ἐπιτηδείων· ἢ οὐ κοινὸν οἴει ἀγαθὸν εἶναι σχεδόν τι πᾶσιν ἀνθρώποις, γίγνεσθαι καταφανὲς ἕκαστον τῶν ὄντων ὅπῃ ἔχει;
καὶ μάλα, ἦ δ' ὅς, ἔγωγε, ὦ Σώκρατες.
θαρρῶν τοίνυν, ἦν δ' ἐγώ, ὦ μακάριε, ἀποκρινόμενος τὸ ἐρωτώμενον ὅπῃ σοι φαίνεται, ἔα χαίρειν εἴτε Κριτίας ἐστὶν [166e] εἴτε Σωκράτης ὁ ἐλεγχόμενος· ἀλλ' αὐτῷ προσέχων τὸν νοῦν τῷ λόγῳ σκόπει ὅπῃ ποτὲ ἐκβήσεται ἐλεγχόμενος.
ἀλλά, ἔφη, ποιήσω οὕτω· δοκεῖς γάρ μοι μέτρια λέγειν.
λέγε τοίνυν, ἦν δ' ἐγώ, περὶ τῆς σωφροσύνης πῶς λέγεις;
λέγω τοίνυν, ἦ δ' ὅς, ὅτι μόνη τῶν ἄλλων ἐπιστημῶν αὐτή τε αὑτῆς ἐστιν καὶ τῶν ἄλλων ἐπιστημῶν ἐπιστήμη.
οὐκοῦν, ἦν δ' ἐγώ, καὶ ἀνεπιστημοσύνης ἐπιστήμη ἂν εἴη, εἴπερ καὶ ἐπιστήμης;
πάνυ γε, ἔφη.
[167a] ὁ ἄρα σώφρων μόνος αὐτός τε ἑαυτὸν γνώσεται καὶ οἷός τε ἔσται ἐξετάσαι τί τε τυγχάνει εἰδὼς καὶ τί μή, καὶ τοὺς ἄλλους ὡσαύτως δυνατὸς ἔσται ἐπισκοπεῖν τί τις οἶδεν καὶ οἴεται, εἴπερ οἶδεν, καὶ τί αὖ οἴεται μὲν εἰδέναι, οἶδεν δ' οὔ, τῶν δὲ ἄλλων οὐδείς· καὶ ἔστιν δὴ τοῦτο τὸ σωφρονεῖν τε καὶ σωφροσύνη καὶ τὸ ἑαυτὸν αὐτὸν γιγνώσκειν, τὸ εἰδέναι ἅ τε οἶδεν καὶ ἃ μὴ οἶδεν. ἆρα ταῦτά ἐστιν ἃ λέγεις;
ἔγωγ', ἔφη.
πάλιν τοίνυν, ἦν δ' ἐγώ, τὸ τρίτον τῷ σωτῆρι, ὥσπερ ἐξ [167b] ἀρχῆς ἐπισκεψώμεθα πρῶτον μὲν εἰ δυνατόν ἐστιν τοῦτ' εἶναι ἢ οὔ--τὸ ἃ οἶδεν καὶ ἃ μὴ οἶδεν εἰδέναι ὅτι οὐκ οἶδεν--ἔπειτα εἰ ὅτι μάλιστα δυνατόν, τίς ἂν εἴη ἡμῖν ὠφελία εἰδόσιν αὐτό.
ἀλλὰ χρή, ἔφη, σκοπεῖν.
ἴθι δή, ἔφην ἐγώ, ὦ Κριτία, σκέψαι, ἐάν τι περὶ αὐτῶν εὐπορώτερος φανῇς ἐμοῦ· ἐγὼ μὲν γὰρ ἀπορῶ. ἦ δὲ ἀπορῶ, φράσω σοι;
πάνυ γ', ἔφη.

ἄλλο τι οὖν, ἦν δ' ἐγώ, πάντα ταῦτ' ἂν εἴη, εἰ ἔστιν ὅπερ σὺ νυνδὴ ἔλεγες, μία τις ἐπιστήμη, ἢ οὐκ ἄλλου τινός [167c] ἐστιν ἢ ἑαυτῆς τε καὶ τῶν ἄλλων ἐπιστημῶν ἐπιστήμη, καὶ δὴ καὶ ἀνεπιστημοσύνης ἡ αὐτὴ αὕτη;
πάνυ γε.
ἰδὲ δὴ ὡς ἄτοπον ἐπιχειροῦμεν, ὦ ἑταῖρε, λέγειν: ἐν ἄλλοις γάρ που τὸ αὐτὸ τοῦτο ἐὰν σκοπῇς, δόξει σοι, ὡς ἐγᾦμαι, ἀδύνατον εἶναι.
πῶς δὴ καὶ ποῦ;
ἐν τοῖσδε. ἐννόει γὰρ εἴ σοι δοκεῖ ὄψις τις εἶναι, ἣ ὧν μὲν αἱ ἄλλαι ὄψεις εἰσίν, οὐκ ἔστιν τούτων ὄψις, ἑαυτῆς δὲ καὶ τῶν ἄλλων ὄψεων ὄψις ἐστὶν καὶ μὴ ὄψεων ὡσαύτως, [167d] καὶ χρῶμα μὲν ὁρᾷ οὐδὲν ὄψις οὖσα, αὐτὴν δὲ καὶ τὰς ἄλλας ὄψεις: δοκεῖ τίς σοι εἶναι τοιαύτη;
μὰ Δί' οὐκ ἔμοιγε.
τί δὲ ἀκοήν, ἢ φωνῆς μὲν οὐδεμιᾶς ἀκούει, αὐτῆς δὲ καὶ τῶν ἄλλων ἀκοῶν ἀκούει καὶ τῶν μὴ ἀκοῶν;
οὐδὲ τοῦτο.
συλλήβδην δὴ σκόπει περὶ πασῶν τῶν αἰσθήσεων εἴ τίς σοι δοκεῖ εἶναι αἰσθήσεων μὲν αἴσθησις καὶ ἑαυτῆς, ὧν δὲ δὴ αἱ ἄλλαι αἰσθήσεις αἰσθάνονται, μηδενὸς αἰσθανομένη;
οὐκ ἔμοιγε.
[167e] ἀλλ' ἐπιθυμία δοκεῖ τίς σοι εἶναι, ἥτις ἡδονῆς μὲν οὐδεμιᾶς ἐστὶν ἐπιθυμία, αὑτῆς δὲ καὶ τῶν ἄλλων ἐπιθυμιῶν;
οὐ δῆτα.
οὐδὲ μὴν βούλησις, ὡς ἐγᾦμαι, ἢ ἀγαθὸν μὲν οὐδὲν βούλεται, αὐτὴν δὲ καὶ τὰς ἄλλας βουλήσεις βούλεται.
οὐ γὰρ οὖν.
ἔρωτα δὲ φαίης ἄν τινα εἶναι τοιοῦτον, ὃς τυγχάνει ὢν ἔρως καλοῦ μὲν οὐδενός, αὐτοῦ δὲ καὶ τῶν ἄλλων ἐρώτων;
οὔκ, ἔφη, ἔγωγε.
φόβον δὲ ἤδη τινὰ κατανενόηκας, ὃς ἑαυτὸν μὲν καὶ τοὺς [168a] ἄλλους φόβους φοβεῖται, τῶν δεινῶν δ' οὐδὲ ἓν φοβεῖται;
οὐ κατανενόηκα, ἔφη.
δόξαν δὲ δοξῶν δόξαν καὶ αὑτῆς, ὧν δὲ αἱ ἄλλαι δοξάζουσιν μηδὲν δοξάζουσαν;
οὐδαμῶς.
ἀλλ' ἐπιστήμην, ὡς ἔοικεν, φαμέν τινα εἶναι τοιαύτην, ἥτις μαθήματος μὲν οὐδενός ἐστιν ἐπιστήμη, αὑτῆς δὲ καὶ τῶν ἄλλων ἐπιστημῶν ἐπιστήμη;
φαμὲν γάρ.
οὐκοῦν ἄτοπον, εἰ ἄρα καὶ ἔστιν; μηδὲν γάρ πω διισχυριζώμεθα ὡς οὐκ ἔστιν, ἀλλ' εἰ ἔστιν ἔτι σκοπῶμεν.

[168b] ὀρθῶς λέγεις.
φέρε δή: ἔστι μὲν αὕτη ἡ ἐπιστήμη τινὸς ἐπιστήμη, καὶ ἔχει τινὰ τοιαύτην δύναμιν ὥστε τινὸς εἶναι: ἦ γάρ;
πάνυ γε.
καὶ γὰρ τὸ μεῖζόν φαμεν τοιαύτην τινὰ ἔχειν δύναμιν, ὥστε τινὸς εἶναι μεῖζον;
ἔχει γάρ.
οὐκοῦν ἐλάττονός τινος, εἴπερ ἔσται μεῖζον.
ἀνάγκη.
εἰ οὖν τι εὕροιμεν μεῖζον, ὃ τῶν μὲν μειζόνων ἐστὶν μεῖζον καὶ ἑαυτοῦ, ὧν δὲ τἆλλα μείζω ἐστὶν μηδενὸς μεῖζον, [168c] πάντως ἄν που ἐκεῖνό γ' αὐτῷ ὑπάρχοι, εἴπερ ἑαυτοῦ μεῖζον εἴη, καὶ ἔλαττον ἑαυτοῦ εἶναι: ἢ οὔ;
πολλὴ ἀνάγκη, ἔφη, ὦ Σώκρατες.
οὐκοῦν καὶ εἴ τι διπλάσιόν ἐστιν τῶν τε ἄλλων διπλασίων καὶ ἑαυτοῦ, ἡμίσεος δήπου ὄντος ἑαυτοῦ τε καὶ τῶν ἄλλων διπλάσιον ἂν εἴη: οὐ γὰρ ἔστίν που ἄλλου διπλάσιον ἢ ἡμίσεος.
ἀληθῆ.
πλέον δὲ αὑτοῦ ὂν οὐ καὶ ἔλαττον ἔσται, καὶ βαρύτερον ὂν κουφότερον, καὶ πρεσβύτερον ὂν νεώτερον, καὶ τἆλλα [168d] πάντα ὡσαύτως, ὅτιπερ ἂν τὴν ἑαυτοῦ δύναμιν πρὸς ἑαυτὸ ἔχῃ, οὐ καὶ ἐκείνην ἕξει τὴν οὐσίαν, πρὸς ἣν ἡ δύναμις αὐτοῦ ἦν; λέγω δὲ τὸ τοιόνδε: οἷον ἡ ἀκοή, φαμέν, οὐκ ἄλλου τινὸς ἦν ἀκοὴ ἢ φωνῆς: ἦ γάρ;
ναί.
οὐκοῦν εἴπερ αὐτὴ αὑτῆς ἀκούσεται, φωνὴν ἐχούσης ἑαυτῆς ἀκούσεται: οὐ γὰρ ἂν ἄλλως ἀκούσειεν.
πολλὴ ἀνάγκη.
καὶ ἡ ὄψις γέ που, ὦ ἄριστε, εἴπερ ὄψεται αὐτὴ ἑαυτήν, χρῶμά τι αὐτὴν ἀνάγκη ἔχειν: ἄχρων γὰρ ὄψις οὐδὲν [ἂν] [168e] μή ποτε ἴδῃ.
οὐ γὰρ οὖν.
ὁρᾷς οὖν, ὦ Κριτία, ὅτι ὅσα διεληλύθαμεν, τὰ μὲν αὐτῶν ἀδύνατα παντάπασι φαίνεται ἡμῖν, τὰ δ' ἀπιστεῖται σφόδρα μή ποτ' ἂν τὴν ἑαυτῶν δύναμιν πρὸς ἑαυτὰ σχεῖν; μεγέθη μὲν γὰρ καὶ πλήθη καὶ τὰ τοιαῦτα παντάπασιν ἀδύνατον: ἢ οὐχί;
πάνυ γε.
ἀκοὴ δ' αὖ καὶ ὄψις καὶ ἔτι γε κίνησις αὐτὴ ἑαυτὴν κινεῖν, καὶ θερμότης κάειν, καὶ πάντα αὖ τὰ τοιαῦτα τοῖς [169a] μὲν ἀπιστίαν παράσχοι, ἴσως δέ τισιν οὔ. μεγάλου δή τινος, ὦ φίλε, ἀνδρὸς δεῖ, ὅστις τοῦτο κατὰ πάντων ἱκανῶς διαιρήσεται, πότερον οὐδὲν τῶν ὄντων τὴν αὑτοῦ δύναμιν αὐτὸ πρὸς ἑαυτὸ πέφυκεν ἔχειν [πλὴν ἐπιστήμης], ἀλλὰ πρὸς ἄλλο, ἢ τὰ

μέν, τὰ δ' οὔ: καὶ εἰ ἔστιν αὖ ἅτινα αὐτὰ πρὸς αὑτὰ ἔχει, ἆρ' ἐν τούτοις ἐστὶν ἐπιστήμη, ἣν δὴ ἡμεῖς σωφροσύνην φαμὲν εἶναι. ἐγὼ μὲν οὐ πιστεύω ἐμαυτῷ ἱκανὸς εἶναι ταῦτα διελέσθαι: διὸ καὶ οὔτ' εἰ δυνατόν ἐστι τοῦτο γενέσθαι, [169b] ἐπιστήμης ἐπιστήμην εἶναι, ἔχω διισχυρίσασθαι, οὔτ' εἰ ὅτι μάλιστα ἔστι, σωφροσύνην ἀποδέχομαι αὐτὸ εἶναι, πρὶν ἂν ἐπισκέψωμαι εἴτε τι ἂν ἡμᾶς ὠφελοῖ τοιοῦτον ὂν εἴτε μή. τὴν γὰρ οὖν δὴ σωφροσύνην ὠφέλιμόν τι καὶ ἀγαθὸν μαντεύομαι εἶναι: σὺ οὖν, ὦ παῖ Καλλαίσχρου--τίθεσαι γὰρ σωφροσύνην τοῦτ' εἶναι, ἐπιστήμην ἐπιστήμης καὶ δὴ καὶ ἀνεπιστημοσύνης--πρῶτον μὲν τοῦτο ἔνδειξαι, ὅτι δυνατὸν [ἀποδεῖξαί σε] ὃ νυνδὴ ἔλεγον, ἔπειτα πρὸς τῷ δυνατῷ ὅτι [169c] καὶ ὠφέλιμον: κἀμὲ τάχ' ἂν ἀποπληρώσαις ὡς ὀρθῶς λέγεις περὶ σωφροσύνης ὃ ἔστιν.

καὶ ὁ Κριτίας ἀκούσας ταῦτα καὶ ἰδών με ἀποροῦντα, ὥσπερ οἱ τοὺς χασμωμένους καταντικρὺ ὁρῶντες ταὐτὸν τοῦτο συμπάσχουσιν, κἀκεῖνος ἔδοξέ μοι ὑπ' ἐμοῦ ἀποροῦντος ἀναγκασθῆναι καὶ αὐτὸς ἁλῶναι ὑπὸ ἀπορίας. ἅτε οὖν εὐδοκιμῶν ἑκάστοτε, ᾐσχύνετο τοὺς παρόντας, καὶ οὔτε συγχωρῆσαί μοι ἤθελεν ἀδύνατος εἶναι διελέσθαι ἃ προυκαλούμην [169d] αὐτόν, ἔλεγέν τε οὐδὲν σαφές, ἐπικαλύπτων τὴν ἀπορίαν. κἀγὼ ἡμῖν ἵνα ὁ λόγος προΐοι, εἶπον: ἀλλ' εἰ δοκεῖ, ὦ Κριτία, νῦν μὲν τοῦτο συγχωρήσωμεν, δυνατὸν εἶναι γενέσθαι ἐπιστήμην ἐπιστήμης: αὖθις δὲ ἐπισκεψόμεθα εἴτε οὕτως ἔχει εἴτε μή. ἴθι δὴ οὖν, εἰ ὅτι μάλιστα δυνατὸν τοῦτο, τί μᾶλλον οἷόν τέ ἐστιν εἰδέναι ἅ τέ τις οἶδε καὶ ἃ μή; τοῦτο γὰρ δήπου ἔφαμεν εἶναι τὸ γιγνώσκειν αὑτὸν καὶ σωφρονεῖν: ἢ γάρ;

πάνυ γε, ἦ δ' ὅς, καὶ συμβαίνει γέ που, ὦ Σώκρατες. εἰ [169e] γάρ τις ἔχει ἐπιστήμην ἣ αὐτὴ αὑτὴν γιγνώσκει, τοιοῦτος ἂν αὐτὸς εἴη οἷόνπερ ἐστὶν ὃ ἔχει: ὥσπερ ὅταν τάχος τις ἔχῃ, ταχύς, καὶ ὅταν κάλλος, καλός, καὶ ὅταν γνῶσιν, γιγνώσκων, ὅταν δὲ δὴ γνῶσιν αὐτὴν αὑτῆς τις ἔχῃ, γιγνώσκων που αὐτὸς ἑαυτὸν τότε ἔσται.

οὐ τοῦτο, ἦν δ' ἐγώ, ἀμφισβητῶ, ὡς οὐχ ὅταν τὸ αὐτὸ γιγνῶσκόν τις ἔχῃ, αὐτὸς αὑτὸν γνώσεται, ἀλλ' ἔχοντι τοῦτο τίς ἀνάγκη εἰδέναι ἅ τε οἶδεν καὶ ἃ μὴ οἶδεν;

[170a] ὅτι, ὦ Σώκρατες, ταὐτόν ἐστιν τοῦτο ἐκείνῳ.

ἴσως, ἔφην, ἀλλ' ἐγὼ κινδυνεύω ἀεὶ ὅμοιος εἶναι: οὐ γὰρ αὖ μανθάνω ὡς ἔστιν τὸ αὐτό, ἃ οἶδεν εἰδέναι καὶ ἅ τις μὴ οἶδεν εἰδέναι.

πῶς λέγεις, ἔφη;

ὧδε, ἦν δ' ἐγώ. ἐπιστήμη που ἐπιστήμης οὖσα ἆρα πλέον τι οἵα τ' ἔσται διαιρεῖν, ἢ ὅτι τούτων τόδε μὲν ἐπιστήμη, τόδε δ' οὐκ ἐπιστήμη;

οὔκ, ἀλλὰ τοσοῦτον.

ταὐτὸν οὖν ἐστιν ἐπιστήμη τε καὶ ἀνεπιστημοσύνη ὑγιεινοῦ, [170b] καὶ ἐπιστήμη τε καὶ ἀνεπιστημοσύνη δικαίου;
οὐδαμῶς.
ἀλλὰ τὸ μὲν οἶμαι ἰατρική, τὸ δὲ πολιτική, τὸ δὲ οὐδὲν ἄλλο ἢ ἐπιστήμη.
πῶς γὰρ οὔ;
οὐκοῦν ἐὰν μὴ προσεπίστηταί τις τὸ ὑγιεινὸν καὶ τὸ δίκαιον, ἀλλ' ἐπιστήμην μόνον γιγνώσκῃ ἅτε τούτου μόνον ἔχων ἐπιστήμην, ὅτι μέν τι ἐπίσταται καὶ ὅτι ἐπιστήμην τινὰ ἔχει, εἰκότως ἂν γιγνώσκοι καὶ περὶ αὑτοῦ καὶ περὶ τῶν ἄλλων: ἦ γάρ;
ναί.
ὅτι δὲ γιγνώσκει, ταύτῃ τῇ ἐπιστήμῃ πῶς εἴσεται; [170c] γιγνώσκει γὰρ δὴ τὸ μὲν ὑγιεινὸν τῇ ἰατρικῇ ἀλλ' οὐ σωφροσύνῃ, τὸ δ' ἁρμονικὸν μουσικῇ ἀλλ' οὐ σωφροσύνῃ, τὸ δ' οἰκοδομικὸν οἰκοδομικῇ ἀλλ' οὐ σωφροσύνῃ, καὶ οὕτω πάντα: ἢ οὔ;
φαίνεται.
σωφροσύνῃ δέ, εἴπερ μόνον ἐστὶν ἐπιστημῶν ἐπιστήμη, πῶς εἴσεται ὅτι τὸ ὑγιεινὸν γιγνώσκει ἢ ὅτι τὸ οἰκοδομικόν;
οὐδαμῶς.
οὐκ ἄρα εἴσεται ὃ οἶδεν ὁ τοῦτο ἀγνοῶν, ἀλλ' ὅτι οἶδεν μόνον.
ἔοικεν.
[170d] οὐκ ἄρα σωφρονεῖν τοῦτ' ἂν εἴη οὐδὲ σωφροσύνη, εἰδέναι ἅ τε οἶδεν καὶ ἃ μὴ οἶδεν, ἀλλ', ὡς ἔοικεν, ὅτι οἶδεν καὶ ὅτι οὐκ οἶδεν μόνον.
κινδυνεύει.
οὐδὲ ἄλλον ἄρα οἷός τε ἔσται οὗτος ἐξετάσαι φάσκοντά τι ἐπίστασθαι, πότερον ἐπίσταται ὃ φησιν ἐπίστασθαι ἢ οὐκ ἐπίσταται: ἀλλὰ τοσοῦτον μόνον, ὡς ἔοικεν, γνώσεται, ὅτι ἔχει τινὰ ἐπιστήμην, ὅτου δέ γε, ἡ σωφροσύνη οὐ ποιήσει αὐτὸν γιγνώσκειν.
οὐ φαίνεται.
[170e] οὔτε ἄρα τὸν προσποιούμενον ἰατρὸν εἶναι, ὄντα δὲ μή, καὶ τὸν ὡς ἀληθῶς ὄντα οἷός τε ἔσται διακρίνειν, οὔτε ἄλλον οὐδένα τῶν ἐπιστημόνων καὶ μή. σκεψώμεθα δὲ ἐκ τῶνδε: εἰ μέλλει ὁ σώφρων ἢ ὁστισοῦν ἄλλος τὸν ὡς ἀληθῶς ἰατρὸν διαγνώσεσθαι καὶ τὸν μή, ἆρ' οὐχ ὧδε ποιήσει: περὶ μὲν ἰατρικῆς δήπου αὐτῷ οὐ διαλέξεται--οὐδὲν γὰρ ἐπαΐει, ὡς ἔφαμεν, ὁ ἰατρὸς ἀλλ' ἢ τὸ ὑγιεινὸν καὶ τὸ νοσῶδες--ἢ οὔ;
ναί, οὕτως.
περὶ δέ γε ἐπιστήμης οὐδὲν οἶδεν, ἀλλὰ τοῦτο δὴ τῇ σωφροσύνῃ μόνῃ ἀπέδομεν.
ναί.
οὐδὲ περὶ ἰατρικῆς ἄρα οἶδεν ὁ ἰατρικός, ἐπειδήπερ ἡ [171a] ἰατρικὴ

ἐπιστήμη οὖσα τυγχάνει.
ἀληθῆ.
ὅτι μὲν δὴ ἐπιστήμην τινὰ ἔχει, γνώσεται ὁ σώφρων τὸν ἰατρόν: δέον δὲ πεῖραν λαβεῖν ἥτις ἐστίν, ἄλλο τι σκέψεται ὧντινων; ἢ οὐ τούτῳ ὥρισται ἑκάστη ἐπιστήμη μὴ μόνον ἐπιστήμη εἶναι ἀλλὰ καὶ τίς, τῷ τινῶν εἶναι; τούτῳ μὲν οὖν.
καὶ ἡ ἰατρικὴ δὴ ἑτέρα εἶναι τῶν ἄλλων ἐπιστημῶν ὡρίσθη τῷ τοῦ ὑγιεινοῦ εἶναι καὶ νοσώδους ἐπιστήμη.
ναί.
οὐκοῦν ἐν τούτοις ἀναγκαῖον σκοπεῖν τὸν βουλόμενον [171b] ἰατρικὴν σκοπεῖν, ἐν οἷς ποτ' ἔστιν: οὐ γὰρ δήπου ἔν γε τοῖς ἔξω, ἐν οἷς οὐκ ἔστιν;
οὐ δῆτα.
ἐν τοῖς ὑγιεινοῖς ἄρα καὶ νοσώδεσιν ἐπισκέψεται τὸν ἰατρόν, ᾗ ἰατρικός ἐστιν, ὁ ὀρθῶς σκοπούμενος.
ἔοικεν.
οὐκοῦν ἐν τοῖς οὕτως ἢ λεγομένοις ἢ πραττομένοις τὰ μὲν λεγόμενα, εἰ ἀληθῆ λέγεται, σκοπούμενος, τὰ δὲ πραττόμενα, εἰ ὀρθῶς πράττεται;
ἀνάγκη.
ἦ οὖν ἄνευ ἰατρικῆς δύναιτ' ἄν τις τούτων ποτέροις ἐπακολουθῆσαι;
οὐ δῆτα.
[171c] οὐδέ γε ἄλλος οὐδείς, ὡς ἔοικεν, πλὴν ἰατρός, οὔτε δὴ ὁ σώφρων: ἰατρὸς γὰρ ἂν εἴη πρὸς τῇ σωφροσύνῃ.
ἔστι ταῦτα.
παντὸς ἄρα μᾶλλον, εἰ ἡ σωφροσύνη ἐπιστήμης ἐπιστήμη μόνον ἐστὶν καὶ ἀνεπιστημοσύνης, οὔτε ἰατρὸν διακρῖναι οἵα τε ἔσται ἐπιστάμενον τὰ τῆς τέχνης ἢ μὴ ἐπιστάμενον, προσποιούμενον δὲ ἢ οἰόμενον, οὔτε ἄλλον οὐδένα τῶν ἐπισταμένων καὶ ὁτιοῦν, πλήν γε τὸν αὑτοῦ ὁμότεχνον, ὥσπερ οἱ ἄλλοι δημιουργοί.
φαίνεται, ἔφη.
[171d] τίς οὖν, ἦν δ' ἐγώ, ὦ Κριτία, ὠφελία ἡμῖν ἔτι ἂν εἴη ἀπὸ τῆς σωφροσύνης τοιαύτης οὔσης; εἰ μὲν γάρ, ὃ ἐξ ἀρχῆς ὑπετιθέμεθα, ᾔδει ὁ σώφρων ἅ τε ᾔδει καὶ ἃ μὴ ᾔδει, τὰ μὲν ὅτι οἶδεν, τὰ δ' ὅτι οὐκ οἶδεν, καὶ ἄλλον ταὐτὸν τοῦτο πεπονθότα ἐπισκέψασθαι οἷός τ' ἦν, μεγαλωστὶ ἂν ἡμῖν, φαμέν, ὠφέλιμον ἦν σώφροσιν εἶναι: ἀναμάρτητοι γὰρ ἂν τὸν βίον διεζῶμεν αὐτοί τε [καὶ] οἱ τὴν σωφροσύνην ἔχοντες καὶ οἱ ἄλλοι πάντες ὅσοι ὑφ' ἡμῶν ἤρχοντο. οὔτε [171e] γὰρ ἂν αὐτοὶ ἐπεχειροῦμεν πράττειν ἃ μὴ ἠπιστάμεθα, ἀλλ' ἐξευρίσκοντες τοὺς ἐπισταμένους ἐκείνοις ἂν παρεδίδομεν, οὔτε τοῖς ἄλλοις ἐπετρέπομεν, ὧν ἤρχομεν, ἄλλο τι πράττειν ἢ ὅτι πράττοντες ὀρθῶς ἔμελλον πράξειν--τοῦτο δ' ἦν ἄν, οὗ ἐπιστήμην

45

εἶχον--καὶ οὕτω δὴ ὑπὸ σωφροσύνης οἰκία τε οἰκουμένη ἔμελλεν καλῶς οἰκεῖσθαι, πόλις τε πολιτευομένη, καὶ ἄλλο πᾶν οὗ σωφροσύνη ἄρχοι: ἁμαρτίας γὰρ [172a] ἐξῃρημένης, ὀρθότητος δὲ ἡγουμένης, ἐν πάσῃ πράξει καλῶς καὶ εὖ πράττειν ἀναγκαῖον τοὺς οὕτω διακειμένους, τοὺς δὲ εὖ πράττοντας εὐδαίμονας εἶναι. ἆρ' οὐχ οὕτως, ἦν δ' ἐγώ, ὦ Κριτία, ἐλέγομεν περὶ σωφροσύνης, λέγοντες ὅσον ἀγαθὸν εἴη τὸ εἰδέναι ἅ τε οἶδέν τις καὶ ἃ μὴ οἶδεν;
πάνυ μὲν οὖν, ἔφη, οὕτως.
νῦν δέ, ἦν δ' ἐγώ, ὁρᾷς ὅτι οὐδαμοῦ ἐπιστήμη οὐδεμία τοιαύτη οὖσα πέφανται.
ὁρῶ, ἔφη.
[172b] ἆρ' οὖν, ἦν δ' ἐγώ, τοῦτ' ἔχει τὸ ἀγαθὸν ἣν νῦν εὑρίσκομεν σωφροσύνην οὖσαν, τὸ ἐπιστήμην ἐπίστασθαι καὶ ἀνεπιστημοσύνην, ὅτι ὁ ταύτην ἔχων, ὅτι ἂν ἄλλο μανθάνῃ, ῥᾷόν τε μαθήσεται καὶ ἐναργέστερα πάντα αὐτῷ φανεῖται, ἅτε πρὸς ἑκάστῳ ᾧ ἂν μανθάνῃ προσκαθορῶντι τὴν ἐπιστήμην: καὶ τοὺς ἄλλους δὴ κάλλιον ἐξετάσει περὶ ὧν ἂν καὶ αὐτὸς μάθῃ, οἱ δὲ ἄνευ τούτου ἐξετάζοντες ἀσθενέστερον καὶ φαυλότερον τοῦτο δράσουσιν; ἆρ', ὦ φίλε, τοιαῦτα [172c] ἄττα ἐστὶν ἃ ἀπολαυσόμεθα τῆς σωφροσύνης, ἡμεῖς δὲ μεῖζόν τι βλέπομεν καὶ ζητοῦμεν αὐτὸ μεῖζόν τι εἶναι ἢ ὅσον ἐστίν;
τάχα δ' ἄν, ἔφη, οὕτως ἔχοι.
ἴσως, ἦν δ' ἐγώ: ἴσως δέ γε ἡμεῖς οὐδὲν χρηστὸν ἐζητήσαμεν. τεκμαίρομαι δέ, ὅτι μοι ἄτοπ' ἄττα καταφαίνεται περὶ σωφροσύνης, εἰ τοιοῦτόν ἐστιν. ἴδωμεν γάρ, εἰ βούλει, συγχωρήσαντες καὶ ἐπίστασθαι ἐπιστήμην δυνατὸν εἶναι [εἰδέναι], καὶ ὅ γε ἐξ ἀρχῆς ἐτιθέμεθα σωφροσύνην εἶναι, τὸ εἰδέναι ἅ τε οἶδεν καὶ ἃ μὴ οἶδεν, μὴ [172d] ἀποστερήσωμεν, ἀλλὰ δῶμεν: καὶ πάντα ταῦτα δόντες ἔτι βέλτιον σκεψώμεθα εἰ ἄρα τι καὶ ἡμᾶς ὀνήσει τοιοῦτον ὄν. ἃ γὰρ νυνδὴ ἐλέγομεν, ὡς μέγα ἂν εἴη ἀγαθὸν ἡ σωφροσύνη εἰ τοιοῦτον εἴη, ἡγουμένη διοικήσεως καὶ οἰκίας καὶ πόλεως, οὔ μοι δοκοῦμεν, ὦ Κριτία, καλῶς ὡμολογηκέναι.
πῶς δή; ἦ δ' ὅς.
ὅτι, ἦν δ' ἐγώ, ῥᾳδίως ὡμολογήσαμεν μέγα τι ἀγαθὸν εἶναι τοῖς ἀνθρώποις εἰ ἕκαστοι ἡμῶν, ἃ μὲν ἴσασιν, πράττοιεν ταῦτα, ἃ δὲ μὴ ἐπίσταιντο, ἄλλοις παραδιδοῖεν τοῖς ἐπισταμένοις.
[172e] οὐκ οὖν, ἔφη, καλῶς ὡμολογήσαμεν;
οὔ μοι δοκοῦμεν, ἦν δ' ἐγώ.
ἄτοπα λέγεις ὡς ἀληθῶς, ἔφη, ὦ Σώκρατες.
νὴ τὸν κύνα, ἔφην, καὶ ἐμοί τοι δοκεῖ οὕτω, κἀνταῦθα καὶ ἄρτι ἀποβλέψας ἄτοπ' ἄττ' ἔφην μοι προφαίνεσθαι, καὶ ὅτι φοβοίμην μὴ οὐκ ὀρθῶς

46

σκοποῖμεν. ὡς ἀληθῶς γάρ, εἰ ὅτι μάλιστα τοιοῦτόν ἐστιν ἡ σωφροσύνη, οὐδέν μοι [173a] δῆλον εἶναι δοκεῖ ὅτι ἀγαθὸν ἡμᾶς ἀπεργάζεται.
πῶς δή; ἦ δ' ὅς. λέγε, ἵνα καὶ ἡμεῖς εἰδῶμεν ὅτι λέγεις.
οἶμαι μέν, ἦν δ' ἐγώ, ληρεῖν με· ὅμως τό γε προφαινόμενον ἀναγκαῖον σκοπεῖν καὶ μὴ εἰκῇ παριέναι, εἴ τίς γε αὐτοῦ καὶ σμικρὸν κήδεται.
καλῶς γάρ, ἔφη, λέγεις.
ἄκουε δή, ἔφην, τὸ ἐμὸν ὄναρ, εἴτε διὰ κεράτων εἴτε δι' ἐλέφαντος ἐλήλυθεν. εἰ γὰρ ὅτι μάλιστα ἡμῶν ἄρχοι ἡ σωφροσύνη, οὖσα οἵαν νῦν ὁριζόμεθα, ἄλλο τι κατὰ τὰς [173b] ἐπιστήμας πάντ' ἂν πράττοιτο, καὶ οὔτε τις κυβερνήτης φάσκων εἶναι, ὢν δὲ οὔ, ἐξαπατῷ ἂν ἡμᾶς, οὔτε ἰατρὸς οὔτε στρατηγὸς οὔτ' ἄλλος οὐδείς, προσποιούμενός τι εἰδέναι ὃ μὴ οἶδεν, λανθάνοι ἄν· ἐκ δὴ τούτων οὕτως ἐχόντων ἄλλο ἂν ἡμῖν τι συμβαίνοι ἢ ὑγιέσιν τε τὰ σώματα εἶναι μᾶλλον ἢ νῦν, καὶ ἐν τῇ θαλάττῃ κινδυνεύοντας καὶ ἐν πολέμῳ σῴζεσθαι, καὶ τὰ σκεύη καὶ τὴν ἀμπεχόνην καὶ ὑπόδεσιν [173c] πᾶσαν καὶ τὰ χρήματα πάντα τεχνικῶς ἡμῖν εἰργασμένα εἶναι καὶ ἄλλα πολλὰ διὰ τὸ ἀληθινοῖς δημιουργοῖς χρῆσθαι; εἰ δὲ βούλοιό γε, καὶ τὴν μαντικὴν εἶναι συγχωρήσωμεν ἐπιστήμην τοῦ μέλλοντος ἔσεσθαι+, καὶ τὴν σωφροσύνην, αὐτῆς ἐπιστατοῦσαν, τοὺς μὲν ἀλαζόνας ἀποτρέπειν, τοὺς δὲ ὡς ἀληθῶς μάντεις καθιστάναι ἡμῖν προφήτας τῶν μελλόντων. κατεσκευασμένον δὴ οὕτω τὸ ἀνθρώπινον γένος [173d] ὅτι μὲν ἐπιστημόνως ἂν πράττοι καὶ ζῴη, ἕπομαι--ἡ γὰρ σωφροσύνη φυλάττουσα οὐκ ἂν ἐῴη παρεμπίπτουσαν τὴν ἀνεπιστημοσύνην συνεργὸν ἡμῖν εἶναι--ὅτι δ' ἐπιστημόνως ἂν πράττοντες εὖ ἂν πράττοιμεν καὶ εὐδαιμονοῖμεν, τοῦτο δὲ οὔπω δυνάμεθα μαθεῖν, ὦ φίλε Κριτία.
ἀλλὰ μέντοι, ἦ δ' ὅς, οὐ ῥᾳδίως εὑρήσεις ἄλλο τι τέλος τοῦ εὖ πράττειν, ἐὰν τὸ ἐπιστημόνως ἀτιμάσῃς.
σμικρὸν τοίνυν με, ἦν δ' ἐγώ, ἔτι προσδίδαξον. τίνος ἐπιστημόνως λέγεις; ἦ σκυτῶν τομῆς;
[173e] μὰ Δί' οὐκ ἔγωγε.
ἀλλὰ χαλκοῦ ἐργασίας;
οὐδαμῶς.
ἀλλὰ ἐρίων ἢ ξύλων ἢ ἄλλου του τῶν τοιούτων;
οὐ δῆτα.
οὐκ ἄρα, ἦν δ' ἐγώ, ἔτι ἐμμένομεν τῷ λόγῳ τῷ εὐδαίμονα εἶναι τὸν ἐπιστημόνως ζῶντα. οὗτοι γὰρ ἐπιστημόνως ζῶντες οὐχ ὁμολογοῦνται παρὰ σοῦ εὐδαίμονες εἶναι, ἀλλὰ περί τινων ἐπιστημόνως ζῶντα σὺ δοκεῖς μοι ἀφορίζεσθαι τὸν εὐδαίμονα. καὶ ἴσως λέγεις ὃν νυνδὴ ἐγὼ ἔλεγον, τὸν [174a] εἰδότα τὰ μέλλοντα ἔσεσθαι πάντα, τὸν μάντιν. τοῦτον

ἢ ἄλλον τινὰ λέγεις;
καὶ τοῦτον ἔγωγε, ἔφη, καὶ ἄλλον.
τίνα; ἦν δ' ἐγώ. ἆρα μὴ τὸν τοιόνδε, εἴ τις πρὸς τοῖς μέλλουσιν καὶ τὰ γεγονότα πάντα εἰδείη καὶ τὰ νῦν ὄντα, καὶ μηδὲν ἀγνοοῖ; θῶμεν γάρ τινα εἶναι αὐτόν. οὐ γὰρ οἶμαι τούτου γε ἔτι ἂν εἴποις οὐδένα ἐπιστημονέστερον ζῶντα εἶναι.
οὐ δῆτα.
τόδε δὴ ἔτι προσποθῶ, τίς αὐτὸν τῶν ἐπιστημῶν ποιεῖ εὐδαίμονα; ἢ ἅπασαι ὁμοίως;
οὐδαμῶς ὁμοίως, ἔφη.
[174b] ἀλλὰ ποία μάλιστα; ᾗ τί οἶδεν καὶ τῶν ὄντων καὶ τῶν γεγονότων καὶ τῶν μελλόντων ἔσεσθαι; ἆρά γε ᾗ τὸ πεττευτικόν;
ποῖον, ἦ δ' ὅς, πεττευτικόν;
ἀλλ' ᾗ τὸ λογιστικόν;
οὐδαμῶς.
ἀλλ' ᾗ τὸ ὑγιεινόν;
μᾶλλον, ἔφη.
ἐκείνη δ' ἣν λέγω μάλιστα, ἦν δ' ἐγώ, ᾗ τί;
ᾗ τὸ ἀγαθόν, ἔφη, καὶ τὸ κακόν.
ὦ μιαρέ, ἔφην ἐγώ, πάλαι με περιέλκεις κύκλῳ, ἀποκρυπτόμενος ὅτι οὐ τὸ ἐπιστημόνως ἦν ζῆν τὸ εὖ πράττειν [174c] τε καὶ εὐδαιμονεῖν ποιοῦν, οὐδὲ συμπασῶν τῶν ἄλλων ἐπιστημῶν, ἀλλὰ μιᾶς οὔσης ταύτης μόνον τῆς περὶ τὸ ἀγαθόν τε καὶ κακόν. ἐπεί, ὦ Κριτία, εἰ 'θέλεις ἐξελεῖν ταύτην τὴν ἐπιστήμην ἐκ τῶν ἄλλων ἐπιστημῶν, ἧττόν τι ἡ μὲν ἰατρικὴ ὑγιαίνειν ποιήσει, ἡ δὲ σκυτικὴ ὑποδεδέσθαι, ἡ δὲ ὑφαντικὴ ἠμφιέσθαι, ἡ δὲ κυβερνητικὴ κωλύσει ἐν τῇ θαλάττῃ ἀποθνῄσκειν καὶ ἡ στρατηγικὴ ἐν πολέμῳ;
οὐδὲν ἧττον, ἔφη.
ἀλλ', ὦ φίλε Κριτία, τὸ εὖ γε τούτων ἕκαστα γίγνεσθαι [174d] καὶ ὠφελίμως ἀπολελοιπὸς ἡμᾶς ἔσται ταύτης ἀπούσης.
ἀληθῆ λέγεις.
οὐχ αὕτη δέ γε, ὡς ἔοικεν, ἐστὶν ἡ σωφροσύνη, ἀλλ' ἧς ἔργον ἐστὶν τὸ ὠφελεῖν ἡμᾶς. οὐ γὰρ ἐπιστημῶν γε καὶ ἀνεπιστημοσυνῶν ἡ ἐπιστήμη ἐστίν, ἀλλὰ ἀγαθοῦ τε καὶ κακοῦ· ὥστε εἰ αὕτη ἐστὶν ὠφέλιμος, ἡ σωφροσύνη ἄλλο τι ἂν εἴη [ἢ ὠφελίμη] ἡμῖν.
τί δ', ἦ δ' ὅς, οὐκ ἂν αὕτη ὠφελοῖ; εἰ γὰρ ὅτι μάλιστα τῶν ἐπιστημῶν ἐπιστήμη ἐστὶν ἡ σωφροσύνη, ἐπιστατεῖ [174e] δὲ καὶ ταῖς ἄλλαις ἐπιστήμαις, καὶ ταύτης δήπου ἂν ἄρχουσα τῆς περὶ τἀγαθὸν ἐπιστήμης ὠφελοῖ ἂν ἡμᾶς.

ἦ κἂν ὑγιαίνειν ποιοῖ, ἦν δ' ἐγώ, αὕτη, ἀλλ' οὐχ ἡ ἰατρική; καὶ τἆλλα τὰ
τῶν τεχνῶν αὕτη ἂν ποιοῖ, καὶ οὐχ αἱ ἄλλαι τὸ αὑτῆς ἔργον ἑκάστη; ἢ οὐ
πάλαι διεμαρτυρόμεθα ὅτι ἐπιστήμης μόνον ἐστὶν καὶ ἀνεπιστημοσύνης
ἐπιστήμη, ἄλλου δὲ οὐδενός· οὐχ οὕτω;
φαίνεταί γε.
οὐκ ἄρα ὑγιείας ἔσται δημιουργός;
οὐ δῆτα.
[175a] ἄλλης γὰρ ἦν τέχνης ὑγίεια· ἢ οὔ;
ἄλλης.
οὐδ' ἄρα ὠφελίας, ὦ ἑταῖρε· ἄλλῃ γὰρ αὖ ἀπέδομεν τοῦτο τὸ ἔργον τέχνῃ
νυνδή· ἦ γάρ;
πάνυ γε.
πῶς οὖν ὠφέλιμος ἔσται ἡ σωφροσύνη, οὐδεμιᾶς ὠφελίας οὖσα
δημιουργός;
οὐδαμῶς, ὦ Σώκρατες, ἔοικέν γε.
ὁρᾷς οὖν, ὦ Κριτία, ὡς ἐγὼ πάλαι εἰκότως ἐδεδοίκη καὶ δικαίως ἐμαυτὸν
ᾐτιώμην ὅτι οὐδὲν χρηστὸν περὶ σωφροσύνης σκοπῶ; οὐ γὰρ ἄν που ὅ γε
κάλλιστον πάντων [175b] ὁμολογεῖται εἶναι, τοῦτο ἡμῖν ἀνωφελὲς ἐφάνη,
εἴ τι ἐμοῦ ὄφελος ἦν πρὸς τὸ καλῶς ζητεῖν. νῦν δὲ πανταχῇ γὰρ ἡττώμεθα,
καὶ οὐ δυνάμεθα εὑρεῖν ἐφ' ὅτῳ ποτὲ τῶν ὄντων ὁ νομοθέτης τοῦτο
τοὔνομα ἔθετο, τὴν σωφροσύνην. καίτοι πολλά γε συγκεχωρήκαμεν οὐ
συμβαίνονθ' ἡμῖν ἐν τῷ λόγῳ. καὶ γὰρ ἐπιστήμην ἐπιστήμης εἶναι
συνεχωρήσαμεν, οὐκ ἐῶντος τοῦ λόγου οὐδὲ φάσκοντος εἶναι· καὶ ταύτῃ
αὖ τῇ ἐπιστήμῃ καὶ τὰ τῶν ἄλλων ἐπιστημῶν ἔργα
γιγνώσκειν [175c] συνεχωρήσαμεν, οὐδὲ τοῦτ' ἐῶντος τοῦ λόγου, ἵνα δὴ
ἡμῖν γένοιτο ὁ σώφρων ἐπιστήμων ὧν τε οἶδεν ὅτι οἶδεν, καὶ ὧν μὴ οἶδεν
ὅτι οὐκ οἶδεν. τοῦτο μὲν δὴ καὶ παντάπασι μεγαλοπρεπῶς
συνεχωρήσαμεν, οὐδ' ἐπισκεψάμενοι τὸ ἀδύνατον εἶναι ἅ τις μὴ οἶδεν
μηδαμῶς, ταῦτα εἰδέναι ἀμῶς γέ πως· ὅτι γὰρ οὐκ οἶδεν, φησὶν αὐτὰ
εἰδέναι ἡ ἡμετέρα ὁμολογία. καίτοι, ὡς ἐγᾦμαι, οὐδενὸς ὅτου οὐχὶ
ἀλογώτερον+ τοῦτ' ἂν φανείη. ἀλλ' ὅμως οὕτως ἡμῶν
εὐηθικῶν [175d] τυχοῦσα ἡ ζήτησις καὶ οὐ σκληρῶν, οὐδέν τι μᾶλλον
εὑρεῖν δύναται τὴν ἀλήθειαν, ἀλλὰ τοσοῦτον κατεγέλασεν αὐτῆς, ὥστε ὃ
ἡμεῖς πάλαι συνομολογοῦντες καὶ συμπλάττοντες ἐτιθέμεθα σωφροσύνην
εἶναι, τοῦτο ἡμῖν πάνυ ὑβριστικῶς ἀνωφελὲς ὂν ἀπέφαινε. τὸ μὲν οὖν
ἐμὸν καὶ ἧττον ἀγανακτῶ· ὑπὲρ δὲ σοῦ, ἦν δ' ἐγώ, ὦ Χαρμίδη, πάνυ
ἀγανακτῶ, εἰ σὺ τοιοῦτος ὢν τὴν ἰδέαν καὶ πρὸς τούτῳ τὴν
ψυχὴν [175e] σωφρονέστατος, μηδὲν ὀνήσῃ ἀπὸ ταύτης τῆς σωφροσύνης
μηδέ τί σ' ὠφελήσει ἐν τῷ βίῳ παροῦσα. ἔτι δὲ μᾶλλον ἀγανακτῶ ὑπὲρ

τῆς ἐπῳδῆς ἣν παρὰ τοῦ Θρᾳκὸς ἔμαθον, εἰ μηδενὸς ἀξίου πράγματος
οὖσαν αὐτὴν μετὰ πολλῆς σπουδῆς ἐμάνθανον. ταῦτ' οὖν πάνυ μὲν [οὖν]
οὐκ οἴομαι οὕτως ἔχειν, ἀλλ' ἐμὲ φαῦλον εἶναι ζητητήν: ἐπεὶ τήν γε
σωφροσύνην μέγα τι ἀγαθὸν εἶναι, καὶ εἴπερ γε ἔχεις
αὐτό, [176a] μακάριον εἶναί σε. ἀλλ' ὅρα εἰ ἔχεις τε καὶ μηδὲν δέῃ τῆς
ἐπῳδῆς: εἰ γὰρ ἔχεις, μᾶλλον ἂν ἔγωγέ σοι συμβουλεύσαιμι ἐμὲ μὲν λῆρον
ἡγεῖσθαι εἶναι καὶ ἀδύνατον λόγῳ ὁτιοῦν ζητεῖν, σεαυτὸν δέ, ὅσῳπερ
σωφρονέστερος εἶ, τοσούτῳ εἶναι καὶ εὐδαιμονέστερον.
καὶ ὁ Χαρμίδης, ἀλλὰ μὰ Δί', ἦ δ' ὅς, ἔγωγε, ὦ Σώκρατες, οὐκ οἶδα οὔτ' εἰ
ἔχω οὔτ' εἰ μὴ ἔχω: πῶς γὰρ ἂν εἰδείην ὅ γε μηδ' ὑμεῖς οἷοί τέ ἐστε ἐξευρεῖν
ὅτι ποτ' ἔστιν, [176b] ὡς φῇς σύ; ἐγὼ μέντοι οὐ πάνυ σοι πείθομαι, καὶ
ἐμαυτόν, ὦ Σώκρατες, πάνυ οἶμαι δεῖσθαι τῆς ἐπῳδῆς, καὶ τό γ' ἐμὸν
οὐδὲν κωλύει ἐπᾴδεσθαι ὑπὸ σοῦ ὅσαι ἡμέραι, ἕως ἂν φῇς σὺ ἱκανῶς
ἔχειν.
εἶεν: ἀλλ', ἔφη ὁ Κριτίας, ὦ Χαρμίδη, δρᾷς τοῦτο ἔμοιγ' ἔσται τοῦτο
τεκμήριον ὅτι σωφρονεῖς, ἢν ἐπᾴδειν παρέχῃς Σωκράτει καὶ μὴ ἀπολείπῃ
τούτου μήτε μέγα μήτε σμικρόν.
ὡς ἀκολουθήσοντος, ἔφη, καὶ μὴ ἀπολειψομένου: δεινὰ [176c] γὰρ ἂν
ποιοίην, εἰ μὴ πειθοίμην σοὶ τῷ ἐπιτρόπῳ καὶ μὴ ποιοίην ἃ κελεύεις.
ἀλλὰ μήν, ἔφη, κελεύω ἔγωγε.
ποιήσω τοίνυν, ἔφη, ἀπὸ ταυτησὶ τῆς ἡμέρας ἀρξάμενος.
οὗτοι, ἦν δ' ἐγώ, τί βουλεύεσθον ποιεῖν;
οὐδέν, ἔφη ὁ Χαρμίδης, ἀλλὰ βεβουλεύμεθα.
βιάσῃ ἄρα, ἦν δ' ἐγώ, καὶ οὐδ' ἀνάκρισίν μοι δώσεις;
ὡς βιασομένου, ἔφη, ἐπειδήπερ ὅδε γε ἐπιτάττει: πρὸς ταῦτα σὺ αὖ
βουλεύου ὅτι ποιήσεις.
[176d] ἀλλ' οὐδεμία, ἔφην ἐγώ, λείπεται βουλή: σοὶ γὰρ ἐπιχειροῦντι
πράττειν ὁτιοῦν καὶ βιαζομένῳ οὐδεὶς οἷός τ' ἔσται ἐναντιοῦσθαι
ἀνθρώπων.
μὴ τοίνυν, ἦ δ' ὅς, μηδὲ σὺ ἐναντιοῦ.
οὐ τοίνυν, ἦν δ' ἐγώ, ἐναντιώσομαι.

Κρίτων

Σωκράτης
[43a] τί τηνικάδε ἀφῖξαι, ὦ Κρίτων; ἢ οὐ πρῲ ἔτι ἐστίν;
Κρίτων
πάνυ μὲν οὖν.
Σωκράτης
πηνίκα μάλιστα;
Κρίτων
ὄρθρος βαθύς.
Σωκράτης
θαυμάζω ὅπως ἠθέλησέ σοι ὁ τοῦ δεσμωτηρίου φύλαξ ὑπακοῦσαι.
Κρίτων
συνήθης ἤδη μοί ἐστιν, ὦ Σώκρατες, διὰ τὸ πολλάκις δεῦρο φοιτᾶν, καί τι καὶ εὐεργέτηται ὑπ' ἐμοῦ.
Σωκράτης
ἄρτι δὲ ἥκεις ἢ πάλαι;
Κρίτων
ἐπιεικῶς πάλαι.
Σωκράτης
[43b] εἶτα πῶς οὐκ εὐθὺς ἐπήγειράς με, ἀλλὰ σιγῇ παρακάθησαι;
Κρίτων
οὐ μὰ τὸν Δία, ὦ Σώκρατες, οὐδ' ἂν αὐτὸς ἤθελον ἐν τοσαύτῃ τε ἀγρυπνίᾳ καὶ λύπῃ εἶναι, ἀλλὰ καὶ σοῦ πάλαι θαυμάζω αἰσθανόμενος ὡς ἡδέως καθεύδεις· καὶ ἐπίτηδές σε οὐκ ἤγειρον ἵνα ὡς ἥδιστα διάγῃς. καὶ πολλάκις μὲν δὴ σε καὶ πρότερον ἐν παντὶ τῷ βίῳ ηὐδαιμόνισα τοῦ τρόπου, πολὺ δὲ μάλιστα ἐν τῇ νῦν παρεστώσῃ συμφορᾷ, ὡς ῥᾳδίως αὐτὴν καὶ πρᾴως φέρεις.
Σωκράτης
καὶ γὰρ ἄν, ὦ Κρίτων, πλημμελὲς εἴη ἀγανακτεῖν τηλικοῦτον ὄντα εἰ δεῖ ἤδη τελευτᾶν.
Κρίτων
[43c] καὶ ἄλλοι, ὦ Σώκρατες, τηλικοῦτοι ἐν τοιαύταις συμφοραῖς ἁλίσκονται, ἀλλ' οὐδὲν αὐτοὺς ἐπιλύεται ἡ ἡλικία τὸ μὴ οὐχὶ ἀγανακτεῖν

τῇ παρούσῃ τύχῃ.
Σωκράτης
ἔστι ταῦτα. ἀλλὰ τί δὴ οὕτω πρῲ ἀφῖξαι;
Κρίτων
ἀγγελίαν, ὦ Σώκρατες, φέρων χαλεπήν, οὐ σοί, ὡς ἐμοὶ φαίνεται, ἀλλ' ἐμοὶ καὶ τοῖς σοῖς ἐπιτηδείοις πᾶσιν καὶ χαλεπὴν καὶ βαρεῖαν, ἣν ἐγώ, ὡς ἐμοὶ δοκῶ, ἐν τοῖς βαρύτατ' ἂν ἐνέγκαιμι.
Σωκράτης
τίνα ταύτην; ἢ τὸ πλοῖον ἀφῖκται ἐκ Δήλου, οὗ δεῖ [43d] ἀφικομένου τεθνάναι με;
Κρίτων
οὔτοι δὴ ἀφῖκται, ἀλλὰ δοκεῖν μέν μοι ἥξει τήμερον ἐξ ὧν ἀπαγγέλλουσιν ἥκοντές τινες ἀπὸ Σουνίου καὶ καταλιπόντες ἐκεῖ αὐτό. δῆλον οὖν ἐκ τούτων [τῶν ἀγγέλων] ὅτι ἥξει τήμερον, καὶ ἀνάγκη δὴ εἰς αὔριον ἔσται, ὦ Σώκρατες, τὸν βίον σε τελευτᾶν.
Σωκράτης
ἀλλ', ὦ Κρίτων, τύχῃ ἀγαθῇ, εἰ ταύτῃ τοῖς θεοῖς φίλον, ταύτῃ ἔστω· οὐ μέντοι οἶμαι ἥξειν αὐτὸ τήμερον.
[44a] Κρίτων
πόθεν τοῦτο τεκμαίρῃ;
Σωκράτης
ἐγώ σοι ἐρῶ. τῇ γάρ που ὑστεραίᾳ δεῖ με ἀποθνῄσκειν ἢ ᾗ ἂν ἔλθῃ τὸ πλοῖον.
Κρίτων
φασί γέ τοι δὴ οἱ τούτων κύριοι.
Σωκράτης
οὐ τοίνυν τῆς ἐπιούσης ἡμέρας οἶμαι αὐτὸ ἥξειν ἀλλὰ τῆς ἑτέρας. τεκμαίρομαι δὲ ἔκ τινος ἐνυπνίου ὃ ἑώρακα ὀλίγον πρότερον ταύτης τῆς νυκτός· καὶ κινδυνεύεις ἐν καιρῷ τινι οὐκ ἐγεῖραί με.
Κρίτων
ἦν δὲ δὴ τί τὸ ἐνύπνιον;
Σωκράτης
ἐδόκει τίς μοι γυνὴ προσελθοῦσα καλὴ καὶ εὐειδής, [44b] λευκὰ ἱμάτια ἔχουσα, καλέσαι με καὶ εἰπεῖν· "ὦ Σώκρατες,
ἤματί κεν τριτάτῳ Φθίην ἐρίβωλον ἵκοιο".[1]
Κρίτων
ἄτοπον τὸ ἐνύπνιον, ὦ Σώκρατες.
Σωκράτης
ἐναργὲς μὲν οὖν, ὥς γέ μοι δοκεῖ, ὦ Κρίτων.

Κρίτων
λίαν γε, ὡς ἔοικεν. ἀλλ', ὦ δαιμόνιε Σώκρατες, ἔτι καὶ νῦν ἐμοὶ πιθοῦ καὶ σώθητι· ὡς ἐμοί, ἐὰν σὺ ἀποθάνῃς, οὐ μία συμφορά ἐστιν, ἀλλὰ χωρὶς μὲν τοῦ ἐστερῆσθαι τοιούτου ἐπιτηδείου οἷον ἐγὼ οὐδένα μή ποτε εὑρήσω, ἔτι δὲ καὶ πολλοῖς δόξω, οἳ ἐμὲ καὶ σὲ μὴ σαφῶς ἴσασιν, [44c] ὡς οἷός τ' ὤν σε σῴζειν εἰ ἤθελον ἀναλίσκειν χρήματα, ἀμελῆσαι. καίτοι τίς ἂν αἰσχίων εἴη ταύτης δόξα ἢ δοκεῖν χρήματα περὶ πλείονος ποιεῖσθαι ἢ φίλους; οὐ γὰρ πείσονται οἱ πολλοὶ ὡς σὺ αὐτὸς οὐκ ἠθέλησας ἀπιέναι ἐνθένδε ἡμῶν προθυμουμένων.
Σωκράτης
ἀλλὰ τί ἡμῖν, ὦ μακάριε Κρίτων, οὕτω τῆς τῶν πολλῶν δόξης μέλει; οἱ γὰρ ἐπιεικέστατοι, ὧν μᾶλλον ἄξιον φροντίζειν, ἡγήσονται αὐτὰ οὕτω πεπρᾶχθαι ὥσπερ ἂν πραχθῇ.
Κρίτων
[44d] ἀλλ' ὁρᾷς δὴ ὅτι ἀνάγκη, ὦ Σώκρατες, καὶ τῆς τῶν πολλῶν δόξης μέλειν. αὐτὰ δὲ δῆλα τὰ παρόντα νυνὶ ὅτι οἷοί τ' εἰσὶν οἱ πολλοὶ οὐ τὰ σμικρότατα τῶν κακῶν ἐξεργάζεσθαι ἀλλὰ τὰ μέγιστα σχεδόν, ἐάν τις ἐν αὐτοῖς διαβεβλημένος ᾖ.
Σωκράτης
εἰ γὰρ ὤφελον, ὦ Κρίτων, οἷοί τ' εἶναι οἱ πολλοὶ τὰ μέγιστα κακὰ ἐργάζεσθαι, ἵνα οἷοί τ' ἦσαν καὶ ἀγαθὰ τὰ μέγιστα, καὶ καλῶς ἂν εἶχεν. νῦν δὲ οὐδέτερα οἷοί τε· οὔτε γὰρ φρόνιμον οὔτε ἄφρονα δυνατοὶ ποιῆσαι, ποιοῦσι δὲ τοῦτο ὅτι ἂν τύχωσι.
Κρίτων
[44e] ταῦτα μὲν δὴ οὕτως ἐχέτω· τάδε δέ, ὦ Σώκρατες, εἰπέ μοι. ἆρά γε μὴ ἐμοῦ προμηθῇ καὶ τῶν ἄλλων ἐπιτηδείων μή, ἐὰν σὺ ἐνθένδε ἐξέλθῃς, οἱ συκοφάνται ἡμῖν πράγματα παρέχωσιν ὡς σὲ ἐνθένδε ἐκκλέψασιν, καὶ ἀναγκασθῶμεν ἢ καὶ πᾶσαν τὴν οὐσίαν ἀποβαλεῖν ἢ συχνὰ χρήματα, ἢ καὶ ἄλλο τι πρὸς τούτοις παθεῖν; εἰ γάρ τι [45a] τοιοῦτον φοβῇ, ἔασον αὐτὸ χαίρειν· ἡμεῖς γάρ που δίκαιοί ἐσμεν σώσαντές σε κινδυνεύειν τοῦτον τὸν κίνδυνον καὶ ἐὰν δέῃ ἔτι τούτου μείζω. ἀλλ' ἐμοὶ πείθου καὶ μὴ ἄλλως ποίει.
Σωκράτης
καὶ ταῦτα προμηθοῦμαι, ὦ Κρίτων, καὶ ἄλλα πολλά.
Κρίτων
μήτε τοίνυν ταῦτα φοβοῦ--καὶ γὰρ οὐδὲ πολὺ τἀργύριόν ἐστιν ὃ θέλουσι λαβόντες τινὲς σῶσαί σε καὶ ἐξαγαγεῖν ἐνθένδε. ἔπειτα οὐχ ὁρᾷς τούτους τοὺς συκοφάντας ὡς εὐτελεῖς, καὶ οὐδὲν ἂν δέοι ἐπ' αὐτοὺς πολλοῦ ἀργυρίου; [45b] σοὶ δὲ ὑπάρχει μὲν τὰ ἐμὰ χρήματα, ὡς ἐγὼ οἶμαι, ἱκανά·

ἔπειτα καὶ εἴ τι ἐμοῦ κηδόμενος οὐκ οἴει δεῖν ἀναλίσκειν τἀμά, ξένοι οὗτοι ἐνθάδε ἕτοιμοι ἀναλίσκειν· εἷς δὲ καὶ κεκόμικεν ἐπ' αὐτὸ τοῦτο ἀργύριον ἱκανόν, Σιμμίας ὁ Θηβαῖος, ἕτοιμος δὲ καὶ Κέβης καὶ ἄλλοι πολλοὶ πάνυ. ὥστε, ὅπερ λέγω, μήτε ταῦτα φοβούμενος ἀποκάμῃς σαυτὸν σῶσαι, μήτε, ὃ ἔλεγες ἐν τῷ δικαστηρίῳ, δυσχερές σοι γενέσθω ὅτι οὐκ ἂν ἔχοις ἐξελθὼν ὅτι χρῷο σαυτῷ· πολλαχοῦ [45c] μὲν γὰρ καὶ ἄλλοσε ὅποι ἂν ἀφίκῃ ἀγαπήσουσί σε· ἐὰν δὲ βούλῃ εἰς Θετταλίαν ἰέναι, εἰσὶν ἐμοὶ ἐκεῖ ξένοι οἵ σε περὶ πολλοῦ ποιήσονται καὶ ἀσφάλειάν σοι παρέξονται, ὥστε σε μηδένα λυπεῖν τῶν κατὰ Θετταλίαν.

ἔτι δέ, ὦ Σώκρατες, οὐδὲ δίκαιόν μοι δοκεῖς ἐπιχειρεῖν πρᾶγμα, σαυτὸν προδοῦναι, ἐξὸν σωθῆναι, καὶ τοιαῦτα σπεύδεις περὶ σαυτὸν γενέσθαι ἅπερ ἂν καὶ οἱ ἐχθροί σου σπεύσαιέν τε καὶ ἔσπευσαν σὲ διαφθεῖραι βουλόμενοι. πρὸς δὲ τούτοις καὶ τοὺς ὑεῖς τοὺς σαυτοῦ ἔμοιγε δοκεῖς προδιδόναι, οὕς σοι [45d] ἐξὸν καὶ ἐκθρέψαι καὶ ἐκπαιδεῦσαι οἰχήσῃ καταλιπών, καὶ τὸ σὸν μέρος ὅτι ἂν τύχωσι τοῦτο πράξουσιν· τεύξονται δέ, ὡς τὸ εἰκός, τοιούτων οἷάπερ εἴωθεν γίγνεσθαι ἐν ταῖς ὀρφανίαις περὶ τοὺς ὀρφανούς. ἢ γὰρ οὐ χρὴ ποιεῖσθαι παῖδας ἢ συνδιαταλαιπωρεῖν καὶ τρέφοντα καὶ παιδεύοντα, σὺ δέ μοι δοκεῖς τὰ ῥᾳθυμότατα αἱρεῖσθαι. χρὴ δέ, ἅπερ ἂν ἀνὴρ ἀγαθὸς καὶ ἀνδρεῖος ἕλοιτο, ταῦτα αἱρεῖσθαι, φάσκοντά γε δὴ ἀρετῆς διὰ παντὸς τοῦ βίου ἐπιμελεῖσθαι· ὡς ἔγωγε καὶ [45e] ὑπὲρ σοῦ καὶ ὑπὲρ ἡμῶν τῶν σῶν ἐπιτηδείων αἰσχύνομαι μὴ δόξῃ ἅπαν τὸ πρᾶγμα τὸ περὶ σὲ ἀνανδρίᾳ τινὶ τῇ ἡμετέρᾳ πεπρᾶχθαι, καὶ ἡ εἴσοδος τῆς δίκης εἰς τὸ δικαστήριον ὡς εἰσῆλθεν ἐξὸν μὴ εἰσελθεῖν, καὶ αὐτὸς ὁ ἀγὼν τῆς δίκης ὡς ἐγένετο, καὶ τὸ τελευταῖον δὴ τουτί, ὥσπερ κατάγελως τῆς πράξεως, κακίᾳ τινὶ καὶ ἀνανδρίᾳ τῇ ἡμετέρᾳ διαπεφευγέναι [46a] ἡμᾶς δοκεῖν, οἵτινές σε οὐχὶ ἐσώσαμεν οὐδὲ σὺ σαυτόν, οἷόν τε ὂν καὶ δυνατὸν εἴ τι καὶ μικρὸν ἡμῶν ὄφελος ἦν. ταῦτα οὖν, ὦ Σώκρατες, ὅρα μὴ ἅμα τῷ κακῷ καὶ αἰσχρὰ ᾖ σοί τε καὶ ἡμῖν. ἀλλὰ βουλεύου--μᾶλλον δὲ οὐδὲ βουλεύεσθαι ἔτι ὥρα ἀλλὰ βεβουλεῦσθαι--μία δὲ βουλή· τῆς γὰρ ἐπιούσης νυκτὸς πάντα ταῦτα δεῖ πεπρᾶχθαι, εἰ δ' ἔτι περιμενοῦμεν, ἀδύνατον καὶ οὐκέτι οἷόν τε. ἀλλὰ παντὶ τρόπῳ, ὦ Σώκρατες, πείθου μοι καὶ μηδαμῶς ἄλλως ποίει.

Σωκράτης

[46b] ὦ φίλε Κρίτων, ἡ προθυμία σου πολλοῦ ἀξία εἰ μετά τινος ὀρθότητος εἴη· εἰ δὲ μή, ὅσῳ μείζων τοσούτῳ χαλεπωτέρα. σκοπεῖσθαι οὖν χρὴ ἡμᾶς εἴτε ταῦτα πρακτέον εἴτε μή· ὡς ἐγὼ οὐ νῦν πρῶτον ἀλλὰ καὶ ἀεὶ τοιοῦτος οἷος τῶν ἐμῶν μηδενὶ ἄλλῳ πείθεσθαι ἢ τῷ λόγῳ ὃς ἄν μοι λογιζομένῳ βέλτιστος φαίνηται. τοὺς δὴ λόγους οὓς ἐν τῷ ἔμπροσθεν ἔλεγον οὐ δύναμαι νῦν ἐκβαλεῖν, ἐπειδή μοι ἥδε ἡ τύχη γέγονεν, ἀλλὰ

σχεδόν τι ὅμοιοι φαίνονταί μοι, [46c] καὶ τοὺς αὐτοὺς πρεσβεύω καὶ τιμῶ οὕσπερ καὶ πρότερον· ὧν ἐὰν μὴ βελτίω ἔχωμεν λέγειν ἐν τῷ παρόντι, εὖ ἴσθι ὅτι οὐ μή σοι συγχωρήσω, οὐδ' ἂν πλείω τῶν νῦν παρόντων ἡ τῶν πολλῶν δύναμις ὥσπερ παῖδας ἡμᾶς μορμολύττηται, δεσμοὺς καὶ θανάτους ἐπιπέμπουσα καὶ χρημάτων ἀφαιρέσεις. πῶς οὖν ἂν μετριώτατα σκοποίμεθα αὐτά; εἰ πρῶτον μὲν τοῦτον τὸν λόγον ἀναλάβοιμεν, ὃν σὺ λέγεις περὶ τῶν δοξῶν. πότερον καλῶς ἐλέγετο ἑκάστοτε ἢ οὔ, [46d] ὅτι ταῖς μὲν δεῖ τῶν δοξῶν προσέχειν τὸν νοῦν, ταῖς δὲ οὔ; ἢ πρὶν μὲν ἐμὲ δεῖν ἀποθνήσκειν καλῶς ἐλέγετο, νῦν δὲ κατάδηλος ἄρα ἐγένετο ὅτι ἄλλως ἕνεκα λόγου ἐλέγετο, ἦν δὲ παιδιὰ καὶ φλυαρία ὡς ἀληθῶς; ἐπιθυμῶ δ' ἔγωγ' ἐπισκέψασθαι, ὦ Κρίτων, κοινῇ μετὰ σοῦ εἴ τί μοι ἀλλοιότερος φανεῖται, ἐπειδὴ ὧδε ἔχω, ἢ ὁ αὐτός, καὶ ἐάσομεν χαίρειν ἢ πεισόμεθα αὐτῷ. ἐλέγετο δέ πως, ὡς ἐγῷμαι, ἑκάστοτε ὧδε ὑπὸ τῶν οἰομένων τὶ λέγειν, ὥσπερ νυνδὴ ἐγὼ ἔλεγον, ὅτι τῶν δοξῶν ἃς οἱ ἄνθρωποι [46e] δοξάζουσιν δέοι τὰς μὲν περὶ πολλοῦ ποιεῖσθαι, τὰς δὲ μή. τοῦτο πρὸς θεῶν, ὦ Κρίτων, οὐ δοκεῖ καλῶς σοι λέγεσθαι; --σὺ γάρ, ὅσα γε τἀνθρώπεια, ἐκτὸς εἶ τοῦ μέλλειν ἀποθνήσκειν [47a] αὔριον, καὶ οὐκ ἂν σὲ παρακρούοι ἡ παροῦσα συμφορά· σκόπει δή--οὐχ ἱκανῶς δοκεῖ σοι λέγεσθαι ὅτι οὐ πάσας χρὴ τὰς δόξας τῶν ἀνθρώπων τιμᾶν ἀλλὰ τὰς μέν, τὰς δ' οὔ, οὐδὲ πάντων ἀλλὰ τῶν μέν, τῶν δ' οὔ; τί φῄς; ταῦτα οὐχὶ καλῶς λέγεται;

Κρίτων
καλῶς.

Σωκράτης
οὐκοῦν τὰς μὲν χρηστὰς τιμᾶν, τὰς δὲ πονηρὰς μή;

Κρίτων
ναί.

Σωκράτης
χρησταὶ δὲ οὐχ αἱ τῶν φρονίμων, πονηραὶ δὲ αἱ τῶν ἀφρόνων;

Κρίτων
πῶς δ' οὔ;

Σωκράτης
φέρε δή, πῶς αὖ τὰ τοιαῦτα ἐλέγετο; γυμναζόμενος [47b] ἀνὴρ καὶ τοῦτο πράττων πότερον παντὸς ἀνδρὸς ἐπαίνῳ καὶ ψόγῳ καὶ δόξῃ τὸν νοῦν προσέχει, ἢ ἑνὸς μόνου ἐκείνου ὃς ἂν τυγχάνῃ ἰατρὸς ἢ παιδοτρίβης ὤν;

Κρίτων
ἑνὸς μόνου.

Σωκράτης
οὐκοῦν φοβεῖσθαι χρὴ τοὺς ψόγους καὶ ἀσπάζεσθαι τοὺς ἐπαίνους τοὺς

τοῦ ἑνὸς ἐκείνου ἀλλὰ μὴ τοὺς τῶν πολλῶν.
Κρίτων
δῆλα δή.
Σωκράτης
ταύτῃ ἄρα αὐτῷ πρακτέον καὶ γυμναστέον καὶ ἐδεστέον γε καὶ ποτέον, ᾗ
ἂν τῷ ἑνὶ δοκῇ, τῷ ἐπιστάτῃ καὶ ἐπαΐοντι, μᾶλλον ἢ ᾗ σύμπασι τοῖς ἄλλοις.
Κρίτων
ἔστι ταῦτα.
Σωκράτης
[47c] εἶεν. ἀπειθήσας δὲ τῷ ἑνὶ καὶ ἀτιμάσας αὐτοῦ τὴν δόξαν καὶ τοὺς
ἐπαίνους, τιμήσας δὲ τοὺς τῶν πολλῶν [λόγους] καὶ μηδὲν ἐπαϊόντων, ἆρα
οὐδὲν κακὸν πείσεται;
Κρίτων
πῶς γὰρ οὔ;
Σωκράτης
τί δ᾽ ἔστι τὸ κακὸν τοῦτο, καὶ ποῖ τείνει, καὶ εἰς τί τῶν τοῦ ἀπειθοῦντος;
Κρίτων
δῆλον ὅτι εἰς τὸ σῶμα· τοῦτο γὰρ διόλλυσι.
Σωκράτης
καλῶς λέγεις. οὐκοῦν καὶ τἆλλα, ὦ Κρίτων, οὕτως, ἵνα μὴ πάντα διΐωμεν,
καὶ δὴ καὶ περὶ τῶν δικαίων καὶ ἀδίκων καὶ αἰσχρῶν καὶ καλῶν καὶ
ἀγαθῶν καὶ κακῶν, περὶ ὧν νῦν ἡ βουλὴ ἡμῖν ἐστιν, πότερον τῇ τῶν
πολλῶν δόξῃ [47d] δεῖ ἡμᾶς ἕπεσθαι καὶ φοβεῖσθαι αὐτὴν ἢ τῇ τοῦ ἑνός, εἴ
τίς ἐστιν ἐπαΐων, ὃν δεῖ καὶ αἰσχύνεσθαι καὶ φοβεῖσθαι μᾶλλον ἢ
σύμπαντας τοὺς ἄλλους; ᾧ εἰ μὴ ἀκολουθήσομεν, διαφθεροῦμεν ἐκεῖνο
καὶ λωβησόμεθα, ὃ τῷ μὲν δικαίῳ βέλτιον ἐγίγνετο τῷ δὲ ἀδίκῳ
ἀπώλλυτο. ἢ οὐδέν ἐστι τοῦτο;
Κρίτων
οἶμαι ἔγωγε, ὦ Σώκρατες.
Σωκράτης
φέρε δή, ἐὰν τὸ ὑπὸ τοῦ ὑγιεινοῦ μὲν βέλτιον γιγνόμενον, ὑπὸ τοῦ
νοσώδους δὲ διαφθειρόμενον διολέσωμεν πειθόμενοι μὴ τῇ τῶν
ἐπαϊόντων δόξῃ, ἆρα βιωτὸν ἡμῖν ἐστιν [47e] διεφθαρμένου αὐτοῦ; ἔστι
δέ που τοῦτο σῶμα· ἢ οὐχί;
Κρίτων
ναί.
Σωκράτης
ἆρ᾽ οὖν βιωτὸν ἡμῖν ἐστιν μετὰ μοχθηροῦ καὶ διεφθαρμένου σώματος;

Κρίτων
οὐδαμῶς.
Σωκράτης
ἀλλὰ μετ' ἐκείνου ἄρ' ἡμῖν βιωτὸν διεφθαρμένου, ᾧ τὸ ἄδικον μὲν λωβᾶται, τὸ δὲ δίκαιον ὀνίνησιν; ἢ φαυλότερον ἡγούμεθα εἶναι τοῦ σώματος ἐκεῖνο, ὅτι ποτ' ἐστὶ τῶν [48a] ἡμετέρων, περὶ ὃ ἥ τε ἀδικία καὶ ἡ δικαιοσύνη ἐστίν;
Κρίτων
οὐδαμῶς.
Σωκράτης
ἀλλὰ τιμιώτερον;
Κρίτων
πολύ γε.
Σωκράτης
οὐκ ἄρα, ὦ βέλτιστε, πάνυ ἡμῖν οὕτω φροντιστέον τί ἐροῦσιν οἱ πολλοὶ ἡμᾶς, ἀλλ' ὅτι ὁ ἐπαΐων περὶ τῶν δικαίων καὶ ἀδίκων, ὁ εἷς καὶ αὐτὴ ἡ ἀλήθεια. ὥστε πρῶτον μὲν ταύτῃ οὐκ ὀρθῶς εἰσηγῇ, εἰσηγούμενος τῆς τῶν πολλῶν δόξης δεῖν ἡμᾶς φροντίζειν περὶ τῶν δικαίων καὶ καλῶν καὶ ἀγαθῶν καὶ τῶν ἐναντίων. "ἀλλὰ μὲν δή", φαίη γ' ἄν τις, "οἷοί τέ εἰσιν ἡμᾶς οἱ πολλοὶ ἀποκτεινύναι".
Κρίτων
[48b] δῆλα δὴ καὶ ταῦτα· φαίη γὰρ ἄν, ὦ Σώκρατες. ἀληθῆ λέγεις.
Σωκράτης
ἀλλ', ὦ θαυμάσιε, οὗτός τε ὁ λόγος ὃν διεληλύθαμεν ἔμοιγε δοκεῖ ἔτι ὅμοιος εἶναι καὶ πρότερον· καὶ τόνδε δὲ αὖ σκόπει εἰ ἔτι μένει ἡμῖν ἢ οὔ, ὅτι οὐ τὸ ζῆν περὶ πλείστου ποιητέον ἀλλὰ τὸ εὖ ζῆν.
Κρίτων
ἀλλὰ μένει.
Σωκράτης
τὸ δὲ εὖ καὶ καλῶς καὶ δικαίως ὅτι ταὐτόν ἐστιν, μένει ἢ οὐ μένει;
Κρίτων
μένει.
Σωκράτης
οὐκοῦν ἐκ τῶν ὁμολογουμένων τοῦτο σκεπτέον, πότερον δίκαιον ἐμὲ ἐνθένδε πειρᾶσθαι ἐξιέναι μὴ ἀφιέντων [48c] Ἀθηναίων ἢ οὐ δίκαιον· καὶ ἐὰν μὲν φαίνηται δίκαιον, πειρώμεθα, εἰ δὲ μή, ἐῶμεν. ἃς δὲ σὺ λέγεις τὰς σκέψεις περί τε ἀναλώσεως χρημάτων καὶ δόξης καὶ παίδων τροφῆς, μὴ ὡς ἀληθῶς ταῦτα, ὦ Κρίτων, σκέμματα ᾖ τῶν ῥᾳδίως ἀποκτεινύντων καὶ ἀναβιωσκομένων γ' ἄν, εἰ οἷοί τ' ἦσαν, οὐδενὶ ξὺν νῷ, τούτων τῶν

πολλῶν. ἡμῖν δ', ἐπειδὴ ὁ λόγος οὕτως αἱρεῖ, μὴ οὐδὲν ἄλλο σκεπτέον ᾖ ἢ ὅπερ νυνδὴ ἐλέγομεν, πότερον δίκαια πράξομεν καὶ χρήματα τελοῦντες τούτοις [48d] τοῖς ἐμὲ ἐνθένδε ἐξάξουσιν καὶ χάριτας, καὶ αὐτοὶ ἐξάγοντές τε καὶ ἐξαγόμενοι, ἢ τῇ ἀληθείᾳ ἀδικήσομεν πάντα ταῦτα ποιοῦντες· κἂν φαινώμεθα ἄδικα αὐτὰ ἐργαζόμενοι, μὴ οὐ δέῃ ὑπολογίζεσθαι οὔτ' εἰ ἀποθνῄσκειν δεῖ παραμένοντας καὶ ἡσυχίαν ἄγοντας, οὔτε ἄλλο ὁτιοῦν πάσχειν πρὸ τοῦ ἀδικεῖν.
Κρίτων
καλῶς μέν μοι δοκεῖς λέγειν, ὦ Σώκρατες, ὅρα δὲ τί δρῶμεν.
Σωκράτης
σκοπῶμεν, ὦ ἀγαθέ, κοινῇ, καὶ εἴ πῃ ἔχεις ἀντιλέγειν [48e] ἐμοῦ λέγοντος, ἀντίλεγε καί σοι πείσομαι· εἰ δὲ μή, παῦσαι ἤδη, ὦ μακάριε, πολλάκις μοι λέγων τὸν αὐτὸν λόγον, ὡς χρὴ ἐνθένδε ἀκόντων Ἀθηναίων ἐμὲ ἀπιέναι· ὡς ἐγὼ περὶ πολλοῦ ποιοῦμαι πείσας σε ταῦτα πράττειν, ἀλλὰ μὴ ἄκοντος. ὅρα δὲ δὴ τῆς σκέψεως τὴν ἀρχὴν ἐάν σοι [49a] ἱκανῶς λέγηται, καὶ πειρῶ ἀποκρίνεσθαι τὸ ἐρωτώμενον ᾗ ἂν μάλιστα οἴῃ.
Κρίτων
ἀλλὰ πειράσομαι.
Σωκράτης
οὐδενὶ τρόπῳ φαμὲν ἑκόντας ἀδικητέον εἶναι, ἢ τινὶ μὲν ἀδικητέον τρόπῳ τινὶ δὲ οὔ; ἢ οὐδαμῶς τό γε ἀδικεῖν οὔτε ἀγαθὸν οὔτε καλόν, ὡς πολλάκις ἡμῖν καὶ ἐν τῷ ἔμπροσθεν χρόνῳ ὡμολογήθη; [ὅπερ καὶ ἄρτι ἐλέγετο] ἢ πᾶσαι ἡμῖν ἐκεῖναι αἱ πρόσθεν ὁμολογίαι ἐν ταῖσδε ταῖς ὀλίγαις ἡμέραις ἐκκεχυμέναι εἰσίν, καὶ πάλαι, ὦ Κρίτων, ἄρα τηλικοίδε [γέροντες] ἄνδρες πρὸς ἀλλήλους σπουδῇ διαλεγόμενοι [49b] ἐλάθομεν ἡμᾶς αὐτοὺς παίδων οὐδὲν διαφέροντες; ἢ παντὸς μᾶλλον οὕτως ἔχει ὥσπερ τότε ἐλέγετο ἡμῖν· εἴτε φασὶν οἱ πολλοὶ εἴτε μή, καὶ εἴτε δεῖ ἡμᾶς ἔτι τῶνδε χαλεπώτερα πάσχειν εἴτε καὶ πρᾳότερα, ὅμως τό γε ἀδικεῖν τῷ ἀδικοῦντι καὶ κακὸν καὶ αἰσχρὸν τυγχάνει ὂν παντὶ τρόπῳ; φαμὲν ἢ οὔ;
Κρίτων
φαμέν.
Σωκράτης
οὐδαμῶς ἄρα δεῖ ἀδικεῖν.
Κρίτων
οὐ δῆτα.
Σωκράτης
οὐδὲ ἀδικούμενον ἄρα ἀνταδικεῖν, ὡς οἱ πολλοὶ οἴονται, ἐπειδή γε οὐδαμῶς δεῖ ἀδικεῖν.

Κρίτων
[49c] οὐ φαίνεται.
Σωκράτης
τί δὲ δή; κακουργεῖν δεῖ, ὦ Κρίτων, ἢ οὔ;
Κρίτων
οὐ δεῖ δήπου, ὦ Σώκρατες.
Σωκράτης
τί δέ; ἀντικακουργεῖν κακῶς πάσχοντα, ὡς οἱ πολλοί φασιν, δίκαιον ἢ οὐ δίκαιον;
Κρίτων
οὐδαμῶς.
Σωκράτης
τὸ γάρ που κακῶς ποιεῖν ἀνθρώπους τοῦ ἀδικεῖν οὐδὲν διαφέρει.
Κρίτων
ἀληθῆ λέγεις.
Σωκράτης
οὔτε ἄρα ἀνταδικεῖν δεῖ οὔτε κακῶς ποιεῖν οὐδένα ἀνθρώπων, οὐδ' ἂν ὁτιοῦν πάσχῃ ὑπ' αὐτῶν. καὶ ὅρα, ὦ [49d] Κρίτων, ταῦτα καθομολογῶν, ὅπως μὴ παρὰ δόξαν ὁμολογῇς· οἶδα γὰρ ὅτι ὀλίγοις τισὶ ταῦτα καὶ δοκεῖ καὶ δόξει. οἷς οὖν οὕτω δέδοκται καὶ οἷς μή, τούτοις οὐκ ἔστι κοινὴ βουλή, ἀλλὰ ἀνάγκη τούτους ἀλλήλων καταφρονεῖν ὁρῶντας ἀλλήλων τὰ βουλεύματα. σκόπει δὴ οὖν καὶ σὺ εὖ μάλα πότερον κοινωνεῖς καὶ συνδοκεῖ σοι καὶ ἀρχώμεθα ἐντεῦθεν βουλευόμενοι, ὡς οὐδέποτε ὀρθῶς ἔχοντος οὔτε τοῦ ἀδικεῖν οὔτε τοῦ ἀνταδικεῖν οὔτε κακῶς πάσχοντα ἀμύνεσθαι ἀντιδρῶντα κακῶς, ἢ ἀφίστασαι καὶ οὐ κοινωνεῖς τῆς ἀρχῆς; [49e] ἐμοὶ μὲν γὰρ καὶ πάλαι οὕτω καὶ νῦν ἔτι δοκεῖ, σοὶ δὲ εἴ πῃ ἄλλῃ δέδοκται, λέγε καὶ δίδασκε. εἰ δ' ἐμμένεις τοῖς πρόσθε, τὸ μετὰ τοῦτο ἄκουε.
Κρίτων
ἀλλ' ἐμμένω τε καὶ συνδοκεῖ μοι· ἀλλὰ λέγε.
Σωκράτης
λέγω δὴ αὖ τὸ μετὰ τοῦτο, μᾶλλον δ' ἐρωτῶ· πότερον ἅ ἄν τις ὁμολογήσῃ τῳ δίκαια ὄντα ποιητέον ἢ ἐξαπατητέον;
Κρίτων
ποιητέον.
Σωκράτης
ἐκ τούτων δὴ ἄθρει. ἀπιόντες ἐνθένδε ἡμεῖς μὴ [50a] πείσαντες τὴν πόλιν πότερον κακῶς τινας ποιοῦμεν, καὶ ταῦτα οὓς ἥκιστα δεῖ, ἢ οὔ; καὶ ἐμμένομεν οἷς ὡμολογήσαμεν δικαίοις οὖσιν ἢ οὔ;

Κρίτων
οὐκ ἔχω, ὦ Σώκρατες, ἀποκρίνασθαι πρὸς ὃ ἐρωτᾷς· οὐ γὰρ ἐννοῶ.
Σωκράτης
ἀλλ' ὧδε σκόπει. εἰ μέλλουσιν ἡμῖν ἐνθένδε εἴτε ἀποδιδράσκειν, εἴθ' ὅπως δεῖ ὀνομάσαι τοῦτο, ἐλθόντες οἱ νόμοι καὶ τὸ κοινὸν τῆς πόλεως ἐπιστάντες ἔροιντο· "εἰπέ μοι, ὦ Σώκρατες, τί ἐν νῷ ἔχεις ποιεῖν; ἄλλο τι ἢ τούτῳ [50b] τῷ ἔργῳ ᾧ ἐπιχειρεῖς διανοῇ τούς τε νόμους ἡμᾶς ἀπολέσαι καὶ σύμπασαν τὴν πόλιν τὸ σὸν μέρος; ἢ δοκεῖ σοι οἷόν τε ἔτι ἐκείνην τὴν πόλιν εἶναι καὶ μὴ ἀνατετράφθαι, ἐν ᾗ ἂν αἱ γενόμεναι δίκαι μηδὲν ἰσχύωσιν ἀλλὰ ὑπὸ ἰδιωτῶν ἄκυροί τε γίγνωνται καὶ διαφθείρωνται;" τί ἐροῦμεν, ὦ Κρίτων, πρὸς ταῦτα καὶ ἄλλα τοιαῦτα; πολλὰ γὰρ ἄν τις ἔχοι, ἄλλως τε καὶ ῥήτωρ, εἰπεῖν ὑπὲρ τούτου τοῦ νόμου ἀπολυμένου ὃς τὰς δίκας τὰς δικασθείσας προστάττει κυρίας εἶναι. [50c] ἢ ἐροῦμεν πρὸς αὐτοὺς ὅτι "ἠδίκει γὰρ ἡμᾶς ἡ πόλις καὶ οὐκ ὀρθῶς τὴν δίκην ἔκρινεν;" ταῦτα ἢ τί ἐροῦμεν;
Κρίτων
ταῦτα νὴ Δία, ὦ Σώκρατες.
Σωκράτης
τί οὖν ἂν εἴπωσιν οἱ νόμοι· "ὦ Σώκρατες, ἦ καὶ ταῦτα ὡμολόγητο ἡμῖν τε καὶ σοί, ἢ ἐμμενεῖν ταῖς δίκαις αἷς ἂν ἡ πόλις δικάζῃ;" εἰ οὖν αὐτῶν θαυμάζοιμεν λεγόντων, ἴσως ἂν εἴποιεν ὅτι "ὦ Σώκρατες, μὴ θαύμαζε τὰ λεγόμενα ἀλλ' ἀποκρίνου, ἐπειδὴ καὶ εἴωθας χρῆσθαι τῷ ἐρωτᾶν τε καὶ ἀποκρίνεσθαι. φέρε γάρ, τί ἐγκαλῶν [50d] ἡμῖν καὶ τῇ πόλει ἐπιχειρεῖς ἡμᾶς ἀπολλύναι; οὐ πρῶτον μέν σε ἐγεννήσαμεν ἡμεῖς, καὶ δι' ἡμῶν ἔλαβε τὴν μητέρα σου ὁ πατὴρ καὶ ἐφύτευσέν σε; φράσον οὖν, τούτοις ἡμῶν, τοῖς νόμοις τοῖς περὶ τοὺς γάμους, μέμφῃ τι ὡς οὐ καλῶς ἔχουσιν;" "οὐ μέμφομαι", φαίην ἄν. "ἀλλὰ τοῖς περὶ τὴν τοῦ γενομένου τροφήν τε καὶ παιδείαν ἐν ᾗ καὶ σὺ ἐπαιδεύθης; ἢ οὐ καλῶς προσέταττον ἡμῶν οἱ ἐπὶ τούτῳ τεταγμένοι νόμοι, παραγγέλλοντες τῷ πατρὶ τῷ σῷ σε ἐν [50e] μουσικῇ καὶ γυμναστικῇ παιδεύειν;" "καλῶς", φαίην ἄν. "εἶεν. ἐπειδὴ δὲ ἐγένου τε καὶ ἐξετράφης καὶ ἐπαιδεύθης, ἔχοις ἂν εἰπεῖν πρῶτον μὲν ὡς οὐχὶ ἡμέτερος ἦσθα καὶ ἔκγονος καὶ δοῦλος, αὐτός τε καὶ οἱ σοὶ πρόγονοι; καὶ εἰ τοῦθ' οὕτως ἔχει, ἆρ' ἐξ ἴσου οἴει εἶναι σοὶ τὸ δίκαιον καὶ ἡμῖν, καὶ ἅττ' ἂν ἡμεῖς σε ἐπιχειρῶμεν ποιεῖν, καὶ σοὶ ταῦτα ἀντιποιεῖν οἴει δίκαιον εἶναι; ἢ πρὸς μὲν ἄρα σοι τὸν πατέρα οὐκ ἐξ ἴσου ἦν τὸ δίκαιον καὶ πρὸς δεσπότην, εἴ σοι ὢν ἐτύγχανεν, ὥστε ἅπερ πάσχοις ταῦτα καὶ ἀντιποιεῖν, οὔτε κακῶς ἀκούοντα [51a] ἀντιλέγειν οὔτε τυπτόμενον ἀντιτύπτειν οὔτε ἄλλα τοιαῦτα πολλά· πρὸς δὲ τὴν πατρίδα ἄρα καὶ τοὺς νόμους ἐξέσται σοι, ὥστε, ἐάν σε ἐπιχειρῶμεν ἡμεῖς ἀπολλύναι δίκαιον

ἡγούμενοι εἶναι, καὶ σὺ δὲ ἡμᾶς τοὺς νόμους καὶ τὴν πατρίδα καθ' ὅσον δύνασαι ἐπιχειρήσεις ἀνταπολλύναι, καὶ φήσεις ταῦτα ποιῶν δίκαια πράττειν, ὁ τῇ ἀληθείᾳ τῆς ἀρετῆς ἐπιμελόμενος; ἢ οὕτως εἶ σοφὸς ὥστε λέληθέν σε ὅτι μητρός τε καὶ πατρὸς καὶ τῶν ἄλλων προγόνων ἁπάντων τιμιώτερόν ἐστιν πατρὶς καὶ σεμνότερον καὶ ἁγιώτερον [51b] καὶ ἐν μείζονι μοίρᾳ καὶ παρὰ θεοῖς καὶ παρ' ἀνθρώποις τοῖς νοῦν ἔχουσι, καὶ σέβεσθαι δεῖ καὶ μᾶλλον ὑπείκειν καὶ θωπεύειν πατρίδα χαλεπαίνουσαν ἢ πατέρα, καὶ ἢ πείθειν ἢ ποιεῖν ἃ ἂν κελεύῃ, καὶ πάσχειν ἐάν τι προστάττῃ παθεῖν ἡσυχίαν ἄγοντα, ἐάντε τύπτεσθαι ἐάντε δεῖσθαι, ἐάντε εἰς πόλεμον ἄγῃ τρωθησόμενον ἢ ἀποθανούμενον, ποιητέον ταῦτα, καὶ τὸ δίκαιον οὕτως ἔχει, καὶ οὐχὶ ὑπεικτέον οὐδὲ ἀναχωρητέον οὐδὲ λειπτέον τὴν τάξιν, ἀλλὰ καὶ ἐν πολέμῳ καὶ ἐν δικαστηρίῳ καὶ πανταχοῦ ποιητέον ἃ ἂν κελεύῃ ἡ [51c]πόλις καὶ ἡ πατρίς, ἢ πείθειν αὐτὴν ᾗ τὸ δίκαιον πέφυκε· βιάζεσθαι δὲ οὐχ ὅσιον οὔτε μητέρα οὔτε πατέρα, πολὺ δὲ τούτων ἔτι ἧττον τὴν πατρίδα;" τί φήσομεν πρὸς ταῦτα, ὦ Κρίτων; ἀληθῆ λέγειν τοὺς νόμους ἢ οὔ;
Κρίτων
ἔμοιγε δοκεῖ.
Σωκράτης
"σκόπει τοίνυν, ὦ Σώκρατες", φαῖεν ἂν ἴσως οἱ νόμοι, "εἰ ἡμεῖς ταῦτα ἀληθῆ λέγομεν, ὅτι οὐ δίκαια ἡμᾶς ἐπιχειρεῖς δρᾶν ἃ νῦν ἐπιχειρεῖς. ἡμεῖς γάρ σε γεννήσαντες, ἐκθρέψαντες, παιδεύσαντες, μεταδόντες ἁπάντων ὧν οἷοί τ' [51d] ἦμεν καλῶν σοὶ καὶ τοῖς ἄλλοις πᾶσιν πολίταις, ὅμως προαγορεύομεν τῷ ἐξουσίαν πεποιηκέναι Ἀθηναίων τῷ βουλομένῳ, ἐπειδὰν δοκιμασθῇ καὶ ἴδῃ τὰ ἐν τῇ πόλει πράγματα καὶ ἡμᾶς τοὺς νόμους, ᾧ ἂν μὴ ἀρέσκωμεν ἡμεῖς, ἐξεῖναι λαβόντα τὰ αὐτοῦ ἀπιέναι ὅποι ἂν βούληται. καὶ οὐδεὶς ἡμῶν τῶν νόμων ἐμποδών ἐστιν οὐδ' ἀπαγορεύει, ἐάντε τις βούληται ὑμῶν εἰς ἀποικίαν ἰέναι, εἰ μὴ ἀρέσκοιμεν ἡμεῖς τε καὶ ἡ πόλις, ἐάντε μετοικεῖν ἄλλοσέ ποι ἐλθών, ἰέναι ἐκεῖσε ὅποι [51e] ἂν βούληται, ἔχοντα τὰ αὐτοῦ. ὃς δ' ἂν ὑμῶν παραμείνῃ, ὁρῶν ὃν τρόπον ἡμεῖς τάς τε δίκας δικάζομεν καὶ τἆλλα τὴν πόλιν διοικοῦμεν, ἤδη φαμὲν τοῦτον ὡμολογηκέναι ἔργῳ ἡμῖν ἃ ἂν ἡμεῖς κελεύωμεν ποιήσειν ταῦτα, καὶ τὸν μὴ πειθόμενον τριχῇ φαμεν ἀδικεῖν, ὅτι τε γεννηταῖς οὖσιν ἡμῖν οὐ πείθεται, καὶ ὅτι τροφεῦσι, καὶ ὅτι ὁμολογήσας ἡμῖν πείσεσθαι οὔτε πείθεται οὔτε πείθει ἡμᾶς, εἰ μὴ καλῶς τι ποιοῦμεν, [52a] προτιθέντων ἡμῶν καὶ οὐκ ἀγρίως ἐπιταττόντων ποιεῖν ἃ ἂν κελεύωμεν, ἀλλὰ ἐφιέντων δυοῖν θάτερα, ἢ πείθειν ἡμᾶς ἢ ποιεῖν, τούτων οὐδέτερα ποιεῖ. ταύταις δή φαμεν καὶ σέ, ὦ Σώκρατες, ταῖς αἰτίαις ἐνέξεσθαι, εἴπερ ποιήσεις ἃ ἐπινοεῖς, καὶ οὐχ ἥκιστα Ἀθηναίων σέ, ἀλλ' ἐν τοῖς μάλιστα". εἰ

οὖν ἐγὼ εἴποιμι· "διὰ τί δή;" ἴσως ἄν μου δικαίως καθάπτοιντο λέγοντες ὅτι ἐν τοῖς μάλιστα Ἀθηναίων ἐγὼ αὐτοῖς ὡμολογηκὼς τυγχάνω ταύτην τὴν ὁμολογίαν. φαῖεν γὰρ ἄν ὅτι [52b] "ὦ Σώκρατες, μεγάλα ἡμῖν τούτων τεκμήριά ἐστιν, ὅτι σοι καὶ ἡμεῖς ἠρέσκομεν καὶ ἡ πόλις· οὐ γὰρ ἄν ποτε τῶν ἄλλων Ἀθηναίων ἁπάντων διαφερόντως ἐν αὐτῇ ἐπεδήμεις εἰ μή σοι διαφερόντως ἤρεσκεν, καὶ οὔτ' ἐπὶ θεωρίαν πώποτ' ἐκ τῆς πόλεως ἐξῆλθες, ὅτι μὴ ἅπαξ εἰς Ἰσθμόν, οὔτε ἄλλοσε οὐδαμόσε, εἰ μή ποι στρατευσόμενος, οὔτε ἄλλην ἀποδημίαν ἐποιήσω πώποτε ὥσπερ οἱ ἄλλοι ἄνθρωποι, οὐδ' ἐπιθυμία σε ἄλλης πόλεως οὐδὲ ἄλλων νόμων ἔλαβεν εἰδέναι, ἀλλὰ ἡμεῖς [52c] σοι ἱκανοὶ ἦμεν καὶ ἡ ἡμετέρα πόλις· οὕτω σφόδρα ἡμᾶς ᾑροῦ καὶ ὡμολόγεις καθ' ἡμᾶς πολιτεύσεσθαι, τά τε ἄλλα καὶ παῖδας ἐν αὐτῇ ἐποιήσω, ὡς ἀρεσκούσης σοι τῆς πόλεως. ἔτι τοίνυν ἐν αὐτῇ τῇ δίκῃ ἐξῆν σοι φυγῆς τιμήσασθαι εἰ ἐβούλου, καὶ ὅπερ νῦν ἀκούσης τῆς πόλεως ἐπιχειρεῖς, τότε ἑκούσης ποιῆσαι. σὺ δὲ τότε μὲν ἐκαλλωπίζου ὡς οὐκ ἀγανακτῶν εἰ δέοι τεθνάναι σε, ἀλλὰ ᾑροῦ, ὡς ἔφησθα, πρὸ τῆς φυγῆς θάνατον· νῦν δὲ οὔτ' ἐκείνους τοὺς λόγους αἰσχύνῃ, οὔτε ἡμῶν τῶν νόμων ἐντρέπῃ, ἐπιχειρῶν διαφθεῖραι, πράττεις [52d] τε ἅπερ ἄν δοῦλος ὁ φαυλότατος πράξειεν, ἀποδιδράσκειν ἐπιχειρῶν παρὰ τὰς συνθήκας τε καὶ τὰς ὁμολογίας καθ' ἃς ἡμῖν συνέθου πολιτεύεσθαι. πρῶτον μὲν οὖν ἡμῖν τοῦτ' αὐτὸ ἀπόκριναι, εἰ ἀληθῆ λέγομεν φάσκοντές σε ὡμολογηκέναι πολιτεύσεσθαι καθ' ἡμᾶς ἔργῳ ἀλλ' οὐ λόγῳ, ἢ οὐκ ἀληθῆ". τί φῶμεν πρὸς ταῦτα, ὦ Κρίτων; ἄλλο τι ἢ ὁμολογῶμεν;

Κρίτων
ἀνάγκη, ὦ Σώκρατες.

Σωκράτης
"ἄλλο τι οὖν", ἄν φαῖεν, "ἢ συνθήκας τὰς πρὸς [52e] ἡμᾶς αὐτοὺς καὶ ὁμολογίας παραβαίνεις, οὐχ ὑπὸ ἀνάγκης ὁμολογήσας οὐδὲ ἀπατηθεὶς οὐδὲ ἐν ὀλίγῳ χρόνῳ ἀναγκασθεὶς βουλεύσασθαι, ἀλλ' ἐν ἔτεσιν ἑβδομήκοντα, ἐν οἷς ἐξῆν σοι ἀπιέναι, εἰ μὴ ἠρέσκομεν ἡμεῖς μηδὲ δίκαιαι ἐφαίνοντό σοι αἱ ὁμολογίαι εἶναι. σὺ δὲ οὔτε Λακεδαίμονα προῃροῦ οὔτε Κρήτην, ἅς δὴ ἑκάστοτε φῂς εὐνομεῖσθαι, οὔτε ἄλλην οὐδεμίαν [53a] τῶν Ἑλληνίδων πόλεων οὐδὲ τῶν βαρβαρικῶν, ἀλλὰ ἐλάττω ἐξ αὐτῆς ἀπεδήμησας ἢ οἱ χωλοί τε καὶ τυφλοὶ καὶ οἱ ἄλλοι ἀνάπηροι· οὕτω σοι διαφερόντως τῶν ἄλλων Ἀθηναίων ἤρεσκεν ἡ πόλις τε καὶ ἡμεῖς οἱ νόμοι δῆλον ὅτι· τίνι γὰρ ἄν πόλις ἀρέσκοι ἄνευ νόμων; νῦν δὲ δὴ οὐκ ἐμμενεῖς τοῖς ὡμολογημένοις; ἐὰν ἡμῖν γε πείθῃ, ὦ Σώκρατες· καὶ οὐ καταγέλαστός γε ἔσῃ ἐκ τῆς πόλεως ἐξελθών.

"σκόπει γὰρ δή, ταῦτα παραβὰς καὶ ἐξαμαρτάνων τι τούτων τί ἀγαθὸν ἐργάσῃ σαυτὸν ἢ τοὺς ἐπιτηδείους τοὺς [53b] σαυτοῦ. ὅτι μὲν γὰρ κινδυνεύσουσί γέ σου οἱ ἐπιτήδειοι καὶ αὐτοὶ φεύγειν καὶ στερηθῆναι τῆς πόλεως ἢ τὴν οὐσίαν ἀπολέσαι, σχεδόν τι δῆλον· αὐτὸς δὲ πρῶτον μὲν ἐὰν εἰς τῶν ἐγγύτατά τινα πόλεων ἔλθῃς, ἢ Θήβαζε ἢ Μέγαράδε--εὐνομοῦνται γὰρ ἀμφότεραι--πολέμιος ἥξεις, ὦ Σώκρατες, τῇ τούτων πολιτείᾳ, καὶ ὅσοιπερ κήδονται τῶν αὑτῶν πόλεων ὑποβλέψονταί σε διαφθορέα ἡγούμενοι τῶν νόμων, καὶ βεβαιώσεις τοῖς δικασταῖς τὴν δόξαν, ὥστε δοκεῖν ὀρθῶς τὴν [53c] δίκην δικάσαι· ὅστις γὰρ νόμων διαφθορεύς ἐστιν σφόδρα που δόξειεν ἂν νέων γε καὶ ἀνοήτων ἀνθρώπων διαφθορεὺς εἶναι. πότερον οὖν φεύξῃ τάς τε εὐνομουμένας πόλεις καὶ τῶν ἀνδρῶν τοὺς κοσμιωτάτους; καὶ τοῦτο ποιοῦντι ἆρα ἄξιόν σοι ζῆν ἔσται; ἢ πλησιάσεις τούτοις καὶ ἀναισχυντήσεις διαλεγόμενος--τίνας λόγους, ὦ Σώκρατες; ἢ οὕσπερ ἐνθάδε, ὡς ἡ ἀρετὴ καὶ ἡ δικαιοσύνη πλείστου ἄξιον τοῖς ἀνθρώποις καὶ τὰ νόμιμα καὶ οἱ νόμοι; καὶ οὐκ οἴει ἄσχημον [ἂν] [53d] φανεῖσθαι τὸ τοῦ Σωκράτους πρᾶγμα; οἴεσθαί γε χρή. ἀλλ' ἐκ μὲν τούτων τῶν τόπων ἀπαρεῖς, ἥξεις δὲ εἰς Θετταλίαν παρὰ τοὺς ξένους τοὺς Κρίτωνος; ἐκεῖ γὰρ δὴ πλείστη ἀταξία καὶ ἀκολασία, καὶ ἴσως ἂν ἡδέως σου ἀκούοιεν ὡς γελοίως ἐκ τοῦ δεσμωτηρίου ἀπεδίδρασκες σκευήν τέ τινα περιθέμενος, ἢ διφθέραν λαβὼν ἢ ἄλλα οἷα δὴ εἰώθασιν ἐνσκευάζεσθαι οἱ ἀποδιδράσκοντες, καὶ τὸ σχῆμα τὸ σαυτοῦ μεταλλάξας· ὅτι δὲ γέρων ἀνήρ, σμικροῦ χρόνου τῷ βίῳ λοιποῦ ὄντος ὡς τὸ [53e] εἰκός, ἐτόλμησας οὕτω γλίσχρως ἐπιθυμεῖν ζῆν, νόμους τοὺς μεγίστους παραβάς, οὐδεὶς ὃς ἐρεῖ; ἴσως, ἂν μή τινα λυπῇς· εἰ δὲ μή, ἀκούσῃ, ὦ Σώκρατες, πολλὰ καὶ ἀνάξια σαυτοῦ. ὑπερχόμενος δὴ βιώσῃ πάντας ἀνθρώπους καὶ δουλεύων--τί ποιῶν ἢ εὐωχούμενος ἐν Θετταλίᾳ, ὥσπερ ἐπὶ δεῖπνον ἀποδεδημηκὼς εἰς Θετταλίαν; λόγοι δὲ ἐκεῖνοι οἱ περὶ [54a] δικαιοσύνης τε καὶ τῆς ἄλλης ἀρετῆς ποῦ ἡμῖν ἔσονται; ἀλλὰ δὴ τῶν παίδων ἕνεκα βούλει ζῆν, ἵνα αὐτοὺς ἐκθρέψῃς καὶ παιδεύσῃς; τί δέ; εἰς Θετταλίαν αὐτοὺς ἀγαγὼν θρέψεις τε καὶ παιδεύσεις, ξένους ποιήσας, ἵνα καὶ τοῦτο ἀπολαύσωσιν; ἢ τοῦτο μὲν οὔ, αὐτοῦ δὲ τρεφόμενοι σοῦ ζῶντος βέλτιον θρέψονται καὶ παιδεύσονται μὴ συνόντος σοῦ αὐτοῖς; οἱ γὰρ ἐπιτήδειοι οἱ σοὶ ἐπιμελήσονται αὐτῶν. πότερον ἐὰν μὲν εἰς Θετταλίαν ἀποδημήσῃς, ἐπιμελήσονται, ἐὰν δὲ εἰς ιδου ἀποδημήσῃς, οὐχὶ ἐπιμελήσονται; εἴπερ γέ τι ὄφελος αὐτῶν [54b] ἔστιν τῶν σοι φασκόντων ἐπιτηδείων εἶναι, οἴεσθαί γε χρή. "ἀλλ', ὦ Σώκρατες, πειθόμενος ἡμῖν τοῖς σοῖς τροφεῦσι μήτε παῖδας περὶ πλείονος ποιοῦ μήτε τὸ ζῆν μήτε ἄλλο μηδὲν πρὸ τοῦ δικαίου, ἵνα εἰς ιδου ἐλθὼν ἔχῃς πάντα ταῦτα ἀπολογήσασθαι τοῖς ἐκεῖ ἄρχουσιν· οὔτε γὰρ ἐνθάδε σοι φαίνεται ταῦτα πράττοντι ἄμεινον εἶναι οὐδὲ δικαιότερον

οὐδὲ ὁσιώτερον, οὐδὲ ἄλλῳ τῶν σῶν οὐδενί, οὔτε ἐκεῖσε ἀφικομένῳ ἄμεινον ἔσται. ἀλλὰ νῦν μὲν ἠδικημένος ἄπει, [54c] ἐὰν ἀπίῃς, οὐχ ὑφ' ἡμῶν τῶν νόμων ἀλλὰ ὑπ' ἀνθρώπων· ἐὰν δὲ ἐξέλθῃς οὕτως αἰσχρῶς ἀνταδικήσας τε καὶ ἀντικακουργήσας, τὰς σαυτοῦ ὁμολογίας τε καὶ συνθήκας τὰς πρὸς ἡμᾶς παραβὰς καὶ κακὰ ἐργασάμενος τούτους οὓς ἥκιστα ἔδει, σαυτόν τε καὶ φίλους καὶ πατρίδα καὶ ἡμᾶς, ἡμεῖς τέ σοι χαλεπανοῦμεν ζῶντι, καὶ ἐκεῖ οἱ ἡμέτεροι ἀδελφοὶ οἱ ἐν
ιδου νόμοι οὐκ εὐμενῶς σε ὑποδέξονται, εἰδότες ὅτι καὶ ἡμᾶς ἐπεχείρησας ἀπολέσαι τὸ σὸν μέρος. ἀλλὰ μή σε [54d] πείσῃ Κρίτων ποιεῖν ἃ λέγει μᾶλλον ἢ ἡμεῖς".
ταῦτα, ὦ φίλε ἑταῖρε Κρίτων, εὖ ἴσθι ὅτι ἐγὼ δοκῶ ἀκούειν, ὥσπερ οἱ κορυβαντιῶντες τῶν αὐλῶν δοκοῦσιν ἀκούειν, καὶ ἐν ἐμοὶ αὕτη ἡ ἠχὴ τούτων τῶν λόγων βομβεῖ καὶ ποιεῖ μὴ δύνασθαι τῶν ἄλλων ἀκούειν· ἀλλὰ ἴσθι, ὅσα γε τὰ νῦν ἐμοὶ δοκοῦντα, ἐὰν λέγῃς παρὰ ταῦτα, μάτην ἐρεῖς. ὅμως μέντοι εἴ τι οἴει πλέον ποιήσειν, λέγε.
Κρίτων
ἀλλ', ὦ Σώκρατες, οὐκ ἔχω λέγειν.
Σωκράτης
[54e] ἔα τοίνυν, ὦ Κρίτων, καὶ πράττωμεν ταύτῃ, ἐπειδὴ ταύτῃ ὁ θεὸς ὑφηγεῖται.

Πλάτωνος Εὐθύφρων

Εὐθύφρων
[2a] τί νεώτερον, ὦ Σώκρατες, γέγονεν, ὅτι σὺ τὰς ἐν Λυκείῳ καταλιπὼν διατριβὰς ἐνθάδε νῦν διατρίβεις περὶ τὴν τοῦ βασιλέως στοάν; οὐ γάρ που καὶ σοί γε δίκη τις οὖσα τυγχάνει πρὸς τὸν βασιλέα ὥσπερ ἐμοί.
Σωκράτης
οὔτοι δὴ Ἀθηναῖοί γε, ὦ Εὐθύφρων, δίκην αὐτὴν καλοῦσιν ἀλλὰ γραφήν.
Εὐθύφρων
[2b] τί φῄς; γραφὴν σέ τις, ὡς ἔοικε, γέγραπται· οὐ γὰρ ἐκεῖνό γε καταγνώσομαι, ὡς σὺ ἕτερον.
Σωκράτης
οὐ γὰρ οὖν.
Εὐθύφρων
ἀλλὰ σὲ ἄλλος;
Σωκράτης
πάνυ γε.
Εὐθύφρων
τίς οὗτος;
Σωκράτης
οὐδ᾽ αὐτὸς πάνυ τι γιγνώσκω, ὦ Εὐθύφρων, τὸν ἄνδρα, νέος γάρ τίς μοι φαίνεται καὶ ἀγνώς· ὀνομάζουσι μέντοι αὐτόν, ὡς ἐγᾦμαι, Μέλητον. ἔστι δὲ τῶν δήμων Πιτθεύς, εἴ τινα νῷ ἔχεις Πιτθέα Μέλητον οἷον τετανότριχα καὶ οὐ πάνυ εὐγένειον, ἐπίγρυπον δέ.
Εὐθύφρων
οὐκ ἐννοῶ, ὦ Σώκρατες· ἀλλὰ δὴ τίνα γραφὴν [2c] σε γέγραπται;
Σωκράτης
ἥντινα; οὐκ ἀγεννῆ, ἔμοιγε δοκεῖ· τὸ γὰρ νέον ὄντα τοσοῦτον πρᾶγμα ἐγνωκέναι οὐ φαῦλόν ἐστιν. ἐκεῖνος γάρ, ὥς φησιν, οἶδε τίνα τρόπον οἱ νέοι διαφθείρονται καὶ τίνες οἱ διαφθείροντες αὐτούς. καὶ κινδυνεύει σοφός τις εἶναι, καὶ τὴν ἐμὴν ἀμαθίαν κατιδὼν ὡς διαφθείροντος τοὺς ἡλικιώτας αὐτοῦ, ἔρχεται κατηγορήσων μου ὥσπερ πρὸς μητέρα πρὸς τὴν πόλιν. καὶ φαίνεταί μοι τῶν πολιτικῶν [2d] μόνος ἄρχεσθαι ὀρθῶς· ὀρθῶς

γάρ ἐστι τῶν νέων πρῶτον ἐπιμεληθῆναι ὅπως ἔσονται ὅτι ἄριστοι, ὥσπερ γεωργὸν ἀγαθὸν τῶν νέων φυτῶν εἰκὸς πρῶτον ἐπιμεληθῆναι, μετὰ δὲ τοῦτο καὶ τῶν ἄλλων. καὶ δὴ καὶ Μέλητος ἴσως πρῶτον [3a] μὲν ἡμᾶς ἐκκαθαίρει τοὺς τῶν νέων τὰς βλάστας διαφθείροντας, ὥς φησιν· ἔπειτα μετὰ τοῦτο δῆλον ὅτι τῶν πρεσβυτέρων ἐπιμεληθεὶς πλείστων καὶ μεγίστων ἀγαθῶν αἴτιος τῇ πόλει γενήσεται, ὥς γε τὸ εἰκὸς συμβῆναι ἐκ τοιαύτης ἀρχῆς ἀρξαμένῳ.
Εὐθύφρων
βουλοίμην ἄν, ὦ Σώκρατες, ἀλλ' ὀρρωδῶ μὴ τοὐναντίον γένηται· ἀτεχνῶς γάρ μοι δοκεῖ ἀφ' ἑστίας ἄρχεσθαι κακουργεῖν τὴν πόλιν, ἐπιχειρῶν ἀδικεῖν σέ. καί μοι λέγε, τί καὶ ποιοῦντά σέ φησι διαφθείρειν τοὺς νέους;
Σωκράτης
[3b] ἄτοπα, ὦ θαυμάσιε, ὡς οὕτω γ' ἀκοῦσαι. φησὶ γάρ με ποιητὴν εἶναι θεῶν, καὶ ὡς καινοὺς ποιοῦντα θεοὺς τοὺς δ' ἀρχαίους οὐ νομίζοντα ἐγράψατο τούτων αὐτῶν ἕνεκα, ὥς φησιν.
Εὐθύφρων
μανθάνω, ὦ Σώκρατες· ὅτι δὴ σὺ τὸ δαιμόνιον φῂς σαυτῷ ἑκάστοτε γίγνεσθαι. ὡς οὖν καινοτομοῦντός σου περὶ τὰ θεῖα γέγραπται ταύτην τὴν γραφήν, καὶ ὡς διαβαλῶν δὴ ἔρχεται εἰς τὸ δικαστήριον, εἰδὼς ὅτι εὐδιάβολα τὰ τοιαῦτα πρὸς τοὺς πολλούς. καὶ ἐμοῦ γάρ τοι, [3c] ὅταν τι λέγω ἐν τῇ ἐκκλησίᾳ περὶ τῶν θείων, προλέγων αὐτοῖς τὰ μέλλοντα, καταγελῶσιν ὡς μαινομένου· καίτοι οὐδὲν ὅτι οὐκ ἀληθὲς εἴρηκα ὧν προεῖπον, ἀλλ' ὅμως φθονοῦσιν ἡμῖν πᾶσι τοῖς τοιούτοις. ἀλλ' οὐδὲν αὐτῶν χρὴ φροντίζειν, ἀλλ' ὁμόσε ἰέναι.
Σωκράτης
ὦ φίλε Εὐθύφρων, ἀλλὰ τὸ μὲν καταγελασθῆναι ἴσως οὐδὲν πρᾶγμα. Ἀθηναίοις γάρ τοι, ὡς ἐμοὶ δοκεῖ, οὐ σφόδρα μέλει ἄν τινα δεινὸν οἴωνται εἶναι, μὴ μέντοι διδασκαλικὸν τῆς αὐτοῦ σοφίας· ὃν δ' ἂν καὶ ἄλλους οἴωνται [3d] ποιεῖν τοιούτους, θυμοῦνται, εἴτ' οὖν φθόνῳ ὡς σὺ λέγεις, εἴτε δι' ἄλλο τι.
Εὐθύφρων
τούτου οὖν πέρι ὅπως ποτὲ πρὸς ἐμὲ ἔχουσιν, οὐ πάνυ ἐπιθυμῶ πειραθῆναι.
Σωκράτης
ἴσως γὰρ σὺ μὲν δοκεῖς σπάνιον σεαυτὸν παρέχειν καὶ διδάσκειν οὐκ ἐθέλειν τὴν σεαυτοῦ σοφίαν· ἐγὼ δὲ φοβοῦμαι μὴ ὑπὸ φιλανθρωπίας δοκῶ αὐτοῖς ὅτιπερ ἔχω ἐκκεχυμένως παντὶ ἀνδρὶ λέγειν, οὐ μόνον ἄνευ μισθοῦ, ἀλλὰ καὶ προστιθεὶς ἂν ἡδέως εἴ τίς μου ἐθέλει ἀκούειν. εἰ μὲν οὖν, ὃ νυνδὴ ἔλεγον, μέλλοιέν μου καταγελᾶν ὥσπερ [3e] σὺ φῂς σαυτοῦ,

οὐδὲν ἂν εἴη ἀηδὲς παίζοντας καὶ γελῶντας ἐν τῷ δικαστηρίῳ διαγαγεῖν· εἰ δὲ σπουδάσονται, τοῦτ' ἤδη ὅπῃ ἀποβήσεται ἄδηλον πλὴν ὑμῖν τοῖς μάντεσιν.
Εὐθύφρων
ἀλλ' ἴσως οὐδὲν ἔσται, ὦ Σώκρατες, πρᾶγμα, ἀλλὰ σύ τε κατὰ νοῦν ἀγωνιῇ τὴν δίκην, οἶμαι δὲ καὶ ἐμὲ τὴν ἐμήν.
Σωκράτης
ἔστιν δὲ δὴ σοί, ὦ Εὐθύφρων, τίς ἡ δίκη; φεύγεις αὐτὴν ἢ διώκεις;
Εὐθύφρων
διώκω.
Σωκράτης
τίνα;
Εὐθύφρων
[4a] ὃν διώκων αὖ δοκῶ μαίνεσθαι.
Σωκράτης
τί δέ; πετόμενόν τινα διώκεις;
Εὐθύφρων
πολλοῦ γε δεῖ πέτεσθαι, ὅς γε τυγχάνει ὢν εὖ μάλα πρεσβύτης.
Σωκράτης
τίς οὗτος;
Εὐθύφρων
ὁ ἐμὸς πατήρ.
Σωκράτης
ὁ σός, ὦ βέλτιστε;
Εὐθύφρων
πάνυ μὲν οὖν.
Σωκράτης
ἔστιν δὲ τί τὸ ἔγκλημα καὶ τίνος ἡ δίκη;
Εὐθύφρων
φόνου, ὦ Σώκρατες.
Σωκράτης
Ἡράκλεις. ἦ που, ὦ Εὐθύφρων, ἀγνοεῖται ὑπὸ τῶν πολλῶν ὅπῃ ποτὲ ὀρθῶς ἔχει· οὐ γὰρ οἶμαί γε τοῦ ἐπιτυχόντος [4b] [ὀρθῶς] αὐτὸ πρᾶξαι ἀλλὰ πόρρω που ἤδη σοφίας ἐλαύνοντος.
Εὐθύφρων
πόρρω μέντοι νὴ Δία, ὦ Σώκρατες.
Σωκράτης
ἔστιν δὲ δὴ τῶν οἰκείων τις ὁ τεθνεὼς ὑπὸ τοῦ σοῦ πατρός; ἢ δῆλα δή; οὐ γὰρ ἄν που ὑπέρ γε ἀλλοτρίου ἐπεξῇσθα φόνου αὐτῷ.

Εὐθύφρων
γελοῖον, ὦ Σώκρατες, ὅτι οἴει τι διαφέρειν εἴτε ἀλλότριος εἴτε οἰκεῖος ὁ τεθνεώς, ἀλλ' οὐ τοῦτο μόνον δεῖν φυλάττειν, εἴτε ἐν δίκῃ ἔκτεινεν ὁ κτείνας εἴτε μή, καὶ εἰ μὲν ἐν δίκῃ, ἐᾶν, εἰ δὲ μή, ἐπεξιέναι, ἐάνπερ ὁ κτείνας συνέστιός [4c] σοι καὶ ὁμοτράπεζος ᾖ· ἴσον γὰρ τὸ μίασμα γίγνεται ἐὰν συνῇς τῷ τοιούτῳ συνειδὼς καὶ μὴ ἀφοσιοῖς σεαυτόν τε καὶ ἐκεῖνον τῇ δίκῃ ἐπεξιών. ἐπεὶ ὅ γε ἀποθανὼν πελάτης τις ἦν ἐμός, καὶ ὡς ἐγεωργοῦμεν ἐν τῇ Νάξῳ, ἐθήτευεν ἐκεῖ παρ' ἡμῖν. παροινήσας οὖν καὶ ὀργισθεὶς τῶν οἰκετῶν τινι τῶν ἡμετέρων ἀποσφάττει αὐτόν. ὁ οὖν πατὴρ συνδήσας τοὺς πόδας καὶ τὰς χεῖρας αὐτοῦ, καταβαλὼν εἰς τάφρον τινά, πέμπει δεῦρο ἄνδρα πευσόμενον τοῦ ἐξηγητοῦ ὅτι χρείη [4d] ποιεῖν. ἐν δὲ τούτῳ τῷ χρόνῳ τοῦ δεδεμένου ὠλιγώρει τε καὶ ἠμέλει ὡς ἀνδροφόνου καὶ οὐδὲν ὂν πρᾶγμα εἰ καὶ ἀποθάνοι, ὅπερ οὖν καὶ ἔπαθεν· ὑπὸ γὰρ λιμοῦ καὶ ῥίγους καὶ τῶν δεσμῶν ἀποθνῄσκει πρὶν τὸν ἄγγελον παρὰ τοῦ ἐξηγητοῦ ἀφικέσθαι. ταῦτα δὴ οὖν καὶ ἀγανακτεῖ ὅ τε πατὴρ καὶ οἱ ἄλλοι οἰκεῖοι, ὅτι ἐγὼ ὑπὲρ τοῦ ἀνδροφόνου τῷ πατρὶ φόνου ἐπεξέρχομαι οὔτε ἀποκτείναντι, ὥς φασιν ἐκεῖνοι, οὔτ' εἰ ὅτι μάλιστα ἀπέκτεινεν, ἀνδροφόνου γε ὄντος τοῦ ἀποθανόντος, οὐ δεῖν φροντίζειν ὑπὲρ τοῦ τοιούτου--ἀνόσιον [4e] γὰρ εἶναι τὸ ὑὸν πατρὶ φόνου ἐπεξιέναι--κακῶς εἰδότες, ὦ Σώκρατες, τὸ θεῖον ὡς ἔχει τοῦ ὁσίου τε πέρι καὶ τοῦ ἀνοσίου.
Σωκράτης
σὺ δὲ δὴ πρὸς Διός, ὦ Εὐθύφρων, οὑτωσὶ ἀκριβῶς οἴει ἐπίστασθαι περὶ τῶν θείων ὅπῃ ἔχει, καὶ τῶν ὁσίων τε καὶ ἀνοσίων, ὥστε τούτων οὕτω πραχθέντων ὡς σὺ λέγεις, οὐ φοβῇ δικαζόμενος τῷ πατρὶ ὅπως μὴ αὖ σὺ ἀνόσιον πρᾶγμα τυγχάνῃς πράττων;
Εὐθύφρων
οὐδὲν γὰρ ἄν μου ὄφελος εἴη, ὦ Σώκρατες, οὐδέ [5a] τῳ ἂν διαφέροι Εὐθύφρων τῶν πολλῶν ἀνθρώπων, εἰ μὴ τὰ τοιαῦτα πάντα ἀκριβῶς εἰδείην.
Σωκράτης
ἆρ' οὖν μοι, ὦ θαυμάσιε Εὐθύφρων, κράτιστόν ἐστι μαθητῇ σῷ γενέσθαι, καὶ πρὸ τῆς γραφῆς τῆς πρὸς Μέλητον αὐτὰ ταῦτα προκαλεῖσθαι αὐτόν, λέγοντα ὅτι ἔγωγε καὶ ἐν τῷ ἔμπροσθεν χρόνῳ τὰ θεῖα περὶ πολλοῦ ἐποιούμην εἰδέναι, καὶ νῦν ἐπειδή με ἐκεῖνος αὐτοσχεδιάζοντά φησι καὶ καινοτομοῦντα περὶ τῶν θείων ἐξαμαρτάνειν, μαθητὴς δὴ γέγονα σός -- "καὶ εἰ μέν, ὦ Μέλητε", φαίην ἄν, "Εὐθύφρονα ὁμολογεῖς [5b] σοφὸν εἶναι τὰ τοιαῦτα, [καὶ] ὀρθῶς νομίζειν καὶ ἐμὲ ἡγοῦ καὶ μὴ δικάζου· εἰ δὲ μή, ἐκείνῳ τῷ διδασκάλῳ λαχὲ δίκην πρότερον ἢ ἐμοί, ὡς τοὺς πρεσβυτέρους διαφθείροντι ἐμέ τε καὶ τὸν αὑτοῦ πατέρα, ἐμὲ μὲν διδάσκοντι, ἐκεῖνον δὲ

νουθετοῦντί τε καὶ κολάζοντι" --καὶ ἂν μή μοι πείθηται μηδὲ ἀφίῃ τῆς δίκης ἢ ἀντ' ἐμοῦ γράφηται σέ, αὐτὰ ταῦτα λέγειν ἐν τῷ δικαστηρίῳ ἃ προυκαλούμην αὐτόν;
Εὐθύφρων
ναὶ μὰ Δία, ὦ Σώκρατες, εἰ ἄρα ἐμὲ ἐπιχειρήσειε [5c] γράφεσθαι, εὕροιμ' ἄν, ὡς οἶμαι, ὅπῃ σαθρός ἐστιν, καὶ πολὺ ἂν ἡμῖν πρότερον περὶ ἐκείνου λόγος ἐγένετο ἐν τῷ δικαστηρίῳ ἢ περὶ ἐμοῦ.
Σωκράτης
καὶ ἐγώ τοι, ὦ φίλε ἑταῖρε, ταῦτα γιγνώσκων μαθητὴς ἐπιθυμῶ γενέσθαι σός, εἰδὼς ὅτι καὶ ἄλλος πού τις καὶ ὁ Μέλητος οὗτος σὲ μὲν οὐδὲ δοκεῖ ὁρᾶν, ἐμὲ δὲ οὕτως ὀξέως [ἀτεχνῶς] καὶ ῥᾳδίως κατεῖδεν ὥστε ἀσεβείας ἐγράψατο. νῦν οὖν πρὸς Διὸς λέγε μοι ὃ νυνδὴ σαφῶς εἰδέναι διισχυρίζου, ποῖόν τι τὸ εὐσεβὲς φῂς εἶναι καὶ τὸ ἀσεβὲς [5d] καὶ περὶ φόνου καὶ περὶ τῶν ἄλλων; ἢ οὐ ταὐτόν ἐστιν ἐν πάσῃ πράξει τὸ ὅσιον αὐτὸ αὑτῷ, καὶ τὸ ἀνόσιον αὖ τοῦ μὲν ὁσίου παντὸς ἐναντίον, αὐτὸ δὲ αὑτῷ ὅμοιον καὶ ἔχον μίαν τινὰ ἰδέαν κατὰ τὴν ἀνοσιότητα πᾶν ὅτιπερ ἂν μέλλῃ ἀνόσιον εἶναι;
Εὐθύφρων
πάντως δήπου, ὦ Σώκρατες.
Σωκράτης
λέγε δή, τί φῂς εἶναι τὸ ὅσιον καὶ τί τὸ ἀνόσιον;
Εὐθύφρων
λέγω τοίνυν ὅτι τὸ μὲν ὅσιόν ἐστιν ὅπερ ἐγὼ νῦν ποιῶ, τῷ ἀδικοῦντι ἢ περὶ φόνους ἢ περὶ ἱερῶν κλοπὰς ἤ τι ἄλλο τῶν τοιούτων ἐξαμαρτάνοντι ἐπεξιέναι, ἐάντε πατὴρ [5e] ὢν τυγχάνῃ ἐάντε μήτηρ ἐάντε ἄλλος ὁστισοῦν, τὸ δὲ μὴ ἐπεξιέναι ἀνόσιον· ἐπεί, ὦ Σώκρατες, θέασαι ὡς μέγα σοι ἐρῶ τεκμήριον τοῦ νόμου ὅτι οὕτως ἔχει--ὃ καὶ ἄλλοις ἤδη εἶπον, ὅτι ταῦτα ὀρθῶς ἂν εἴη οὕτω γιγνόμενα--μὴ ἐπιτρέπειν τῷ ἀσεβοῦντι μηδ' ἂν ὁστισοῦν τυγχάνῃ ὤν. αὐτοὶ γὰρ οἱ ἄνθρωποι τυγχάνουσι νομίζοντες τὸν Δία τῶν θεῶν ἄριστον καὶ δικαιότατον, [6a] καὶ τοῦτον ὁμολογοῦσι τὸν αὑτοῦ πατέρα δῆσαι ὅτι τοὺς ὑεῖς κατέπινεν οὐκ ἐν δίκῃ, κἀκεῖνόν γε αὖ τὸν αὑτοῦ πατέρα ἐκτεμεῖν δι' ἕτερα τοιαῦτα· ἐμοὶ δὲ χαλεπαίνουσιν ὅτι τῷ πατρὶ ἐπεξέρχομαι ἀδικοῦντι, καὶ οὕτως αὐτοὶ αὑτοῖς τὰ ἐναντία λέγουσι περί τε τῶν θεῶν καὶ περὶ ἐμοῦ.
Σωκράτης
ἆρά γε, ὦ Εὐθύφρων, τοῦτ' ἔστιν [οὗ] οὕνεκα τὴν γραφὴν φεύγω, ὅτι τὰ τοιαῦτα ἐπειδάν τις περὶ τῶν θεῶν λέγῃ, δυσχερῶς πως ἀποδέχομαι; διὸ δὴ, ὡς ἔοικε, φήσει τίς με ἐξαμαρτάνειν. νῦν οὖν εἰ καὶ σοὶ ταῦτα συνδοκεῖ τῷ [6b]εὖ εἰδότι περὶ τῶν τοιούτων, ἀνάγκη δή, ὡς ἔοικε, καὶ ἡμῖν συγχωρεῖν. τί γὰρ καὶ φήσομεν, οἵ γε καὶ αὐτοὶ ὁμολογοῦμεν περὶ αὐτῶν

μηδὲν εἰδέναι; ἀλλά μοι εἰπὲ πρὸς Φιλίου, σὺ ὡς ἀληθῶς ἡγῇ ταῦτα οὕτως γεγονέναι;
Εὐθύφρων
καὶ ἔτι γε τούτων θαυμασιώτερα, ὦ Σώκρατες, ἃ οἱ πολλοὶ οὐκ ἴσασιν.
Σωκράτης
καὶ πόλεμον ἄρα ἡγῇ σὺ εἶναι τῷ ὄντι ἐν τοῖς θεοῖς πρὸς ἀλλήλους, καὶ ἔχθρας γε δεινὰς καὶ μάχας καὶ ἄλλα τοιαῦτα πολλά, οἷα λέγεταί τε ὑπὸ τῶν ποιητῶν, καὶ ὑπὸ τῶν [6c] ἀγαθῶν γραφέων τά τε ἄλλα ἱερὰ ἡμῖν καταπεποίκιλται, καὶ δὴ καὶ τοῖς μεγάλοις Παναθηναίοις ὁ πέπλος μεστὸς τῶν τοιούτων ποικιλμάτων ἀνάγεται εἰς τὴν ἀκρόπολιν; ταῦτα ἀληθῆ φῶμεν εἶναι, ὦ Εὐθύφρων;
Εὐθύφρων
μὴ μόνον γε, ὦ Σώκρατες, ἀλλ' ὅπερ ἄρτι εἶπον, καὶ ἄλλα σοι ἐγὼ πολλά, ἐάνπερ βούλῃ, περὶ τῶν θείων διηγήσομαι, ἃ σὺ ἀκούων εὖ οἶδ' ὅτι ἐκπλαγήσῃ.
Σωκράτης
οὐκ ἂν θαυμάζοιμι. ἀλλὰ ταῦτα μέν μοι εἰς αὖθις ἐπὶ σχολῆς διηγήσῃ· νυνὶ δὲ ὅπερ ἄρτι σε ἠρόμην πειρῶ [6d] σαφέστερον εἰπεῖν. οὐ γάρ με, ὦ ἑταῖρε, τὸ πρότερον ἱκανῶς ἐδίδαξας ἐρωτήσαντα τὸ ὅσιον ὅτι ποτ' εἴη, ἀλλά μοι εἶπες ὅτι τοῦτο τυγχάνει ὅσιον ὂν ὃ σὺ νῦν ποιεῖς, φόνου ἐπεξιὼν τῷ πατρί.
Εὐθύφρων
καὶ ἀληθῆ γε ἔλεγον, ὦ Σώκρατες.
Σωκράτης
ἴσως. ἀλλὰ γάρ, ὦ Εὐθύφρων, καὶ ἄλλα πολλὰ φῂς εἶναι ὅσια.
Εὐθύφρων
καὶ γὰρ ἔστιν.
Σωκράτης
μέμνησαι οὖν ὅτι οὐ τοῦτό σοι διεκελευόμην, ἕν τι ἢ δύο με διδάξαι τῶν πολλῶν ὁσίων, ἀλλ' ἐκεῖνο αὐτὸ τὸ εἶδος ᾧ πάντα τὰ ὅσια ὅσιά ἐστιν; ἔφησθα γάρ που μιᾷ ἰδέᾳ [6e] τά τε ἀνόσια ἀνόσια εἶναι καὶ τὰ ὅσια ὅσια· ἢ οὐ μνημονεύεις;
Εὐθύφρων
ἔγωγε.
Σωκράτης
ταύτην τοίνυν με αὐτὴν δίδαξον τὴν ἰδέαν τίς ποτέ ἐστιν, ἵνα εἰς ἐκείνην ἀποβλέπων καὶ χρώμενος αὐτῇ παραδείγματι, ὃ μὲν ἂν τοιοῦτον ᾖ ὧν ἂν ἢ σὺ ἢ ἄλλος τις πράττῃ φῶ ὅσιον εἶναι, ὃ δ' ἂν μὴ τοιοῦτον, μὴ φῶ.

Εὐθύφρων
ἀλλ' εἰ οὕτω βούλει, ὦ Σώκρατες, καὶ οὕτω σοι φράσω.
Σωκράτης
ἀλλὰ μὴν βούλομαί γε.
Εὐθύφρων
ἔστι τοίνυν τὸ μὲν τοῖς θεοῖς προσφιλὲς ὅσιον, τὸ [7a] δὲ μὴ προσφιλὲς ἀνόσιον.
Σωκράτης
παγκάλως, ὦ Εὐθύφρων, καὶ ὡς ἐγὼ ἐζήτουν ἀποκρίνασθαί σε, οὕτω νῦν ἀπεκρίνω. εἰ μέντοι ἀληθῶς, τοῦτο οὔπω οἶδα, ἀλλὰ σὺ δῆλον ὅτι ἐπεκδιδάξεις ὡς ἔστιν ἀληθῆ ἃ λέγεις.
Εὐθύφρων
πάνυ μὲν οὖν.
Σωκράτης
φέρε δή, ἐπισκεψώμεθα τί λέγομεν. τὸ μὲν θεοφιλές τε καὶ θεοφιλὴς ἄνθρωπος ὅσιος, τὸ δὲ θεομισὲς καὶ ὁ θεομισὴς ἀνόσιος· οὐ ταὐτὸν δ' ἐστίν, ἀλλὰ τὸ ἐναντιώτατον, τὸ ὅσιον τῷ ἀνοσίῳ· οὐχ οὕτως;
Εὐθύφρων
οὕτω μὲν οὖν.
Σωκράτης
καὶ εὖ γε φαίνεται εἰρῆσθαι;
Εὐθύφρων
[7b] δοκῶ, ὦ Σώκρατες. [εἴρηται γάρ.]
Σωκράτης οὐκοῦν καὶ ὅτι στασιάζουσιν οἱ θεοί, ὦ Εὐθύφρων, καὶ διαφέρονται ἀλλήλοις καὶ ἔχθρα ἐστὶν ἐν αὑτοῖς πρὸς ἀλλήλους, καὶ τοῦτο εἴρηται;
Εὐθύφρων
εἴρηται γάρ.
Σωκράτης
ἔχθραν δὲ καὶ ὀργάς, ὦ ἄριστε, ἡ περὶ τίνων διαφορὰ ποιεῖ; ὧδε δὲ σκοπῶμεν. ἆρ' ἂν εἰ διαφεροίμεθα ἐγώ τε καὶ σὺ περὶ ἀριθμοῦ ὁπότερα πλείω, ἡ περὶ τούτων διαφορὰ ἐχθροὺς ἂν ἡμᾶς ποιοῖ καὶ ὀργίζεσθαι ἀλλήλοις, ἢ ἐπὶ λογισμὸν ἐλθόντες περί γε τῶν τοιούτων ταχὺ ἂν [7c] ἀπαλλαγεῖμεν;
Εὐθύφρων
πάνυ γε.
Σωκράτης
οὐκοῦν καὶ περὶ τοῦ μείζονος καὶ ἐλάττονος εἰ διαφεροίμεθα, ἐπὶ τὸ μετρεῖν ἐλθόντες ταχὺ παυσαίμεθ' ἂν τῆς διαφορᾶς;

Εὐθύφρων
ἔστι ταῦτα.
Σωκράτης
καὶ ἐπί γε τὸ ἱστάναι ἐλθόντες, ὡς ἐγᾦμαι, περὶ τοῦ βαρυτέρου τε καὶ κουφοτέρου διακριθεῖμεν ἄν;
Εὐθύφρων
πῶς γὰρ οὔ;
Σωκράτης
περὶ τίνος δὲ δὴ διενεχθέντες καὶ ἐπὶ τίνα κρίσιν οὐ δυνάμενοι ἀφικέσθαι ἐχθροί γε ἂν ἀλλήλοις εἶμεν καὶ ὀργιζοίμεθα; ἴσως οὐ πρόχειρόν σοί ἐστιν, ἀλλ' ἐμοῦ λέγοντος [7d] σκόπει εἰ τάδε ἐστὶ τό τε δίκαιον καὶ τὸ ἄδικον καὶ καλὸν καὶ αἰσχρὸν καὶ ἀγαθὸν καὶ κακόν. ἆρα οὐ ταῦτά ἐστιν περὶ ὧν διενεχθέντες καὶ οὐ δυνάμενοι ἐπὶ ἱκανὴν κρίσιν αὐτῶν ἐλθεῖν ἐχθροὶ ἀλλήλοις γιγνόμεθα, ὅταν γιγνώμεθα, καὶ ἐγὼ καὶ σὺ καὶ οἱ ἄλλοι ἄνθρωποι πάντες;
Εὐθύφρων
ἀλλ' ἔστιν αὕτη ἡ διαφορά, ὦ Σώκρατες, καὶ περὶ τούτων.
Σωκράτης
τί δὲ οἱ θεοί, ὦ Εὐθύφρων; οὐκ εἴπερ τι διαφέρονται, δι' αὐτὰ ταῦτα διαφέροιντ' ἄν;
Εὐθύφρων
πολλὴ ἀνάγκη.
Σωκράτης
[7e] καὶ τῶν θεῶν ἄρα, ὦ γενναῖε Εὐθύφρων, ἄλλοι ἄλλα δίκαια ἡγοῦνται κατὰ τὸν σὸν λόγον, καὶ καλὰ καὶ αἰσχρὰ καὶ ἀγαθὰ καὶ κακά· οὐ γὰρ ἄν που ἐστασίαζον ἀλλήλοις εἰ μὴ περὶ τούτων διεφέροντο· ἦ γάρ;
Εὐθύφρων
ὀρθῶς λέγεις.
Σωκράτης
οὐκοῦν ἅπερ καλὰ ἡγοῦνται ἕκαστοι καὶ ἀγαθὰ καὶ δίκαια, ταῦτα καὶ φιλοῦσιν, τὰ δὲ ἐναντία τούτων μισοῦσιν;
Εὐθύφρων
πάνυ γε.
Σωκράτης
ταὐτὰ δέ γε, ὡς σὺ φῄς, οἱ μὲν δίκαια ἡγοῦνται, [8a] οἱ δὲ ἄδικα, περὶ ἃ καὶ ἀμφισβητοῦντες στασιάζουσί τε καὶ πολεμοῦσιν ἀλλήλοις· ἆρα οὐχ οὕτω;
Εὐθύφρων
οὕτω.

Σωκράτης
ταῦτ' ἄρα, ὡς ἔοικεν, μισεῖταί τε ὑπὸ τῶν θεῶν καὶ φιλεῖται, καὶ θεομισῆ τε καὶ θεοφιλῆ ταῦτ' ἂν εἴη.
Εὐθύφρων
ἔοικεν.
Σωκράτης
καὶ ὅσια ἄρα καὶ ἀνόσια τὰ αὐτὰ ἂν εἴη, ὦ Εὐθύφρων, τούτῳ τῷ λόγῳ.
Εὐθύφρων
κινδυνεύει.
Σωκράτης
οὐκ ἄρα ὃ ἠρόμην ἀπεκρίνω, ὦ θαυμάσιε. οὐ γὰρ τοῦτό γε ἠρώτων, ὃ τυγχάνει ταὐτὸν ὂν ὅσιόν τε καὶ ἀνόσιον· ὃ δ' ἂν θεοφιλὲς ᾖ καὶ θεομισές ἐστιν, ὡς ἔοικεν. [8b] ὥστε, ὦ Εὐθύφρων, ὃ σὺ νῦν ποιεῖς τὸν πατέρα κολάζων, οὐδὲν θαυμαστὸν εἰ τοῦτο δρῶν τῷ μὲν Διὶ προσφιλὲς ποιεῖς, τῷ δὲ Κρόνῳ καὶ τῷ Οὐρανῷ ἐχθρόν, καὶ τῷ μὲν Ἡφαίστῳ φίλον, τῇ δὲ Ἥρᾳ ἐχθρόν, καὶ εἴ τις ἄλλος τῶν θεῶν ἕτερος ἑτέρῳ διαφέρεται περὶ αὐτοῦ, καὶ ἐκείνοις κατὰ τὰ αὐτά.
Εὐθύφρων
ἀλλ' οἶμαι, ὦ Σώκρατες, περί γε τούτου τῶν θεῶν οὐδένα ἕτερον ἑτέρῳ διαφέρεσθαι, ὡς οὐ δεῖ δίκην διδόναι ἐκεῖνον ὃς ἂν ἀδίκως τινὰ ἀποκτείνῃ.
Σωκράτης
τί δέ; ἀνθρώπων, ὦ Εὐθύφρων, ἤδη τινὸς ἤκουσας [8c] ἀμφισβητοῦντος ὡς τὸν ἀδίκως ἀποκτείναντα ἢ ἄλλο ἀδίκως ποιοῦντα ὁτιοῦν οὐ δεῖ δίκην διδόναι;
Εὐθύφρων
οὐδὲν μὲν οὖν παύονται ταῦτα ἀμφισβητοῦντες καὶ ἄλλοθι καὶ ἐν τοῖς δικαστηρίοις· ἀδικοῦντες γὰρ πάμπολλα, πάντα ποιοῦσι καὶ λέγουσι φεύγοντες τὴν δίκην.
Σωκράτης
ἦ καὶ ὁμολογοῦσιν, ὦ Εὐθύφρων, ἀδικεῖν, καὶ ὁμολογοῦντες ὅμως οὐ δεῖν φασὶ σφᾶς διδόναι δίκην;
Εὐθύφρων
οὐδαμῶς τοῦτό γε.
Σωκράτης
οὐκ ἄρα πᾶν γε ποιοῦσι καὶ λέγουσι· τοῦτο γὰρ οἶμαι οὐ τολμῶσι λέγειν οὐδ' ἀμφισβητεῖν, ὡς οὐχὶ εἴπερ [8d] ἀδικοῦσί γε δοτέον δίκην, ἀλλ' οἶμαι οὔ φασιν ἀδικεῖν· ἦ γάρ;

Εὐθύφρων
ἀληθῆ λέγεις.
Σωκράτης
οὐκ ἄρα ἐκεῖνό γε ἀμφισβητοῦσιν, ὡς οὐ τὸν ἀδικοῦντα δεῖ διδόναι δίκην, ἀλλ' ἐκεῖνο ἴσως ἀμφισβητοῦσιν, τὸ τίς ἐστιν ὁ ἀδικῶν καὶ τί δρῶν καὶ πότε.
Εὐθύφρων
ἀληθῆ λέγεις.
Σωκράτης
οὐκοῦν αὐτά γε ταῦτα καὶ οἱ θεοὶ πεπόνθασιν, εἴπερ στασιάζουσι περὶ τῶν δικαίων καὶ ἀδίκων ὡς ὁ σὸς λόγος, καὶ οἱ μέν φασιν ἀλλήλους ἀδικεῖν, οἱ δὲ οὔ φασιν; ἐπεὶ ἐκεῖνό γε δήπου, ὦ θαυμάσιε, οὐδεὶς οὔτε θεῶν οὔτε [8e]ἀνθρώπων τολμᾷ λέγειν, ὡς οὐ τῷ γε ἀδικοῦντι δοτέον δίκην.
Εὐθύφρων
ναί, τοῦτο μὲν ἀληθὲς λέγεις, ὦ Σώκρατες, τό γε κεφάλαιον.
Σωκράτης
ἀλλ' ἕκαστόν γε οἶμαι, ὦ Εὐθύφρων, τῶν πραχθέντων ἀμφισβητοῦσιν οἱ ἀμφισβητοῦντες, καὶ ἄνθρωποι καὶ θεοί, εἴπερ ἀμφισβητοῦσιν θεοί· πράξεώς τινος πέρι διαφερόμενοι οἱ μὲν δικαίως φασὶν αὐτὴν πεπρᾶχθαι, οἱ δὲ ἀδίκως· ἆρ' οὐχ οὕτω;
Εὐθύφρων πάνυ γε.
Σωκράτης
[9a] ἴθι νυν, ὦ φίλε Εὐθύφρων, δίδαξον καὶ ἐμέ, ἵνα σοφώτερος γένωμαι, τί σοι τεκμήριόν ἐστιν ὡς πάντες θεοὶ ἡγοῦνται ἐκεῖνον ἀδίκως τεθνάναι, ὃς ἂν θητεύων ἀνδροφόνος γενόμενος, συνδεθεὶς ὑπὸ τοῦ δεσπότου τοῦ ἀποθανόντος, φθάσῃ τελευτήσας διὰ τὰ δεσμὰ πρὶν τὸν συνδήσαντα παρὰ τῶν ἐξηγητῶν περὶ αὐτοῦ πυθέσθαι τί χρὴ ποιεῖν, καὶ ὑπὲρ τοῦ τοιούτου δὴ ὀρθῶς ἔχει ἐπεξιέναι καὶ ἐπισκήπτεσθαι φόνου τὸν ὑὸν τῷ πατρί; ἴθι, περὶ τούτων πειρῶ τί μοι [9b] σαφὲς ἐνδείξασθαι ὡς παντὸς μᾶλλον πάντες θεοὶ ἡγοῦνται ὀρθῶς ἔχειν ταύτην τὴν πρᾶξιν· κἄν μοι ἱκανῶς ἐνδείξῃ, ἐγκωμιάζων σε ἐπὶ σοφίᾳ οὐδέποτε παύσομαι.
Εὐθύφρων
ἀλλ' ἴσως οὐκ ὀλίγον ἔργον ἐστίν, ὦ Σώκρατες, ἐπεὶ πάνυ γε σαφῶς ἔχοιμι ἂν ἐπιδεῖξαί σοι.
Σωκράτης
μανθάνω· ὅτι σοι δοκῶ τῶν δικαστῶν δυσμαθέστερος εἶναι, ἐπεὶ ἐκείνοις γε ἐνδείξῃ δῆλον ὅτι ὡς ἄδικά τέ ἐστιν καὶ οἱ θεοὶ ἅπαντες τὰ τοιαῦτα μισοῦσιν.

Εὐθύφρων
πάνυ γε σαφῶς, ὦ Σώκρατες, ἐάνπερ ἀκούωσί γέ μου λέγοντος.
Σωκράτης
[9c] ἀλλ' ἀκούσονται. ἐάνπερ εὖ δοκῇς λέγειν. τόδε δέ σου ἐνενόησα ἅμα λέγοντος καὶ πρὸς ἐμαυτὸν σκοπῶ· "εἰ ὅτι μάλιστά με Εὐθύφρων διδάξειεν ὡς οἱ θεοὶ ἅπαντες τὸν τοιοῦτον θάνατον ἡγοῦνται ἄδικον εἶναι, τί μᾶλλον ἐγὼ μεμάθηκα παρ' Εὐθύφρονος τί ποτ' ἐστὶν τὸ ὅσιόν τε καὶ τὸ ἀνόσιον; θεομισὲς μὲν γὰρ τοῦτο τὸ ἔργον, ὡς ἔοικεν, εἴη ἄν. ἀλλὰ γὰρ οὐ τούτῳ ἐφάνη ἄρτι ὡρισμένα τὸ ὅσιον καὶ μή· τὸ γὰρ θεομισὲς ὂν καὶ θεοφιλὲς ἐφάνη". ὥστε τούτου μὲν ἀφίημί σε, ὦ Εὐθύφρων· εἰ βούλει, πάντες αὐτὸ [9d] ἡγείσθων θεοὶ ἄδικον καὶ πάντες μισούντων. ἀλλ' ἄρα τοῦτο ὃ νῦν ἐπανορθούμεθα ἐν τῷ λόγῳ--ὡς ὃ μὲν ἂν πάντες οἱ θεοὶ μισῶσιν ἀνόσιόν ἐστιν, ὃ δ' ἂν φιλῶσιν, ὅσιον· ὃ δ' ἂν οἱ μὲν φιλῶσιν οἱ δὲ μισῶσιν, οὐδέτερα ἢ ἀμφότερα--ἆρ' οὕτω βούλει ἡμῖν ὡρίσθαι νῦν περὶ τοῦ ὁσίου καὶ τοῦ ἀνοσίου;
Εὐθύφρων
τί γὰρ κωλύει, ὦ Σώκρατες;
Σωκράτης
οὐδὲν ἐμέ γε, ὦ Εὐθύφρων, ἀλλὰ σὺ δὴ τὸ σὸν σκόπει, εἰ τοῦτο ὑποθέμενος οὕτω ῥᾷστά με διδάξεις ὃ ὑπέσχου.
Εὐθύφρων
[9e] ἀλλ' ἔγωγε φαίην ἂν τοῦτο εἶναι τὸ ὅσιον ὃ ἂν πάντες οἱ θεοὶ φιλῶσιν, καὶ τὸ ἐναντίον, ὃ ἂν πάντες θεοὶ μισῶσιν, ἀνόσιον.
Σωκράτης
οὐκοῦν ἐπισκοπῶμεν αὖ τοῦτο, ὦ Εὐθύφρων, εἰ καλῶς λέγεται, ἢ ἐῶμεν καὶ οὕτω ἡμῶν τε αὐτῶν ἀποδεχώμεθα καὶ τῶν ἄλλων, ἐὰν μόνον φῇ τίς τι ἔχειν οὕτω συγχωροῦντες ἔχειν; ἢ σκεπτέον τί λέγει ὁ λέγων;
Εὐθύφρων
σκεπτέον· οἶμαι μέντοι ἔγωγε τοῦτο νυνὶ καλῶς λέγεσθαι.
Σωκράτης
[10a] τάχ', ὠγαθέ, βέλτιον εἰσόμεθα. ἐννόησον γὰρ τὸ τοιόνδε· ἆρα τὸ ὅσιον ὅτι ὅσιόν ἐστιν φιλεῖται ὑπὸ τῶν θεῶν, ἢ ὅτι φιλεῖται ὅσιόν ἐστιν;
Εὐθύφρων
οὐκ οἶδ' ὅτι λέγεις, ὦ Σώκρατες.
Σωκράτης
ἀλλ' ἐγὼ πειράσομαι σαφέστερον φράσαι. λέγομέν τι φερόμενον καὶ φέρον καὶ ἀγόμενον καὶ ἄγον καὶ ὁρώμενον καὶ ὁρῶν καὶ πάντα τὰ τοιαῦτα μανθάνεις ὅτι ἕτερα ἀλλήλων ἐστὶ καὶ ᾗ ἕτερα;

Εὐθύφρων
ἔγωγέ μοι δοκῶ μανθάνειν.
Σωκράτης
οὐκοῦν καὶ φιλούμενόν τί ἐστιν καὶ τούτου ἕτερον τὸ φιλοῦν;
Εὐθύφρων
πῶς γὰρ οὔ;
Σωκράτης
[10b] λέγε δή μοι, πότερον τὸ φερόμενον διότι φέρεται φερόμενόν ἐστιν, ἢ δι' ἄλλο τι;
Εὐθύφρων
οὔκ, ἀλλὰ διὰ τοῦτο.
Σωκράτης
καὶ τὸ ἀγόμενον δὴ διότι ἄγεται, καὶ τὸ ὁρώμενον διότι ὁρᾶται;
Εὐθύφρων
πάνυ γε.
Σωκράτης
οὐκ ἄρα διότι ὁρώμενόν γέ ἐστιν, διὰ τοῦτο ὁρᾶται, ἀλλὰ τὸ ἐναντίον διότι ὁρᾶται, διὰ τοῦτο ὁρώμενον· οὐδὲ διότι ἀγόμενόν ἐστιν, διὰ τοῦτο ἄγεται, ἀλλὰ διότι ἄγεται, διὰ τοῦτο ἀγόμενον· οὐδὲ διότι φερόμενον φέρεται, ἀλλὰ διότι φέρεται φερόμενον. ἆρα κατάδηλον, ὦ Εὐθύφρων, ὃ [10c] βούλομαι λέγειν; βούλομαι δὲ τόδε, ὅτι εἴ τι γίγνεται ἤ τι πάσχει, οὐχ ὅτι γιγνόμενόν ἐστι γίγνεται, ἀλλ' ὅτι γίγνεται γιγνόμενόν ἐστιν· οὐδ' ὅτι πάσχον ἐστὶ πάσχει, ἀλλ' ὅτι πάσχει πάσχον ἐστίν· ἢ οὐ συγχωρεῖς οὕτω;
Εὐθύφρων
ἔγωγε.
Σωκράτης
οὐκοῦν καὶ τὸ φιλούμενον ἢ γιγνόμενόν τί ἐστιν ἢ πάσχον τι ὑπό του;
Εὐθύφρων
πάνυ γε.
Σωκράτης
καὶ τοῦτο ἄρα οὕτως ἔχει ὥσπερ τὰ πρότερα· οὐχ ὅτι φιλούμενόν ἐστιν φιλεῖται ὑπὸ ὧν φιλεῖται, ἀλλ' ὅτι φιλεῖται φιλούμενον;
Εὐθύφρων
ἀνάγκη.
Σωκράτης
[10d] τί δὴ οὖν λέγομεν περὶ τοῦ ὁσίου, ὦ Εὐθύφρων; ἄλλο τι φιλεῖται ὑπὸ θεῶν πάντων, ὡς ὁ σὸς λόγος;
Εὐθύφρων
ναί.

Σωκράτης
ἆρα διὰ τοῦτο, ὅτι ὅσιόν ἐστιν, ἢ δι' ἄλλο τι;
Εὐθύφρων
οὔκ, ἀλλὰ διὰ τοῦτο.
Σωκράτης
διότι ἄρα ὅσιόν ἐστιν φιλεῖται, ἀλλ' οὐχ ὅτι φιλεῖται, διὰ τοῦτο ὅσιόν ἐστιν;
Εὐθύφρων
ἔοικεν.
Σωκράτης
ἀλλὰ μὲν δὴ διότι γε φιλεῖται ὑπὸ θεῶν φιλούμενόν ἐστι καὶ θεοφιλές.
Εὐθύφρων
πῶς γὰρ οὔ;
Σωκράτης
οὐκ ἄρα τὸ θεοφιλὲς ὅσιόν ἐστιν, ὦ Εὐθύφρων, οὐδὲ τὸ ὅσιον θεοφιλές, ὡς σὺ λέγεις, ἀλλ' ἕτερον τοῦτο τούτου.
Εὐθύφρων
[10e] πῶς δή, ὦ Σώκρατες;
Σωκράτης
ὅτι ὁμολογοῦμεν τὸ μὲν ὅσιον διὰ τοῦτο φιλεῖσθαι, ὅτι ὅσιόν ἐστιν, ἀλλ' οὐ διότι φιλεῖται ὅσιον εἶναι· ἦ γάρ;
Εὐθύφρων
ναί.
Σωκράτης
τὸ δέ γε θεοφιλὲς ὅτι φιλεῖται ὑπὸ θεῶν, αὐτῷ τούτῳ τῷ φιλεῖσθαι θεοφιλὲς εἶναι, ἀλλ' οὐχ ὅτι θεοφιλές, διὰ τοῦτο φιλεῖσθαι.
Εὐθύφρων
ἀληθῆ λέγεις.
Σωκράτης
ἀλλ' εἴ γε ταὐτὸν ἦν, ὦ φίλε Εὐθύφρων, τὸ θεοφιλὲς καὶ τὸ ὅσιον, εἰ μὲν διὰ τὸ ὅσιον εἶναι ἐφιλεῖτο τὸ [11a] ὅσιον, καὶ διὰ τὸ θεοφιλὲς εἶναι ἐφιλεῖτο ἂν τὸ θεοφιλές, εἰ δὲ διὰ τὸ φιλεῖσθαι ὑπὸ θεῶν τὸ θεοφιλὲς θεοφιλὲς ἦν, καὶ τὸ ὅσιον ἂν διὰ τὸ φιλεῖσθαι ὅσιον ἦν· νῦν δὲ ὁρᾷς ὅτι ἐναντίως ἔχετον, ὡς παντάπασιν ἑτέρω ὄντε ἀλλήλων. τὸ μὲν γάρ, ὅτι φιλεῖται, ἐστὶν οἷον φιλεῖσθαι· τὸ δ' ὅτι ἐστὶν οἷον φιλεῖσθαι, διὰ τοῦτο φιλεῖται. καὶ κινδυνεύεις, ὦ Εὐθύφρων, ἐρωτώμενος τὸ ὅσιον ὅτι ποτ' ἐστίν, τὴν μὲν οὐσίαν μοι αὐτοῦ οὐ βούλεσθαι δηλῶσαι, πάθος δέ τι περὶ αὐτοῦ λέγειν, ὅτι πέπονθε τοῦτο τὸ ὅσιον, φιλεῖσθαι ὑπὸ πάντων [11b] θεῶν· ὅτι δὲ ὄν, οὔπω εἶπες. εἰ οὖν σοι φίλον, μή με ἀποκρύψῃ ἀλλὰ πάλιν

εἰπὲ ἐξ ἀρχῆς τί ποτε ὂν τὸ ὅσιον εἴτε φιλεῖται ὑπὸ θεῶν εἴτε ὁτιδὴ πάσχει--οὐ γὰρ περὶ τούτου διοισόμεθα--ἀλλ' εἰπὲ προθύμως τί ἐστιν τό τε ὅσιον καὶ τὸ ἀνόσιον;
Εὐθύφρων
ἀλλ', ὦ Σώκρατες, οὐκ ἔχω ἔγωγε ὅπως σοι εἴπω ὃ νοῶ· περιέρχεται γάρ πως ἡμῖν ἀεὶ ὃ ἂν προθώμεθα καὶ οὐκ ἐθέλει μένειν ὅπου ἂν ἱδρυσώμεθα αὐτό.
Σωκράτης
τοῦ ἡμετέρου προγόνου, ὦ Εὐθύφρων, ἔοικεν εἶναι [11c] Δαιδάλου τὰ ὑπὸ σοῦ λεγόμενα. καὶ εἰ μὲν αὐτὰ ἐγὼ ἔλεγον καὶ ἐτιθέμην, ἴσως ἄν με ἐπέσκωπτες ὡς ἄρα καὶ ἐμοὶ κατὰ τὴν ἐκείνου συγγένειαν τὰ ἐν τοῖς λόγοις ἔργα ἀποδιδράσκει καὶ οὐκ ἐθέλει μένειν ὅπου ἄν τις αὐτὰ θῇ· νῦν δὲ σαὶ γὰρ αἱ ὑποθέσεις εἰσίν. ἄλλου δή τινος δεῖ σκώμματος· οὐ γὰρ ἐθέλουσι σοὶ μένειν, ὡς καὶ αὐτῷ σοι δοκεῖ.
Εὐθύφρων
ἐμοὶ δὲ δοκεῖ σχεδόν τι τοῦ αὐτοῦ σκώμματος, ὦ Σώκρατες, δεῖσθαι τὰ λεγόμενα· τὸ γὰρ περιιέναι αὐτοῖς τοῦτο καὶ μὴ μένειν ἐν τῷ αὐτῷ οὐκ ἐγώ εἰμι ὁ ἐντιθείς, [11d] ἀλλὰ σύ μοι δοκεῖς ὁ Δαίδαλος, ἐπεὶ ἐμοῦ γε ἕνεκα ἔμενεν ἂν ταῦτα οὕτως.
Σωκράτης
κινδυνεύω ἄρα, ὦ ἑταῖρε, ἐκείνου τοῦ ἀνδρὸς δεινότερος γεγονέναι τὴν τέχνην τοσούτῳ, ὅσῳ ὁ μὲν τὰ αὑτοῦ μόνα ἐποίει οὐ μένοντα, ἐγὼ δὲ πρὸς τοῖς ἐμαυτοῦ, ὡς ἔοικε, καὶ τὰ ἀλλότρια. καὶ δῆτα τοῦτό μοι τῆς τέχνης ἐστὶ κομψότατον, ὅτι ἄκων εἰμὶ σοφός· ἐβουλόμην γὰρ ἄν μοι τοὺς λόγους μένειν καὶ ἀκινήτως ἱδρῦσθαι μᾶλλον ἢ πρὸς τῇ [11e] Δαιδάλου σοφίᾳ τὰ Ταντάλου χρήματα γενέσθαι. καὶ τούτων μὲν ἅδην· ἐπειδὴ δέ μοι δοκεῖς σὺ τρυφᾶν, αὐτός σοι συμπροθυμήσομαι [δεῖξαι] ὅπως ἄν με διδάξῃς περὶ τοῦ ὁσίου. καὶ μὴ προαποκάμῃς· ἰδὲ γὰρ εἰ οὐκ ἀναγκαῖόν σοι δοκεῖ δίκαιον εἶναι πᾶν τὸ ὅσιον.
Εὐθύφρων
ἔμοιγε.
Σωκράτης
ἆρ' οὖν καὶ πᾶν τὸ δίκαιον ὅσιον; ἢ τὸ μὲν ὅσιον [12a] πᾶν δίκαιον, τὸ δὲ δίκαιον οὐ πᾶν ὅσιον, ἀλλὰ τὸ μὲν αὐτοῦ ὅσιον, τὸ δέ τι καὶ ἄλλο;
Εὐθύφρων
οὐχ ἕπομαι, ὦ Σώκρατες, τοῖς λεγομένοις.
Σωκράτης
καὶ μὴν νεώτερός γέ μου εἶ οὐκ ἔλαττον ἢ ὅσῳ σοφώτερος· ἀλλ', ὃ λέγω, τρυφᾷς ὑπὸ πλούτου τῆς σοφίας. ἀλλ', ὦ μακάριε, σύντεινε σαυτόν· καὶ

γὰρ οὐδὲ χαλεπὸν κατανοῆσαι ὃ λέγω. λέγω γὰρ δὴ τὸ ἐναντίον ἢ ὁ ποιητὴς ἐποίησεν ὁ ποιήσας--
Ζῆνα δὲ τὸν [θ'] ἔρξαντα καὶ ὃς τάδε πάντ' ἐφύτευσεν [12b] οὐκ ἐθέλει νεικεῖν· ἵνα γὰρ δέος ἔνθα καὶ αἰδώς. (Stasinus Cypria Fr. 20)
ἐγὼ οὖν τούτῳ διαφέρομαι τῷ ποιητῇ. εἴπω σοι ὅπῃ;
Εὐθύφρων
πάνυ γε.
Σωκράτης
οὔ δοκεῖ μοι εἶναι "ἵνα δέος ἔνθα καὶ αἰδώς" πολλοὶ γάρ μοι δοκοῦσι καὶ νόσους καὶ πενίας καὶ ἄλλα πολλὰ τοιαῦτα δεδιότες δεδιέναι μέν, αἰδεῖσθαι δὲ μηδὲν ταῦτα ἃ δεδίασιν· οὐ καὶ σοὶ δοκεῖ;
Εὐθύφρων
πάνυ γε.
Σωκράτης
ἀλλ' ἵνα γε αἰδὼς ἔνθα καὶ δέος εἶναι· ἐπεὶ ἔστιν ὅστις αἰδούμενός τι πρᾶγμα καὶ αἰσχυνόμενος οὐ πεφόβηταί [12c] τε καὶ δέδοικεν ἅμα δόξαν πονηρίας;
Εὐθύφρων
δέδοικε μὲν οὖν.
Σωκράτης
οὐκ ἄρ' ὀρθῶς ἔχει λέγειν· "ἵνα γὰρ δέος ἔνθα καὶ αἰδώς", ἀλλ' ἵνα μὲν αἰδὼς ἔνθα καὶ δέος, οὐ μέντοι ἵνα γε δέος πανταχοῦ αἰδώς· ἐπὶ πλέον γὰρ οἶμαι δέος αἰδοῦς. μόριον γὰρ αἰδὼς δέους ὥσπερ ἀριθμοῦ περιττόν, ὥστε οὐχ ἵναπερ ἀριθμὸς ἔνθα καὶ περιττόν, ἵνα δὲ περιττὸν ἔνθα καὶ ἀριθμός. ἕπῃ γάρ που νῦν γε;
Εὐθύφρων
πάνυ γε.
Σωκράτης
τὸ τοιοῦτον τοίνυν καὶ ἐκεῖ λέγων ἠρώτων· ἆρα ἵνα [12d] δίκαιον ἔνθα καὶ ὅσιον; ἢ ἵνα μὲν ὅσιον ἔνθα καὶ δίκαιον, ἵνα δὲ δίκαιον οὐ πανταχοῦ ὅσιον· μόριον γὰρ τοῦ δικαίου τὸ ὅσιον; οὕτω φῶμεν ἢ ἄλλως σοι δοκεῖ;
Εὐθύφρων
οὔκ, ἀλλ' οὕτω. φαίνῃ γάρ μοι ὀρθῶς λέγειν.
Σωκράτης
ὅρα δὴ τὸ μετὰ τοῦτο. εἰ γὰρ μέρος τὸ ὅσιον τοῦ δικαίου, δεῖ δὴ ἡμᾶς, ὡς ἔοικεν, ἐξευρεῖν τὸ ποῖον μέρος ἂν εἴη τοῦ δικαίου τὸ ὅσιον. εἰ μὲν οὖν σύ με ἠρώτας τι τῶν νυνδή, οἷον ποῖον μέρος ἐστὶν ἀριθμοῦ τὸ ἄρτιον καὶ τίς ὢν τυγχάνει οὗτος ὁ ἀριθμός, εἶπον ἂν ὅτι ὃς ἂν μὴ σκαληνὸς ᾖ ἀλλ' ἰσοσκελής· ἢ οὐ δοκεῖ σοι;

Εὐθύφρων ἔμοιγε.
Σωκράτης [12e] πειρῶ δὴ καὶ σὺ ἐμὲ οὕτω διδάξαι τὸ ποῖον μέρος τοῦ δικαίου ὅσιόν ἐστιν, ἵνα καὶ Μελήτῳ λέγωμεν μηκέθ᾽ ἡμᾶς ἀδικεῖν μηδὲ ἀσεβείας γράφεσθαι, ὡς ἱκανῶς ἤδη παρὰ σοῦ μεμαθηκότας τά τε εὐσεβῆ καὶ ὅσια καὶ τὰ μή.
Εὐθύφρων τοῦτο τοίνυν ἔμοιγε δοκεῖ, ὦ Σώκρατες, τὸ μέρος τοῦ δικαίου εἶναι εὐσεβές τε καὶ ὅσιον, τὸ περὶ τὴν τῶν θεῶν θεραπείαν, τὸ δὲ περὶ τὴν τῶν ἀνθρώπων τὸ λοιπὸν εἶναι τοῦ δικαίου μέρος.
Σωκράτης καὶ καλῶς γέ μοι, ὦ Εὐθύφρων, φαίνῃ λέγειν,
ἀλλὰ [13a] σμικροῦ τινος ἔτι ἐνδεής εἰμι· τὴν γὰρ θεραπείαν οὔπω συνίημι ἥντινα ὀνομάζεις. οὐ γάρ που λέγεις γε, οἷαίπερ καὶ αἱ περὶ τὰ ἄλλα θεραπεῖαί εἰσιν, τοιαύτην καὶ περὶ θεούς-- λέγομεν γάρ που--οἷόν φαμεν ἵππους οὐ πᾶς ἐπίσταται θεραπεύειν ἀλλὰ ὁ ἱππικός· ἦ γάρ;
Εὐθύφρων πάνυ γε.
Σωκράτης ἡ γάρ που ἱππικὴ ἵππων θεραπεία.
Εὐθύφρων ναί.
Σωκράτης οὐδέ γε κύνας πᾶς ἐπίσταται θεραπεύειν ἀλλὰ ὁ κυνηγετικός.
Εὐθύφρων οὕτω.
Σωκράτης ἡ γάρ που κυνηγετικὴ κυνῶν θεραπεία.
Εὐθύφρων [13b] ναί.
Σωκράτης ἡ δέ γε βοηλατικὴ βοῶν.
Εὐθύφρων πάνυ γε.
Σωκράτης ἡ δὲ δὴ ὁσιότης τε καὶ εὐσέβεια θεῶν, ὦ Εὐθύφρων; οὕτω λέγεις;
Εὐθύφρων ἔγωγε.
Σωκράτης οὐκοῦν θεραπεία γε πᾶσα ταὐτὸν διαπράττεται; οἷον τοιόνδε· ἐπ᾽ ἀγαθῷ τινί ἐστι καὶ ὠφελίᾳ τοῦ θεραπευομένου, ὥσπερ ὁρᾷς δὴ ὅτι οἱ ἵπποι ὑπὸ τῆς ἱππικῆς θεραπευόμενοι ὠφελοῦνται καὶ βελτίους γίγνονται· ἢ οὐ δοκοῦσί σοι;
Εὐθύφρων ἔμοιγε.
Σωκράτης καὶ οἱ κύνες γέ που ὑπὸ τῆς κυνηγετικῆς, καὶ οἱ [13c] βόες ὑπὸ τῆς βοηλατικῆς, καὶ τἆλλα πάντα ὡσαύτως· ἢ ἐπὶ βλάβῃ οἴει τοῦ θεραπευομένου τὴν θεραπείαν εἶναι;
Εὐθύφρων μὰ Δί᾽ οὐκ ἔγωγε.
Σωκράτης ἀλλ᾽ ἐπ᾽ ὠφελίᾳ;
Εὐθύφρων πῶς δ᾽ οὔ;
Σωκράτης ἦ οὖν καὶ ἡ ὁσιότης θεραπεία οὖσα θεῶν ὠφελία τέ ἐστι θεῶν καὶ βελτίους τοὺς θεοὺς ποιεῖ; καὶ σὺ τοῦτο συγχωρήσαις ἄν, ὡς ἐπειδάν τι ὅσιον ποιῇς, βελτίω τινὰ τῶν θεῶν ἀπεργάζῃ;

Εὐθύφρων μὰ Δί' οὐκ ἔγωγε.
Σωκράτης οὐδὲ γὰρ ἐγώ, ὦ Εὐθύφρων, οἶμαί σε τοῦτο λέγειν --πολλοῦ καὶ δέω--ἀλλὰ τούτου δὴ ἕνεκα καὶ ἀνηρόμην [13d] τίνα ποτὲ λέγοις τὴν θεραπείαν τῶν θεῶν, οὐχ ἡγούμενός σε τοιαύτην λέγειν.
Εὐθύφρων καὶ ὀρθῶς γε, ὦ Σώκρατες· οὐ γὰρ τοιαύτην λέγω.
Σωκράτης εἶεν· ἀλλὰ τίς δὴ θεῶν θεραπεία εἴη ἂν ἡ ὁσιότης;
Εὐθύφρων ἥνπερ, ὦ Σώκρατες, οἱ δοῦλοι τοὺς δεσπότας θεραπεύουσιν.
Σωκράτης μανθάνω· ὑπηρετική τις ἄν, ὡς ἔοικεν, εἴη θεοῖς.
Εὐθύφρων πάνυ μὲν οὖν.
Σωκράτης ἔχοις ἂν οὖν εἰπεῖν ἡ ἰατροῖς ὑπηρετικὴ εἰς τίνος ἔργου ἀπεργασίαν τυγχάνει οὖσα ὑπηρετική; οὐκ εἰς ὑγιείας οἴει;
Εὐθύφρων ἔγωγε.
Σωκράτης [13e] τί δὲ ἡ ναυπηγοῖς ὑπηρετική; εἰς τίνος ἔργου ἀπεργασίαν ὑπηρετική ἐστιν;
Εὐθύφρων δῆλον ὅτι, ὦ Σώκρατες, εἰς πλοίου.
Σωκράτης καὶ ἡ οἰκοδόμοις γέ που εἰς οἰκίας;
Εὐθύφρων ναί.
Σωκράτης εἰπὲ δή, ὦ ἄριστε· ἡ δὲ θεοῖς ὑπηρετικὴ εἰς τίνος ἔργου ἀπεργασίαν ὑπηρετικὴ ἂν εἴη; δῆλον γὰρ ὅτι σὺ οἶσθα, ἐπειδήπερ τά γε θεῖα κάλλιστα φῂς εἰδέναι ἀνθρώπων.
Εὐθύφρων καὶ ἀληθῆ γε λέγω, ὦ Σώκρατες.
Σωκράτης εἰπὲ δὴ πρὸς Διὸς τί ποτέ ἐστιν ἐκεῖνο τὸ πάγκαλον ἔργον ὃ οἱ θεοὶ ἀπεργάζονται ἡμῖν ὑπηρέταις χρώμενοι;
Εὐθύφρων πολλὰ καὶ καλά, ὦ Σώκρατες.
Σωκράτης [14a] καὶ γὰρ οἱ στρατηγοί, ὦ φίλε· ἀλλ' ὅμως τὸ κεφάλαιον αὐτῶν ῥᾳδίως ἂν εἴποις, ὅτι νίκην ἐν τῷ πολέμῳ ἀπεργάζονται· ἢ οὔ;
Εὐθύφρων πῶς δ' οὔ;
Σωκράτης πολλὰ δέ γ', οἶμαι, καὶ καλὰ καὶ οἱ γεωργοί· ἀλλ' ὅμως τὸ κεφάλαιον αὐτῶν ἐστιν τῆς ἀπεργασίας ἡ ἐκ τῆς γῆς τροφή.
Εὐθύφρων πάνυ γε.
Σωκράτης τί δὲ δὴ τῶν πολλῶν καὶ καλῶν ἃ οἱ θεοὶ ἀπεργάζονται; τί τὸ κεφάλαιόν ἐστι τῆς ἐργασίας;
Εὐθύφρων καὶ ὀλίγον σοι πρότερον εἶπον, ὦ Σώκρατες, ὅτι [14b] πλείονος ἔργου ἐστὶν ἀκριβῶς πάντα ταῦτα ὡς ἔχει μαθεῖν· τόδε μέντοι σοι ἁπλῶς λέγω, ὅτι ἐὰν μὲν κεχαρισμένα τις ἐπίστηται τοῖς θεοῖς λέγειν τε καὶ πράττειν εὐχόμενός τε καὶ θύων, ταῦτ' ἔστι τὰ ὅσια, καὶ σῴζει τὰ τοιαῦτα τούς τε ἰδίους οἴκους καὶ τὰ κοινὰ τῶν πόλεων· τὰ δ' ἐναντία τῶν κεχαρισμένων ἀσεβῆ, ἃ δὴ καὶ ἀνατρέπει ἅπαντα καὶ ἀπόλλυσιν.
Σωκράτης ἦ πολύ μοι διὰ βραχυτέρων, ὦ Εὐθύφρων, εἰ ἐβούλου, εἶπες ἂν

τὸ κεφάλαιον ὧν ἠρώτων· ἀλλὰ γὰρ οὐ [14c] πρόθυμός με εἶ διδάξαι--
δῆλος εἶ. καὶ γὰρ νῦν ἐπειδὴ ἐπ' αὐτῷ ἦσθα ἀπετράπου, ὃ εἰ ἀπεκρίνω,
ἱκανῶς ἂν ἤδη παρὰ σοῦ τὴν ὁσιότητα ἐμεμαθήκη. νῦν δὲ ἀνάγκη γὰρ τὸν
ἐρῶντα τῷ ἐρωμένῳ ἀκολουθεῖν ὅπῃ ἂν ἐκεῖνος ὑπάγῃ, τί δὴ αὖ λέγεις τὸ
ὅσιον εἶναι καὶ τὴν ὁσιότητα; οὐχὶ ἐπιστήμην τινὰ τοῦ θύειν τε καὶ
εὔχεσθαι;
Εὐθύφρων
ἔγωγε.
Σωκράτης
οὐκοῦν τὸ θύειν δωρεῖσθαί ἐστι τοῖς θεοῖς, τὸ δ' εὔχεσθαι αἰτεῖν τοὺς
θεούς;
Εὐθύφρων
καὶ μάλα, ὦ Σώκρατες.
Σωκράτης
[14d] ἐπιστήμη ἄρα αἰτήσεως καὶ δόσεως θεοῖς ὁσιότης ἂν εἴη ἐκ τούτου
τοῦ λόγου.
Εὐθύφρων
πάνυ καλῶς, ὦ Σώκρατες, συνῆκας ὃ εἶπον.
Σωκράτης
ἐπιθυμητὴς γάρ εἰμι, ὦ φίλε, τῆς σῆς σοφίας καὶ προσέχω τὸν νοῦν αὐτῇ,
ὥστε οὐ χαμαὶ πεσεῖται ὅτι ἂν εἴπῃς. ἀλλά μοι λέξον τίς αὕτη ἡ ὑπηρεσία
ἐστὶ τοῖς θεοῖς; αἰτεῖν τε φῂς αὐτοὺς καὶ διδόναι ἐκείνοις;
Εὐθύφρων
ἔγωγε.
Σωκράτης
ἆρ' οὖν οὐ τό γε ὀρθῶς αἰτεῖν ἂν εἴη ὧν δεόμεθα παρ' ἐκείνων, ταῦτα
αὐτοὺς αἰτεῖν;
Εὐθύφρων
ἀλλὰ τί;
Σωκράτης
[14e] καὶ αὖ τὸ διδόναι ὀρθῶς, ὧν ἐκεῖνοι τυγχάνουσιν δεόμενοι παρ'
ἡμῶν, ταῦτα ἐκείνοις αὖ ἀντιδωρεῖσθαι; οὐ γάρ που τεχνικόν γ' ἂν εἴη
δωροφορεῖν διδόντα τῳ ταῦτα ὧν οὐδὲν δεῖται.
Εὐθύφρων
ἀληθῆ λέγεις, ὦ Σώκρατες.
Σωκράτης
ἐμπορικὴ ἄρα τις ἂν εἴη, ὦ Εὐθύφρων, τέχνη ἡ ὁσιότης θεοῖς καὶ
ἀνθρώποις παρ' ἀλλήλων.

Εὐθύφρων
ἐμπορική, εἰ οὕτως ἥδιόν σοι ὀνομάζειν.
Σωκράτης
ἀλλ' οὐδὲν ἥδιον ἔμοιγε, εἰ μὴ τυγχάνει ἀληθὲς ὄν. φράσον δέ μοι, τίς ἡ ὠφελία τοῖς θεοῖς τυγχάνει οὖσα ἀπὸ τῶν δώρων ὧν παρ' ἡμῶν λαμβάνουσιν; ἃ μὲν γὰρ διδόασι [15a] παντὶ δῆλον· οὐδὲν γὰρ ἡμῖν ἐστιν ἀγαθὸν ὅτι ἂν μὴ ἐκεῖνοι δῶσιν. ἃ δὲ παρ' ἡμῶν λαμβάνουσιν, τί ὠφελοῦνται; ἢ τοσοῦτον αὐτῶν πλεονεκτοῦμεν κατὰ τὴν ἐμπορίαν, ὥστε πάντα τὰ ἀγαθὰ παρ' αὐτῶν λαμβάνομεν, ἐκεῖνοι δὲ παρ' ἡμῶν οὐδέν;
Εὐθύφρων
ἀλλ' οἴει, ὦ Σώκρατες, τοὺς θεοὺς ὠφελεῖσθαι ἀπὸ τούτων ἃ παρ' ἡμῶν λαμβάνουσιν;
Σωκράτης
ἀλλὰ τί δήποτ' ἂν εἴη ταῦτα, ὦ Εὐθύφρων, τὰ παρ' ἡμῶν δῶρα τοῖς θεοῖς;
Εὐθύφρων
τί δ' οἴει ἄλλο ἢ τιμή τε καὶ γέρα καί, ὅπερ ἐγὼ ἄρτι ἔλεγον, χάρις;
Σωκράτης
[15b] κεχαρισμένον ἄρα ἐστίν, ὦ Εὐθύφρων, τὸ ὅσιον, ἀλλ' οὐχὶ ὠφέλιμον οὐδὲ φίλον τοῖς θεοῖς;
Εὐθύφρων
οἶμαι ἔγωγε πάντων γε μάλιστα φίλον.
Σωκράτης τοῦτο ἄρ' ἐστὶν αὖ, ὡς ἔοικε, τὸ ὅσιον, τὸ τοῖς θεοῖς φίλον.
Εὐθύφρων
μάλιστά γε.
Σωκράτης
θαυμάσῃ οὖν ταῦτα λέγων ἐάν σοι οἱ λόγοι φαίνωνται μὴ μένοντες ἀλλὰ βαδίζοντες, καὶ ἐμὲ αἰτιάσῃ τὸν Δαίδαλον βαδίζοντας αὐτοὺς ποιεῖν, αὐτὸς ὢν πολύ γε τεχνικώτερος τοῦ Δαιδάλου καὶ κύκλῳ περιόντα ποιῶν; ἢ οὐκ αἰσθάνῃ ὅτι ὁ λόγος ἡμῖν περιελθὼν πάλιν εἰς ταὐτὸν [15c] ἥκει; μέμνησαι γάρ που ὅτι ἐν τῷ πρόσθεν τό τε ὅσιον καὶ τὸ θεοφιλὲς οὐ ταὐτόν ἡμῖν ἐφάνη ἀλλ' ἕτερα ἀλλήλων· ἢ οὐ μέμνησαι;
Εὐθύφρων
ἔγωγε.
Σωκράτης
νῦν οὖν οὐκ ἐννοεῖς ὅτι τὸ τοῖς θεοῖς φίλον φῂς ὅσιον εἶναι; τοῦτο δ' ἄλλο τι ἢ θεοφιλὲς γίγνεται; ἢ οὔ;
Εὐθύφρων
πάνυ γε.

Σωκράτης
οὐκοῦν ἢ ἄρτι οὐ καλῶς ὡμολογοῦμεν, ἢ εἰ τότε καλῶς, νῦν οὐκ ὀρθῶς τιθέμεθα.
Εὐθύφρων
ἔοικεν.
Σωκράτης
ἐξ ἀρχῆς ἄρα ἡμῖν πάλιν σκεπτέον τί ἐστι τὸ ὅσιον, ὡς ἐγὼ πρὶν ἂν μάθω ἑκὼν εἶναι οὐκ ἀποδειλιάσω. [15d] ἀλλὰ μή με ἀτιμάσῃς ἀλλὰ παντὶ τρόπῳ προσσχὼν τὸν νοῦν ὅτι μάλιστα νῦν εἰπὲ τὴν ἀλήθειαν· οἶσθα γὰρ εἴπερ τις ἄλλος ἀνθρώπων, καὶ οὐκ ἀφετέος εἶ ὥσπερ ὁ Πρωτεὺς πρὶν ἂν εἴπῃς. εἰ γὰρ μὴ ᾔδησθα σαφῶς τό τε ὅσιον καὶ τὸ ἀνόσιον, οὐκ ἔστιν ὅπως ἄν ποτε ἐπεχείρησας ὑπὲρ ἀνδρὸς θητὸς ἄνδρα πρεσβύτην πατέρα διωκάθειν φόνου, ἀλλὰ καὶ τοὺς θεοὺς ἂν ἔδεισας παρακινδυνεύειν μὴ οὐκ ὀρθῶς αὐτὸ ποιήσοις, καὶ τοὺς ἀνθρώπους ᾐσχύνθης· νῦν δὲ εὖ οἶδα ὅτι [15e] σαφῶς οἴει εἰδέναι τό τε ὅσιον καὶ μή. εἰπὲ οὖν, ὦ βέλτιστε Εὐθύφρων, καὶ μὴ ἀποκρύψῃ ὅτι αὐτὸ ἡγῇ.
Εὐθύφρων
εἰς αὖθις τοίνυν, ὦ Σώκρατες· νῦν γὰρ σπεύδω ποι, καί μοι ὥρα ἀπιέναι.
Σωκράτης
οἷα ποιεῖς, ὦ ἑταῖρε. ἀπ' ἐλπίδος με καταβαλὼν μεγάλης ἀπέρχῃ ἣν εἶχον, ὡς παρὰ σοῦ μαθὼν τά τε ὅσια καὶ μὴ καὶ τῆς πρὸς Μέλητον γραφῆς ἀπαλλάξομαι, ἐνδειξάμενος [16a] ἐκείνῳ ὅτι σοφὸς ἤδη παρ' Εὐθύφρονος τὰ θεῖα γέγονα καὶ ὅτι οὐκέτι ὑπ' ἀγνοίας αὐτοσχεδιάζω οὐδὲ καινοτομῶ περὶ αὐτά, καὶ δὴ καὶ τὸν ἄλλον βίον ὅτι ἄμεινον βιωσοίμην.

Ἀλκιβιάδης α'

Σωκράτης
[43a] τί τηνικάδε ἀφῖξαι, ὦ Κρίτων; ἢ οὐ πρῲ ἔτι ἐστίν;
Κρίτων
πάνυ μὲν οὖν.
Σωκράτης
πηνίκα μάλιστα;
Κρίτων
ὄρθρος βαθύς.
Σωκράτης
θαυμάζω ὅπως ἠθέλησέ σοι ὁ τοῦ δεσμωτηρίου φύλαξ ὑπακοῦσαι.
Κρίτων
συνήθης ἤδη μοί ἐστιν, ὦ Σώκρατες, διὰ τὸ πολλάκις δεῦρο φοιτᾶν, καί τι καὶ εὐεργέτηται ὑπ' ἐμοῦ.
Σωκράτης
ἄρτι δὲ ἥκεις ἢ πάλαι;
Κρίτων
ἐπιεικῶς πάλαι.
Σωκράτης
[43b] εἶτα πῶς οὐκ εὐθὺς ἐπήγειράς με, ἀλλὰ σιγῇ παρακάθησαι;
Κρίτων
οὐ μὰ τὸν Δία, ὦ Σώκρατες, οὐδ' ἂν αὐτὸς ἤθελον ἐν τοσαύτῃ τε ἀγρυπνίᾳ καὶ λύπῃ εἶναι, ἀλλὰ καὶ σοῦ πάλαι θαυμάζω αἰσθανόμενος ὡς ἡδέως καθεύδεις· καὶ ἐπίτηδές σε οὐκ ἤγειρον ἵνα ὡς ἥδιστα διάγῃς. καὶ πολλάκις μὲν δή σε καὶ πρότερον ἐν παντὶ τῷ βίῳ ηὐδαιμόνισα τοῦ τρόπου, πολὺ δὲ μάλιστα ἐν τῇ νῦν παρεστώσῃ συμφορᾷ, ὡς ῥᾳδίως αὐτὴν καὶ πρᾴως φέρεις.
Σωκράτης
καὶ γὰρ ἄν, ὦ Κρίτων, πλημμελὲς εἴη ἀγανακτεῖν τηλικοῦτον ὄντα εἰ δεῖ ἤδη τελευτᾶν.
Κρίτων
[43c] καὶ ἄλλοι, ὦ Σώκρατες, τηλικοῦτοι ἐν τοιαύταις συμφοραῖς ἁλίσκονται, ἀλλ' οὐδὲν αὐτοὺς ἐπιλύεται ἡ ἡλικία τὸ μὴ οὐχὶ ἀγανακτεῖν

τῇ παρούσῃ τύχῃ.
Σωκράτης
ἔστι ταῦτα. ἀλλὰ τί δὴ οὕτω πρῲ ἀφῖξαι;
Κρίτων
ἀγγελίαν, ὦ Σώκρατες, φέρων χαλεπήν, οὐ σοί, ὡς ἐμοὶ φαίνεται, ἀλλ᾽ ἐμοὶ καὶ τοῖς σοῖς ἐπιτηδείοις πᾶσιν καὶ χαλεπὴν καὶ βαρεῖαν, ἣν ἐγώ, ὡς ἐμοὶ δοκῶ, ἐν τοῖς βαρύτατ᾽ ἂν ἐνέγκαιμι.
Σωκράτης
τίνα ταύτην; ἢ τὸ πλοῖον ἀφῖκται ἐκ Δήλου, οὗ δεῖ [43d] ἀφικομένου τεθνάναι με;
Κρίτων
οὔτοι δὴ ἀφῖκται, ἀλλὰ δοκεῖν μέν μοι ἥξει τήμερον ἐξ ὧν ἀπαγγέλλουσιν ἥκοντές τινες ἀπὸ Σουνίου καὶ καταλιπόντες ἐκεῖ αὐτό. δῆλον οὖν ἐκ τούτων [τῶν ἀγγέλων] ὅτι ἥξει τήμερον, καὶ ἀνάγκη δὴ εἰς αὔριον ἔσται, ὦ Σώκρατες, τὸν βίον σε τελευτᾶν.
Σωκράτης
ἀλλ᾽, ὦ Κρίτων, τύχῃ ἀγαθῇ, εἰ ταύτῃ τοῖς θεοῖς φίλον, ταύτῃ ἔστω· οὐ μέντοι οἶμαι ἥξειν αὐτὸ τήμερον.
[44a] Κρίτων
πόθεν τοῦτο τεκμαίρῃ;
Σωκράτης
ἐγώ σοι ἐρῶ. τῇ γάρ που ὑστεραίᾳ δεῖ με ἀποθνῄσκειν ἢ ᾗ ἂν ἔλθῃ τὸ πλοῖον.
Κρίτων
φασί γέ τοι δὴ οἱ τούτων κύριοι.
Σωκράτης
οὐ τοίνυν τῆς ἐπιούσης ἡμέρας οἶμαι αὐτὸ ἥξειν ἀλλὰ τῆς ἑτέρας. τεκμαίρομαι δὲ ἔκ τινος ἐνυπνίου ὃ ἑώρακα ὀλίγον πρότερον ταύτης τῆς νυκτός· καὶ κινδυνεύεις ἐν καιρῷ τινι οὐκ ἐγεῖραί με.
Κρίτων
ἦν δὲ δὴ τί τὸ ἐνύπνιον;
Σωκράτης
ἐδόκει τίς μοι γυνὴ προσελθοῦσα καλὴ καὶ εὐειδής, [44b] λευκὰ ἱμάτια ἔχουσα, καλέσαι με καὶ εἰπεῖν· "ὦ Σώκρατες,
ἤματί κεν τριτάτῳ Φθίην ἐρίβωλον ἵκοιο".
Κρίτων
ἄτοπον τὸ ἐνύπνιον, ὦ Σώκρατες.
Σωκράτης
ἐναργὲς μὲν οὖν, ὥς γέ μοι δοκεῖ, ὦ Κρίτων.

Κρίτων
λίαν γε, ὡς ἔοικεν. ἀλλ', ὦ δαιμόνιε Σώκρατες, ἔτι καὶ νῦν ἐμοὶ πιθοῦ καὶ σώθητι· ὡς ἐμοί, ἐὰν σὺ ἀποθάνῃς, οὐ μία συμφορά ἐστιν, ἀλλὰ χωρὶς μὲν τοῦ ἐστερῆσθαι τοιούτου ἐπιτηδείου οἷον ἐγὼ οὐδένα μή ποτε εὑρήσω, ἔτι δὲ καὶ πολλοῖς δόξω, οἳ ἐμὲ καὶ σὲ μὴ σαφῶς ἴσασιν, [44c] ὡς οἷός τ' ὤν σε σῴζειν εἰ ἤθελον ἀναλίσκειν χρήματα, ἀμελῆσαι. καίτοι τίς ἂν αἰσχίων εἴη ταύτης δόξα ἢ δοκεῖν χρήματα περὶ πλείονος ποιεῖσθαι ἢ φίλους; οὐ γὰρ πείσονται οἱ πολλοὶ ὡς σὺ αὐτὸς οὐκ ἠθέλησας ἀπιέναι ἐνθένδε ἡμῶν προθυμουμένων.
Σωκράτης
ἀλλὰ τί ἡμῖν, ὦ μακάριε Κρίτων, οὕτω τῆς τῶν πολλῶν δόξης μέλει; οἱ γὰρ ἐπιεικέστατοι, ὧν μᾶλλον ἄξιον φροντίζειν, ἡγήσονται αὐτὰ οὕτω πεπρᾶχθαι ὥσπερ ἂν πραχθῇ.
Κρίτων
[44d] ἀλλ' ὁρᾷς δὴ ὅτι ἀνάγκη, ὦ Σώκρατες, καὶ τῆς τῶν πολλῶν δόξης μέλειν. αὐτὰ δὲ δῆλα τὰ παρόντα νυνὶ ὅτι οἷοί τ' εἰσὶν οἱ πολλοὶ οὐ τὰ σμικρότατα τῶν κακῶν ἐξεργάζεσθαι ἀλλὰ τὰ μέγιστα σχεδόν, ἐάν τις ἐν αὐτοῖς διαβεβλημένος ᾖ.
Σωκράτης
εἰ γὰρ ὤφελον, ὦ Κρίτων, οἷοί τ' εἶναι οἱ πολλοὶ τὰ μέγιστα κακὰ ἐργάζεσθαι, ἵνα οἷοί τ' ἦσαν καὶ ἀγαθὰ τὰ μέγιστα, καὶ καλῶς ἂν εἶχεν. νῦν δὲ οὐδέτερα οἷοί τε· οὔτε γὰρ φρόνιμον οὔτε ἄφρονα δυνατοὶ ποιῆσαι, ποιοῦσι δὲ τοῦτο ὅτι ἂν τύχωσι.
Κρίτων
[44e] ταῦτα μὲν δὴ οὕτως ἐχέτω· τάδε δέ, ὦ Σώκρατες, εἰπέ μοι. ἆρά γε μὴ ἐμοῦ προμηθῇ καὶ τῶν ἄλλων ἐπιτηδείων μή, ἐὰν σὺ ἐνθένδε ἐξέλθῃς, οἱ συκοφάνται ἡμῖν πράγματα παρέχωσιν ὡς σὲ ἐνθένδε ἐκκλέψασιν, καὶ ἀναγκασθῶμεν ἢ καὶ πᾶσαν τὴν οὐσίαν ἀποβαλεῖν ἢ συχνὰ χρήματα, ἢ καὶ ἄλλο τι πρὸς τούτοις παθεῖν; εἰ γάρ τι [45a] τοιοῦτον φοβῇ, ἔασον αὐτὸ χαίρειν· ἡμεῖς γάρ που δίκαιοί ἐσμεν σώσαντές σε κινδυνεύειν τοῦτον τὸν κίνδυνον καὶ ἐὰν δέῃ ἔτι τούτου μείζω. ἀλλ' ἐμοὶ πείθου καὶ μὴ ἄλλως ποίει.
Σωκράτης
καὶ ταῦτα προμηθοῦμαι, ὦ Κρίτων, καὶ ἄλλα πολλά.
Κρίτων
μήτε τοίνυν ταῦτα φοβοῦ--καὶ γὰρ οὐδὲ πολὺ τἀργύριόν ἐστιν ὃ θέλουσι λαβόντες τινὲς σῶσαί σε καὶ ἐξαγαγεῖν ἐνθένδε. ἔπειτα οὐχ ὁρᾷς τούτους τοὺς συκοφάντας ὡς εὐτελεῖς, καὶ οὐδὲν ἂν δέοι ἐπ' αὐτοὺς πολλοῦ ἀργυρίου; [45b] σοὶ δὲ ὑπάρχει μὲν τὰ ἐμὰ χρήματα, ὡς ἐγὼ οἶμαι, ἱκανά·

ἔπειτα καὶ εἴ τι ἐμοῦ κηδόμενος οὐκ οἴει δεῖν ἀναλίσκειν τἀμά, ξένοι οὗτοι ἐνθάδε ἕτοιμοι ἀναλίσκειν· εἷς δὲ καὶ κεκόμικεν ἐπ᾽ αὐτὸ τοῦτο ἀργύριον ἱκανόν, Σιμμίας ὁ Θηβαῖος, ἕτοιμος δὲ καὶ Κέβης καὶ ἄλλοι πολλοὶ πάνυ. ὥστε, ὅπερ λέγω, μήτε ταῦτα φοβούμενος ἀποκάμῃς σαυτὸν σῶσαι, μήτε, ὃ ἔλεγες ἐν τῷ δικαστηρίῳ, δυσχερές σοι γενέσθω ὅτι οὐκ ἂν ἔχοις ἐξελθὼν ὅτι χρῷο σαυτῷ· πολλαχοῦ [45c] μὲν γὰρ καὶ ἄλλοσε ὅποι ἂν ἀφίκῃ ἀγαπήσουσί σε· ἐὰν δὲ βούλῃ εἰς Θετταλίαν ἰέναι, εἰσὶν ἐμοὶ ἐκεῖ ξένοι οἵ σε περὶ πολλοῦ ποιήσονται καὶ ἀσφάλειάν σοι παρέξονται, ὥστε σε μηδένα λυπεῖν τῶν κατὰ Θετταλίαν.

ἔτι δέ, ὦ Σώκρατες, οὐδὲ δίκαιόν μοι δοκεῖς ἐπιχειρεῖν πρᾶγμα, σαυτὸν προδοῦναι, ἐξὸν σωθῆναι, καὶ τοιαῦτα σπεύδεις περὶ σαυτὸν γενέσθαι ἅπερ ἂν καὶ οἱ ἐχθροί σου σπεύσαιέν τε καὶ ἔσπευσαν σὲ διαφθεῖραι βουλόμενοι. πρὸς δὲ τούτοις καὶ τοὺς ὑεῖς τοὺς σαυτοῦ ἔμοιγε δοκεῖς προδιδόναι, οὕς σοι [45d] ἐξὸν καὶ ἐκθρέψαι καὶ ἐκπαιδεῦσαι οἰχήσῃ καταλιπών, καὶ τὸ σὸν μέρος ὅτι ἂν τύχωσι τοῦτο πράξουσιν· τεύξονται δέ, ὡς τὸ εἰκός, τοιούτων οἷάπερ εἴωθεν γίγνεσθαι ἐν ταῖς ὀρφανίαις περὶ τοὺς ὀρφανούς. ἢ γὰρ οὐ χρὴ ποιεῖσθαι παῖδας ἢ συνδιαταλαιπωρεῖν καὶ τρέφοντα καὶ παιδεύοντα, σὺ δέ μοι δοκεῖς τὰ ῥᾳθυμότατα αἱρεῖσθαι. χρὴ δέ, ἅπερ ἂν ἀνὴρ ἀγαθὸς καὶ ἀνδρεῖος ἕλοιτο, ταῦτα αἱρεῖσθαι, φάσκοντά γε δὴ ἀρετῆς διὰ παντὸς τοῦ βίου ἐπιμελεῖσθαι· ὡς ἔγωγε καὶ [45e] ὑπὲρ σοῦ καὶ ὑπὲρ ἡμῶν τῶν σῶν ἐπιτηδείων αἰσχύνομαι μὴ δόξῃ ἅπαν τὸ πρᾶγμα τὸ περὶ σὲ ἀνανδρίᾳ τινὶ τῇ ἡμετέρᾳ πεπρᾶχθαι, καὶ ἡ εἴσοδος τῆς δίκης εἰς τὸ δικαστήριον ὡς εἰσῆλθεν ἐξὸν μὴ εἰσελθεῖν, καὶ αὐτὸς ὁ ἀγὼν τῆς δίκης ὡς ἐγένετο, καὶ τὸ τελευταῖον δὴ τουτί, ὥσπερ κατάγελως τῆς πράξεως, κακίᾳ τινὶ καὶ ἀνανδρίᾳ τῇ ἡμετέρᾳ διαπεφευγέναι [46a] ἡμᾶς δοκεῖν, οἵτινές σε οὐχὶ ἐσώσαμεν οὐδὲ σὺ σαυτόν, οἷόν τε ὂν καὶ δυνατὸν εἴ τι καὶ μικρὸν ἡμῶν ὄφελος ἦν. ταῦτα οὖν, ὦ Σώκρατες, ὅρα μὴ ἅμα τῷ κακῷ καὶ αἰσχρὰ ᾖ σοί τε καὶ ἡμῖν. ἀλλὰ βουλεύου--μᾶλλον δὲ οὐδὲ βουλεύεσθαι ἔτι ὥρα ἀλλὰ βεβουλεῦσθαι--μία δὲ βουλή· τῆς γὰρ ἐπιούσης νυκτὸς πάντα ταῦτα δεῖ πεπρᾶχθαι, εἰ δ᾽ ἔτι περιμενοῦμεν, ἀδύνατον καὶ οὐκέτι οἷόν τε. ἀλλὰ παντὶ τρόπῳ, ὦ Σώκρατες, πείθου μοι καὶ μηδαμῶς ἄλλως ποίει.

Σωκράτης

[46b] ὦ φίλε Κρίτων, ἡ προθυμία σου πολλοῦ ἀξία εἰ μετά τινος ὀρθότητος εἴη· εἰ δὲ μή, ὅσῳ μείζων τοσούτῳ χαλεπωτέρα. σκοπεῖσθαι οὖν χρὴ ἡμᾶς εἴτε ταῦτα πρακτέον εἴτε μή· ὡς ἐγὼ οὐ νῦν πρῶτον ἀλλὰ καὶ ἀεὶ τοιοῦτος οἷος τῶν ἐμῶν μηδενὶ ἄλλῳ πείθεσθαι ἢ τῷ λόγῳ ὃς ἄν μοι λογιζομένῳ βέλτιστος φαίνηται. τοὺς δὴ λόγους οὓς ἐν τῷ ἔμπροσθεν ἔλεγον οὐ δύναμαι νῦν ἐκβαλεῖν, ἐπειδή μοι ἥδε ἡ τύχη γέγονεν, ἀλλὰ

σχεδόν τι ὅμοιοι φαίνονταί μοι, [46c] καὶ τοὺς αὐτοὺς πρεσβεύω καὶ τιμῶ οὕσπερ καὶ πρότερον· ὧν ἐὰν μὴ βελτίω ἔχωμεν λέγειν ἐν τῷ παρόντι, εὖ ἴσθι ὅτι οὐ μή σοι συγχωρήσω, οὐδ' ἂν πλείω τῶν νῦν παρόντων ἡ τῶν πολλῶν δύναμις ὥσπερ παῖδας ἡμᾶς μορμολύττηται, δεσμοὺς καὶ θανάτους ἐπιπέμπουσα καὶ χρημάτων ἀφαιρέσεις. πῶς οὖν ἂν μετριώτατα σκοποίμεθα αὐτά; εἰ πρῶτον μὲν τοῦτον τὸν λόγον ἀναλάβοιμεν, ὃν σὺ λέγεις περὶ τῶν δοξῶν. πότερον καλῶς ἐλέγετο ἑκάστοτε ἢ οὔ, [46d] ὅτι ταῖς μὲν δεῖ τῶν δοξῶν προσέχειν τὸν νοῦν, ταῖς δὲ οὔ; ἢ πρὶν μὲν ἐμὲ δεῖν ἀποθνῄσκειν καλῶς ἐλέγετο, νῦν δὲ κατάδηλος ἄρα ἐγένετο ὅτι ἄλλως ἕνεκα λόγου ἐλέγετο, ἦν δὲ παιδιὰ καὶ φλυαρία ὡς ἀληθῶς; ἐπιθυμῶ δ' ἔγωγ' ἐπισκέψασθαι, ὦ Κρίτων, κοινῇ μετὰ σοῦ εἴ τί μοι ἀλλοιότερος φανεῖται, ἐπειδὴ ὧδε ἔχω, ἢ ὁ αὐτός, καὶ ἐάσομεν χαίρειν ἢ πεισόμεθα αὐτῷ. ἐλέγετο δέ πως, ὡς ἐγᾦμαι, ἑκάστοτε ὧδε ὑπὸ τῶν οἰομένων τὶ λέγειν, ὥσπερ νυνδὴ ἐγὼ ἔλεγον, ὅτι τῶν δοξῶν ἃς οἱ ἄνθρωποι [46e] δοξάζουσιν δέοι τὰς μὲν περὶ πολλοῦ ποιεῖσθαι, τὰς δὲ μή. τοῦτο πρὸς θεῶν, ὦ Κρίτων, οὐ δοκεῖ καλῶς σοι λέγεσθαι; --σὺ γάρ, ὅσα γε τἀνθρώπεια, ἐκτὸς εἶ τοῦ μέλλειν ἀποθνῄσκειν [47a] αὔριον, καὶ οὐκ ἂν σὲ παρακρούοι ἡ παροῦσα συμφορά· σκόπει δή--οὐχ ἱκανῶς δοκεῖ σοι λέγεσθαι ὅτι οὐ πάσας χρὴ τὰς δόξας τῶν ἀνθρώπων τιμᾶν ἀλλὰ τὰς μέν, τὰς δ' οὔ, οὐδὲ πάντων ἀλλὰ τῶν μέν, τῶν δ' οὔ; τί φῄς; ταῦτα οὐχὶ καλῶς λέγεται;

Κρίτων
καλῶς.

Σωκράτης
οὐκοῦν τὰς μὲν χρηστὰς τιμᾶν, τὰς δὲ πονηρὰς μή;

Κρίτων
ναί.

Σωκράτης
χρησταὶ δὲ οὐχ αἱ τῶν φρονίμων, πονηραὶ δὲ αἱ τῶν ἀφρόνων;

Κρίτων
πῶς δ' οὔ;

Σωκράτης
φέρε δή, πῶς αὖ τὰ τοιαῦτα ἐλέγετο; γυμναζόμενος [47b] ἀνὴρ καὶ τοῦτο πράττων πότερον παντὸς ἀνδρὸς ἐπαίνῳ καὶ ψόγῳ καὶ δόξῃ τὸν νοῦν προσέχει, ἢ ἑνὸς μόνου ἐκείνου ὃς ἂν τυγχάνῃ ἰατρὸς ἢ παιδοτρίβης ὤν;

Κρίτων
ἑνὸς μόνου.

Σωκράτης
οὐκοῦν φοβεῖσθαι χρὴ τοὺς ψόγους καὶ ἀσπάζεσθαι τοὺς ἐπαίνους τοὺς

τοῦ ἑνὸς ἐκείνου ἀλλὰ μὴ τοὺς τῶν πολλῶν.
Κρίτων
δῆλα δή.
Σωκράτης
ταύτῃ ἄρα αὐτῷ πρακτέον καὶ γυμναστέον καὶ ἐδεστέον γε καὶ ποτέον, ᾗ ἂν τῷ ἑνὶ δοκῇ, τῷ ἐπιστάτῃ καὶ ἐπαΐοντι, μᾶλλον ἢ ᾗ σύμπασι τοῖς ἄλλοις.
Κρίτων
ἔστι ταῦτα.
Σωκράτης
[47c] εἶεν. ἀπειθήσας δὲ τῷ ἑνὶ καὶ ἀτιμάσας αὐτοῦ τὴν δόξαν καὶ τοὺς ἐπαίνους, τιμήσας δὲ τοὺς τῶν πολλῶν [λόγους] καὶ μηδὲν ἐπαϊόντων, ἆρα οὐδὲν κακὸν πείσεται;
Κρίτων
πῶς γὰρ οὔ;
Σωκράτης
τί δ' ἔστι τὸ κακὸν τοῦτο, καὶ ποῖ τείνει, καὶ εἰς τί τῶν τοῦ ἀπειθοῦντος;
Κρίτων
δῆλον ὅτι εἰς τὸ σῶμα· τοῦτο γὰρ διόλλυσι.
Σωκράτης
καλῶς λέγεις. οὐκοῦν καὶ τἆλλα, ὦ Κρίτων, οὕτως, ἵνα μὴ πάντα διΐωμεν, καὶ δὴ καὶ περὶ τῶν δικαίων καὶ ἀδίκων καὶ αἰσχρῶν καὶ καλῶν καὶ ἀγαθῶν καὶ κακῶν, περὶ ὧν νῦν ἡ βουλὴ ἡμῖν ἐστιν, πότερον τῇ τῶν πολλῶν δόξῃ [47d] δεῖ ἡμᾶς ἕπεσθαι καὶ φοβεῖσθαι αὐτὴν ἢ τῇ τοῦ ἑνός, εἴ τίς ἐστιν ἐπαΐων, ὃν δεῖ καὶ αἰσχύνεσθαι καὶ φοβεῖσθαι μᾶλλον ἢ σύμπαντας τοὺς ἄλλους; ᾧ εἰ μὴ ἀκολουθήσομεν, διαφθεροῦμεν ἐκεῖνο καὶ λωβησόμεθα, ὃ τῷ μὲν δικαίῳ βέλτιον ἐγίγνετο τῷ δὲ ἀδίκῳ ἀπώλλυτο. ἢ οὐδέν ἐστι τοῦτο;
Κρίτων
οἶμαι ἔγωγε, ὦ Σώκρατες.
Σωκράτης
φέρε δή, ἐὰν τὸ ὑπὸ τοῦ ὑγιεινοῦ μὲν βέλτιον γιγνόμενον, ὑπὸ τοῦ νοσώδους δὲ διαφθειρόμενον διολέσωμεν πειθόμενοι μὴ τῇ τῶν ἐπαϊόντων δόξῃ, ἆρα βιωτὸν ἡμῖν ἐστιν [47e] διεφθαρμένου αὐτοῦ; ἔστι δέ που τοῦτο σῶμα· ἢ οὐχί;
Κρίτων
ναί.
Σωκράτης
ἆρ' οὖν βιωτὸν ἡμῖν ἐστιν μετὰ μοχθηροῦ καὶ διεφθαρμένου σώματος;

Κρίτων
οὐδαμῶς.
Σωκράτης
ἀλλὰ μετ' ἐκείνου ἄρ' ἡμῖν βιωτὸν διεφθαρμένου, ᾧ τὸ ἄδικον μὲν λωβᾶται, τὸ δὲ δίκαιον ὀνίνησιν; ἢ φαυλότερον ἡγούμεθα εἶναι τοῦ σώματος ἐκεῖνο, ὅτι ποτ' ἐστὶ τῶν [48a] ἡμετέρων, περὶ ὃ ἥ τε ἀδικία καὶ ἡ δικαιοσύνη ἐστίν;
Κρίτων
οὐδαμῶς.
Σωκράτης
ἀλλὰ τιμιώτερον;
Κρίτων
πολύ γε.
Σωκράτης
οὐκ ἄρα, ὦ βέλτιστε, πάνυ ἡμῖν οὕτω φροντιστέον τί ἐροῦσιν οἱ πολλοὶ ἡμᾶς, ἀλλ' ὅτι ὁ ἐπαΐων περὶ τῶν δικαίων καὶ ἀδίκων, ὁ εἷς καὶ αὐτὴ ἡ ἀλήθεια. ὥστε πρῶτον μὲν ταύτῃ οὐκ ὀρθῶς εἰσηγῇ, εἰσηγούμενος τῆς τῶν πολλῶν δόξης δεῖν ἡμᾶς φροντίζειν περὶ τῶν δικαίων καὶ καλῶν καὶ ἀγαθῶν καὶ τῶν ἐναντίων. "ἀλλὰ μὲν δή", φαίη γ' ἄν τις, "οἷοί τέ εἰσιν ἡμᾶς οἱ πολλοὶ ἀποκτεινύναι".
Κρίτων
[48b] δῆλα δὴ καὶ ταῦτα· φαίη γὰρ ἄν, ὦ Σώκρατες. ἀληθῆ λέγεις.
Σωκράτης
ἀλλ', ὦ θαυμάσιε, οὗτός τε ὁ λόγος ὃν διεληλύθαμεν ἔμοιγε δοκεῖ ἔτι ὅμοιος εἶναι καὶ πρότερον· καὶ τόνδε δὲ αὖ σκόπει εἰ ἔτι μένει ἡμῖν ἢ οὔ, ὅτι οὐ τὸ ζῆν περὶ πλείστου ποιητέον ἀλλὰ τὸ εὖ ζῆν.
Κρίτων
ἀλλὰ μένει.
Σωκράτης
τὸ δὲ εὖ καὶ καλῶς καὶ δικαίως ὅτι ταὐτόν ἐστιν, μένει ἢ οὐ μένει;
Κρίτων
μένει.
Σωκράτης
οὐκοῦν ἐκ τῶν ὁμολογουμένων τοῦτο σκεπτέον, πότερον δίκαιον ἐμὲ ἐνθένδε πειρᾶσθαι ἐξιέναι μὴ ἀφιέντων [48c] Ἀθηναίων ἢ οὐ δίκαιον· καὶ ἐὰν μὲν φαίνηται δίκαιον, πειρώμεθα, εἰ δὲ μή, ἐῶμεν. ἃς δὲ σὺ λέγεις τὰς σκέψεις περί τε ἀναλώσεως χρημάτων καὶ δόξης καὶ παίδων τροφῆς, μὴ ὡς ἀληθῶς ταῦτα, ὦ Κρίτων, σκέμματα ᾖ τῶν ῥᾳδίως ἀποκτεινύντων καὶ ἀναβιωσκομένων γ' ἄν, εἰ οἷοί τ' ἦσαν, οὐδενὶ ξὺν νῷ, τούτων τῶν

πολλῶν. ἡμῖν δ', ἐπειδὴ ὁ λόγος οὕτως αἱρεῖ, μὴ οὐδὲν ἄλλο σκεπτέον ᾖ ἢ ὅπερ νυνδὴ ἐλέγομεν, πότερον δίκαια πράξομεν καὶ χρήματα τελοῦντες τούτοις [48d] τοῖς ἐμὲ ἐνθένδε ἐξάξουσιν καὶ χάριτας, καὶ αὐτοὶ ἐξάγοντές τε καὶ ἐξαγόμενοι, ἢ τῇ ἀληθείᾳ ἀδικήσομεν πάντα ταῦτα ποιοῦντες· κἂν φαινώμεθα ἄδικα αὐτὰ ἐργαζόμενοι, μὴ οὐ δέῃ ὑπολογίζεσθαι οὔτ' εἰ ἀποθνῄσκειν δεῖ παραμένοντας καὶ ἡσυχίαν ἄγοντας, οὔτε ἄλλο ὁτιοῦν πάσχειν πρὸ τοῦ ἀδικεῖν.
Κρίτων
καλῶς μέν μοι δοκεῖς λέγειν, ὦ Σώκρατες, ὅρα δὲ τί δρῶμεν.
Σωκράτης
σκοπῶμεν, ὦ ἀγαθέ, κοινῇ, καὶ εἴ πῃ ἔχεις ἀντιλέγειν [48e] ἐμοῦ λέγοντος, ἀντίλεγε καί σοι πείσομαι· εἰ δὲ μή, παῦσαι ἤδη, ὦ μακάριε, πολλάκις μοι λέγων τὸν αὐτὸν λόγον, ὡς χρὴ ἐνθένδε ἀκόντων Ἀθηναίων ἐμὲ ἀπιέναι· ὡς ἐγὼ περὶ πολλοῦ ποιοῦμαι πείσας σε ταῦτα πράττειν, ἀλλὰ μὴ ἄκοντος. ὅρα δὲ δὴ τῆς σκέψεως τὴν ἀρχὴν ἐάν σοι [49a] ἱκανῶς λέγηται, καὶ πειρῶ ἀποκρίνεσθαι τὸ ἐρωτώμενον ᾗ ἂν μάλιστα οἴῃ.
Κρίτων
ἀλλὰ πειράσομαι.
Σωκράτης
οὐδενὶ τρόπῳ φαμὲν ἑκόντας ἀδικητέον εἶναι, ἢ τινὶ μὲν ἀδικητέον τρόπῳ τινὶ δὲ οὔ; ἢ οὐδαμῶς τό γε ἀδικεῖν οὔτε ἀγαθὸν οὔτε καλόν, ὡς πολλάκις ἡμῖν καὶ ἐν τῷ ἔμπροσθεν χρόνῳ ὡμολογήθη; [ὅπερ καὶ ἄρτι ἐλέγετο] ἢ πᾶσαι ἡμῖν ἐκεῖναι αἱ πρόσθεν ὁμολογίαι ἐν ταῖσδε ταῖς ὀλίγαις ἡμέραις ἐκκεχυμέναι εἰσίν, καὶ πάλαι, ὦ Κρίτων, ἄρα τηλικοίδε [γέροντες] ἄνδρες πρὸς ἀλλήλους σπουδῇ διαλεγόμενοι [49b] ἐλάθομεν ἡμᾶς αὐτοὺς παίδων οὐδὲν διαφέροντες; ἢ παντὸς μᾶλλον οὕτως ἔχει ὥσπερ τότε ἐλέγετο ἡμῖν· εἴτε φασὶν οἱ πολλοὶ εἴτε μή, καὶ εἴτε δεῖ ἡμᾶς ἔτι τῶνδε χαλεπώτερα πάσχειν εἴτε καὶ πρᾳότερα, ὅμως τό γε ἀδικεῖν τῷ ἀδικοῦντι καὶ κακὸν καὶ αἰσχρὸν τυγχάνει ὂν παντὶ τρόπῳ; φαμὲν ἢ οὔ;
Κρίτων
φαμέν.
Σωκράτης
οὐδαμῶς ἄρα δεῖ ἀδικεῖν.
Κρίτων
οὐ δῆτα.
Σωκράτης
οὐδὲ ἀδικούμενον ἄρα ἀνταδικεῖν, ὡς οἱ πολλοὶ οἴονται, ἐπειδή γε οὐδαμῶς δεῖ ἀδικεῖν.

Κρίτων
[49c] οὐ φαίνεται.
Σωκράτης
τί δὲ δή; κακουργεῖν δεῖ, ὦ Κρίτων, ἢ οὔ;
Κρίτων
οὐ δεῖ δήπου, ὦ Σώκρατες.
Σωκράτης
τί δέ; ἀντικακουργεῖν κακῶς πάσχοντα, ὡς οἱ πολλοί φασιν, δίκαιον ἢ οὐ δίκαιον;
Κρίτων
οὐδαμῶς.
Σωκράτης
τὸ γάρ που κακῶς ποιεῖν ἀνθρώπους τοῦ ἀδικεῖν οὐδὲν διαφέρει.
Κρίτων
ἀληθῆ λέγεις.
Σωκράτης
οὔτε ἄρα ἀνταδικεῖν δεῖ οὔτε κακῶς ποιεῖν οὐδένα ἀνθρώπων, οὐδ᾽ ἂν ὁτιοῦν πάσχῃ ὑπ᾽ αὐτῶν. καὶ ὅρα, ὦ [49d] Κρίτων, ταῦτα καθομολογῶν, ὅπως μὴ παρὰ δόξαν ὁμολογῇς· οἶδα γὰρ ὅτι ὀλίγοις τισὶ ταῦτα καὶ δοκεῖ καὶ δόξει. οἷς οὖν οὕτω δέδοκται καὶ οἷς μή, τούτοις οὐκ ἔστι κοινὴ βουλή, ἀλλὰ ἀνάγκη τούτους ἀλλήλων καταφρονεῖν ὁρῶντας ἀλλήλων τὰ βουλεύματα. σκόπει δὴ οὖν καὶ σὺ εὖ μάλα πότερον κοινωνεῖς καὶ συνδοκεῖ σοι καὶ ἀρχώμεθα ἐντεῦθεν βουλευόμενοι, ὡς οὐδέποτε ὀρθῶς ἔχοντος οὔτε τοῦ ἀδικεῖν οὔτε τοῦ ἀνταδικεῖν οὔτε κακῶς πάσχοντα ἀμύνεσθαι ἀντιδρῶντα κακῶς, ἢ ἀφίστασαι καὶ οὐ κοινωνεῖς τῆς ἀρχῆς; [49e] ἐμοὶ μὲν γὰρ καὶ πάλαι οὕτω καὶ νῦν ἔτι δοκεῖ, σοὶ δὲ εἴ πῃ ἄλλῃ δέδοκται, λέγε καὶ δίδασκε. εἰ δ᾽ ἐμμένεις τοῖς πρόσθε, τὸ μετὰ τοῦτο ἄκουε.
Κρίτων
ἀλλ᾽ ἐμμένω τε καὶ συνδοκεῖ μοι· ἀλλὰ λέγε.
Σωκράτης
λέγω δὴ αὖ τὸ μετὰ τοῦτο, μᾶλλον δ᾽ ἐρωτῶ· πότερον ἃ ἄν τις ὁμολογήσῃ τῳ δίκαια ὄντα ποιητέον ἢ ἐξαπατητέον;
Κρίτων
ποιητέον.
Σωκράτης
ἐκ τούτων δὴ ἄθρει. ἀπιόντες ἐνθένδε ἡμεῖς μὴ [50a] πείσαντες τὴν πόλιν πότερον κακῶς τινας ποιοῦμεν, καὶ ταῦτα οὓς ἥκιστα δεῖ, ἢ οὔ; καὶ ἐμμένομεν οἷς ὡμολογήσαμεν δικαίοις οὖσιν ἢ οὔ;

Κρίτων
οὐκ ἔχω, ὦ Σώκρατες, ἀποκρίνασθαι πρὸς ὃ ἐρωτᾷς· οὐ γὰρ ἐννοῶ.
Σωκράτης
ἀλλ' ὧδε σκόπει. εἰ μέλλουσιν ἡμῖν ἐνθένδε εἴτε ἀποδιδράσκειν, εἴθ' ὅπως δεῖ ὀνομάσαι τοῦτο, ἐλθόντες οἱ νόμοι καὶ τὸ κοινὸν τῆς πόλεως ἐπιστάντες ἔροιντο· "εἰπέ μοι, ὦ Σώκρατες, τί ἐν νῷ ἔχεις ποιεῖν; ἄλλο τι ἢ τούτῳ [50b] τῷ ἔργῳ ᾧ ἐπιχειρεῖς διανοῇ τούς τε νόμους ἡμᾶς ἀπολέσαι καὶ σύμπασαν τὴν πόλιν τὸ σὸν μέρος; ἢ δοκεῖ σοι οἷόν τε ἔτι ἐκείνην τὴν πόλιν εἶναι καὶ μὴ ἀνατετράφθαι, ἐν ᾗ ἂν αἱ γενόμεναι δίκαι μηδὲν ἰσχύωσιν ἀλλὰ ὑπὸ ἰδιωτῶν ἄκυροί τε γίγνωνται καὶ διαφθείρωνται;" τί ἐροῦμεν, ὦ Κρίτων, πρὸς ταῦτα καὶ ἄλλα τοιαῦτα; πολλὰ γὰρ ἄν τις ἔχοι, ἄλλως τε καὶ ῥήτωρ, εἰπεῖν ὑπὲρ τούτου τοῦ νόμου ἀπολλυμένου ὃς τὰς δίκας τὰς δικασθείσας προστάττει κυρίας εἶναι. [50c] ἢ ἐροῦμεν πρὸς αὐτοὺς ὅτι "ἠδίκει γὰρ ἡμᾶς ἡ πόλις καὶ οὐκ ὀρθῶς τὴν δίκην ἔκρινεν;" ταῦτα ἢ τί ἐροῦμεν;
Κρίτων
ταῦτα νὴ Δία, ὦ Σώκρατες.
Σωκράτης
τί οὖν ἂν εἴπωσιν οἱ νόμοι· "ὦ Σώκρατες, ἦ καὶ ταῦτα ὡμολόγητο ἡμῖν τε καὶ σοί, ἢ ἐμμενεῖν ταῖς δίκαις αἷς ἂν ἡ πόλις δικάζῃ;" εἰ οὖν αὐτῶν θαυμάζοιμεν λεγόντων, ἴσως ἂν εἴποιεν ὅτι "ὦ Σώκρατες, μὴ θαύμαζε τὰ λεγόμενα ἀλλ' ἀποκρίνου, ἐπειδὴ καὶ εἴωθας χρῆσθαι τῷ ἐρωτᾶν τε καὶ ἀποκρίνεσθαι. φέρε γάρ, τί ἐγκαλῶν [50d] ἡμῖν καὶ τῇ πόλει ἐπιχειρεῖς ἡμᾶς ἀπολλύναι; οὐ πρῶτον μέν σε ἐγεννήσαμεν ἡμεῖς, καὶ δι' ἡμῶν ἔλαβε τὴν μητέρα σου ὁ πατὴρ καὶ ἐφύτευσέν σε; φράσον οὖν, τούτοις ἡμῶν, τοῖς νόμοις τοῖς περὶ τοὺς γάμους, μέμφῃ τι ὡς οὐ καλῶς ἔχουσιν;" "οὐ μέμφομαι", φαίην ἄν. "ἀλλὰ τοῖς περὶ τὴν τοῦ γενομένου τροφήν τε καὶ παιδείαν ἐν ᾗ καὶ σὺ ἐπαιδεύθης; ἢ οὐ καλῶς προσέταττον ἡμῶν οἱ ἐπὶ τούτῳ τεταγμένοι νόμοι, παραγγέλλοντες τῷ πατρὶ τῷ σῷ σε ἐν [50e] μουσικῇ καὶ γυμναστικῇ παιδεύειν;" "καλῶς", φαίην ἄν. "εἶεν. ἐπειδὴ δὲ ἐγένου τε καὶ ἐξετράφης καὶ ἐπαιδεύθης, ἔχοις ἂν εἰπεῖν πρῶτον μὲν ὡς οὐχὶ ἡμέτερος ἦσθα καὶ ἔκγονος καὶ δοῦλος, αὐτός τε καὶ οἱ σοὶ πρόγονοι; καὶ εἰ τοῦθ' οὕτως ἔχει, ἆρ' ἐξ ἴσου οἴει εἶναι σοὶ τὸ δίκαιον καὶ ἡμῖν, καὶ ἅττ' ἂν ἡμεῖς σε ἐπιχειρῶμεν ποιεῖν, καὶ σοὶ ταῦτα ἀντιποιεῖν οἴει δίκαιον εἶναι; ἢ πρὸς μὲν ἄρα σοι τὸν πατέρα οὐκ ἐξ ἴσου ἦν τὸ δίκαιον καὶ πρὸς δεσπότην, εἴ σοι ὢν ἐτύγχανεν, ὥστε ἅπερ πάσχοις ταῦτα καὶ ἀντιποιεῖν, οὔτε κακῶς ἀκούοντα [51a] ἀντιλέγειν οὔτε τυπτόμενον ἀντιτύπτειν οὔτε ἄλλα τοιαῦτα πολλά· πρὸς δὲ τὴν πατρίδα ἄρα καὶ τοὺς νόμους ἐξέσται σοι, ὥστε, ἐάν σε ἐπιχειρῶμεν ἡμεῖς ἀπολλύναι δίκαιον

ἡγούμενοι εἶναι, καὶ σὺ δὲ ἡμᾶς τοὺς νόμους καὶ τὴν πατρίδα καθ' ὅσον δύνασαι ἐπιχειρήσεις ἀνταπολλύναι, καὶ φήσεις ταῦτα ποιῶν δίκαια πράττειν, ὁ τῇ ἀληθείᾳ τῆς ἀρετῆς ἐπιμελόμενος; ἢ οὕτως εἶ σοφὸς ὥστε λέληθέν σε ὅτι μητρός τε καὶ πατρὸς καὶ τῶν ἄλλων προγόνων ἁπάντων τιμιώτερόν ἐστιν πατρὶς καὶ σεμνότερον καὶ ἁγιώτερον [51b] καὶ ἐν μείζονι μοίρᾳ καὶ παρὰ θεοῖς καὶ παρ' ἀνθρώποις τοῖς νοῦν ἔχουσι, καὶ σέβεσθαι δεῖ καὶ μᾶλλον ὑπείκειν καὶ θωπεύειν πατρίδα χαλεπαίνουσαν ἢ πατέρα, καὶ ἢ πείθειν ἢ ποιεῖν ἃ ἂν κελεύῃ, καὶ πάσχειν ἐάν τι προστάττῃ παθεῖν ἡσυχίαν ἄγοντα, ἐάντε τύπτεσθαι ἐάντε δεῖσθαι, ἐάντε εἰς πόλεμον ἄγῃ τρωθησόμενον ἢ ἀποθανούμενον, ποιητέον ταῦτα, καὶ τὸ δίκαιον οὕτως ἔχει, καὶ οὐχὶ ὑπεικτέον οὐδὲ ἀναχωρητέον οὐδὲ λειπτέον τὴν τάξιν, ἀλλὰ καὶ ἐν πολέμῳ καὶ ἐν δικαστηρίῳ καὶ πανταχοῦ ποιητέον ἃ ἂν κελεύῃ ἡ [51c]πόλις καὶ ἡ πατρίς, ἢ πείθειν αὐτὴν ᾗ τὸ δίκαιον πέφυκε· βιάζεσθαι δὲ οὐχ ὅσιον οὔτε μητέρα οὔτε πατέρα, πολὺ δὲ τούτων ἔτι ἧττον τὴν πατρίδα;" τί φήσομεν πρὸς ταῦτα, ὦ Κρίτων; ἀληθῆ λέγειν τοὺς νόμους ἢ οὔ;

Κρίτων
ἔμοιγε δοκεῖ.

Σωκράτης
"σκόπει τοίνυν, ὦ Σώκρατες", φαῖεν ἂν ἴσως οἱ νόμοι, "εἰ ἡμεῖς ταῦτα ἀληθῆ λέγομεν, ὅτι οὐ δίκαια ἡμᾶς ἐπιχειρεῖς δρᾶν ἃ νῦν ἐπιχειρεῖς. ἡμεῖς γάρ σε γεννήσαντες, ἐκθρέψαντες, παιδεύσαντες, μεταδόντες ἁπάντων ὧν οἷοί τ' [51d] ἦμεν καλῶν σοὶ καὶ τοῖς ἄλλοις πᾶσιν πολίταις, ὅμως προαγορεύομεν τῷ ἐξουσίαν πεποιηκέναι Ἀθηναίων τῷ βουλομένῳ, ἐπειδὰν δοκιμασθῇ καὶ ἴδῃ τὰ ἐν τῇ πόλει πράγματα καὶ ἡμᾶς τοὺς νόμους, ᾧ ἂν μὴ ἀρέσκωμεν ἡμεῖς, ἐξεῖναι λαβόντα τὰ αὑτοῦ ἀπιέναι ὅποι ἂν βούληται. καὶ οὐδεὶς ἡμῶν τῶν νόμων ἐμποδών ἐστιν οὐδ' ἀπαγορεύει, ἐάντε τις βούληται ὑμῶν εἰς ἀποικίαν ἰέναι, εἰ μὴ ἀρέσκοιμεν ἡμεῖς τε καὶ ἡ πόλις, ἐάντε μετοικεῖν ἄλλοσέ ποι ἐλθών, ἰέναι ἐκεῖσε ὅποι [51e] ἂν βούληται, ἔχοντα τὰ αὑτοῦ. ὃς δ' ἂν ὑμῶν παραμείνῃ, ὁρῶν ὃν τρόπον ἡμεῖς τάς τε δίκας δικάζομεν καὶ τἆλλα τὴν πόλιν διοικοῦμεν, ἤδη φαμὲν τοῦτον ὡμολογηκέναι ἔργῳ ἡμῖν ἃ ἂν ἡμεῖς κελεύωμεν ποιήσειν ταῦτα, καὶ τὸν μὴ πειθόμενον τριχῇ φαμεν ἀδικεῖν, ὅτι τε γεννηταῖς οὖσιν ἡμῖν οὐ πείθεται, καὶ ὅτι τροφεῦσι, καὶ ὅτι ὁμολογήσας ἡμῖν πείσεσθαι οὔτε πείθεται οὔτε πείθει ἡμᾶς, εἰ μὴ καλῶς τι ποιοῦμεν, [52a] προτιθέντων ἡμῶν καὶ οὐκ ἀγρίως ἐπιταττόντων ποιεῖν ἃ ἂν κελεύωμεν, ἀλλὰ ἐφιέντων δυοῖν θάτερα, ἢ πείθειν ἡμᾶς ἢ ποιεῖν, τούτων οὐδέτερα ποιεῖ. ταύταις δή φαμεν καὶ σέ, ὦ Σώκρατες, ταῖς αἰτίαις ἐνέξεσθαι, εἴπερ ποιήσεις ἃ ἐπινοεῖς, καὶ οὐχ ἥκιστα Ἀθηναίων σέ, ἀλλ' ἐν τοῖς μάλιστα". εἰ

οὖν ἐγὼ εἴποιμι· "διὰ τί δή;" ἴσως ἄν μου δικαίως καθάπτοιντο λέγοντες ὅτι ἐν τοῖς μάλιστα Ἀθηναίων ἐγὼ αὐτοῖς ὡμολογηκὼς τυγχάνω ταύτην τὴν ὁμολογίαν. φαῖεν γὰρ ἂν ὅτι [52b] "ὦ Σώκρατες, μεγάλα ἡμῖν τούτων τεκμήριά ἐστιν, ὅτι σοι καὶ ἡμεῖς ἠρέσκομεν καὶ ἡ πόλις· οὐ γὰρ ἄν ποτε τῶν ἄλλων Ἀθηναίων ἁπάντων διαφερόντως ἐν αὐτῇ ἐπεδήμεις εἰ μή σοι διαφερόντως ἤρεσκεν, καὶ οὔτ' ἐπὶ θεωρίαν πώποτ' ἐκ τῆς πόλεως ἐξῆλθες, ὅτι μὴ ἅπαξ εἰς Ἰσθμόν, οὔτε ἄλλοσε οὐδαμόσε, εἰ μή ποι στρατευσόμενος, οὔτε ἄλλην ἀποδημίαν ἐποιήσω πώποτε ὥσπερ οἱ ἄλλοι ἄνθρωποι, οὐδ' ἐπιθυμία σε ἄλλης πόλεως οὐδὲ ἄλλων νόμων ἔλαβεν εἰδέναι, ἀλλὰ ἡμεῖς [52c] σοι ἱκανοὶ ἦμεν καὶ ἡ ἡμετέρα πόλις· οὕτω σφόδρα ἡμᾶς ᾑροῦ καὶ ὡμολόγεις καθ' ἡμᾶς πολιτεύσεσθαι, τά τε ἄλλα καὶ παῖδας ἐν αὐτῇ ἐποιήσω, ὡς ἀρεσκούσης σοι τῆς πόλεως. ἔτι τοίνυν ἐν αὐτῇ τῇ δίκῃ ἐξῆν σοι φυγῆς τιμήσασθαι εἰ ἐβούλου, καὶ ὅπερ νῦν ἀκούσης τῆς πόλεως ἐπιχειρεῖς, τότε ἑκούσης ποιῆσαι. σὺ δὲ τότε μὲν ἐκαλλωπίζου ὡς οὐκ ἀγανακτῶν εἰ δέοι τεθνάναι σε, ἀλλὰ ᾑροῦ, ὡς ἔφησθα, πρὸ τῆς φυγῆς θάνατον· νῦν δὲ οὔτ' ἐκείνους τοὺς λόγους αἰσχύνῃ, οὔτε ἡμῶν τῶν νόμων ἐντρέπῃ, ἐπιχειρῶν διαφθεῖραι, πράττεις [52d] τε ἅπερ ἂν δοῦλος ὁ φαυλότατος πράξειεν, ἀποδιδράσκειν ἐπιχειρῶν παρὰ τὰς συνθήκας τε καὶ τὰς ὁμολογίας καθ' ἃς ἡμῖν συνέθου πολιτεύεσθαι. πρῶτον μὲν οὖν ἡμῖν τοῦτ' αὐτὸ ἀπόκριναι, εἰ ἀληθῆ λέγομεν φάσκοντές σε ὡμολογηκέναι πολιτεύσεσθαι καθ' ἡμᾶς ἔργῳ ἀλλ' οὐ λόγῳ, ἢ οὐκ ἀληθῆ". τί φῶμεν πρὸς ταῦτα, ὦ Κρίτων; ἄλλο τι ἢ ὁμολογῶμεν;

Κρίτων
ἀνάγκη, ὦ Σώκρατες.

Σωκράτης
"ἄλλο τι οὖν", ἂν φαῖεν, "ἢ συνθήκας τὰς πρὸς [52e] ἡμᾶς αὐτοὺς καὶ ὁμολογίας παραβαίνεις, οὐχ ὑπὸ ἀνάγκης ὁμολογήσας οὐδὲ ἀπατηθεὶς οὐδὲ ἐν ὀλίγῳ χρόνῳ ἀναγκασθεὶς βουλεύσασθαι, ἀλλ' ἐν ἔτεσιν ἑβδομήκοντα, ἐν οἷς ἐξῆν σοι ἀπιέναι, εἰ μὴ ἠρέσκομεν ἡμεῖς μηδὲ δίκαιαι ἐφαίνοντό σοι αἱ ὁμολογίαι εἶναι. σὺ δὲ οὔτε Λακεδαίμονα προῃροῦ οὔτε Κρήτην, ἃς δὴ ἑκάστοτε φῂς εὐνομεῖσθαι, οὔτε ἄλλην οὐδεμίαν [53a] τῶν Ἑλληνίδων πόλεων οὐδὲ τῶν βαρβαρικῶν, ἀλλὰ ἐλάττω ἐξ αὐτῆς ἀπεδήμησας ἢ οἱ χωλοί τε καὶ τυφλοὶ καὶ οἱ ἄλλοι ἀνάπηροι· οὕτω σοι διαφερόντως τῶν ἄλλων Ἀθηναίων ἤρεσκεν ἡ πόλις τε καὶ ἡμεῖς οἱ νόμοι δῆλον ὅτι· τίνι γὰρ ἂν πόλις ἀρέσκοι ἄνευ νόμων; νῦν δὲ δὴ οὐκ ἐμμενεῖς τοῖς ὡμολογημένοις; ἐὰν ἡμῖν γε πείθῃ, ὦ Σώκρατες· καὶ οὐ καταγέλαστός γε ἔσῃ ἐκ τῆς πόλεως ἐξελθών.

"σκόπει γὰρ δή, ταῦτα παραβὰς καὶ ἐξαμαρτάνων τι τούτων τί ἀγαθὸν ἐργάσῃ σαυτὸν ἢ τοὺς ἐπιτηδείους τοὺς [53b] σαυτοῦ. ὅτι μὲν γὰρ κινδυνεύσουσί γέ σου οἱ ἐπιτήδειοι καὶ αὐτοὶ φεύγειν καὶ στερηθῆναι τῆς πόλεως ἢ τὴν οὐσίαν ἀπολέσαι, σχεδόν τι δῆλον· αὐτὸς δὲ πρῶτον μὲν ἐὰν εἰς τῶν ἐγγύτατά τινα πόλεων ἔλθῃς, ἢ Θήβαζε ἢ Μέγαράδε--εὐνομοῦνται γὰρ ἀμφότεραι--πολέμιος ἥξεις, ὦ Σώκρατες, τῇ τούτων πολιτείᾳ, καὶ ὅσοιπερ κήδονται τῶν αὐτῶν πόλεων ὑποβλέψονταί σε διαφθορέα ἡγούμενοι τῶν νόμων, καὶ βεβαιώσεις τοῖς δικασταῖς τὴν δόξαν, ὥστε δοκεῖν ὀρθῶς τὴν [53c] δίκην δικάσαι· ὅστις γὰρ νόμων διαφθορεύς ἐστιν σφόδρα που δόξειεν ἂν νέων γε καὶ ἀνοήτων ἀνθρώπων διαφθορεὺς εἶναι. πότερον οὖν φεύξῃ τάς τε εὐνομουμένας πόλεις καὶ τῶν ἀνδρῶν τοὺς κοσμιωτάτους; καὶ τοῦτο ποιοῦντι ἆρα ἄξιόν σοι ζῆν ἔσται; ἢ πλησιάσεις τούτοις καὶ ἀναισχυντήσεις διαλεγόμενος--τίνας λόγους, ὦ Σώκρατες; ἢ οὕσπερ ἐνθάδε, ὡς ἡ ἀρετὴ καὶ ἡ δικαιοσύνη πλείστου ἄξιον τοῖς ἀνθρώποις καὶ τὰ νόμιμα καὶ οἱ νόμοι; καὶ οὐκ οἴει ἄσχημον [ἂν] [53d] φανεῖσθαι τὸ τοῦ Σωκράτους πρᾶγμα; οἴεσθαί γε χρή. ἀλλ' ἐκ μὲν τούτων τῶν τόπων ἀπαρεῖς, ἥξεις δὲ εἰς Θετταλίαν παρὰ τοὺς ξένους τοὺς Κρίτωνος; ἐκεῖ γὰρ δὴ πλείστη ἀταξία καὶ ἀκολασία, καὶ ἴσως ἂν ἡδέως σου ἀκούοιεν ὡς γελοίως ἐκ τοῦ δεσμωτηρίου ἀπεδίδρασκες σκευήν τέ τινα περιθέμενος, ἢ διφθέραν λαβὼν ἢ ἄλλα οἷα δὴ εἰώθασιν ἐνσκευάζεσθαι οἱ ἀποδιδράσκοντες, καὶ τὸ σχῆμα τὸ σαυτοῦ μεταλλάξας· ὅτι δὲ γέρων ἀνήρ, σμικροῦ χρόνου τῷ βίῳ λοιποῦ ὄντος ὡς τὸ [53e] εἰκός, ἐτόλμησας οὕτω γλίσχρως ἐπιθυμεῖν ζῆν, νόμους τοὺς μεγίστους παραβάς, οὐδεὶς ὃς ἐρεῖ; ἴσως, ἂν μή τινα λυπῇς· εἰ δὲ μή, ἀκούσῃ, ὦ Σώκρατες, πολλὰ καὶ ἀνάξια σαυτοῦ. ὑπερχόμενος δὴ βιώσῃ πάντας ἀνθρώπους καὶ δουλεύων--τί ποιῶν ἢ εὐωχούμενος ἐν Θετταλίᾳ, ὥσπερ ἐπὶ δεῖπνον ἀποδεδημηκὼς εἰς Θετταλίαν; λόγοι δὲ ἐκεῖνοι οἱ περὶ [54a] δικαιοσύνης τε καὶ τῆς ἄλλης ἀρετῆς ποῦ ἡμῖν ἔσονται; ἀλλὰ δὴ τῶν παίδων ἕνεκα βούλει ζῆν, ἵνα αὐτοὺς ἐκθρέψῃς καὶ παιδεύσῃς; τί δέ; εἰς Θετταλίαν αὐτοὺς ἀγαγὼν θρέψεις τε καὶ παιδεύσεις, ξένους ποιήσας, ἵνα καὶ τοῦτο ἀπολαύσωσιν; ἢ τοῦτο μὲν οὔ, αὐτοῦ δὲ τρεφόμενοι σοῦ ζῶντος βέλτιον θρέψονται καὶ παιδεύσονται μὴ συνόντος σοῦ αὐτοῖς; οἱ γὰρ ἐπιτήδειοι οἱ σοὶ ἐπιμελήσονται αὐτῶν. πότερον ἐὰν μὲν εἰς Θετταλίαν ἀποδημήσῃς, ἐπιμελήσονται, ἐὰν δὲ εἰς ιδου ἀποδημήσῃς, οὐχὶ ἐπιμελήσονται; εἴπερ γέ τι ὄφελος αὐτῶν [54b] ἐστιν τῶν σοι φασκόντων ἐπιτηδείων εἶναι, οἴεσθαί γε χρή. "ἀλλ', ὦ Σώκρατες, πειθόμενος ἡμῖν τοῖς σοῖς τροφεῦσι μήτε παῖδας περὶ πλείονος ποιοῦ μήτε τὸ ζῆν μήτε ἄλλο μηδὲν πρὸ τοῦ δικαίου, ἵνα εἰς ιδου ἐλθὼν ἔχῃς πάντα ταῦτα ἀπολογήσασθαι τοῖς ἐκεῖ ἄρχουσιν· οὔτε γὰρ ἐνθάδε σοι φαίνεται ταῦτα πράττοντι ἄμεινον εἶναι οὐδὲ δικαιότερον

οὐδὲ ὁσιώτερον, οὐδὲ ἄλλῳ τῶν σῶν οὐδενί, οὔτε ἐκεῖσε ἀφικομένῳ ἄμεινον ἔσται. ἀλλὰ νῦν μὲν ἠδικημένος ἄπει, [54c] ἐὰν ἀπίῃς, οὐχ ὑφ' ἡμῶν τῶν νόμων ἀλλὰ ὑπ' ἀνθρώπων· ἐὰν δὲ ἐξέλθῃς οὕτως αἰσχρῶς ἀνταδικήσας τε καὶ ἀντικακουργήσας, τὰς σαυτοῦ ὁμολογίας τε καὶ συνθήκας τὰς πρὸς ἡμᾶς παραβὰς καὶ κακὰ ἐργασάμενος τούτους οὓς ἥκιστα ἔδει, σαυτόν τε καὶ φίλους καὶ πατρίδα καὶ ἡμᾶς, ἡμεῖς τέ σοι χαλεπανοῦμεν ζῶντι, καὶ ἐκεῖ οἱ ἡμέτεροι ἀδελφοὶ οἱ ἐν
ιδου νόμοι οὐκ εὐμενῶς σε ὑποδέξονται, εἰδότες ὅτι καὶ ἡμᾶς ἐπεχείρησας ἀπολέσαι τὸ σὸν μέρος. ἀλλὰ μή σε [54d] πείσῃ Κρίτων ποιεῖν ἃ λέγει μᾶλλον ἢ ἡμεῖς".
ταῦτα, ὦ φίλε ἑταῖρε Κρίτων, εὖ ἴσθι ὅτι ἐγὼ δοκῶ ἀκούειν, ὥσπερ οἱ κορυβαντιῶντες τῶν αὐλῶν δοκοῦσιν ἀκούειν, καὶ ἐν ἐμοὶ αὕτη ἡ ἠχὴ τούτων τῶν λόγων βομβεῖ καὶ ποιεῖ μὴ δύνασθαι τῶν ἄλλων ἀκούειν· ἀλλὰ ἴσθι, ὅσα γε τὰ νῦν ἐμοὶ δοκοῦντα, ἐὰν λέγῃς παρὰ ταῦτα, μάτην ἐρεῖς. ὅμως μέντοι εἴ τι οἴει πλέον ποιήσειν, λέγε.
Κρίτων
ἀλλ', ὦ Σώκρατες, οὐκ ἔχω λέγειν.
Σωκράτης
[54e] ἔα τοίνυν, ὦ Κρίτων, καὶ πράττωμεν ταύτῃ, ἐπειδὴ ταύτῃ ὁ θεὸς ὑφηγεῖται.

Ἱππίας Μείζων

Σωκράτης, Ἱππίας.
[281a] Σωκράτης:
Ἱππίας: ὁ καλός τε καὶ σοφός: ὡς διὰ χρόνου ἡμῖν κατῆρας εἰς τὰς Ἀθήνας.
Ἱππίας:
οὐ γὰρ σχολή, ὦ Σώκρατες. ἡ γὰρ Ἦλις ὅταν τι δέηται διαπράξασθαι πρός τινα τῶν πόλεων, ἀεὶ ἐπὶ πρῶτον ἐμὲ ἔρχεται τῶν πολιτῶν αἱρουμένη πρεσβευτήν, ἡγουμένη δικαστὴν καὶ ἄγγελον ἱκανώτατον εἶναι τῶν λόγων οἳ ἂν [281b]παρὰ τῶν πόλεων ἑκάστων λέγωνται. πολλάκις μὲν οὖν καὶ εἰς ἄλλας πόλεις ἐπρέσβευσα, πλεῖστα δὲ καὶ περὶ πλείστων καὶ μεγίστων εἰς τὴν Λακεδαίμονα: διὸ δή, ὃ σὺ ἐρωτᾷς, οὐ θαμίζω εἰς τούσδε τοὺς τόπους.
Σωκράτης:
τοιοῦτον μέντοι, ὦ Ἱππία, ἔστι τὸ τῇ ἀληθείᾳ σοφόν τε καὶ τέλειον ἄνδρα εἶναι. σὺ γὰρ καὶ ἰδίᾳ ἱκανὸς εἶ παρὰ τῶν νέων πολλὰ χρήματα λαμβάνων ἔτι πλείω [281c] ὠφελεῖν ὧν λαμβάνεις, καὶ αὖ δημοσίᾳ τὴν σαυτοῦ πόλιν ἱκανὸς εὐεργετεῖν, ὥσπερ χρὴ τὸν μέλλοντα μὴ καταφρονήσεσθαι ἀλλ' εὐδοκιμήσειν ἐν τοῖς πολλοῖς. ἀτάρ, ὦ Ἱππία, τί ποτε τὸ αἴτιον ὅτι οἱ παλαιοὶ ἐκεῖνοι, ὧν ὀνόματα μεγάλα λέγεται ἐπὶ σοφίᾳ, Πιττακοῦ τε καὶ Βίαντος καὶ τῶν ἀμφὶ τὸν Μιλήσιον Θαλῆν καὶ ἔτι τῶν ὕστερον μέχρι Ἀναξαγόρου, ὡς ἢ πάντες ἢ οἱ πολλοὶ αὐτῶν φαίνονται ἀπεχόμενοι τῶν πολιτικῶν πράξεων;
Ἱππίας:
τί δ' οἴει, ὦ Σώκρατες, ἄλλο γε ἢ ἀδύνατοι ἦσαν [281d]καὶ οὐχ ἱκανοὶ ἐξικνεῖσθαι φρονήσει ἐπ' ἀμφότερα, τά τε κοινὰ καὶ τὰ ἴδια;
Σωκράτης:
ἆρ' οὖν πρὸς Διός, ὥσπερ αἱ ἄλλαι τέχναι ἐπιδεδώκασι καὶ εἰσὶ παρὰ τοὺς νῦν δημιουργοὺς οἱ παλαιοὶ φαῦλοι, οὕτω καὶ τὴν ὑμετέραν τὴν τῶν σοφιστῶν τέχνην ἐπιδεδωκέναι φῶμεν καὶ εἶναι τῶν ἀρχαίων τοὺς περὶ τὴν σοφίαν φαύλους πρὸς ὑμᾶς;
Ἱππίας:
πάνυ μὲν οὖν ὀρθῶς λέγεις.

Σωκράτης:
εἰ ἄρα νῦν ἡμῖν, ὦ Ἱππία, ὁ Βίας ἀναβιοίη, γέλωτ' [282a] ἂν ὄφλοι πρὸς ὑμᾶς, ὥσπερ καὶ τὸν Δαίδαλόν φασιν οἱ ἀνδριαντοποιοί, νῦν εἰ γενόμενος τοιαῦτ' ἐργάζοιτο οἷα ἦν ἀφ' ὧν τοὔνομ' ἔσχεν, καταγέλαστον ἂν εἶναι.
Ἱππίας:
ἔστι μὲν ταῦτα, ὦ Σώκρατες, οὕτως ὡς σὺ λέγεις: εἴωθα μέντοι ἔγωγε τοὺς παλαιούς τε καὶ προτέρους ἡμῶν προτέρους τε καὶ μᾶλλον ἐγκωμιάζειν ἢ τοὺς νῦν, εὐλαβούμενος μὲν φθόνον τῶν ζώντων, φοβούμενος δὲ μῆνιν τῶν τετελευτηκότων. [282b]
Σωκράτης:
καλῶς γε σύ, ὦ Ἱππία, ὀνομάζων τε καὶ διανοούμενος, ὡς ἐμοὶ δοκεῖς. συμμαρτυρῆσαι δέ σοι ἔχω ὅτι ἀληθῆ λέγεις, καὶ τῷ ὄντι ὑμῶν ἐπιδέδωκεν ἡ τέχνη πρὸς τὸ καὶ τὰ δημόσια πράττειν δύνασθαι μετὰ τῶν ἰδίων. Γοργίας τε γὰρ οὗτος ὁ Λεοντῖνος σοφιστὴς δεῦρο ἀφίκετο δημοσίᾳ οἴκοθεν πρεσβεύων, ὡς ἱκανώτατος ὢν Λεοντίνων τὰ κοινὰ πράττειν, καὶ ἔν τε τῷ δήμῳ ἔδοξεν ἄριστα εἰπεῖν, καὶ ἰδίᾳ ἐπιδείξεις ποιούμενος καὶ συνὼν τοῖς νέοις χρήματα πολλὰ ἠργάσατο [282c] καὶ ἔλαβεν ἐκ τῆσδε τῆς πόλεως: εἰ δὲ βούλει, ὁ ἡμέτερος ἑταῖρος Πρόδικος οὗτος πολλάκις μὲν καὶ ἄλλοτε δημοσίᾳ ἀφίκετο, ἀτὰρ τὰ τελευταῖα ἔναγχος ἀφικόμενος δημοσίᾳ ἐκ Κέω λέγων τ' ἐν τῇ βουλῇ πάνυ ηὐδοκίμησεν καὶ ἰδίᾳ ἐπιδείξεις ποιούμενος καὶ τοῖς νέοις συνὼν χρήματα ἔλαβεν θαυμαστὰ ὅσα. τῶν δὲ παλαιῶν ἐκείνων οὐδεὶς πώποτε ἠξίωσεν ἀργύριον μισθὸν πράξασθαι οὐδ' ἐπιδείξεις ποιήσασθαι [282d] ἐν παντοδαποῖς ἀνθρώποις τῆς ἑαυτοῦ σοφίας: οὕτως ἦσαν εὐήθεις καὶ ἐλελήθει αὐτοὺς ἀργύριον ὡς πολλοῦ ἄξιον εἴη. τούτων δ' ἑκάτερος πλέον ἀργύριον ἀπὸ σοφίας εἴργασται ἢ ἄλλος δημιουργὸς ἀφ' ἧστινος τέχνης: καὶ ἔτι πρότερος τούτων Πρωταγόρας.
Ἱππίας:
οὐδὲν γάρ, ὦ Σώκρατες, οἶσθα τῶν καλῶν περὶ τοῦτο. εἰ γὰρ εἰδείης ὅσον ἀργύριον εἴργασμαι ἐγώ, θαυμάσαις ἄν: καὶ τὰ μὲν ἄλλα ἐῶ, ἀφικόμενος δέ ποτε εἰς Σικελίαν, Πρωταγόρου [282e] αὐτόθι ἐπιδημοῦντος καὶ εὐδοκιμοῦντος καὶ πρεσβυτέρου ὄντος πολὺ νεώτερος ὢν ἐν ὀλίγῳ χρόνῳ πάνυ πλέον ἢ πεντήκοντα καὶ ἑκατὸν μνᾶς ἠργασάμην, καὶ ἐξ ἑνός γε χωρίου πάνυ σμικροῦ, Ἰνυκοῦ, πλέον ἢ εἴκοσι μνᾶς: καὶ τοῦτο ἐλθὼν οἴκαδε φέρων τῷ πατρὶ ἔδωκα, ὥστε ἐκεῖνον καὶ τοὺς ἄλλους πολίτας θαυμάζειν τε καὶ ἐκπεπλῆχθαι. καὶ σχεδόν τι οἶμαι ἐμὲ πλείω χρήματα εἰργάσθαι ἢ ἄλλους σύνδυο οὕστινας βούλει τῶν σοφιστῶν.
Σωκράτης:
καλόν γε, ὦ Ἱππία, λέγεις καὶ μέγα τεκμήριον [283a] σοφίας τῆς τε

σεαυτοῦ καὶ τῶν νῦν ἀνθρώπων πρὸς τοὺς ἀρχαίους ὅσον διαφέρουσι. τῶν γὰρ προτέρων [περὶ Ἀναξαγόρου λέγεται] πολλὴ ἀμαθία κατὰ τὸν σὸν λόγον. τοὐναντίον γὰρ Ἀναξαγόρᾳ φασὶ συμβῆναι ἢ ὑμῖν: καταλειφθέντων γὰρ αὐτῷ πολλῶν χρημάτων καταμελῆσαι καὶ ἀπολέσαι πάνταοὕτως αὐτὸν ἀνόητα σοφίζεσθαιλέγουσι δὲ καὶ περὶ ἄλλων τῶν παλαιῶν ἕτερα τοιαῦτα. τοῦτο μὲν οὖν μοι δοκεῖς καλὸν τεκμήριον ἀποφαίνειν περὶ σοφίας τῶν [283b] νῦν πρὸς τοὺς προτέρους, καὶ πολλοῖς συνδοκεῖ ὅτι τὸν σοφὸν αὐτὸν αὑτῷ μάλιστα δεῖ σοφὸν εἶναι: τούτου δ᾽ ὅρος ἐστὶν ἄρα, ὃς ἂν πλεῖστον ἀργύριον ἐργάσηται. καὶ ταῦτα μὲν ἱκανῶς ἐχέτω: τόδε δέ μοι εἰπέ, σὺ αὐτὸς πόθεν πλεῖστον ἀργύριον ἠργάσω τῶν πόλεων εἰς ἃς ἀφικνῇ; ἢ δῆλον ὅτι ἐκ Λακεδαίμονος, οἷπερ καὶ πλειστάκις ἀφῖξαι;
Ἱππίας:
οὐ μὰ τὸν Δία, ὦ Σώκρατες.
Σωκράτης:
πῶς φῄς; ἀλλ᾽ ἐλάχιστον; [283c]
Ἱππίας:
οὐδὲν μὲν οὖν τὸ παράπαν πώποτε.
Σωκράτης:
τέρας λέγεις καὶ θαυμαστόν, ὦ Ἱππία. καί μοι εἰπέ: πότερον ἡ σοφία ἡ σὴ οὐχ οἵα τοὺς συνόντας αὐτῇ καὶ μανθάνοντας εἰς ἀρετὴν βελτίους ποιεῖν;
Ἱππίας: καὶ πολύ γε, ὦ Σώκρατες.
Σωκράτης:
ἀλλὰ τοὺς μὲν Ἰνυκίνων ὑεῖς οἷός τε ἦσθα ἀμείνους ποιῆσαι, τοὺς δὲ Σπαρτιατῶν ἠδυνάτεις;
Ἱππίας:
πολλοῦ γε δέω.
Σωκράτης:
ἀλλὰ δῆτα Σικελιῶται μὲν ἐπιθυμοῦσιν ἀμείνους γίγνεσθαι, Λακεδαιμόνιοι [283d]δ᾽ οὔ;
Ἱππίας:
πάντως γέ που, ὦ Σώκρατες, καὶ Λακεδαιμόνιοι.
Σωκράτης:
ἆρ᾽ οὖν χρημάτων ἐνδείᾳ ἔφευγον τὴν σὴν ὁμιλίαν;
Ἱππίας:
οὐ δῆτα, ἐπεὶ ἱκανὰ αὐτοῖς ἐστιν.
Σωκράτης:
τί δῆτ᾽ ἂν εἴη ὅτι ἐπιθυμοῦντες καὶ ἔχοντες χρήματα, καὶ σοῦ δυναμένου τὰ μέγιστα αὐτοὺς ὠφελεῖν, οὐ πλήρη σε ἀργυρίου ἀπέπεμψαν; ἀλλ᾽

ἐκεῖνο, μῶν μὴ Λακεδαιμόνιοι σοῦ βέλτιον ἂν παιδεύσειαν τοὺς αὑτῶν παῖδας; ἢ τοῦτο φῶμεν οὕτω, καὶ σὺ συγχωρεῖς; [283e]
Ἱππίας:
οὐδ' ὁπωστιοῦν.
Σωκράτης:
πότερον οὖν τοὺς νέους οὐχ οἷός τ' ἦσθα πείθειν ἐν Λακεδαίμονι ὡς σοὶ συνόντες πλέον ἂν εἰς ἀρετὴν ἐπιδιδοῖεν ἢ τοῖς ἑαυτῶν, ἢ τοὺς ἐκείνων πατέρας ἠδυνάτεις πείθειν ὅτι σοὶ χρὴ παραδιδόναι μᾶλλον ἢ αὐτοὺς ἐπιμελεῖσθαι, εἴπερ τι τῶν ὑέων κήδονται; οὐ γάρ που ἐφθόνουν γε τοῖς ἑαυτῶν παισὶν ὡς βελτίστοις γενέσθαι.
Ἱππίας:
οὐκ οἶμαι ἔγωγε φθονεῖν.
Σωκράτης:
ἀλλὰ μὴν εὔνομός γ' ἡ Λακεδαίμων.
Ἱππίας:
πῶς γὰρ [284a] οὔ;
Σωκράτης:
ἐν δέ γε ταῖς εὐνόμοις πόλεσιν τιμιώτατον ἡ ἀρετή.
Ἱππίας:
πάνυ γε.
Σωκράτης:
σὺ δὲ ταύτην παραδιδόναι ἄλλῳ κάλλιστ' ἀνθρώπων ἐπίστασαι.
Ἱππίας:
καὶ πολύ γε, ὦ Σώκρατες.
Σωκράτης:
ὁ οὖν κάλλιστ' ἐπιστάμενος ἱππικὴν παραδιδόναι ἆρ' οὐκ ἂν ἐν Θετταλίᾳ τῆς Ἑλλάδος μάλιστα τιμῷτο καὶ πλεῖστα χρήματα λαμβάνοι, καὶ ἄλλοθι ὅπου τοῦτο σπουδάζοιτο;
Ἱππίας:
εἰκός γε.
Σωκράτης:
ὁ δὴ δυνάμενος παραδιδόναι τὰ πλείστου ἄξια μαθήματα εἰς ἀρετὴν οὐκ ἐν [284b] Λακεδαίμονι μάλιστα τιμήσεται καὶ πλεῖστα ἐργάσεται χρήματα, ἂν βούληται, καὶ ἐν ἄλλῃ πόλει ἥτις τῶν Ἑλληνίδων εὐνομεῖται; ἀλλ' ἐν Σικελίᾳ, ὦ ἑταῖρε, οἴει μᾶλλον καὶ ἐν Ἰνυκῷ; ταῦτα πειθώμεθα, ὦ Ἱππία; ἐὰν γὰρ σὺ κελεύῃς, πειστέον.
Ἱππίας:
οὐ γὰρ πάτριον, ὦ Σώκρατες, Λακεδαιμονίοις κινεῖν τοὺς νόμους, οὐδὲ παρὰ τὰ εἰωθότα παιδεύειν τοὺς ὑεῖς.

Σωκράτης:
πῶς λέγεις; Λακεδαιμονίοις οὐ πάτριον ὀρθῶς [284c] πράττειν ἀλλ᾽ ἐξαμαρτάνειν;
Ἱππίας:
οὐκ ἂν φαίην ἔγωγε, ὦ Σώκρατες.
Σωκράτης:
οὐκοῦν ὀρθῶς ἂν πράττοιεν βέλτιον ἀλλὰ μὴ χεῖρον παιδεύοντες τοὺς νέους;
Ἱππίας:
ὀρθῶς: ἀλλὰ ξενικὴν παίδευσιν οὐ νόμιμον αὐτοῖς παιδεύειν, ἐπεὶ εὖ ἴσθι, εἴπερ τις ἄλλος ἐκεῖθεν χρήματα ἔλαβεν πώποτε ἐπὶ παιδεύσει, καὶ ἐμὲ ἂν λαβεῖν πολὺ μάλιστα·χαίρουσι γοῦν ἀκούοντες ἐμοῦ καὶ ἐπαινοῦσιν ἀλλ᾽, ὃ λέγω, οὐ νόμος. [284d]
Σωκράτης:
νόμον δὲ λέγεις, ὦ Ἱππία, βλάβην πόλεως εἶναι ἢ ὠφελίαν;
Ἱππίας:
τίθεται μὲν οἶμαι ὠφελίας ἕνεκα, ἐνίοτε δὲ καὶ βλάπτει, ἐὰν κακῶς τεθῇ ὁ νόμος.
Σωκράτης:
τί δέ; οὐχ ὡς ἀγαθὸν μέγιστον πόλει τίθενται τὸν νόμον οἱ τιθέμενοι; καὶ ἄνευ τούτου μετὰ εὐνομίας ἀδύνατον οἰκεῖν;
Ἱππίας:
ἀληθῆ λέγεις.
Σωκράτης:
ὅταν ἄρα ἀγαθοῦ ἁμάρτωσιν οἱ ἐπιχειροῦντες τοὺς νόμους τιθέναι, νομίμου τε καὶ νόμου ἡμαρτήκασιν: ἢ [284e] πῶς λέγεις;
Ἱππίας:
τῷ μὲν ἀκριβεῖ λόγῳ, ὦ Σώκρατες, οὕτως ἔχει: οὐ μέντοι εἰώθασιν ἄνθρωποι ὀνομάζειν οὕτω.
Σωκράτης:
πότερον, ὦ Ἱππία, οἱ εἰδότες ἢ οἱ μὴ εἰδότες;
Ἱππίας:
οἱ πολλοί.
Σωκράτης:
εἰσὶν δ᾽ οὗτοι οἱ εἰδότες τἀληθές, οἱ πολλοί;
Ἱππίας:
οὐ δῆτα.
Σωκράτης:
ἀλλὰ μὴν πού οἵ γ᾽ εἰδότες τὸ ὠφελιμώτερον τοῦ ἀνωφελεστέρου

νομιμώτερον ἡγοῦνται τῇ ἀληθείᾳ πᾶσιν ἀνθρώποις· ἢ οὐ συγχωρεῖς;
Ἱππίας·
ναί, συγχωρῶ, ὅτι γε τῇ ἀληθείᾳ.
Σωκράτης·
οὐκοῦν ἔστιν τε καὶ ἔχει οὕτως ὡς οἱ εἰδότες ἡγοῦνται;
Ἱππίας·
πάνυ γε.
Σωκράτης·
ἔστι δέ γε Λακεδαιμονίοις, ὡς σὺ φῄς, ὠφελιμώτερον [285a] τὴν ὑπὸ σοῦ παίδευσιν, ξενικὴν οὖσαν, παιδεύεσθαι μᾶλλον ἢ τὴν ἐπιχωρίαν.
Ἱππίας·
καὶ ἀληθῆ γε λέγω.
Σωκράτης·
καὶ γὰρ ὅτι τὰ ὠφελιμώτερα νομιμώτερά ἐστι, καὶ τοῦτο λέγεις, ὦ Ἱππία;
Ἱππίας·
εἶπον γάρ.
Σωκράτης·
κατὰ τὸν σὸν ἄρα λόγον τοῖς Λακεδαιμονίων ὑέσιν ὑπὸ Ἱππίου παιδεύεσθαι νομιμώτερόν ἐστιν, ὑπὸ δὲ τῶν πατέρων ἀνομώτερον, εἴπερ τῷ ὄντι ὑπὸ σοῦ πλείω ὠφεληθήσονται.
Ἱππίας·
ἀλλὰ μὴν ὠφεληθήσονται, [285b] ὦ Σώκρατες.
Σωκράτης·
παρανομοῦσιν ἄρα Λακεδαιμόνιοι οὐ διδόντες σοι χρυσίον καὶ ἐπιτρέποντες τοὺς αὑτῶν ὑεῖς.
Ἱππίας·
συγχωρῶ ταῦτα· δοκεῖς γάρ μοι τὸν λόγον πρὸς ἐμοῦ λέγειν, καὶ οὐδέν με δεῖ αὐτῷ ἐναντιοῦσθαι.
Σωκράτης·
παρανόμους μὲν δή, ὦ ἑταῖρε, τοὺς Λάκωνας εὑρίσκομεν, καὶ ταῦτ' εἰς τὰ μέγιστα, τοὺς νομιμωτάτους δοκοῦντας εἶναι. ἐπαινοῦσι δὲ δή σε πρὸς θεῶν, ὦ Ἱππία, καὶ χαίρουσιν ἀκούοντες ποῖα; ἢ δῆλον δὴ ὅτι ἐκεῖνα ἃ σὺ κάλλιστα [285c] ἐπίστασαι, τὰ περὶ τὰ ἄστρα τε καὶ τὰ οὐράνια πάθη;
Ἱππίας·
οὐδ' ὁπωστιοῦν· ταῦτά γε οὐδ' ἀνέχονται.
Σωκράτης·
ἀλλὰ περὶ γεωμετρίας τι χαίρουσιν ἀκούοντες;
Ἱππίας·
οὐδαμῶς, ἐπεὶ οὐδ' ἀριθμεῖν ἐκείνων γε, ὡς ἔπος εἰπεῖν, πολλοὶ

ἐπίστανται.
Σωκράτης:
πολλοῦ ἄρα δέουσιν περί γε λογισμῶν ἀνέχεσθαί σου ἐπιδεικνυμένου.
Ἱππίας:
πολλοῦ μέντοι νὴ Δία.
Σωκράτης:
ἀλλὰ δῆτα ἐκεῖνα ἃ σὺ ἀκριβέστατα ἐπίστασαι [285d]ἀνθρώπων διαιρεῖν, περί τε γραμμάτων δυνάμεως καὶ συλλαβῶν καὶ ῥυθμῶν καὶ ἁρμονιῶν;
Ἱππίας:
ποίων, ὠγαθέ, ἁρμονιῶν καὶ γραμμάτων;
Σωκράτης:
ἀλλὰ τί μὴν ἔστιν ἃ ἡδέως σου ἀκροῶνται καὶ ἐπαινοῦσιν; αὐτός μοι εἰπέ, ἐπειδὴ ἐγὼ οὐχ εὑρίσκω.
Ἱππίας:
περὶ τῶν γενῶν, ὦ Σώκρατες, τῶν τε ἡρώων καὶ τῶν ἀνθρώπων, καὶ τῶν κατοικίσεων, ὡς τὸ ἀρχαῖον ἐκτίσθησαν αἱ πόλεις, καὶ συλλήβδην πάσης τῆς ἀρχαιολογίας ἥδιστα [285e] ἀκροῶνται, ὥστ' ἔγωγε δι' αὐτοὺς ἠνάγκασμαι ἐκμεμαθηκέναι τε καὶ ἐκμεμελετηκέναι πάντα τὰ τοιαῦτα.
Σωκράτης:
ναὶ μὰ Δί', ὦ Ἱππία, ηὐτύχηκάς γε ὅτι Λακεδαιμόνιοι οὐ χαίρουσιν ἄν τις αὐτοῖς ἀπὸ Σόλωνος τοὺς ἄρχοντας τοὺς ἡμετέρους καταλέγῃ· εἰ δὲ μή, πράγματ' ἂν εἶχες ἐκμανθάνων.
Ἱππίας:
πόθεν, ὦ Σώκρατες; ἅπαξ ἀκούσας πεντήκοντα ὀνόματα ἀπομνημονεύσω.
Σωκράτης:
ἀληθῆ λέγεις, ἀλλ' ἐγὼ οὐκ ἐνενόησα ὅτι τὸ μνημονικὸν ἔχεις· ὥστ' ἐννοῶ ὅτι εἰκότως σοι χαίρουσιν [286a] οἱ Λακεδαιμόνιοι ἅτε πολλὰ εἰδότι, καὶ χρῶνται ὥσπερ ταῖς πρεσβύτισιν οἱ παῖδες πρὸς τὸ ἡδέως μυθολογῆσαι.
Ἱππίας:
καὶ ναὶ μὰ Δί', ὦ Σώκρατες, περί γε ἐπιτηδευμάτων καλῶν καὶ ἔναγχος αὐτόθι ηὐδοκίμησα διεξιὼν ἃ χρὴ τὸν νέον ἐπιτηδεύειν. ἔστι γάρ μοι περὶ αὐτῶν παγκάλως λόγος συγκείμενος, καὶ ἄλλως εὖ διακείμενος καὶ τοῖς ὀνόμασι· πρόσχημα δέ μοί ἐστι καὶ ἀρχὴ τοιάδε τις τοῦ λόγου. ἐπειδὴ ἡ Τροία ἥλω, λέγει ὁ λόγος ὅτι Νεοπτόλεμος [286b] Νέστορα ἔροιτο ποῖά ἐστι καλὰ ἐπιτηδεύματα, ἃ ἄν τις ἐπιτηδεύσας νέος ὢν εὐδοκιμώτατος γένοιτο· μετὰ ταῦτα δὴ λέγων ἐστὶν ὁ Νέστωρ καὶ ὑποτιθέμενος αὐτῷ πάμπολλα νόμιμα καὶ πάγκαλα. τοῦτον δὴ καὶ ἐκεῖ ἐπεδειξάμην καὶ ἐνθάδε μέλλω ἐπιδεικνύναι εἰς τρίτην ἡμέραν, ἐν τῷ Φειδοστράτου διδασκαλείῳ, καὶ ἄλλα πολλὰ καὶ ἄξια ἀκοῆς· ἐδεήθη γάρ μου Εὔδικος ὁ

Ἀπημάντου. ἀλλ' ὅπως παρέσῃ [286c] καὶ αὐτὸς καὶ ἄλλους ἄξεις, οἵτινες ἱκανοὶ ἀκούσαντες κρῖναι τὰ λεγόμενα.
Σωκράτης:
ἀλλὰ ταῦτ' ἔσται, ἂν θεὸς θέλῃ, ὦ Ἱππία. νυνὶ μέντοι βραχύ τί μοι περὶ αὐτοῦ ἀπόκριναι· καὶ γάρ με εἰς καλὸν ὑπέμνησας. ἔναγχος γάρ τις, ὦ ἄριστε, εἰς ἀπορίαν με κατέβαλεν ἐν λόγοις τισὶ τὰ μὲν ψέγοντα ὡς αἰσχρά, τὰ δ' ἐπαινοῦντα ὡς καλά, οὕτω πως ἐρόμενος καὶ μάλα ὑβριστικῶς· πόθεν δέ μοι σύ, ἔφη, ὦ Σώκρατες, οἶσθα [286d]ὁποῖα καλὰ καὶ αἰσχρά; ἐπεὶ φέρε, ἔχοις ἂν εἰπεῖν τί ἐστι τὸ καλόν; καὶ ἐγὼ διὰ τὴν ἐμὴν φαυλότητα ἠπορούμην τε καὶ οὐκ εἶχον αὐτῷ κατὰ τρόπον ἀποκρίνασθαι· ἀπιὼν οὖν ἐκ τῆς συνουσίας ἐμαυτῷ τε ὠργιζόμην καὶ ὠνείδιζον, καὶ ἠπείλουν, ὁπότε πρῶτον ὑμῶν τῳ τῶν σοφῶν ἐντύχοιμι, ἀκούσας καὶ μαθὼν καὶ ἐκμελετήσας ἰέναι πάλιν ἐπὶ τὸν ἐρωτήσαντα, ἀναμαχούμενος τὸν λόγον. νῦν οὖν, ὃ λέγω, εἰς καλὸν ἥκεις, καί με δίδαξον ἱκανῶς αὐτὸ τὸ καλὸν ὅτι [286e] ἐστί, καὶ πειρῶ μοι ὅτι μάλιστα ἀκριβῶς εἰπεῖν ἀποκρινόμενος, μὴ ἐξελεγχθεὶς τὸ δεύτερον αὖθις γέλωτα ὄφλω. οἶσθα γὰρ δήπου σαφῶς, καὶ σμικρόν που τοῦτ' ἂν εἴη μάθημα ὧν σὺ τῶν πολλῶν ἐπίστασαι.
Ἱππίας:
σμικρὸν μέντοι νὴ Δί', ὦ Σώκρατες, καὶ οὐδενὸς ἄξιον, ὡς ἔπος εἰπεῖν.
Σωκράτης:
ῥᾳδίως ἄρα μαθήσομαι καὶ οὐδείς με ἐξελέγξει ἔτι.
Ἱππίας:
οὐδεὶς μέντοι· φαῦλον γὰρ ἂν εἴη τὸ ἐμὸν πρᾶγμα [287a] καὶ ἰδιωτικόν.
Σωκράτης:
εὖ γε νὴ τὴν Ἥραν λέγεις, ὦ Ἱππία, εἰ χειρωσόμεθα τὸν ἄνδρα. ἀτὰρ μή τι κωλύω μιμούμενος ἐγὼ ἐκεῖνον, ἐάν σου ἀποκρινομένου ἀντιλαμβάνωμαι τῶν λόγων, ἵνα ὅτι μάλιστά με ἐκμελετήσῃς; σχεδὸν γάρ τι ἔμπειρός εἰμι τῶν ἀντιλήψεων. εἰ οὖν μή τί σοι διαφέρει, βούλομαι ἀντιλαμβάνεσθαι, ἵν' ἐρρωμενέστερον μάθω.
Ἱππίας:
ἀλλ' ἀντιλαμβάνου. καὶ γάρ, ὃ νυνδὴ εἶπον, οὐ [287b] μέγα ἐστὶ τὸ ἐρώτημα, ἀλλὰ καὶ πολὺ τούτου χαλεπώτερα ἂν ἀποκρίνασθαι ἐγώ σε διδάξαιμι, ὥστε μηδένα ἀνθρώπων δύνασθαί σε ἐξελέγχειν.
Σωκράτης:
φεῦ ὡς εὖ λέγεις· ἀλλ' ἄγ', ἐπειδὴ καὶ σὺ κελεύεις, φέρε ὅτι μάλιστα ἐκεῖνος γενόμενος πειρῶμαί σε ἐρωτᾶν. εἰ γὰρ δὴ αὐτῷ τὸν λόγον τοῦτον ἐπιδείξαις ὃν φῄς, τὸν περὶ τῶν καλῶν ἐπιτηδευμάτων, ἀκούσας, ἐπειδὴ παύσαιο λέγων, ἔροιτ' ἂν οὐ περὶ ἄλλου πρότερον ἢ περὶ τοῦ

καλοῦέθος [287c] γάρ τι τοῦτ' ἔχεικαὶ εἴποι ἄν: ὦ ξένε Ἠλεῖε, ἆρ' οὐ δικαιοσύνῃ δίκαιοί εἰσιν οἱ δίκαιοι; ἀπόκριναι δή, ὦ Ἱππία, ὡς ἐκείνου ἐρωτῶντος.
Ἱππίας:
ἀποκρινοῦμαι ὅτι δικαιοσύνῃ.
Σωκράτης:
οὐκοῦν ἔστι τι τοῦτο, ἡ δικαιοσύνη;
Ἱππίας:
πάνυ γε.
Σωκράτης:
οὐκοῦν καὶ σοφίᾳ οἱ σοφοί εἰσι σοφοὶ καὶ τῷ ἀγαθῷ πάντα τἀγαθὰ ἀγαθά;
Ἱππίας:
πῶς δ' οὔ;
Σωκράτης:
οὖσί γέ τισι τούτοις· οὐ γὰρ δήπου μὴ οὖσί γε.
Ἱππίας:
οὖσι μέντοι.
Σωκράτης:
ἆρ' οὖν οὐ καὶ τὰ καλὰ πάντα τῷ καλῷ [287d]ἐστι καλά;
Ἱππίας:
ναί, τῷ καλῷ.
Σωκράτης:
ὄντι γέ τινι τούτῳ;
Ἱππίας:
ὄντι· ἀλλὰ τί γὰρ μέλλει;
Σωκράτης:
εἰπὲ δή, ὦ ξένε, φήσει, τί ἐστι τοῦτο τὸ καλόν;
Ἱππίας:
ἄλλο τι οὖν, ὦ Σώκρατες, ὁ τοῦτο ἐρωτῶν δεῖται πυθέσθαι τί ἐστι καλόν;
Σωκράτης:
οὔ μοι δοκεῖ, ἀλλ' ὅτι ἐστὶ τὸ καλόν, ὦ Ἱππία.
Ἱππίας: καὶ τί διαφέρει τοῦτ' ἐκείνου;
Σωκράτης:
οὐδέν σοι δοκεῖ;
Ἱππίας:
οὐδὲν γὰρ διαφέρει.
Σωκράτης:
ἀλλὰ μέντοι δῆλον ὅτι σὺ κάλλιον οἶσθα. ὅμως δέ, ὠγαθέ, ἄθρει· ἐρωτᾷ

γάρ σε ού τί έστι καλόν, άλλ' ότι [287e] έστι τὸ καλόν.
Ἱππίας:
μανθάνω, ὠγαθέ, καὶ ἀποκρινοῦμαί γε αὐτῷ ὅτι ἐστι τὸ καλόν, καὶ οὐ μή ποτε ἐλεγχθῶ. ἔστι γάρ, ὦ Σώκρατες, εὖ ἴσθι, εἰ δεῖ τὸ ἀληθὲς λέγειν, παρθένος καλὴ καλόν.
Σωκράτης:
καλῶς γε, ὦ Ἱππία, νὴ τὸν κύνα καὶ εὐδόξως ἀπεκρίνω. ἄλλο τι οὖν, ἂν ἐγὼ τοῦτο ἀποκρίνωμαι, τὸ [288a] ἐρωτώμενόν τε ἀποκεκριμένος ἔσομαι καὶ ὀρθῶς, καὶ οὐ μή ποτε ἐλεγχθῶ;
Ἱππίας:
πῶς γὰρ ἄν, ὦ Σώκρατες, ἐλεγχθείης, ὅ γε πᾶσιν δοκεῖ καὶ πάντες σοι μαρτυρήσουσιν οἱ ἀκούοντες ὅτι ὀρθῶς λέγεις;
Σωκράτης:
εἶεν· πάνυ μὲν οὖν. φέρε δή, ὦ Ἱππία, πρὸς ἐμαυτὸν ἀναλάβω ὃ λέγεις. ὁ μὲν ἐρήσεταί με οὑτωσί πως· ἴθι μοι, ὦ Σώκρατες, ἀπόκριναι· ταῦτα πάντα ἃ φῂς καλὰ εἶναι, εἰ τί ἐστιν αὐτὸ τὸ καλόν, ταῦτ' ἂν εἴη καλά; ἐγὼ δὲ δὴ ἐρῶ ὅτι εἰ παρθένος καλὴ καλόν, ἔστι δι' ὃ ταῦτ' ἂν εἴη καλά; [288b]
Ἱππίας:
οἴει οὖν ἔτι αὐτὸν ἐπιχειρήσειν σε ἐλέγχειν ὡς οὐ καλόν ἐστιν ὃ λέγεις, ἢ ἐὰν ἐπιχειρήσῃ, οὐ καταγέλαστον ἔσεσθαι;
Σωκράτης:
ὅτι μὲν ἐπιχειρήσει, ὦ θαυμάσιε, εὖ οἶδα· εἰ δὲ ἐπιχειρήσας ἔσται καταγέλαστος, αὐτὸ δείξει. ἃ μέντοι ἐρεῖ, ἐθέλω σοι λέγειν.
Ἱππίας:
λέγε δή.
Σωκράτης:
ὡς γλυκὺς εἶ, φήσει, ὦ Σώκρατες. θήλεια δὲ ἵππος καλὴ οὐ καλόν, ἣν καὶ ὁ θεὸς ἐν τῷ χρησμῷ ἐπῄνεσεν; [288c] τί φήσομεν, ὦ Ἱππία; ἄλλο τι ἢ φῶμεν καὶ τὴν ἵππον καλὸν εἶναι, τήν γε καλήν; πῶς γὰρ ἂν τολμῷμεν ἔξαρνοι εἶναι τὸ καλὸν μὴ καλὸν εἶναι;
Ἱππίας:
ἀληθῆ λέγεις, ὦ Σώκρατες· ἐπεί τοι καὶ ὀρθῶς αὐτὸ ὁ θεὸς εἶπεν· πάγκαλαι γὰρ παρ' ἡμῖν ἵπποι γίγνονται.
Σωκράτης:
εἶεν, φήσει δή· τί δὲ λύρα καλή; οὐ καλόν; φῶμεν, ὦ Ἱππία;
Ἱππίας:
ναί.
Σωκράτης:
ἐρεῖ τοίνυν μετὰ τοῦτ' ἐκεῖνος, σχεδόν τι εὖ οἶδα ἐκ τοῦ τρόπου

τεκμαιρόμενος: ὦ βέλτιστε σύ, τί δὲ χύτρα καλή; οὐ καλὸν ἄρα; [288d]
Ἱππίας:
ὦ Σώκρατες, τίς δ' ἐστὶν ὁ ἄνθρωπος; ὡς ἀπαίδευτός τις ὃς οὕτω φαῦλα ὀνόματα ὀνομάζειν τολμᾷ ἐν σεμνῷ πράγματι.
Σωκράτης:
τοιοῦτός τις, ὦ Ἱππία, οὐ κομψὸς ἀλλὰ συρφετός, οὐδὲν ἄλλο φροντίζων ἢ τὸ ἀληθές. ἀλλ' ὅμως ἀποκριτέον τῷ ἀνδρί, καὶ ἔγωγε προαποφαίνομαι: εἴπερ ἡ χύτρα κεκεραμευμένη εἴη ὑπὸ ἀγαθοῦ κεραμέως λεία καὶ στρογγύλη καὶ καλῶς ὠπτημένη, οἷαι τῶν καλῶν χυτρῶν εἰσί τινες δίωτοι, τῶν ἓξ χοᾶς χωρουσῶν, πάγκαλαι, εἰ τοιαύτην ἐρωτῴη [288e] χύτραν, καλὴν ὁμολογητέον εἶναι. πῶς γὰρ ἂν φαῖμεν καλὸν ὂν μὴ καλὸν εἶναι;
Ἱππίας:
οὐδαμῶς, ὦ Σώκρατες.
Σωκράτης:
οὐκοῦν καὶ χύτρα, φήσει, καλὴ καλόν; ἀποκρίνου.
Ἱππίας:
ἀλλ' οὕτως, ὦ Σώκρατες, ἔχει, οἶμαι: καλὸν μὲν καὶ τοῦτο τὸ σκεῦός ἐστι καλῶς εἰργασμένον, ἀλλὰ τὸ ὅλον τοῦτο οὐκ ἔστιν ἄξιον κρίνειν ὡς ὂν καλὸν πρὸς ἵππον τε καὶ παρθένον καὶ τἆλλα πάντα τὰ καλά. [289a]
Σωκράτης:
εἶεν: μανθάνω, ὦ Ἱππία, ὡς ἄρα χρὴ ἀντιλέγειν πρὸς τὸν ταῦτα ἐρωτῶντα τάδε: ὦ ἄνθρωπε, ἀγνοεῖς ὅτι τὸ τοῦ Ἡρακλείτου εὖ ἔχει, ὡς ἄρα πιθήκων ὁ κάλλιστος αἰσχρὸς ἀνθρώπων γένει συμβάλλειν, καὶ χυτρῶν ἡ καλλίστη αἰσχρὰ παρθένων γένει συμβάλλειν, ὥς φησιν Ἱππίας:ὁ σοφός. οὐχ οὕτως, ὦ Ἱππία;
Ἱππίας:
πάνυ μὲν οὖν, ὦ Σώκρατες, ὀρθῶς ἀπεκρίνω.
Σωκράτης:
ἄκουε δή. μετὰ τοῦτο γὰρ εὖ οἶδ' ὅτι φήσει: τί δέ, ὦ Σώκρατες; τὸ τῶν παρθένων γένος θεῶν γένει ἄν τις [289b] συμβάλλῃ, οὐ ταὐτὸν πείσεται ὅπερ τὸ τῶν χυτρῶν τῷ τῶν παρθένων συμβαλλόμενον; οὐχ ἡ καλλίστη παρθένος αἰσχρὰ φανεῖται; ἢ οὐ καὶ Ἡράκλειτος αὐτὸ τοῦτο λέγει, ὃν σὺ ἐπάγῃ, ὅτι ἀνθρώπων ὁ σοφώτατος πρὸς θεὸν πίθηκος φανεῖται καὶ σοφίᾳ καὶ κάλλει καὶ τοῖς ἄλλοις πᾶσιν; ὁμολογήσωμεν, Ἱππία, τὴν καλλίστην παρθένον πρὸς θεῶν γένος αἰσχρὰν εἶναι;
Ἱππίας:
τίς γὰρ ἂν ἀντείποι τούτῳ γε, ὦ Σώκρατες; [289c]
Σωκράτης:
ἂν τοίνυν ταῦτα ὁμολογήσωμεν, γελάσεταί τε καὶ ἐρεῖ: ὦ Σώκρατες,

109

μέμνησαι οὖν ὅτι ἠρωτήθης; ἔγωγε, φήσω, ὅτι αὐτὸ τὸ καλὸν ὅτι ποτέ ἐστιν. ἔπειτα, φήσει, ἐρωτηθεὶς τὸ καλὸν ἀποκρίνῃ ὃ τυγχάνει ὄν, ὡς αὐτὸς φῄς, οὐδὲν μᾶλλον καλὸν ἢ αἰσχρόν; ἔοικε, φήσω· ἢ τί μοι συμβουλεύεις, ὦ φίλε, φάναι;
Ἱππίας:
τοῦτο ἔγωγε· καὶ γὰρ δὴ πρός γε θεοὺς ὅτι οὐ καλὸν τὸ ἀνθρώπειον γένος, ἀληθῆ ἐρεῖ.
Σωκράτης:
εἰ δέ σε ἠρόμην, φήσει, ἐξ ἀρχῆς τί ἐστι [289d]καλόν τε καὶ αἰσχρόν, εἴ μοι ἅπερ νῦν ἀπεκρίνω, ἆρ᾽ οὐκ ἂν ὀρθῶς ἀπεκέκρισο; ἔτι δὲ καὶ δοκεῖ σοι αὐτὸ τὸ καλόν, ᾧ καὶ τἆλλα πάντα κοσμεῖται καὶ καλὰ φαίνεται, ἐπειδὰν προσγένηται ἐκεῖνο τὸ εἶδος, τοῦτ᾽ εἶναι παρθένος ἢ ἵππος ἢ λύρα;
Ἱππίας:
ἀλλὰ μέντοι, ὦ Σώκρατες, εἰ τοῦτό γε ζητεῖ, πάντων ῥᾷστον ἀποκρίνασθαι αὐτῷ τί ἐστι τὸ καλὸν ᾧ καὶ τὰ ἄλλα πάντα κοσμεῖται καὶ προσγενομένου αὐτοῦ καλὰ φαίνεται. [289e] εὐηθέστατος οὖν ἐστιν ὁ ἄνθρωπος καὶ οὐδὲν ἐπαΐει περὶ καλῶν κτημάτων. ἐὰν γὰρ αὐτῷ ἀποκρίνῃ ὅτι τοῦτ᾽ ἐστὶν ὃ ἐρωτᾷ τὸ καλὸν οὐδὲν ἄλλο ἢ χρυσός, ἀπορήσει καὶ οὐκ ἐπιχειρήσει σε ἐλέγχειν. ἴσμεν γάρ που πάντες ὅτι ὅπου ἂν τοῦτο προσγένηται, κἂν πρότερον αἰσχρὸν φαίνηται, καλὸν φανεῖται χρυσῷ γε κοσμηθέν.
Σωκράτης:
ἄπειρος εἶ τοῦ ἀνδρός, ὦ Ἱππία, ὡς σχέτλιός ἐστι καὶ οὐδὲν ῥᾳδίως ἀποδεχόμενος.
Ἱππίας:
τί οὖν τοῦτο, ὦ Σώκρατες; τὸ γὰρ ὀρθῶς λεγόμενον [290a] ἀνάγκη αὐτῷ ἀποδέχεσθαι, ἢ μὴ ἀποδεχομένῳ καταγελάστῳ εἶναι.
Σωκράτης:
καὶ μὲν δὴ ταύτην γε τὴν ἀπόκρισιν, ὦ ἄριστε, οὐ μόνον οὐκ ἀποδέξεται, ἀλλὰ πάνυ με καὶ τωθάσεται, καὶ ἐρεῖ· ὦ τετυφωμένε σύ, Φειδίαν οἴει κακὸν εἶναι δημιουργόν; καὶ ἐγὼ οἶμαι ἐρῶ ὅτι οὐδ᾽ ὁπωστιοῦν.
Ἱππίας:
καὶ ὀρθῶς γ᾽ ἐρεῖς, ὦ Σώκρατες.
Σωκράτης:
ὀρθῶς μέντοι. τοιγάρτοι ἐκεῖνος, ἐπειδὰν ἐγὼ ὁμολογῶ ἀγαθὸν εἶναι δημιουργὸν τὸν Φειδίαν, εἶτα, [290b] φήσει, οἴει τοῦτο τὸ καλὸν ὃ σὺ λέγεις ἠγνόει Φειδίας; καὶ ἐγώ· τί μάλιστα; φήσω. ὅτι, ἐρεῖ, τῆς Ἀθηνᾶς τοὺς ὀφθαλμοὺς οὐ χρυσοῦς ἐποίησεν, οὐδὲ τὸ ἄλλο πρόσωπον οὐδὲ τοὺς πόδας οὐδὲ τὰς χεῖρας, εἴπερ χρυσοῦν γε δὴ ὂν κάλλιστον ἔμελλε

φαίνεσθαι, ἀλλ' ἐλεφάντινον· δῆλον ὅτι τοῦτο ὑπὸ ἀμαθίας ἐξήμαρτεν, ἀγνοῶν ὅτι χρυσὸς ἄρ' ἐστὶν ὁ πάντα καλὰ ποιῶν, ὅπου ἂν προσγένηται. ταῦτα οὖν λέγοντι τί ἀποκρινώμεθα, ὦ Ἱππία; [290c]
Ἱππίας·
οὐδὲν χαλεπόν· ἐροῦμεν γὰρ ὅτι ὀρθῶς ἐποίησε. καὶ γὰρ τὸ ἐλεφάντινον οἶμαι καλόν ἐστιν.
Σωκράτης·
τοῦ οὖν ἕνεκα, φήσει, οὐ καὶ τὰ μέσα τῶν ὀφθαλμῶν ἐλεφάντινα ἠργάσατο, ἀλλὰ λίθινα, ὡς οἷόν τ' ἦν ὁμοιότητα τοῦ λίθου τῷ ἐλέφαντι ἐξευρών; ἢ καὶ ὁ λίθος ὁ καλὸς καλόν ἐστι; φήσομεν, ὦ Ἱππία;
Ἱππίας·
φήσομεν μέντοι, ὅταν γε πρέπων ᾖ.
Σωκράτης·
ὅταν δὲ μὴ πρέπων, αἰσχρόν; ὁμολογῶ ἢ μή;
Ἱππίας·
ὁμολόγει, ὅταν γε μὴ πρέπῃ. [290d]
Σωκράτης·
τί δὲ δή; ὁ ἐλέφας καὶ ὁ χρυσός, φήσει, ὦ σοφὲ σύ, οὐχ ὅταν μὲν πρέπῃ, καλὰ ποιεῖ φαίνεσθαι, ὅταν δὲ μή, αἰσχρά; ἔξαρνοι ἐσόμεθα ἢ ὁμολογήσομεν αὐτῷ ὀρθῶς λέγειν αὐτόν;
Ἱππίας·
ὁμολογήσομεν τοῦτό γε, ὅτι ὃ ἂν πρέπῃ ἑκάστῳ, τοῦτο καλὸν ποιεῖ ἕκαστον.
Σωκράτης·
πότερον οὖν πρέπει, φήσει, ὅταν τις τὴν χύτραν ἣν ἄρτι ἐλέγομεν, τὴν καλήν, ἕψῃ ἔτνους καλοῦ μεστήν, χρυσῆ τορύνη αὐτῇ ἢ συκίνη;
Ἱππίας·
Ἡράκλεις, οἷον λέγεις ἄνθρωπον, ὦ Σώκρατες. οὐ [290e] βούλει μοι εἰπεῖν τίς ἐστιν;
Σωκράτης·
οὐ γὰρ ἂν γνοίης, εἴ σοι εἴποιμι τοὔνομα.
Ἱππίας·
ἀλλὰ καὶ νῦν ἔγωγε γιγνώσκω, ὅτι ἀμαθής τίς ἐστιν.
Σωκράτης·
μέρμερος πάνυ ἐστίν, ὦ Ἱππία· ἀλλ' ὅμως τί φήσομεν; ποτέραν πρέπειν τοῖν τορύναιν τῷ ἔτνει καὶ τῇ χύτρᾳ; ἢ δῆλον ὅτι τὴν συκίνην; εὐωδέστερον γάρ που τὸ ἔτνος ποιεῖ, καὶ ἅμα, ὦ ἑταῖρε, οὐκ ἂν συντρίψασα ἡμῖν τὴν χύτραν ἐκχέαι τὸ ἔτνος καὶ τὸ πῦρ ἀποσβέσειεν καὶ τοὺς μέλλοντας ἑστιᾶσθαι ἄνευ ὄψου ἂν πάνυ γενναίου ποιήσειεν· ἡ δὲ

χρυσῆ ἐκείνη πάντα ἂν ταῦτα ποιήσειεν, ὥστ' ἔμοιγε [291a] δοκεῖν τὴν συκίνην ἡμᾶς μᾶλλον φάναι πρέπειν ἢ τὴν χρυσῆν, εἰ μή τι σὺ ἄλλο λέγεις.
Ἱππίας:
πρέπει μὲν γάρ, ὦ Σώκρατες, μᾶλλον: οὐ μεντἂν ἔγωγε τῷ ἀνθρώπῳ τοιαῦτα ἐρωτῶντι διαλεγοίμην.
Σωκράτης:
ὀρθῶς γε, ὦ φίλε: σοὶ μὲν γὰρ οὐκ ἂν πρέποι τοιούτων ὀνομάτων ἀναπίμπλασθαι, καλῶς μὲν οὑτωσὶ ἀμπεχομένῳ, καλῶς δὲ ὑποδεδεμένῳ, εὐδοκιμοῦντι δὲ ἐπὶ σοφίᾳ ἐν πᾶσι τοῖς Ἕλλησιν. ἀλλ' ἐμοὶ οὐδὲν πρᾶγμα φύρεσθαι[291b] πρὸς τὸν ἄνθρωπον: ἐμὲ οὖν προδίδασκε καὶ ἐμὴν χάριν ἀποκρίνου. εἰ γὰρ δὴ πρέπει γε μᾶλλον ἡ συκίνη τῆς χρυσῆς, φήσει ὁ ἄνθρωπος, ἄλλο τι καὶ καλλίων ἂν εἴη, ἐπειδήπερ τὸ πρέπον, ὦ Σώκρατες, κάλλιον ὡμολόγησας εἶναι τοῦ μὴ πρέποντος; ἄλλο τι ὁμολογῶμεν, ὦ Ἱππία, τὴν συκίνην καλλίω τῆς χρυσῆς εἶναι;
Ἱππίας:
βούλει σοι εἴπω, ὦ Σώκρατες, ὃ εἰπὼν εἶναι τὸ καλὸν ἀπαλλάξεις σαυτὸν τῶν πολλῶν λόγων; [291c]
Σωκράτης:
πάνυ μὲν οὖν: μὴ μέντοι πρότερόν γε πρὶν ἄν μοι εἴπῃς ποτέραν ἀποκρίνωμαι οἷν ἄρτι ἔλεγον τοῖν τορύναιν πρέπουσάν τε καὶ καλλίω εἶναι.
Ἱππίας:
ἀλλ', εἰ βούλει, αὐτῷ ἀπόκριναι ὅτι ἡ ἐκ τῆς συκῆς εἰργασμένη.
Σωκράτης:
λέγε δὴ νυνὶ ὃ ἄρτι ἔμελλες λέγειν. ταύτῃ μὲν γὰρ τῇ ἀποκρίσει, [ᾗ] ἂν φῶ τὸ καλὸν χρυσὸν εἶναι, οὐδὲν ὡς ἔοικέ μοι ἀναφανήσεται κάλλιον ὂν χρυσὸς ἢ ξύλον σύκινον: τὸ δὲ νῦν τί αὖ λέγεις τὸ καλὸν εἶναι; [291d]
Ἱππίας:
ἐγώ σοι ἐρῶ. ζητεῖν γάρ μοι δοκεῖς τοιοῦτόν τι τὸ καλὸν ἀποκρίνασθαι, ὃ μηδέποτε αἰσχρὸν μηδαμοῦ μηδενὶ φανεῖται.
Σωκράτης:
πάνυ μὲν οὖν, ὦ Ἱππία: καὶ καλῶς γε νῦν ὑπολαμβάνεις.
Ἱππίας:
ἄκουε δή: πρὸς γὰρ τοῦτο ἴσθι, ἐάν τις ἔχῃ ὅτι ἀντείπῃ, φάναι ἐμὲ μηδ' ὁτιοῦν ἐπαΐειν.
Σωκράτης:
λέγε δὴ ὡς τάχιστα πρὸς θεῶν.
Ἱππίας:
λέγω τοίνυν ἀεὶ καὶ παντὶ καὶ πανταχοῦ κάλλιστον εἶναι ἀνδρί,

πλουτοῦντι, ὑγιαίνοντι, τιμωμένῳ ὑπὸ τῶν Ἑλλήνων, ἀφικομένῳ εἰς γῆρας, τοὺς αὑτοῦ γονέας τελευτήσαντας [291e] καλῶς περιστείλαντι, ὑπὸ τῶν αὑτοῦ ἐκγόνων καλῶς καὶ μεγαλοπρεπῶς ταφῆναι.
Σωκράτης:
ἰοὺ ἰού, ὦ Ἱππία, ἦ θαυμασίως τε καὶ μεγαλείως καὶ ἀξίως σαυτοῦ εἴρηκας: καὶ νὴ τὴν Ἥραν ἄγαμαί σου ὅτι μοι δοκεῖς εὐνοϊκῶς, καθ᾽ ὅσον οἷός τ᾽ εἶ, βοηθεῖν: ἀλλὰ γὰρ τοῦ ἀνδρὸς οὐ τυγχάνομεν, ἀλλ᾽ ἡμῶν δὴ νῦν καὶ πλεῖστον καταγελάσεται, εὖ ἴσθι.
Ἱππίας:
πονηρόν γ᾽, ὦ Σώκρατες, γέλωτα: ὅταν γὰρ πρὸς ταῦτα ἔχῃ μὲν μηδὲν ὅτι λέγῃ, γελᾷ δέ, αὐτοῦ καταγελάσεται [292a] καὶ ὑπὸ τῶν παρόντων αὐτὸς ἔσται καταγέλαστος.
Σωκράτης:
ἴσως οὕτως ἔχει: ἴσως μέντοι ἐπί γε ταύτῃ τῇ ἀποκρίσει, ὡς ἐγὼ μαντεύομαι, κινδυνεύσει οὐ μόνον μου καταγελᾶν.
Ἱππίας:
ἀλλὰ τί μήν;
Σωκράτης:
ὅτι, ἂν τύχῃ βακτηρίαν ἔχων, ἂν μὴ ἐκφύγω φεύγων αὐτόν, εὖ μάλα μου ἐφικέσθαι πειράσεται.
Ἱππίας:
πῶς λέγεις; δεσπότης τίς σου ὁ ἄνθρωπός ἐστιν, καὶ τοῦτο ποιήσας οὐκ ἀχθήσεται καὶ δίκας ὀφλήσει; ἢ οὐκ [292b] ἔνδικος ὑμῖν ἡ πόλις ἐστίν, ἀλλ᾽ ἐᾷ ἀδίκως τύπτειν ἀλλήλους τοὺς πολίτας;
Σωκράτης:
οὐδ᾽ ὁπωστιοῦν ἐᾷ.
Ἱππίας:
οὐκοῦν δώσει δίκην ἀδίκως γέ σε τύπτων.
Σωκράτης:
οὔ μοι δοκεῖ, ὦ Ἱππία, οὔκ, εἰ ταῦτά γε ἀποκριναίμην, ἀλλὰ δικαίως, ἔμοιγε δοκεῖ.
Ἱππίας:
καὶ ἐμοὶ τοίνυν δοκεῖ, ὦ Σώκρατες, ἐπειδήπερ γε αὐτὸς ταῦτα οἴει.
Σωκράτης:
οὐκοῦν εἴπω σοι καὶ ᾗ αὐτὸς οἴομαι δικαίως ἂν τύπτεσθαι ταῦτα ἀποκρινόμενος; ἢ καὶ σύ με ἄκριτον τυπτήσεις; ἢ δέξῃ λόγον; [292c]
Ἱππίας:
δεινὸν γὰρ ἂν εἴη, ὦ Σώκρατες, εἰ μὴ δεχοίμην: ἀλλὰ πῶς λέγεις;

Σωκράτης:
ἐγώ σοι ἐρῶ, τὸν αὐτὸν τρόπον ὅνπερ νυνδή, μιμούμενος ἐκεῖνον, ἵνα μὴ πρὸς σὲ λέγω ῥήματα, οἷα ἐκεῖνος εἰς ἐμὲ ἐρεῖ, χαλεπά τε καὶ ἀλλόκοτα. εὖ γὰρ ἴσθι, εἰπέ μοι, φήσει, ὦ Σώκρατες, οἴει ἂν ἀδίκως πληγὰς λαβεῖν, ὅστις διθύραμβον τοσουτονὶ ᾄσας οὕτως ἀμούσως πολὺ ἀπῇσας ἀπὸ τοῦ ἐρωτήματος; πῶς δή; φήσω ἐγώ. ὅπως; φήσει: οὐχ οἷός τ' εἶ μεμνῆσθαι ὅτι τὸ καλὸν αὐτὸ ἠρώτων, [292d] ὃ παντὶ ᾧ ἂν προσγένηται, ὑπάρχει ἐκείνῳ καλῷ εἶναι, καὶ λίθῳ καὶ ξύλῳ καὶ ἀνθρώπῳ καὶ θεῷ καὶ πάσῃ πράξει καὶ παντὶ μαθήματι; αὐτὸ γὰρ ἔγωγε, ὤνθρωπε, κάλλος ἐρωτῶ ὅτι ἐστίν, καὶ οὐδέν σοι μᾶλλον γεγωνεῖν δύναμαι ἢ εἴ μοι παρεκάθησο λίθος, καὶ οὗτος μυλίας, μήτε ὦτα μήτε ἐγκέφαλον ἔχων. εἰ οὖν φοβηθεὶς εἴποιμι ἐγὼ ἐπὶ τούτοις τάδε, ἆρα οὐκ ἂν ἄχθοιο, ὦ Ἱππία; ἀλλὰ μέντοι τόδε τὸ [292e] καλὸν εἶναι Ἱππίας ἔφη: καίτοι ἐγὼ αὐτὸν ἠρώτων οὕτως ὥσπερ σὺ ἐμέ, ὃ πᾶσι καλὸν καὶ ἀεί ἐστι. πῶς οὖν φῄς; οὐκ ἀχθέσῃ, ἂν εἴπω ταῦτα;
Ἱππίας:
εὖ γ' οὖν οἶδα, ὦ Σώκρατες, ὅτι πᾶσι καλὸν τοῦτ' ἐστίν, ὃ ἐγὼ εἶπον, καὶ δόξει.
Σωκράτης:
ἦ καὶ ἔσται; φήσει: ἀεὶ γάρ που τό γε καλὸν καλόν.
Ἱππίας:
πάνυ γε.
Σωκράτης:
οὐκοῦν καὶ ἦν; φήσει.
Ἱππίας:
καὶ ἦν.
Σωκράτης:
ἦ καὶ τῷ Ἀχιλλεῖ, φήσει, ὁ ξένος ὁ Ἠλεῖος ἔφη καλὸν εἶναι ὑστέρῳ τῶν προγόνων ταφῆναι, καὶ τῷ πάππῳ αὐτοῦ Αἰακῷ, καὶ τοῖς ἄλλοις ὅσοι [293a] ἐκ θεῶν γεγόνασι, καὶ αὐτοῖς τοῖς θεοῖς;
Ἱππίας:
τί τοῦτο; βάλλ' ἐς μακαρίαν. τοῦ ἀνθρώπου οὐδ' εὔφημα, ὦ Σώκρατες, ταυτά γε τὰ ἐρωτήματα.
Σωκράτης:
τί δέ; τὸ ἐρομένου ἑτέρου φάναι ταῦτα οὕτως ἔχειν οὐ πάνυ δύσφημον;
Ἱππίας:
ἴσως.
Σωκράτης:
ἴσως τοίνυν σὺ εἶ οὗτος, φήσει, ὃς παντὶ φῂς καὶ ἀεὶ καλὸν εἶναι ὑπὸ μὲν

τῶν ἐκγόνων ταφῆναι, τοὺς δὲ γονέας θάψαι· ἢ οὐχ εἷς τῶν ἁπάντων καὶ Ἡρακλῆς ἦν καὶ οὓς νυνδὴ ἐλέγομεν πάντες;
Ἱππίας:
ἀλλ' οὐ τοῖς θεοῖς ἔγωγε ἔλεγον. [293b]
Σωκράτης:
οὐδὲ τοῖς ἥρωσιν, ὡς ἔοικας.
Ἱππίας:
οὐχ ὅσοι γε θεῶν παῖδες ἦσαν.
Σωκράτης:
ἀλλ' ὅσοι μή;
Ἱππίας:
πάνυ γε.
Σωκράτης:
οὐκοῦν κατὰ τὸν σὸν αὖ λόγον, ὡς φαίνεται, τῶν ἡρώων τῷ μὲν Ταντάλῳ καὶ τῷ Δαρδάνῳ καὶ τῷ Ζήθῳ δεινόν τε καὶ ἀνόσιον καὶ αἰσχρόν ἐστι, Πέλοπι δὲ καὶ τοῖς ἄλλοις τοῖς οὕτω γεγονόσι καλόν.
Ἱππίας:
ἔμοιγε δοκεῖ.
Σωκράτης:
σοὶ τοίνυν δοκεῖ, φήσει, ὃ ἄρτι οὐκ ἔφησθα, τὸ θάψαντι τοὺς προγόνους ταφῆναι ὑπὸ τῶν ἐκγόνων ἐνίοτε καὶ [293c] ἐνίοις αἰσχρὸν εἶναι· ἔτι δὲ μᾶλλον, ὡς ἔοικεν, ἀδύνατον πᾶσι τοῦτο γενέσθαι καὶ εἶναι καλόν, ὥστε τοῦτό γε ὥσπερ καὶ τὰ ἔμπροσθεν ἐκεῖνα, ἥ τε παρθένος καὶ ἡ χύτρα, ταὐτὸν πέπονθε, καὶ ἔτι γελοιοτέρως τοῖς μέν ἐστι καλόν, τοῖς δ' οὐ καλόν. καὶ οὐδέπω καὶ τήμερον, φήσει, οἷός τ' εἶ, ὦ Σώκρατες, περὶ τοῦ καλοῦ ὅτι ἐστὶ τὸ ἐρωτώμενον ἀποκρίνασθαι. ταῦτά μοι καὶ τοιαῦτα ὀνειδιεῖ δικαίως, ἐὰν αὐτῷ οὕτως ἀποκρίνωμαι. τὰ μὲν οὖν πολλά, ὦ Ἱππία, σχεδὸν [293d] τί μοι οὕτω διαλέγεται· ἐνίοτε δὲ ὥσπερ ἐλεήσας μου τὴν ἀπειρίαν καὶ ἀπαιδευσίαν αὐτός μοι προβάλλει ἐρωτῶν εἰ τοιόνδε μοι δοκεῖ εἶναι τὸ καλόν, ἢ καὶ περὶ ἄλλου ὅτου ἂν τύχῃ πυνθανόμενος καὶ περὶ οὗ ἂν λόγος ᾖ.
Ἱππίας:
πῶς τοῦτο λέγεις, ὦ Σώκρατες;
Σωκράτης:
ἐγώ σοι φράσω. ὦ δαιμόνιε, φησί, Σώκρατες, τὰ μὲν τοιαῦτα ἀποκρινόμενος καὶ οὕτω παῦσαι· λίαν γὰρ εὐήθη τε καὶ εὐεξέλεγκτά ἐστιν· ἀλλὰ τὸ τοιόνδε [293e] σκόπει εἴ σοι δοκεῖ καλὸν εἶναι, οὗ καὶ νυνδὴ ἐπελαβόμεθα ἐν τῇ ἀποκρίσει, ἡνίκ' ἔφαμεν τὸν χρυσὸν οἷς μὲν πρέπει καλὸν εἶναι, οἷς δὲ μή, οὔ, καὶ τἆλλα πάντα οἷς ἂν τοῦτο προσῇ· αὐτὸ δὴ

115

τοῦτο τὸ πρέπον καὶ τὴν φύσιν αὐτοῦ τοῦ πρέποντος σκόπει εἰ τοῦτο τυγχάνει ὂν τὸ καλόν. ἐγὼ μὲν οὖν εἴωθα συμφάναι τὰ τοιαῦτα ἑκάστοτεοὐ γὰρ ἔχω ὅτι λέγωσοὶ δ᾽ οὖν δοκεῖ τὸ πρέπον καλὸν εἶναι;
Ἱππίας:
πάντως δήπου, ὦ Σώκρατες.
Σωκράτης:
σκοπώμεθα, μή πῃ ἄρ᾽ ἐξαπατώμεθα.
Ἱππίας:
ἀλλὰ χρὴ σκοπεῖν.
Σωκράτης:
ὅρα τοίνυν: τὸ πρέπον ἆρα τοῦτο λέγομεν, ὃ παραγενόμενον [294a] ποιεῖ ἕκαστα φαίνεσθαι καλὰ τούτων οἷς ἂν παρῇ, ἢ ὃ εἶναι ποιεῖ, ἢ οὐδέτερα τούτων;
Ἱππίας:
ἔμοιγε δοκεῖ [πότερα}} ὃ ποιεῖ φαίνεσθαι καλά: ὥσπερ γε ἐπειδὰν ἱμάτιά τις λάβῃ ἢ ὑποδήματα ἁρμόττοντα, κἂν ᾖ γελοῖος, καλλίων φαίνεται.
Σωκράτης:
οὐκοῦν εἴπερ καλλίω ποιεῖ φαίνεσθαι ἢ ἔστι τὸ πρέπον, ἀπάτη τις ἂν εἴη περὶ τὸ καλὸν τὸ πρέπον, καὶ οὐκ ἂν εἴη τοῦτο ὃ ἡμεῖς ζητοῦμεν, ὦ Ἱππία; ἡμεῖς μὲν γάρ που [294b] ἐκεῖνο ἐζητοῦμεν, ᾧ πάντα τὰ καλὰ πράγματα καλά ἐστιν ὥσπερ ᾧ πάντα τὰ μεγάλα ἐστὶ μεγάλα, τῷ ὑπερέχοντι: τούτῳ γὰρ πάντα μεγάλα ἐστί, καὶ ἐὰν μὴ φαίνηται, ὑπερέχῃ δέ, ἀνάγκη αὐτοῖς μεγάλοις εἶναιοὕτω δή, φαμέν, καὶ τὸ καλόν, ᾧ καλὰ πάντα ἐστίν, ἄντ᾽ οὖν φαίνηται ἄντε μή, τί ἂν εἴη; τὸ μὲν γὰρ πρέπον οὐκ ἂν εἴη: καλλίω γὰρ ποιεῖ φαίνεσθαι ἢ ἔστιν, ὡς ὁ σὸς λόγος, οἷα δ᾽ ἔστιν οὐκ ἐᾷ φαίνεσθαι. τὸ δὲ ποιοῦν εἶναι καλά, ὅπερ νυνδὴ εἶπον, [294c] ἐάντε φαίνηται ἐάντε μή, πειρατέον λέγειν τί ἐστι: τοῦτο γὰρ ζητοῦμεν, εἴπερ τὸ καλὸν ζητοῦμεν.
Ἱππίας:
ἀλλὰ τὸ πρέπον, ὦ Σώκρατες, καὶ εἶναι καὶ φαίνεσθαι ποιεῖ καλὰ παρόν.
Σωκράτης:
ἀδύνατον ἄρα τῷ ὄντι καλὰ ὄντα μὴ φαίνεσθαι καλὰ εἶναι, παρόντος γε τοῦ ποιοῦντος φαίνεσθαι;
Ἱππίας:
ἀδύνατον.
Σωκράτης:
ὁμολογήσομεν οὖν τοῦτο, ὦ Ἱππία, πάντα τὰ τῷ ὄντι καλὰ καὶ νόμιμα καὶ ἐπιτηδεύματα καὶ δοξάζεσθαι καλὰ [294d]εἶναι καὶ φαίνεσθαι ἀεὶ πᾶσιν, ἢ πᾶν τοὐναντίον ἀγνοεῖσθαι καὶ πάντων μάλιστα ἔριν καὶ μάχην περὶ αὐτῶν εἶναι καὶ ἰδίᾳ ἑκάστοις καὶ δημοσίᾳ ταῖς πόλεσιν;

Ἱππίας:
οὕτω μᾶλλον, ὦ Σώκρατες: ἀγνοεῖσθαι.
Σωκράτης:
οὐκ ἄν, εἴ γέ που τὸ φαίνεσθαι αὐτοῖς προσῆν: προσῆν δ' ἄν, εἴπερ τὸ πρέπον καλὸν ἦν καὶ μὴ μόνον καλὰ ἐποίει εἶναι ἀλλὰ καὶ φαίνεσθαι. ὥστε τὸ πρέπον, εἰ μὲν τὸ καλὰ ποιοῦν ἐστιν εἶναι, τὸ μὲν καλὸν ἂν εἴη, ὃ ἡμεῖς ζητοῦμεν, οὐ μέντοι τό γε ποιοῦν φαίνεσθαι: εἰ δ' αὖ τὸ [294e] φαίνεσθαι ποιοῦν ἐστιν τὸ πρέπον, οὐκ ἂν εἴη τὸ καλόν, ὃ ἡμεῖς ζητοῦμεν. εἶναι γὰρ ἐκεῖνό γε ποιεῖ, φαίνεσθαι δὲ καὶ [ποιεῖν] εἶναι οὐ μόνον καλὰ οὐκ ἄν ποτε δύναιτο τὸ αὐτό, ἀλλ' οὐδὲ ἄλλο ὁτιοῦν. ἑλώμεθα δὴ πότερα δοκεῖ τὸ πρέπον εἶναι τὸ φαίνεσθαι καλὰ ποιοῦν, ἢ τὸ εἶναι.
Ἱππίας:
τὸ φαίνεσθαι, ἔμοιγε δοκεῖ, ὦ Σώκρατες.
Σωκράτης:
βαβαῖ, οἴχεται ἄρ' ἡμᾶς διαπεφευγός, ὦ Ἱππία, τὸ καλὸν γνῶναι ὅτι ποτέ ἐστιν, ἐπειδή γε τὸ πρέπον ἄλλο τι ἐφάνη ὂν ἢ καλόν.
Ἱππίας:
ναὶ μὰ Δία, ὦ Σώκρατες, καὶ μάλα ἔμοιγε ἀτόπως. [295a]
Σωκράτης:
ἀλλὰ μέντοι, ὦ ἑταῖρε, μήπω γε ἀνῶμεν αὐτό: ἔτι γάρ τινα ἐλπίδα ἔχω ἐκφανήσεσθαι τί ποτ' ἐστὶν τὸ καλόν.
Ἱππίας:
πάντως δήπου, ὦ Σώκρατες: οὐδὲ γὰρ χαλεπόν ἐστιν εὑρεῖν. ἐγὼ μὲν οὖν εὖ οἶδ' ὅτι, εἰ ὀλίγον χρόνον εἰς ἐρημίαν ἐλθὼν σκεψαίμην πρὸς ἐμαυτόν, ἀκριβέστερον ἂν αὐτό σοι εἴποιμι τῆς ἁπάσης ἀκριβείας.
Σωκράτης:
ἃ μὴ μέγα, ὦ Ἱππία, λέγε. ὁρᾷς ὅσα πράγματα ἡμῖν ἤδη παρέσχηκε: μὴ καὶ ὀργισθὲν ἡμῖν ἔτι μᾶλλον [295b] ἀποδρᾷ. καίτοι οὐδὲν λέγω: σὺ μὲν γὰρ οἶμαι ῥᾳδίως αὐτὸ εὑρήσεις, ἐπειδὰν μόνος γένῃ. ἀλλὰ πρὸς θεῶν ἐμοῦ ἐναντίον αὐτὸ ἔξευρε, εἰ δὲ βούλει, ὥσπερ νῦν ἐμοὶ συζήτει: καὶ ἐὰν μὲν εὕρωμεν, κάλλιστα ἕξει, εἰ δὲ μή, στέρξω οἶμαι ἐγὼ τῇ ἐμῇ τύχῃ, σὺ δ' ἀπελθὼν ῥᾳδίως εὑρήσεις: καὶ ἐὰν μὲν νῦν εὕρωμεν, ἀμέλει οὐκ ὀχληρὸς ἔσομαί σοι πυνθανόμενος ὅτι ἦν ἐκεῖνο ὃ κατὰ σαυτὸν ἐξηῦρες: νῦν δὲ θέασαι αὐτὸ ὅ σοι [295c] δοκεῖ εἶναι τὸ καλόν. λέγω δὴ αὐτὸ εἶναιἀλλὰ γὰρ ἐπισκόπει μοι πάνυ προσέχων τὸν νοῦν μὴ παραληρήσωτοῦτο γὰρ δὴ ἔστω ἡμῖν καλόν, ὃ ἂν χρήσιμον ᾖ. εἶπον δὲ ἐκ τῶνδε ἐννοούμενος: καλοί, φαμέν, οἱ ὀφθαλμοί εἰσιν, οὐχ οἳ ἂν δοκῶσι τοιοῦτοι εἶναι οἷοι μὴ δυνατοὶ ὁρᾶν, ἀλλ' οἳ ἂν δυνατοί τε καὶ χρήσιμοι πρὸς τὸ ἰδεῖν. ἦ γάρ;

Ἱππίας:
ναί.
Σωκράτης:
οὐκοῦν καὶ τὸ ὅλον σῶμα οὕτω λέγομεν καλὸν εἶναι, τὸ μὲν πρὸς δρόμον, τὸ δὲ πρὸς πάλην, καὶ αὖ τὰ [295d]ζῷα πάντα, ἵππον καλὸν καὶ ἀλεκτρυόνα καὶ ὄρτυγα, καὶ τὰ σκεύη πάντα καὶ τὰ ὀχήματα τά τε πεζὰ καὶ τὰ ἐν τῇ θαλάττῃ πλοῖά τε καὶ τριήρεις, καὶ τά γε ὄργανα πάντα τά τε ὑπὸ τῇ μουσικῇ καὶ τὰ ὑπὸ ταῖς ἄλλαις τέχναις, εἰ δὲ βούλει, τὰ ἐπιτηδεύματα καὶ τοὺς νόμους, σχεδόν τι πάντα ταῦτα καλὰ προσαγορεύομεν τῷ αὐτῷ τρόπῳ· ἀποβλέποντες πρὸς ἕκαστον αὐτῶν ᾗ πέφυκεν, ᾗ εἴργασται, ᾗ κεῖται, τὸ μὲν χρήσιμον καὶ ᾗ χρήσιμον καὶ πρὸς ὃ χρήσιμον [295e] καὶ ὁπότε χρήσιμον καλόν φαμεν εἶναι, τὸ δὲ ταύτῃ πάντῃ ἄχρηστον αἰσχρόν· ἆρ' οὐ καὶ σοὶ δοκεῖ οὕτως, ὦ Ἱππία;
Ἱππίας:
ἔμοιγε.
Σωκράτης:
ὀρθῶς ἄρα νῦν λέγομεν ὅτι τυγχάνει παντὸς ὂν μᾶλλον καλὸν τὸ χρήσιμον;
Ἱππίας:
ὀρθῶς μέντοι, ὦ Σώκρατες.
Σωκράτης:
οὐκοῦν τὸ δυνατὸν ἕκαστον ἀπεργάζεσθαι, εἰς ὅπερ δυνατόν, εἰς τοῦτο καὶ χρήσιμον, τὸ δὲ ἀδύνατον ἄχρηστον;
Ἱππίας:
πάνυ γε.
Σωκράτης:
δύναμις μὲν ἄρα καλόν, ἀδυναμία δὲ αἰσχρόν;
Ἱππίας:
σφόδρα γε. τά τε γοῦν ἄλλα, [296a] ὦ Σώκρατες, μαρτυρεῖ ἡμῖν ὅτι τοῦτο οὕτως ἔχει, ἀτὰρ οὖν καὶ τὰ πολιτικά· ἐν γὰρ τοῖς πολιτικοῖς τε καὶ τῇ ἑαυτοῦ πόλει τὸ μὲν δυνατὸν εἶναι πάντων κάλλιστον, τὸ δὲ ἀδύνατον πάντων αἴσχιστον.
Σωκράτης:
εὖ λέγεις. ἆρ' οὖν πρὸς θεῶν, Ἱππία, διὰ ταῦτα καὶ ἡ σοφία πάντων κάλλιστον, ἡ δὲ ἀμαθία πάντων αἴσχιστον;
Ἱππίας:
ἀλλὰ τί οἴει, ὦ Σώκρατες;
Σωκράτης:
ἔχε δὴ ἠρέμα, ὦ φίλε ἑταῖρε· ὡς φοβοῦμαι τί ποτ' αὖ λέγομεν. [296b]

Ἱππίας:
τί δ' αὖ φοβῇ, ὦ Σώκρατες, ἐπεὶ νῦν γέ σοι ὁ λόγος παγκάλως προβέβηκε;
Σωκράτης:
βουλοίμην ἄν, ἀλλά μοι τόδε συνεπίσκεψαι· ἆρ' ἄν τίς τι ποιήσειεν ὃ μήτ' ἐπίσταιτο μήτε τὸ παράπαν δύναιτο;
Ἱππίας:
οὐδαμῶς· πῶς γὰρ ἂν ὅ γε μὴ δύναιτο;
Σωκράτης:
οἱ οὖν ἐξαμαρτάνοντες καὶ κακὰ ἐργαζόμενοί τε καὶ ποιοῦντες ἄκοντες, ἄλλο τι οὗτοι, εἰ μὴ ἐδύναντο ταῦτα ποιεῖν, οὐκ ἄν ποτε ἐποίουν;
Ἱππίας:
δῆλον δή.
Σωκράτης:
ἀλλὰ μέντοι δυνάμει [296c] γε δύνανται οἱ δυνάμενοι· οὐ γάρ που ἀδυναμίᾳ γε.
Ἱππίας:
οὐ δῆτα.
Σωκράτης:
δύνανται δέ γε πάντες ποιεῖν οἱ ποιοῦντες ἃ ποιοῦσιν;
Ἱππίας:
ναί.
Σωκράτης:
κακὰ δέ γε πολὺ πλείω ποιοῦσιν ἢ ἀγαθὰ πάντες ἄνθρωποι, ἀρξάμενοι ἐκ παίδων, καὶ ἐξαμαρτάνουσιν ἄκοντες.
Ἱππίας:
ἔστι ταῦτα.
Σωκράτης:
τί οὖν; ταύτην τὴν δύναμιν καὶ ταῦτα τὰ χρήσιμα, ἃ ἂν ᾖ ἐπὶ τὸ κακόν τι ἐργάζεσθαι χρήσιμα, ἆρα φήσομεν ταῦτα εἶναι [296d]καλά, ἢ πολλοῦ δεῖ;
Ἱππίας:
πολλοῦ, ἔμοιγε δοκεῖ, ὦ Σώκρατες.
Σωκράτης:
οὐκ ἄρα, ὦ Ἱππία, τὸ δυνατόν τε καὶ τὸ χρήσιμον ἡμῖν, ὡς ἔοικεν, ἐστὶ τὸ καλόν.
Ἱππίας:
ἐάν γε, ὦ Σώκρατες, ἀγαθὰ δύνηται καὶ ἐπὶ τοιαῦτα χρήσιμον ᾖ.
Σωκράτης:
ἐκεῖνο μὲν τοίνυν οἴχεται, τὸ δυνατόν τε καὶ χρήσιμον ἁπλῶς εἶναι καλόν· ἀλλ' ἆρα τοῦτ' ἦν ἐκεῖνο, ὦ Ἱππία, ὃ ἐβούλετο ἡμῶν ἡ ψυχὴ εἰπεῖν, ὅτι τὸ

χρήσιμόν τε καὶ τὸ δυνατὸν ἐπὶ τὸ ἀγαθόν τι ποιῆσαι, τοῦτ' ἐστὶ τὸ [296e] καλόν;
Ἱππίας:
ἔμοιγε δοκεῖ.
Σωκράτης:
ἀλλὰ μὴν τοῦτό γε ὠφέλιμόν ἐστιν. ἢ οὔ;
Ἱππίας:
πάνυ γε.
Σωκράτης:
οὕτω δὴ καὶ τὰ καλὰ σώματα καὶ τὰ καλὰ νόμιμα καὶ ἡ σοφία καὶ ἃ νυνδὴ ἐλέγομεν πάντα καλά ἐστιν, ὅτι ὠφέλιμα.
Ἱππίας:
δῆλον ὅτι.
Σωκράτης:
τὸ ὠφέλιμον ἄρα ἔοικεν ἡμῖν εἶναι τὸ καλόν, ὦ Ἱππία.
Ἱππίας:
πάντως δήπου, ὦ Σώκρατες.
Σωκράτης:
ἀλλὰ μὴν τό γε ὠφέλιμον τὸ ποιοῦν ἀγαθόν ἐστιν.
Ἱππίας:
ἔστι γάρ.
Σωκράτης:
τὸ ποιοῦν δέ γ' ἐστὶν οὐκ ἄλλο τι ἢ τὸ αἴτιον: ἦ γάρ;
Ἱππίας:
οὕτως.
Σωκράτης:
τοῦ ἀγαθοῦ ἄρα [297a] αἴτιόν ἐστιν τὸ καλόν.
Ἱππίας:
ἔστι γάρ.
Σωκράτης:
ἀλλὰ μὴν τό γε αἴτιον, ὦ Ἱππία, καὶ οὗ ἂν αἴτιον ᾖ τὸ αἴτιον, ἄλλο ἐστίν: οὐ γάρ που τό γε αἴτιον αἰτίου αἴτιον ἂν εἴη. ὧδε δὲ σκόπει: οὐ τὸ αἴτιον ποιοῦν ἐφάνη;
Ἱππίας:
πάνυ γε.
Σωκράτης:
οὐκοῦν ὑπὸ τοῦ ποιοῦντος ποιεῖται οὐκ ἄλλο τι ἢ τὸ γιγνόμενον, ἀλλ' οὐ τὸ ποιοῦν;

Ἱππίας:
ἔστι ταῦτα.
Σωκράτης:
οὐκοῦν ἄλλο τι τὸ γιγνόμενον, ἄλλο δὲ τὸ ποιοῦν;
Ἱππίας:
ναί.
Σωκράτης:
οὐκ ἄρα τό γ' αἴτιον αἴτιον [297b] αἰτίου ἐστίν, ἀλλὰ τοῦ γιγνομένου ὑφ' ἑαυτοῦ.
Ἱππίας:
πάνυ γε.
Σωκράτης:
εἰ ἄρα τὸ καλόν ἐστιν αἴτιον ἀγαθοῦ, γίγνοιτ' ἂν ὑπὸ τοῦ καλοῦ τὸ ἀγαθόν· καὶ διὰ ταῦτα, ὡς ἔοικε, σπουδάζομεν καὶ τὴν φρόνησιν καὶ τἆλλα πάντα τὰ καλά, ὅτι τὸ ἔργον αὐτῶν καὶ τὸ ἔκγονον σπουδαστόν ἐστι, τὸ ἀγαθόν, καὶ κινδυνεύει ἐξ ὧν εὑρίσκομεν ἐν πατρός τινος ἰδέᾳ εἶναι τὸ καλὸν τοῦ ἀγαθοῦ.
Ἱππίας:
πάνυ μὲν οὖν· καλῶς γὰρ λέγεις, ὦ Σώκρατες.
Σωκράτης:
οὐκοῦν καὶ τόδε καλῶς λέγω, ὅτι οὔτε ὁ πατὴρ ὑός [297c] ἐστιν, οὔτε ὁ ὑὸς πατήρ;
Ἱππίας:
καλῶς μέντοι.
Σωκράτης:
οὐδέ γε τὸ αἴτιον γιγνόμενόν ἐστιν, οὐδὲ τὸ γιγνόμενον αὖ αἴτιον.
Ἱππίας:
ἀληθῆ λέγεις.
Σωκράτης:
μὰ Δία, ὦ ἄριστε, οὐδὲ ἄρα τὸ καλὸν ἀγαθόν ἐστιν, οὐδὲ τὸ ἀγαθὸν καλόν· ἢ δοκεῖ σοι οἷόν τε εἶναι ἐκ τῶν προειρημένων;
Ἱππίας:
οὐ μὰ τὸν Δία, οὔ μοι φαίνεται.
Σωκράτης:
ἀρέσκει οὖν ἡμῖν καὶ ἐθέλοιμεν ἂν λέγειν ὡς τὸ καλὸν οὐκ ἀγαθὸν οὐδὲ τὸ ἀγαθὸν καλόν;
Ἱππίας:
οὐ μὰ τὸν Δία, οὐ πάνυ μοι ἀρέσκει.

Σωκράτης:
ναὶ μὰ τὸν Δία, ὦ Ἱππία· ἐμοὶ δέ γε πάντων [297d]ἥκιστα ἀρέσκει ὧν εἰρήκαμεν λόγων.
Ἱππίας:
ἔοικε γὰρ οὕτως.
Σωκράτης:
κινδυνεύει ἄρα ἡμῖν, οὐχ ὥσπερ ἄρτι ἐφαίνετο κάλλιστος εἶναι τῶν λόγων τὸ ὠφέλιμον καὶ τὸ χρήσιμόν τε καὶ τὸ δυνατὸν ἀγαθόν τι ποιεῖν καλὸν εἶναι, οὐχ οὕτως ἔχειν, ἀλλ', εἰ οἷόν τέ ἐστιν, ἐκείνων εἶναι γελοιότερος τῶν πρώτων, ἐν οἷς τήν τε παρθένον ᾠόμεθα εἶναι τὸ καλὸν καὶ ἓν ἕκαστον τῶν ἔμπροσθεν λεχθέντων.
Ἱππίας:
ἔοικεν.
Σωκράτης:
καὶ ἐγὼ μέν γε οὐκ ἔτι ἔχω, ὦ Ἱππία, ὅποι τράπωμαι, ἀλλ' ἀπορῶ· σὺ δὲ ἔχεις τι λέγειν; [297e]
Ἱππίας:
οὐκ ἔν γε τῷ παρόντι, ἀλλ', ὥσπερ ἄρτι ἔλεγον, σκεψάμενος εὖ οἶδ' ὅτι εὑρήσω.
Σωκράτης:
ἀλλ' ἐγώ μοι δοκῶ ὑπὸ ἐπιθυμίας τοῦ εἰδέναι οὐχ οἷός τε σὲ εἶναι περιμένειν μέλλοντα· καὶ γὰρ οὖν δή τι καὶ οἶμαι ἄρτι ηὐπορηκέναι. ὅρα γάρ· εἰ ὃ ἂν χαίρειν ἡμᾶς ποιῇ, μήτι πάσας τὰς ἡδονάς, ἀλλ' ὃ ἂν διὰ τῆς ἀκοῆς καὶ τῆς ὄψεως, τοῦτο φαῖμεν εἶναι καλόν, πῶς τι ἄρ' ἂν ἀγωνιζοίμεθα; [298a] οἵ τέ γέ που καλοὶ ἄνθρωποι, ὦ Ἱππία, καὶ τὰ ποικίλματα πάντα καὶ τὰ ζωγραφήματα καὶ τὰ πλάσματα τέρπει ἡμᾶς ὁρῶντας, ἃ ἂν καλὰ ᾖ· καὶ οἱ φθόγγοι οἱ καλοὶ καὶ ἡ μουσικὴ σύμπασα καὶ οἱ λόγοι καὶ αἱ μυθολογίαι ταὐτὸν τοῦτο ἐργάζονται, ὥστ' εἰ ἀποκριναίμεθα τῷ θρασεῖ ἐκείνῳ ἀνθρώπῳ ὅτι ὦ γενναῖε, τὸ καλόν ἐστι τὸ δι' ἀκοῆς τε καὶ δι' ὄψεως ἡδύ, οὐκ ἂν οἴει αὐτὸν τοῦ θράσους ἐπίσχοιμεν;
Ἱππίας:
ἐμοὶ γοῦν δοκεῖ νῦν γε, ὦ Σώκρατες, εὖ λέγεσθαι [298b] τὸ καλὸν ὃ ἔστιν.
Σωκράτης:
τί δ'; ἆρα τὰ ἐπιτηδεύματα τὰ καλὰ καὶ τοὺς νόμους, ὦ Ἱππία, δι' ἀκοῆς ἢ δι' ὄψεως φήσομεν ἡδέα ὄντα καλὰ εἶναι, ἢ ἄλλο τι εἶδος ἔχειν;
Ἱππίας:
ταῦτα δ' ἴσως, ὦ Σώκρατες, κἂν παραλάθοι τὸν ἄνθρωπον.

Σωκράτης:
μὰ τὸν κύνα, ὦ Ἱππία, οὐχ ὅν γ' ἂν ἐγὼ μάλιστα αἰσχυνοίμην ληρῶν καὶ προσποιούμενός τι λέγειν μηδὲν λέγων.
Ἱππίας:
τίνα τοῦτον;
Σωκράτης:
τὸν Σωφρονίσκου, ὃς ἐμοὶ οὐδὲν ἂν μᾶλλον ταῦτα [298c] ἐπιτρέποι ἀνερεύνητα ὄντα ῥᾳδίως λέγειν ἢ ὡς εἰδότα ἃ μὴ οἶδα.
Ἱππίας:
ἀλλὰ μὴν ἔμοιγε καὶ αὐτῷ, ἐπειδὴ σὺ εἶπες, δοκεῖ τι ἄλλο εἶναι τοῦτο τὸ περὶ τοὺς νόμους.
Σωκράτης:
ἔχ' ἡσυχῇ, ὦ Ἱππία: κινδυνεύομεν γάρ τοι, ἐν τῇ αὐτῇ ἐμπεπτωκότες ἀπορίᾳ περὶ τοῦ καλοῦ ἐν ᾗπερ νυνδή, οἴεσθαι ἐν ἄλλῃ τινὶ εὐπορίᾳ εἶναι.
Ἱππίας:
πῶς τοῦτο λέγεις, ὦ Σώκρατες;
Σωκράτης:
ἐγώ σοι φράσω ὅ γ' ἐμοὶ καταφαίνεται, εἰ ἄρα τὶ [298d] λέγω. ταῦτα μὲν γὰρ τὰ περὶ τοὺς νόμους τε καὶ τὰ ἐπιτηδεύματα τάχ' ἂν φανείη οὐκ ἐκτὸς ὄντα τῆς αἰσθήσεως ἣ διὰ τῆς ἀκοῆς τε καὶ ὄψεως ἡμῖν οὖσα τυγχάνει: ἀλλ' ὑπομείνωμεν τοῦτον τὸν λόγον, τὸ διὰ τούτων ἡδὺ καλὸν εἶναι, μηδὲν τὸ τῶν νόμων εἰς μέσον παράγοντες. ἀλλ' εἰ ἡμᾶς ἔροιτο εἴτε οὗτος ὃν λέγω, εἴτε ἄλλος ὁστισοῦν: τί δή, ὦ Ἱππία τε καὶ Σώκρατες, ἀφωρίσατε τοῦ ἡδέος τὸ ταύτῃ ἡδὺ ᾗ λέγετε καλὸν εἶναι, τὸ δὲ κατὰ τὰς ἄλλας [298e] αἰσθήσεις σίτων τε καὶ ποτῶν καὶ τῶν περὶ τἀφροδίσια καὶ τἆλλα πάντα τὰ τοιαῦτα οὔ φατε καλὰ εἶναι; ἢ οὐδὲ ἡδέα, οὐδὲ ἡδονὰς τὸ παράπαν ἐν τοῖς τοιούτοις φατὲ εἶναι, οὐδ' ἐν ἄλλῳ ἢ τῷ ἰδεῖν τε καὶ ἀκοῦσαι; τί φήσομεν, ὦ Ἱππία;
Ἱππίας:
πάντως δήπου φήσομεν, ὦ Σώκρατες, καὶ ἐν τοῖς ἄλλοις μεγάλας πάνυ ἡδονὰς εἶναι.
Σωκράτης:
τί οὖν, φήσει, ἡδονὰς οὔσας οὐδὲν ἧττον ἢ καὶ ἐκείνας ἀφαιρεῖσθε τοῦτο τοὔνομα καὶ ἀποστερεῖτε τοῦ [299a] καλὰς εἶναι; ὅτι, φήσομεν, καταγελῴη ἂν ἡμῶν οὐδεὶς ὅστις οὔ, εἰ φαῖμεν μὴ ἡδὺ εἶναι φαγεῖν, ἀλλὰ καλόν, καὶ ὄζειν ἡδὺ μὴ ἡδὺ ἀλλὰ καλόν: τὰ δέ που περὶ τὰ ἀφροδίσια πάντες ἂν ἡμῖν μάχοιντο ὡς ἥδιστον ὄν, δεῖν δὲ αὐτό, ἐάν τις καὶ πράττῃ, οὕτω πράττειν ὥστε μηδένα ὁρᾶν, ὡς αἴσχιστον ὂν ὁρᾶσθαι. ταῦτα ἡμῶν λεγόντων, ὦ Ἱππία, μανθάνω, ἂν ἴσως φαίη, καὶ ἐγὼ ὅτι πάλαι αἰσχύνεσθε

ταύτας τὰς ἡδονὰς φάναι καλὰς εἶναι, ὅτι οὐ δοκεῖ τοῖς [299b] ἀνθρώποις: ἀλλ' ἐγὼ οὐ τοῦτο ἠρώτων, ὃ δοκεῖ τοῖς πολλοῖς καλὸν εἶναι, ἀλλ' ὅτι ἔστιν. ἐροῦμεν δὴ οἶμαι ὅπερ ὑπεθέμεθα, ὅτι τοῦθ' ἡμεῖς γέ φαμεν τὸ μέρος τοῦ ἡδέος, τὸ ἐπὶ τῇ ὄψει τε καὶ ἀκοῇ γιγνόμενον, καλὸν εἶναι. ἀλλὰ ἔχεις ἔτι τι χρῆσθαι τῷ λόγῳ, ἤ τι καὶ ἄλλο ἐροῦμεν, ὦ Ἱππία;
Ἱππίας:
ἀνάγκη πρός γε τὰ εἰρημένα, ὦ Σώκρατες, μὴ ἄλλ' ἄττα ἢ ταῦτα λέγειν.
Σωκράτης:
καλῶς δὴ λέγετε, φήσει. οὐκοῦν εἴπερ τὸ [299c] δι' ὄψεως καὶ ἀκοῆς ἡδὺ καλόν ἐστιν, ὃ μὴ τοῦτο τυγχάνει ὂν τῶν ἡδέων, δῆλον ὅτι οὐκ ἂν καλὸν εἴη; ὁμολογήσομεν;
Ἱππίας:
ναί.
Σωκράτης:
ἦ οὖν τὸ δι' ὄψεως ἡδύ, φήσει, δι' ὄψεως καὶ ἀκοῆς ἐστιν ἡδύ, ἢ τὸ δι' ἀκοῆς ἡδὺ δι' ἀκοῆς καὶ δι' ὄψεώς ἐστιν ἡδύ; οὐδαμῶς, φήσομεν, τὸ διὰ τοῦ ἑτέρου ὂν τοῦτο δι' ἀμφοτέρων εἴη ἄντοῦτο γὰρ δοκεῖς ἡμῖν λέγεινἀλλ' ἡμεῖς ἐλέγομεν ὅτι καὶ ἑκάτερον τούτων αὐτὸ καθ' αὑτὸ τῶν ἡδέων καλὸν εἴη, καὶ ἀμφότερα. οὐχ οὕτως ἀποκρινούμεθα; [299d]
Ἱππίας:
πάνυ μὲν οὖν.
Σωκράτης:
ἆρ' οὖν, φήσει, ἡδὺ ἡδέος ὁτιοῦν ὁτουοῦν διαφέρει τούτῳ, τῷ ἡδὺ εἶναι; μὴ γὰρ εἰ μείζων τις ἡδονὴ ἢ ἐλάττων ἢ μᾶλλον ἢ ἧττόν ἐστιν, ἀλλ' εἴ τις αὐτῷ τούτῳ διαφέρει, τῷ ἡ μὲν ἡδονὴ εἶναι, ἡ δὲ μὴ ἡδονή, τῶν ἡδονῶν; οὐχ ἡμῖν γε δοκεῖ: οὐ γάρ;
Ἱππίας:
οὐ γὰρ οὖν δοκεῖ.
Σωκράτης:
οὐκοῦν, φήσει, δι' ἄλλο τι ἢ ὅτι ἡδοναί εἰσι προείλεσθε ταύτας τὰς ἡδονὰς ἐκ τῶν ἄλλων ἡδονῶν, τοιοῦτόν [299e] τι ὁρῶντες ἐπ' ἀμφοῖν, ὅτι ἔχουσί τι διάφορον τῶν ἄλλων, εἰς ὃ ἀποβλέποντες καλάς φατε αὐτὰς εἶναι; οὐ γὰρ που διὰ τοῦτο καλή ἐστιν ἡδονὴ ἡ διὰ τῆς ὄψεως, ὅτι δι' ὄψεώς ἐστιν: εἰ γὰρ τοῦτο αὐτῇ ἦν τὸ αἴτιον καλῇ εἶναι, οὐκ ἄν ποτε ἦν ἡ ἑτέρα, ἡ διὰ τῆς ἀκοῆς, καλή: οὔκουν ἔστι γε δι' ὄψεως ἡδονή. ἀληθῆ λέγεις, φήσομεν;
Ἱππίας:
φήσομεν γάρ. [300a]
Σωκράτης:
οὐδέ γ' αὖ ἡ δι' ἀκοῆς ἡδονή, ὅτι δι' ἀκοῆς ἐστι, διὰ ταῦτα τυγχάνει καλή:

οὐ γὰρ ἄν ποτε αὖ ἡ διὰ τῆς ὄψεως καλὴ ἦν: οὔκουν ἔστι γε δι' ἀκοῆς ἡδονή. ἀληθῆ φήσομεν, ὦ Ἱππία, λέγειν τὸν ἄνδρα ταῦτα λέγοντα;
Ἱππίας:
ἀληθῆ.
Σωκράτης:
ἀλλὰ μέντοι ἀμφότεραί γ' εἰσὶ καλαί, ὥς φατέ. φαμὲν γάρ;
Ἱππίας:
φαμέν.
Σωκράτης:
ἔχουσιν ἄρα τι τὸ αὐτὸ ὃ ποιεῖ αὐτὰς καλὰς εἶναι, τὸ κοινὸν τοῦτο, ὃ καὶ ἀμφοτέραις αὐταῖς ἔπεστι κοινῇ [300b] καὶ ἑκατέρᾳ ἰδίᾳ: οὐ γὰρ ἄν που ἄλλως ἀμφότεραί γε καλαὶ ἦσαν καὶ ἑκατέρα. ἀποκρίνου ἐμοὶ ὡς ἐκείνῳ.
Ἱππίας:
ἀποκρίνομαι, καὶ ἐμοὶ δοκεῖ ἔχειν ὡς λέγεις.
Σωκράτης:
εἰ ἄρα τι αὗται αἱ ἡδοναὶ ἀμφότεραι πεπόνθασιν, ἑκατέρα δὲ μή, οὐκ ἂν τούτῳ γε τῷ παθήματι εἶεν καλαί.
Ἱππίας:
καὶ πῶς ἂν εἴη τοῦτο, ὦ Σώκρατες, μηδετέρας πεπονθυίας τι τῶν ὄντων ὁτιοῦν, ἔπειτα τοῦτο τὸ πάθος, ὃ μηδετέρα πέπονθεν, ἀμφοτέρας πεπονθέναι; [300c]
Σωκράτης:
οὐ δοκεῖ σοι;
Ἱππίας:
πολλὴ γὰρ ἄν μ' ἔχοι ἀπειρία καὶ τῆς τούτων φύσεως καὶ τῆς τῶν παρόντων λέξεως λόγων.
Σωκράτης:
ἡδέως γε, ὦ Ἱππία. ἀλλὰ γὰρ ἐγὼ ἴσως κινδυνεύω δοκεῖν μέν τι ὁρᾶν οὕτως ἔχον ὡς σὺ φῂς ἀδύνατον εἶναι, ὁρῶ δ' οὐδέν.
Ἱππίας:
οὐ κινδυνεύεις, ὦ Σώκρατες, ἀλλὰ πάνυ ἑτοίμως παρορᾷς.
Σωκράτης:
καὶ μὴν πολλά γέ μοι προφαίνεται τοιαῦτα πρὸ τῆς ψυχῆς, ἀλλὰ ἀπιστῶ αὐτοῖς, ὅτι σοὶ μὲν οὐ φαντάζεται, [300d] ἀνδρὶ πλεῖστον ἀργύριον εἰργασμένῳ τῶν νῦν ἐπὶ σοφίᾳ, ἐμοὶ δέ, ὃς οὐδὲν πώποτε ἠργασάμην. καὶ ἐνθυμοῦμαι, ὦ ἑταῖρε, μὴ παίζῃς πρός με καὶ ἑκὼν ἐξαπατᾷς: οὕτως μοι σφόδρα καὶ πολλὰ φαίνεται.
Ἱππίας:
οὐδεὶς σοῦ, ὦ Σώκρατες, κάλλιον εἴσεται εἴτε παίζω εἴτε μή, ἐὰν

125

ἐπιχειρήσῃς λέγειν τὰ προφαινόμενά σοι ταῦτα: φανήσῃ γὰρ οὐδὲν λέγων. οὐ γὰρ μήποτε εὕρῃς, ὃ μήτ' ἐγὼ πέπονθα μήτε σύ, τοῦτ' ἀμφοτέρους ἡμᾶς πεπονθότας.[300e]
Σωκράτης:
πῶς λέγεις, ὦ Ἱππία; ἴσως μὲν τὶ λέγεις, ἐγὼ δ' οὐ μανθάνω: ἀλλά μου σαφέστερον ἄκουσον ὃ βούλομαι λέγειν. ἐμοὶ γὰρ φαίνεται, ὃ μήτ' ἐγὼ πέπονθα εἶναι μήτ' εἰμὶ μηδ' αὖ σὺ εἶ, τοῦτο ἀμφοτέρους πεπονθέναι ἡμᾶς οἷόν τ' εἶναι: ἕτερα δ' αὖ, ἃ ἀμφότεροι πεπόνθαμεν εἶναι, ταῦτα οὐδέτερον εἶναι ἡμῶν.
Ἱππίας:
τέρατα αὖ ἀποκρινομένῳ ἔοικας, ὦ Σώκρατες, ἔτι μείζω ἢ ὀλίγον πρότερον ἀπεκρίνω. σκόπει γάρ: πότερον εἰ ἀμφότεροι δίκαιοί ἐσμεν, οὐ καὶ ἑκάτερος ἡμῶν εἴη ἄν, ἢ εἰ ἄδικος ἑκάτερος, οὐ καὶ ἀμφότεροι, ἢ εἰ ὑγιαίνοντες, [301a]οὐ καὶ ἑκάτερος; ἢ εἰ κεκμηκὼς τι ἢ τετρωμένος ἢ πεπληγμένος ἢ ἄλλ' ὁτιοῦν πεπονθὼς ἑκάτερος ἡμῶν εἴη, οὐ καὶ ἀμφότεροι αὖ ἂν τοῦτο πεπόνθοιμεν; ἔτι τοίνυν εἰ χρυσοῖ ἢ ἀργυροῖ ἢ ἐλεφάντινοι, εἰ δὲ βούλει, γενναῖοι ἢ σοφοὶ ἢ τίμιοι ἢ γέροντές γε ἢ νέοι ἢ ἄλλο ὅτι βούλει τῶν ἐν ἀνθρώποις ἀμφότεροι τύχοιμεν ὄντες, ἆρ' οὐ μεγάλη ἀνάγκη καὶ ἑκάτερον ἡμῶν τοῦτο εἶναι; [301b]
Σωκράτης:
πάντως γε δήπου.
Ἱππίας:
ἀλλὰ γὰρ δὴ σύ, ὦ Σώκρατες, τὰ μὲν ὅλα τῶν πραγμάτων οὐ σκοπεῖς, οὐδ' ἐκεῖνοι οἷς σὺ εἴωθας διαλέγεσθαι, κρούετε δὲ ἀπολαμβάνοντες τὸ καλὸν καὶ ἕκαστον τῶν ὄντων ἐν τοῖς λόγοις κατατέμνοντες. διὰ ταῦτα οὕτω μεγάλα ὑμᾶς λανθάνει καὶ διανεκῆ σώματα τῆς οὐσίας πεφυκότα. καὶ νῦν τοσοῦτόν σε λέληθεν, ὥστε οἴει εἶναί τι ἢ πάθος ἢ οὐσίαν, ἢ περὶ μὲν ἀμφότερα ταῦτα ἔστιν ἅμα, [301c] περὶ δὲ ἑκάτερον οὔ, ἢ αὖ περὶ μὲν ἑκάτερον, περὶ δὲ ἀμφότερα οὔ: οὕτως ἀλογίστως καὶ ἀσκέπτως καὶ εὐήθως καὶ ἀδιανοήτως διάκεισθε.
Σωκράτης:
τοιαῦτα, ὦ Ἱππία, τὰ ἡμέτερά ἐστιν, οὐχ οἷα βούλεταί τις, φασὶν ἄνθρωποι ἑκάστοτε παροιμιαζόμενοι, ἀλλ' οἷα δύναται: ἀλλὰ σὺ ἡμᾶς ὀνίνης ἀεὶ νουθετῶν. ἐπεὶ καὶ νῦν, πρὶν ὑπὸ σοῦ ταῦτα νουθετηθῆναι, ὡς εὐήθως διεκείμεθα, ἔτι σοι μᾶλλον ἐγὼ ἐπιδείξω εἰπὼν ἃ διενοούμεθα [301d]περὶ αὐτῶν, ἢ μὴ εἴπω;
Ἱππίας:
εἰδότι μὲν ἐρεῖς, ὦ Σώκρατες: οἶδα γὰρ ἑκάστους τῶν περὶ τοὺς λόγους ὡς διάκεινται. ὅμως δ' εἴ τι σοὶ ἥδιον, λέγε.

Σωκράτης:
ἀλλὰ μὴν ἥδιόν γε. ἡμεῖς γάρ, ὦ βέλτιστε, οὕτως ἀβέλτεροι ἦμεν, πρίν σε ταῦτ' εἰπεῖν, ὥστε δόξαν εἴχομεν περὶ ἐμοῦ τε καὶ σοῦ ὡς ἑκάτερος ἡμῶν εἷς ἐστι, τοῦτο δὲ ὃ ἑκάτερος ἡμῶν εἴη οὐκ ἄρα εἶμεν ἀμφότεροιού γὰρ εἷς ἐσμεν, ἀλλὰ δύοοὕτως εὐηθικῶς εἴχομεν: νῦν δὲ παρὰ [301e] σοῦ ἤδη ἀνεδιδάχθημεν ὅτι εἰ μὲν δύο ἀμφότεροί ἐσμεν, δύο καὶ ἑκάτερον ἡμῶν ἀνάγκη εἶναι, εἰ δὲ εἷς ἑκάτερος, ἕνα καὶ ἀμφοτέρους ἀνάγκη: οὐ γὰρ οἷόν τε διανεκεῖ λόγῳ τῆς οὐσίας κατὰ Ἱππίαν ἄλλως ἔχειν, ἀλλ' ὃ ἂν ἀμφότερα ᾖ, τοῦτο καὶ ἑκάτερον, καὶ ὃ ἑκάτερον, ἀμφότερα εἶναι. πεπεισμένος δὴ νῦν ἐγὼ ὑπὸ σοῦ ἐνθάδε κάθημαι. πρότερον μέντοι, ὦ Ἱππία, ὑπόμνησόν με: πότερον εἷς ἐσμεν ἐγώ τε καὶ σύ, ἢ σύ τε δύο εἶ κἀγὼ δύο;
Ἱππίας:
τί λέγεις, ὦ Σώκρατες;
Σωκράτης:
ταῦτα ἅπερ λέγω: φοβοῦμαι γάρ σε σαφῶς λέγειν, [302a] ὅτι μοι χαλεπαίνεις, ἐπειδὰν τὶ δόξῃς σαυτῷ λέγειν. ὅμως δ' ἔτι μοι εἰπέ: οὐχ εἷς ἡμῶν ἑκάτερός ἐστι καὶ πέπονθε τοῦτο, εἷς εἶναι;
Ἱππίας:
πάνυ γε.
Σωκράτης:
οὐκοῦν εἴπερ εἷς, καὶ περιττὸς ἂν εἴη ἑκάτερος ἡμῶν: ἢ οὐ τὸ ἓν περιττὸν ἡγῇ;
Ἱππίας:
ἔγωγε.
Σωκράτης:
ἦ καὶ ἀμφότεροι οὖν περιττοί ἐσμεν δύο ὄντες;
Ἱππίας:
οὐκ ἂν εἴη, ὦ Σώκρατες.
Σωκράτης:
ἀλλ' ἄρτιοί γε ἀμφότεροι: ἦ γάρ;
Ἱππίας: πάνυ γε.
Σωκράτης:
μῶν οὖν, ὅτι ἀμφότεροι ἄρτιοι, τούτου ἕνεκα καὶ ἑκάτερος [302b] ἄρτιος ἡμῶν ἐστιν;
Ἱππίας:
οὐ δῆτα.
Σωκράτης:
οὐκ ἄρα πᾶσα ἀνάγκη, ὡς νυνδὴ ἔλεγες, ἃ ἂν ἀμφότεροι καὶ ἑκάτερον, καὶ ἃ ἂν ἑκάτερος καὶ ἀμφοτέρους εἶναι.

Ἱππίας:
οὐ τά γε τοιαῦτα, ἀλλ' οἷα ἐγὼ πρότερον ἔλεγον.
Σωκράτης:
ἐξαρκεῖ, ὦ Ἱππία· ἀγαπητὰ γὰρ καὶ ταῦτα, ἐπειδὴ τὰ μὲν οὕτω φαίνεται, τὰ δ' οὐχ οὕτως ἔχοντα. καὶ γὰρ ἐγὼ ἔλεγον, εἰ μέμνησαι ὅθεν οὗτος ὁ λόγος ἐλέχθη, ὅτι ἡ διὰ τῆς ὄψεως καὶ ἀκοῆς ἡδονὴ οὐ τούτῳ εἶεν καλαί, [302c]ὅτι τυγχάνοιεν ἑκατέρα μὲν αὐτῶν εἶναι πεπονθυῖα, ἀμφότεραι δὲ μή, ἢ ἀμφότεραι μέν, ἑκατέρα δὲ μή, ἀλλ' ἐκείνῳ ᾧ ἀμφότεραί τε καὶ ἑκατέρα, διότι συνεχώρεις ἀμφοτέρας τε αὐτὰς εἶναι καλὰς καὶ ἑκατέραν. τούτου δὴ ἕνεκα τῇ οὐσίᾳ τῇ ἐπ' ἀμφότερα ἑπομένῃ ᾤμην, εἴπερ ἀμφότερά ἐστι καλά, ταύτῃ δεῖν αὐτὰ καλὰ εἶναι, τῇ δὲ κατὰ τὰ ἕτερα ἀπολειπομένῃ μή· καὶ ἔτι νῦν οἴομαι. ἀλλά μοι λέγε, ὥσπερ ἐξ ἀρχῆς· ἡ δι' ὄψεως ἡδονὴ καὶ ἡ δι' ἀκοῆς, εἴπερ [302d]ἀμφότεραί τ' εἰσὶ καλαὶ καὶ ἑκατέρα, ἆρα καὶ ὃ ποιεῖ αὐτὰς καλὰς οὐχὶ καὶ ἀμφοτέραις γε αὐταῖς ἕπεται καὶ ἑκατέρᾳ;
Ἱππίας:
πάνυ γε.
Σωκράτης:
ἆρ' οὖν ὅτι ἡδονὴ ἑκατέρα τ' ἐστὶ καὶ ἀμφότεραι, διὰ τοῦτο ἂν εἶεν καλαί; ἢ διὰ τοῦτο μὲν καὶ αἱ ἄλλαι πᾶσαι ἂν οὐδὲν τούτων ἧττον εἶεν καλαί; οὐδὲν γὰρ ἧττον ἡδοναὶ ἐφάνησαν οὖσαι, εἰ μέμνησαι.
Ἱππίας:
μέμνημαι.
Σωκράτης:
ἀλλ' ὅτι γε δι' ὄψεως καὶ ἀκοῆς αὗταί [302e] εἰσι, διὰ τοῦτο ἐλέγετο καλὰς αὐτὰς εἶναι.
Ἱππίας:
καὶ ἐρρήθη οὕτως.
Σωκράτης:
σκόπει δὲ εἰ ἀληθῆ λέγω. ἐλέγετο γάρ, ὡς ἐγὼ μνήμης ἔχω, τοῦτ' εἶναι καλὸν τὸ ἡδύ, οὐ πᾶν, ἀλλ' ὃ ἂν δι' ὄψεως καὶ ἀκοῆς ᾖ.
Ἱππίας:
ἀληθῆ.
Σωκράτης:
οὐκοῦν τοῦτό γε τὸ πάθος ἀμφοτέραις μὲν ἕπεται, ἑκατέρᾳ δ' οὔ; οὐ γάρ που ἑκάτερόν γε αὐτῶν, ὅπερ ἐν τοῖς πρόσθεν ἐλέγετο, δι' ἀμφοτέρων ἐστίν, ἀλλ' ἀμφότερα μὲν δι' ἀμφοῖν, ἑκάτερον δ' οὔ· ἔστι ταῦτα;
Ἱππίας:
ἔστιν.

Σωκράτης:
οὐκ ἄρα τούτῳ γε ἑκάτερον αὐτῶν ἐστι καλόν, ὃ μὴ ἕπεται ἑκατέρῳ (τὸ γὰρ ἀμφότερον ἑκατέρῳ οὐχ ἕπεται) ὥστε ἀμφότερα μὲν αὐτὰ φάναι καλὰ κατὰ τὴν ὑπόθεσιν ἔξεστιν, ἑκάτερον δὲ οὐκ [303a] ἔξεστιν: ἢ πῶς λέγομεν; οὐκ ἀνάγκη;
Ἱππίας:
φαίνεται.
Σωκράτης:
φῶμεν οὖν ἀμφότερα μὲν καλὰ εἶναι, ἑκάτερον δὲ μὴ φῶμεν;
Ἱππίας:
τί γὰρ κωλύει;
Σωκράτης:
τόδε ἔμοιγε δοκεῖ, ὦ φίλε, κωλύειν, ὅτι ἦν που ἡμῖν τὰ μὲν οὕτως ἐπιγιγνόμενα ἑκάστοις, εἴπερ ἀμφοτέροις ἐπιγίγνοιτο, καὶ ἑκατέρῳ, καὶ εἴπερ ἑκατέρῳ, καὶ ἀμφοτέροις, ἅπαντα ὅσα σὺ διῆλθες: ἦ γάρ;
Ἱππίας:
ναί.
Σωκράτης:
ἃ δέ γε αὖ ἐγὼ διῆλθον, οὔ: ὧν δὴ ἦν καὶ αὐτὸ τὸ ἑκάτερον καὶ τὸ ἀμφότερον. ἔστιν οὕτως;
Ἱππίας:
ἔστιν. [303b]
Σωκράτης:
ποτέρων οὖν, ὦ Ἱππία, δοκεῖ σοι τὸ καλὸν εἶναι; πότερον ὧν σὺ ἔλεγες: εἴπερ ἐγὼ ἰσχυρὸς καὶ σύ, καὶ ἀμφότεροι, καὶ εἴπερ ἐγὼ δίκαιος καὶ σύ, καὶ ἀμφότεροι, καὶ εἴπερ ἀμφότεροι, καὶ ἑκάτερος: οὕτω δὴ καὶ εἴπερ ἐγὼ καλὸς καὶ σύ, καὶ ἀμφότεροι, καὶ εἴπερ ἀμφότεροι, καὶ ἑκάτερος; ἢ οὐδὲν κωλύει, ὥσπερ ἀρτίων ὄντων τινῶν ἀμφοτέρων τάχα μὲν ἑκάτερα περιττὰ εἶναι, τάχα δ᾽ ἄρτια, καὶ αὖ ἀρρήτων ἑκατέρων ὄντων τάχα μὲν ῥητὰ τὰ συναμφότερα εἶναι, τάχα [303c] δ᾽ ἄρρητα, καὶ ἄλλα μυρία τοιαῦτα, ἃ δὴ καὶ ἐγὼ ἔφην ἐμοὶ προφαίνεσθαι; ποτέρων δὴ τιθεῖς τὸ καλόν; ἢ ὥσπερ ἐμοὶ περὶ αὐτοῦ καταφαίνεται, καὶ σοί; πολλὴ γὰρ ἀλογία ἔμοιγε δοκεῖ εἶναι ἀμφοτέρους μὲν ἡμᾶς εἶναι καλούς, ἑκάτερον δὲ μή, ἢ ἑκάτερον μέν, ἀμφοτέρους δὲ μή, ἢ ἄλλο ὁτιοῦν τῶν τοιούτων. οὕτως αἱρῇ, ὥσπερ ἐγώ, ἢ 'κείνως;
Ἱππίας:
οὕτως ἔγωγε, ὦ Σώκρατες.
Σωκράτης:
εὖ γε σὺ ποιῶν, ὦ Ἱππία, ἵνα καὶ ἀπαλλαγῶμεν [303d]πλείονος ζητήσεως:

εἰ γὰρ τούτων γ' ἐστὶ τὸ καλόν, οὐκ ἂν ἔτι εἴη τὸ δι' ὄψεως καὶ ἀκοῆς ἡδὺ καλόν. ἀμφότερα μὲν γὰρ ποιεῖ καλὰ τὸ δι' ὄψεως καὶ ἀκοῆς, ἑκάτερον δ' οὔ· τοῦτο δ' ἦν ἀδύνατον, ὡς ἐγώ τε καὶ σὺ δὴ ὁμολογοῦμεν, ὦ Ἱππία.

Ἱππίας:
ὁμολογοῦμεν γάρ.

Σωκράτης:
ἀδύνατον ἄρα τὸ δι' ὄψεως καὶ ἀκοῆς ἡδὺ καλὸν εἶναι, ἐπειδή γε καλὸν γιγνόμενον τῶν ἀδυνάτων τι παρέχεται.

Ἱππίας:
ἔστι ταῦτα.

Σωκράτης:
λέγετε δὴ πάλιν, φήσει, ἐξ ἀρχῆς, ἐπειδὴ [303e] τούτου διημάρτετε· τί φατε εἶναι τοῦτο τὸ καλὸν τὸ ἐπ' ἀμφοτέραις ταῖς ἡδοναῖς, δι' ὅτι ταύτας πρὸ τῶν ἄλλων τιμήσαντες καλὰς ὠνομάσατε; ἀνάγκη δή μοι δοκεῖ εἶναι, ὦ Ἱππία, λέγειν ὅτι ἀσινέσταται αὗται τῶν ἡδονῶν εἰσι καὶ βέλτισται, καὶ ἀμφότεραι καὶ ἑκατέρα· ἢ σύ τι ἔχεις λέγειν ἄλλο ᾧ διαφέρουσι τῶν ἄλλων;

Ἱππίας:
οὐδαμῶς· τῷ ὄντι γὰρ βέλτισταί εἰσιν.

Σωκράτης:
τοῦτ' ἄρα, φήσει, λέγετε δὴ τὸ καλὸν εἶναι, ἡδονὴν ὠφέλιμον; ἐοίκαμεν, φήσω ἔγωγε· σὺ δέ;

Ἱππίας:
καὶ ἐγώ.

Σωκράτης:
οὐκοῦν ὠφέλιμον, φήσει, τὸ ποιοῦν τἀγαθόν, τὸ δὲ ποιοῦν καὶ τὸ ποιούμενον ἕτερον νυνδὴ ἐφάνη, καὶ εἰς τὸν πρότερον λόγον ἥκει ὑμῖν ὁ λόγος; οὔτε γὰρ τὸ ἀγαθὸν ἂν [304a] εἴη καλὸν οὔτε τὸ καλὸν ἀγαθόν, εἴπερ ἄλλο αὐτῶν ἑκάτερόν ἐστι. παντὸς γε μᾶλλον, φήσομεν, ὦ Ἱππία, ἂν σωφρονῶμεν· οὐ γάρ που θέμις τῷ ὀρθῶς λέγοντι μὴ συγχωρεῖν.

Ἱππίας:
ἀλλὰ δὴ γ', ὦ Σώκρατες, τί οἴει ταῦτα εἶναι συνάπαντα; κνήσματά τοί ἐστι καὶ περιτμήματα τῶν λόγων, ὅπερ ἄρτι ἔλεγον, κατὰ βραχὺ διῃρημένα· ἀλλ' ἐκεῖνο καὶ καλὸν καὶ πολλοῦ ἄξιον, οἷόν τ' εἶναι εὖ καὶ καλῶς λόγον καταστησάμενον ἐν δικαστηρίῳ ἢ ἐν βουλευτηρίῳ ἢ ἐπὶ ἄλλῃ [304b] τινὶ ἀρχῇ, πρὸς ἣν ἂν ὁ λόγος ᾖ, πείσαντα οἴχεσθαι φέροντα οὐ τὰ σμικρότατα ἀλλὰ τὰ μέγιστα τῶν ἄθλων, σωτηρίαν αὑτοῦ τε καὶ τῶν αὑτοῦ χρημάτων καὶ φίλων. τούτων οὖν χρὴ ἀντέχεσθαι, χαίρειν ἐάσαντα τὰς σμικρολογίας ταύτας, ἵνα μὴ δοκῇ λίαν ἀνόητος εἶναι λήρους καὶ φλυαρίας ὥσπερ νῦν

μεταχειριζόμενος.
Σωκράτης:
ὦ Ἱππία φίλε, σὺ μὲν μακάριος εἶ, ὅτι τε οἶσθα ἃ χρὴ ἐπιτηδεύειν ἄνθρωπον, καὶ ἐπιτετήδευκας ἱκανῶς, ὡς [304c] φής: ἐμὲ δὲ δαιμονία τις τύχη, ὡς ἔοικε, κατέχει, ὅστις πλανῶμαι μὲν καὶ ἀπορῶ ἀεί, ἐπιδεικνὺς δὲ τὴν ἐμαυτοῦ ἀπορίαν ὑμῖν τοῖς σοφοῖς λόγῳ αὖ ὑπὸ ὑμῶν προπηλακίζομαι, ἐπειδὰν ἐπιδείξω. λέγετε γάρ με, ἅπερ καὶ σὺ νῦν λέγεις, ὡς ἠλίθιά τε καὶ σμικρὰ καὶ οὐδενὸς ἄξια πραγματεύομαι: ἐπειδὰν δὲ αὖ ἀναπεισθεὶς ὑπὸ ὑμῶν λέγω ἅπερ ὑμεῖς, ὡς πολὺ κράτιστόν ἐστιν οἷόν τ' εἶναι λόγον εὖ καὶ καλῶς καταστησάμενον περαίνειν ἐν δικαστηρίῳ ἢ ἐν ἄλλῳ [304d]τινὶ συλλόγῳ, ὑπό τε ἄλλων τινῶν τῶν ἐνθάδε καὶ ὑπὸ τούτου τοῦ ἀνθρώπου τοῦ ἀεί με ἐλέγχοντος πάντα κακὰ ἀκούω. καὶ γάρ μοι τυγχάνει ἐγγύτατα γένους ὢν καὶ ἐν τῷ αὐτῷ οἰκῶν: ἐπειδὰν οὖν εἰσέλθω οἴκαδε εἰς ἐμαυτοῦ καί μου ἀκούσῃ ταῦτα λέγοντος, ἐρωτᾷ εἰ οὐκ αἰσχύνομαι τολμῶν περὶ καλῶν ἐπιτηδευμάτων διαλέγεσθαι, οὕτω φανερῶς ἐξελεγχόμενος περὶ τοῦ καλοῦ ὅτι οὐδ' αὐτὸ τοῦτο ὅτι ποτέ ἐστιν οἶδα. καίτοι πῶς σὺ εἴσῃ, φησίν, ἢ λόγον [304e] ὅστις καλῶς κατεστήσατο ἢ μή, ἢ ἄλλην πρᾶξιν ἡντινοῦν, τὸ καλὸν ἀγνοῶν; καὶ ὁπότε οὕτω διάκεισαι, οἴει σοι κρεῖττον εἶναι ζῆν μᾶλλον ἢ τεθνάναι; συμβέβηκε δή μοι, ὅπερ λέγω, κακῶς μὲν ὑπὸ ὑμῶν ἀκούειν καὶ ὀνειδίζεσθαι, κακῶς δὲ ὑπ' ἐκείνου. ἀλλὰ γὰρ ἴσως ἀναγκαῖον ὑπομένειν ταῦτα πάντα: οὐδὲν γὰρ ἄτοπον εἰ ὠφελοίμην. ἐγὼ οὖν μοι δοκῶ, ὦ Ἱππία, ὠφελῆσθαι ἀπὸ τῆς ἀμφοτέρων ὑμῶν ὁμιλίας: τὴν γὰρ παροιμίαν ὅτι ποτὲ λέγει, τὸ χαλεπὰ τὰ καλά, δοκῶ μοι εἰδέναι.

Ἱππίας Ἐλάττων

[363a] Εὔδικος:
σὺ δὲ δὴ τί σιγᾷς, ὦ Σώκρατες, Ἱππίου τοσαῦτα ἐπιδειξαμένου, καὶ οὐχὶ ἢ συνεπαινεῖς τι τῶν εἰρημένων ἢ καὶ ἐλέγχεις, εἴ τί σοι μὴ καλῶς δοκεῖ εἰρηκέναι; ἄλλως τε ἐπειδὴ καὶ αὐτοὶ λελείμμεθα, οἳ μάλιστ' ἂν ἀντιποιησαίμεθα μετεῖναι ἡμῖν τῆς ἐν φιλοσοφίᾳ διατριβῆς.

Σωκράτης:
καὶ μήν, ὦ Εὔδικε, ἔστι γε ἃ ἡδέως ἂν πυθοίμην [363b] Ἱππίου ὧν νυνδὴ ἔλεγεν περὶ Ὁμήρου. καὶ γὰρ τοῦ σοῦ πατρὸς Ἀπημάντου ἤκουον ὅτι ἡ Ἰλιὰς κάλλιον εἴη ποίημα τῷ Ὁμήρῳ ἢ ἡ Ὀδύσσεια, τοσούτῳ δὲ κάλλιον, ὅσῳ ἀμείνων Ἀχιλλεὺς Ὀδυσσέως εἴη· ἑκάτερον γὰρ τούτων τὸ μὲν εἰς Ὀδυσσέα ἔφη πεποιῆσθαι, τὸ δ' εἰς Ἀχιλλέα. περὶ ἐκείνου οὖν ἡδέως ἄν, εἰ βουλομένῳ ἐστὶν Ἱππίᾳ, ἀναπυθοίμην ὅπως αὐτῷ δοκεῖ περὶ τοῖν ἀνδροῖν τούτοιν, πότερον [363c] ἀμείνω φησὶν εἶναι, ἐπειδὴ καὶ ἄλλα πολλὰ καὶ παντοδαπὰ ἡμῖν ἐπιδέδεικται καὶ περὶ ποιητῶν τε ἄλλων καὶ περὶ Ὁμήρου.

Εὔδικος:
ἀλλὰ δῆλον ὅτι οὐ φθονήσει Ἱππίας, ἐάν τι αὐτὸν ἐρωτᾷς, ἀποκρίνεσθαι. ἦ γάρ, ὦ Ἱππία, ἐάν τι ἐρωτᾷ σε Σωκράτης, ἀποκρινῇ; ἢ πῶς ποιήσεις;

Ἱππίας:
καὶ γὰρ ἂν δεινὰ ποιοίην, ὦ Εὔδικε, εἰ Ὀλυμπίαζε μὲν εἰς τὴν τῶν Ἑλλήνων πανήγυριν, ὅταν τὰ Ὀλύμπια ᾖ, [363d] ἀεὶ ἐπανιὼν οἴκοθεν ἐξ Ἤλιδος εἰς τὸ ἱερὸν παρέχω ἐμαυτὸν καὶ λέγοντα ὅτι ἄν τις βούληται ὧν ἄν μοι εἰς ἐπίδειξιν παρεσκευασμένον ᾖ, καὶ ἀποκρινόμενον τῷ βουλομένῳ ὅτι ἄν τις ἐρωτᾷ, νῦν δὲ τὴν Σωκράτους ἐρώτησιν φύγοιμι. [364a]

Σωκράτης:
μακάριόν γε, ὦ Ἱππία, πάθος πέπονθας, εἰ ἑκάστης Ὀλυμπιάδος οὕτως εὔελπις ὢν περὶ τῆς ψυχῆς εἰς σοφίαν ἀφικνῇ εἰς τὸ ἱερόν· καὶ θαυμάσαιμ' ἂν εἴ τις τῶν περὶ τὸ σῶμα ἀθλητῶν οὕτως ἀφόβως τε καὶ πιστευτικῶς ἔχων τῷ σώματι ἔρχεται αὐτόσε ἀγωνιούμενος, ὥσπερ σὺ φῂς τῇ διανοίᾳ.

Ἱππίας:
εἰκότως, ὦ Σώκρατες, ἐγὼ τοῦτο πέπονθα· ἐξ οὗ γὰρ ἦργμαι Ὀλυμπίασιν ἀγωνίζεσθαι, οὐδενὶ πώποτε κρείττονι εἰς οὐδὲν ἐμαυτοῦ

ἐνέτυχον. [364b]
Σωκράτης:
καλόν γε λέγεις, ὦ Ἱππία, καὶ τῇ Ἠλείων πόλει τῆς σοφίας ἀνάθημα τὴν δόξαν εἶναι τὴν σὴν καὶ τοῖς γονεῦσι τοῖς σοῖς. ἀτὰρ τί δὴ λέγεις ἡμῖν περὶ τοῦ Ἀχιλλέως τε καὶ τοῦ Ὀδυσσέως; πότερον ἀμείνω καὶ κατὰ τί φῂς εἶναι; ἡνίκα μὲν γὰρ πολλοὶ ἔνδον ἦμεν καὶ σὺ τὴν ἐπίδειξιν ἐποιοῦ, ἀπελείφθην σου τῶν λεγομένων—ὤκνουν γὰρ ἐπανερέσθαι, διότι ὄχλος τε πολὺς ἔνδον ἦν, καὶ μή σοι ἐμποδὼν εἴην ἐρωτῶν τῇ ἐπιδείξει—νυνὶ δὲ ἐπειδὴ ἐλάττους τέ ἐσμεν καὶ Εὔδικος ὅδε κελεύει ἐρέσθαι, εἶπέ τε καὶ [364c] δίδαξον ἡμᾶς σαφῶς, τί ἔλεγες περὶ τούτοιν τοῖν ἀνδροῖν; πῶς διέκρινες αὐτούς;
Ἱππίας:
ἀλλ᾽ ἐγώ σοι, ὦ Σώκρατες, ἐθέλω ἔτι σαφέστερον ἢ τότε διελθεῖν ἃ λέγω καὶ περὶ τούτων καὶ ἄλλων. φημὶ γὰρ Ὅμηρον πεποιηκέναι ἄριστον μὲν ἄνδρα Ἀχιλλέα τῶν εἰς Τροίαν ἀφικομένων, σοφώτατον δὲ Νέστορα, πολυτροπώτατον δὲ Ὀδυσσέα.
Σωκράτης:
βαβαῖ, ὦ Ἱππία: ἆρ᾽ ἄν τί μοι χαρίσαιο τοιόνδε, μή μου καταγελᾶν, ἐὰν μόγις μανθάνω τὰ λεγόμενα καὶ [364d] πολλάκις ἀνερωτῶ; ἀλλά μοι πειρῶ πρᾴως τε καὶ εὐκόλως ἀποκρίνεσθαι.
Ἱππίας:
αἰσχρὸν γὰρ ἂν εἴη, ὦ Σώκρατες, εἰ ἄλλους μὲν αὐτὰ ταῦτα παιδεύω καὶ ἀξιῶ διὰ ταῦτα χρήματα λαμβάνειν, αὐτὸς δὲ ὑπὸ σοῦ ἐρωτώμενος μὴ συγγνώμην τ᾽ ἔχοιμι καὶ πρᾴως ἀποκρινοίμην.
Σωκράτης:
πάνυ καλῶς λέγεις. ἐγὼ γάρ τοι, ἡνίκα μὲν ἄριστον τὸν Ἀχιλλέα ἔφησθα πεποιῆσθαι, ἐδόκουν σου μανθάνειν [364e] ὅτι ἔλεγες, καὶ ἡνίκα τὸν Νέστορα σοφώτατον: ἐπειδὴ δὲ τὸν Ὀδυσσέα εἶπες ὅτι πεποιηκὼς εἴη ὁ ποιητὴς πολυτροπώτατον, τοῦτο δ᾽, ὥς γε πρὸς σὲ τἀληθῆ εἰρῆσθαι, παντάπασιν οὐκ οἶδ᾽ ὅτι λέγεις. καί μοι εἰπέ, ἄν τι ἐνθένδε μᾶλλον μάθω: ὁ Ἀχιλλεὺς οὐ πολύτροπος τῷ Ὁμήρῳ πεποίηται;
Ἱππίας:
ἥκιστά γε, ὦ Σώκρατες, ἀλλ᾽ ἁπλούστατος καὶ ἀληθέστατος, ἐπεὶ καὶ ἐν Λιταῖς, ἡνίκα πρὸς ἀλλήλους ποιεῖ αὐτοὺς διαλεγομένους, λέγει αὐτῷ ὁ Ἀχιλλεὺς πρὸς τὸν Ὀδυσσέα [365a] διογενὲς Λαερτιάδη, πολυμήχαν᾽ Ὀδυσσεῦ,
χρὴ μὲν δὴ τὸν μῦθον ἀπηλεγέως ἀποειπεῖν,
ὥσπερ δὴ κρανέω τε καὶ ὡς τελέεσθαι ὀίω:
ἐχθρὸς γάρ μοι κεῖνος ὁμῶς Ἀΐδαο πύλῃσιν,

[Hom. Il. 9.308]
[365b] ὅς χ' ἕτερον μὲν κεύθῃ ἐνὶ φρεσίν, ἄλλο δὲ εἴπῃ. αὐτὰρ ἐγὼν ἐρέω, ὡς καὶ τετελεσμένον ἔσται.
Σωκράτης:
νῦν ἤδη, ὦ Ἱππία, κινδυνεύω μανθάνειν ὃ λέγεις: τὸν πολύτροπον ψευδῆ λέγεις, ὥς γε φαίνεται. [365c]
Ἱππίας:
μάλιστα, ὦ Σώκρατες: τοιοῦτον γὰρ πεποίηκεν τὸν Ὀδυσσέα Ὅμηρος πολλαχοῦ καὶ ἐν Ἰλιάδι καὶ ἐν Ὀδυσσείᾳ.
Σωκράτης:
ἐδόκει ἄρα, ὡς ἔοικεν, Ὁμήρῳ ἕτερος μὲν εἶναι ἀνὴρ ἀληθής, ἕτερος δὲ ψευδής, ἀλλ' οὐχ ὁ αὐτός.
Ἱππίας:
πῶς γὰρ οὐ μέλλει, ὦ Σώκρατες;
Σωκράτης:
ἦ καὶ σοὶ δοκεῖ αὐτῷ, ὦ Ἱππία;
Ἱππίας:
πάντων μάλιστα: καὶ γὰρ ἂν δεινὸν εἴη εἰ μή.
Σωκράτης:
τὸν μὲν Ὅμηρον τοίνυν ἐάσωμεν, ἐπειδὴ καὶ [365d] ἀδύνατον ἐπανερέσθαι τί ποτε νοῶν ταῦτα ἐποίησεν τὰ ἔπη: σὺ δ' ἐπειδὴ φαίνῃ ἀναδεχόμενος τὴν αἰτίαν, καὶ σοὶ συνδοκεῖ ταῦτα ἅπερ φῂς Ὅμηρον λέγειν, ἀπόκριναι κοινῇ ὑπὲρ Ὁμήρου τε καὶ σαυτοῦ.
Ἱππίας:
ἔσται ταῦτα: ἀλλ' ἐρώτα ἔμβραχυ ὅτι βούλει.
Σωκράτης:
τοὺς ψευδεῖς λέγεις οἷον ἀδυνάτους τι ποιεῖν, ὥσπερ τοὺς κάμνοντας, ἢ δυνατούς τι ποιεῖν;
Ἱππίας:
δυνατοὺς ἔγωγε καὶ μάλα σφόδρα ἄλλα τε πολλὰ καὶ ἐξαπατᾶν ἀνθρώπους. [365e]
Σωκράτης:
δυνατοὶ μὲν δή, ὡς ἔοικεν, εἰσὶ κατὰ τὸν σὸν λόγον καὶ πολύτροποι: ἦ γάρ;
Ἱππίας:
ναί.
Σωκράτης:
πολύτροποι δ' εἰσὶ καὶ ἀπατεῶνες ὑπὸ ἠλιθιότητος καὶ ἀφροσύνης, ἢ ὑπὸ πανουργίας καὶ φρονήσεώς τινος;

Ἱππίας:
ὑπὸ πανουργίας πάντων μάλιστα καὶ φρονήσεως.
Σωκράτης:
φρόνιμοι μὲν ἄρα εἰσίν, ὡς ἔοικεν.
Ἱππίας:
ναὶ μὰ Δία, λίαν γε.
Σωκράτης:
φρόνιμοι δὲ ὄντες οὐκ ἐπίστανται ὅτι ποιοῦσιν, ἢ ἐπίστανται;
Ἱππίας:
καὶ μάλα σφόδρα ἐπίστανται: διὰ ταῦτα καὶ κακουργοῦσιν.
Σωκράτης:
ἐπιστάμενοι δὲ ταῦτα ἃ ἐπίστανται πότερον ἀμαθεῖς εἰσιν ἢ σοφοί;
Ἱππίας:
σοφοὶ μὲν οὖν αὐτά γε ταῦτα, [366a] ἐξαπατᾶν.
Σωκράτης:
ἔχε δή: ἀναμνησθῶμεν τί ἐστιν ὃ λέγεις. τοὺς ψευδεῖς φὴς εἶναι δυνατοὺς καὶ φρονίμους καὶ ἐπιστήμονας καὶ σοφοὺς εἰς ἅπερ ψευδεῖς;
Ἱππίας:
φημὶ γὰρ οὖν.
Σωκράτης:
ἄλλους δὲ τοὺς ἀληθεῖς τε καὶ ψευδεῖς, καὶ ἐναντιωτάτους ἀλλήλοις;
Ἱππίας:
λέγω ταῦτα.
Σωκράτης:
φέρε δή: τῶν μὲν δυνατῶν τινες καὶ σοφῶν, ὡς ἔοικεν, εἰσὶν οἱ ψευδεῖς κατὰ τὸν σὸν λόγον.
Ἱππίας:
μάλιστά γε.
Σωκράτης:
ὅταν δὲ [366b] λέγῃς δυνατοὺς καὶ σοφοὺς εἶναι τοὺς ψευδεῖς εἰς αὐτὰ ταῦτα, πότερον λέγεις δυνατοὺς εἶναι ψεύδεσθαι ἐὰν βούλωνται, ἢ ἀδυνάτους εἰς ταῦτα ἅπερ ψεύδονται;
Ἱππίας:
δυνατοὺς ἔγωγε.
Σωκράτης:
ὡς ἐν κεφαλαίῳ ἄρα εἰρῆσθαι, οἱ ψευδεῖς εἰσιν οἱ σοφοί τε καὶ δυνατοὶ ψεύδεσθαι.
Ἱππίας:
ναί.

Σωκράτης:
ἀδύνατος ἄρα ψεύδεσθαι ἀνὴρ καὶ ἀμαθὴς οὐκ ἂν εἴη ψευδής.
Ἱππίας:
ἔχει οὕτως.
Σωκράτης:
δυνατὸς δέ γ' ἐστὶν ἕκαστος ἄρα, ὃς ἂν ποιῇ τότε ὃ ἂν βούληται, ὅταν βούληται· [366c] οὐχ ὑπὸ νόσου λέγω ἐξειργόμενον οὐδὲ τῶν τοιούτων, ἀλλὰ ὥσπερ σὺ δυνατὸς εἶ γράψαι τοὐμὸν ὄνομα ὅταν βούλῃ, οὕτω λέγω. ἢ οὐχ, ὃς ἂν οὕτως ἔχῃ, καλεῖς σὺ δυνατόν;
Ἱππίας:
ναί.
Σωκράτης:
λέγε δή μοι, ὦ Ἱππία, οὐ σὺ μέντοι ἔμπειρος εἶ λογισμῶν καὶ λογιστικῆς;
Ἱππίας:
πάντων μάλιστα, ὦ Σώκρατες.
Σωκράτης:
οὐκοῦν εἰ καί τίς σε ἔροιτο τὰ τρὶς ἑπτακόσια ὁπόσος ἐστὶν ἀριθμός, εἰ βούλοιο, πάντων τάχιστα καὶ [366d] μάλιστ' ἂν εἴποις τἀληθῆ περὶ τούτου;
Ἱππίας:
πάνυ γε.
Σωκράτης:
ἆρα ὅτι δυνατώτατός τε εἶ καὶ σοφώτατος κατὰ ταῦτα;
Ἱππίας:
ναί.
Σωκράτης:
πότερον οὖν σοφώτατός τε εἶ καὶ δυνατώτατος μόνον, ἢ καὶ ἄριστος ταῦτα ἅπερ δυνατώτατός τε καὶ σοφώτατος, τὰ λογιστικά;
Ἱππίας:
καὶ ἄριστος δήπου, ὦ Σώκρατες.
Σωκράτης:
τὰ μὲν δὴ ἀληθῆ σὺ ἂν δυνατώτατα εἴποις [366e] περὶ τούτων· ἦ γάρ;
Ἱππίας:
οἶμαι ἔγωγε.
Σωκράτης:
τί δὲ τὰ ψευδῆ περὶ τῶν αὐτῶν τούτων; καί μοι, ὥσπερ τὰ πρότερα, γενναίως καὶ μεγαλοπρεπῶς ἀπόκριναι, ὦ Ἱππία· εἴ τίς σε ἔροιτο τὰ τρὶς ἑπτακόσια πόσα ἐστί, πότερον σὺ ἂν μάλιστα ψεύδοιο καὶ ἀεὶ κατὰ ταὐτὰ ψευδῆ λέγοις περὶ τούτων, βουλόμενος ψεύδεσθαι καὶ μηδέποτε ἀληθῆ

ἀποκρίνεσθαι, ἢ ὁ [367a] ἀμαθὴς εἰς λογισμοὺς δύναιτ' ἂν σοῦ μᾶλλον ψεύδεσθαι βουλομένου; ἢ ὁ μὲν ἀμαθὴς πολλάκις ἂν βουλόμενος ψευδῆ λέγειν τἀληθῆ ἂν εἴποι ἄκων, εἰ τύχοι, διὰ τὸ μὴ εἰδέναι, σὺ δὲ ὁ σοφός, εἴπερ βούλοιο ψεύδεσθαι, ἀεὶ ἂν κατὰ τὰ αὐτὰ ψεύδοιο;
Ἱππίας:
ναί, οὕτως ἔχει ὡς σὺ λέγεις.
Σωκράτης:
ὁ ψευδὴς οὖν πότερον περὶ μὲν τἆλλα ψευδής ἐστιν, οὐ μέντοι περὶ ἀριθμόν, οὐδὲ ἀριθμῶν ἂν ψεύσαιτο;
Ἱππίας:
καὶ ναὶ μὰ Δία περὶ ἀριθμόν.
Σωκράτης:
θῶμεν ἄρα καὶ τοῦτο, ὦ Ἱππία, περὶ λογισμόν τε καὶ ἀριθμὸν εἶναί τινα [367b] ἄνθρωπον ψευδῆ;
Ἱππίας:
ναί.
Σωκράτης:
τίς οὖν ἂν εἴη οὗτος; οὐχὶ δεῖ ὑπάρχειν αὐτῷ, εἴπερ μέλλει ψευδὴς ἔσεσθαι, ὡς σὺ ἄρτι ὡμολόγεις, δυνατὸν εἶναι ψεύδεσθαι; ὁ γὰρ ἀδύνατος ψεύδεσθαι, εἰ μέμνησαι, ὑπὸ σοῦ ἐλέγετο ὅτι οὐκ ἄν ποτε ψευδὴς γένοιτο.
Ἱππίας:
ἀλλὰ μέμνημαι καὶ ἐλέχθη οὕτως.
Σωκράτης:
οὐκοῦν ἄρτι ἐφάνης σὺ δυνατώτατος ὢν ψεύδεσθαι περὶ λογισμῶν;
Ἱππίας:
ναί, ἐλέχθη γέ τοι καὶ τοῦτο. [367c]
Σωκράτης:
ἆρ' οὖν καὶ δυνατώτατος εἶ ἀληθῆ λέγειν περὶ λογισμῶν;
Ἱππίας:
πάνυ γε.
Σωκράτης:
οὐκοῦν ὁ αὐτὸς ψευδῆ καὶ ἀληθῆ λέγειν περὶ λογισμῶν δυνατώτατος: οὗτος δ' ἐστὶν ὁ ἀγαθὸς περὶ τούτων, ὁ λογιστικός.
Ἱππίας:
ναί.
Σωκράτης:
τίς οὖν ψευδὴς περὶ λογισμὸν γίγνεται, ὦ Ἱππία, ἄλλος ἢ ὁ ἀγαθός; ὁ αὐτὸς γὰρ καὶ δυνατός: οὗτος δὲ καὶ ἀληθής.

Ἱππίας:
φαίνεται.
Σωκράτης:
ὁρᾷς οὖν ὅτι ὁ αὐτὸς ψευδής τε καὶ ἀληθὴς περὶ τούτων, καὶ οὐδὲν ἀμείνων ὁ ἀληθὴς τοῦ ψευδοῦς; [367d] ὁ αὐτὸς γὰρ δήπου ἐστὶ καὶ οὐκ ἐναντιώτατα ἔχει, ὥσπερ σὺ ᾤου ἄρτι.
Ἱππίας:
οὐ φαίνεται ἐνταῦθά γε.
Σωκράτης:
βούλει οὖν σκεψώμεθα καὶ ἄλλοθι;
Ἱππίας:
εἰ [ἄλλως] γε σὺ βούλει.
Σωκράτης:
οὐκοῦν καὶ γεωμετρίας ἔμπειρος εἶ;
Ἱππίας:
ἔγωγε.
Σωκράτης:
τί οὖν; οὐ καὶ ἐν γεωμετρίᾳ οὕτως ἔχει: ὁ αὐτὸς δυνατώτατος ψεύδεσθαι καὶ ἀληθῆ λέγειν περὶ τῶν διαγραμμάτων, ὁ γεωμετρικός;
Ἱππίας:
ναί.
Σωκράτης:
περὶ ταῦτα οὖν [367e] ἀγαθὸς ἄλλος τις ἢ οὗτος;
Ἱππίας:
οὐκ ἄλλος.
Σωκράτης:
οὐκοῦν ὁ ἀγαθὸς καὶ σοφὸς γεωμέτρης δυνατώτατός γε ἀμφότερα; καὶ εἴπερ τις ἄλλος ψευδὴς περὶ διαγράμματα, οὗτος ἂν εἴη, ὁ ἀγαθός; οὗτος γὰρ δυνατός, ὁ δὲ κακὸς ἀδύνατος ἦν ψεύδεσθαι: ὥστε οὐκ ἂν γένοιτο ψευδὴς ὁ μὴ δυνάμενος ψεύδεσθαι, ὡς ὡμολόγηται.
Ἱππίας:
ἔστι ταῦτα.
Σωκράτης:
ἔτι τοίνυν καὶ τὸν τρίτον ἐπισκεψώμεθα, τὸν ἀστρονόμον, ἧς αὖ σὺ τέχνης ἔτι μᾶλλον ἐπιστήμων οἴει [368a] εἶναι ἢ τῶν ἔμπροσθεν. ἦ γάρ, ὦ Ἱππία;
Ἱππίας:
ναί.
Σωκράτης:
οὐκοῦν καὶ ἐν ἀστρονομίᾳ ταὐτὰ ταῦτά ἐστιν;

Ἱππίας:
εἰκός γε, ὦ Σώκρατες.
Σωκράτης:
καὶ ἐν ἀστρονομίᾳ ἄρα εἴπερ τις καὶ ἄλλος ψευδής, ὁ ἀγαθὸς ἀστρονόμος ψευδὴς ἔσται, ὁ δυνατὸς ψεύδεσθαι. οὐ γὰρ ὅ γε ἀδύνατος: ἀμαθὴς γάρ.
Ἱππίας:
φαίνεται οὕτως.
Σωκράτης:
ὁ αὐτὸς ἄρα καὶ ἐν ἀστρονομίᾳ ἀληθής τε καὶ ψευδὴς ἔσται.
Ἱππίας:
ἔοικεν.
Σωκράτης:
ἴθι δή, ὦ Ἱππία, ἀνέδην οὑτωσὶ ἐπίσκεψαι κατὰ [368b] πασῶν τῶν ἐπιστημῶν, εἴ που ἔστιν ἄλλως ἔχον ἢ οὕτως. πάντως δὲ πλείστας τέχνας πάντων σοφώτατος εἶ ἀνθρώπων, ὡς ἐγώ ποτέ σου ἤκουον μεγαλαυχουμένου, πολλὴν σοφίαν καὶ ζηλωτὴν σαυτοῦ διεξιόντος ἐν ἀγορᾷ ἐπὶ ταῖς τραπέζαις. ἔφησθα δὲ ἀφικέσθαι ποτὲ εἰς Ὀλυμπίαν ἃ εἶχες περὶ τὸ σῶμα ἅπαντα σαυτοῦ ἔργα ἔχων: πρῶτον μὲν δακτύλιον ἐντεῦθεν γὰρ ἤρχου ὃν εἶχες σαυτοῦ ἔχειν [368c] ἔργον, ὡς ἐπιστάμενος δακτυλίους γλύφειν, καὶ ἄλλην σφραγῖδα σὸν ἔργον, καὶ στλεγγίδα καὶ λήκυθον ἃ αὐτὸς ἠργάσω: ἔπειτα ὑποδήματα ἃ εἶχες ἔφησθα αὐτὸς σκυτοτομῆσαι, καὶ τὸ ἱμάτιον ὑφῆναι καὶ τὸν χιτωνίσκον: καὶ ὅ γε πᾶσιν ἔδοξεν ἀτοπώτατον καὶ σοφίας πλείστης ἐπίδειγμα, ἐπειδὴ τὴν ζώνην ἔφησθα τοῦ χιτωνίσκου, ἣν εἶχες, εἶναι μὲν οἷαι αἱ Περσικαὶ τῶν πολυτελῶν, ταύτην δὲ αὐτὸς πλέξαι: πρὸς δὲ τούτοις ποιήματα ἔχων ἐλθεῖν, καὶ ἔπη καὶ τραγῳδίας [368d] καὶ διθυράμβους, καὶ καταλογάδην πολλοὺς λόγους καὶ παντοδαποὺς συγκειμένους: καὶ περὶ τῶν τεχνῶν δὴ ὧν ἄρτι ἐγὼ ἔλεγον ἐπιστήμων ἀφικέσθαι διαφερόντως τῶν ἄλλων, καὶ περὶ ῥυθμῶν καὶ ἁρμονιῶν καὶ γραμμάτων ὀρθότητος, καὶ ἄλλα ἔτι πρὸς τούτοις πάνυ πολλά, ὡς ἐγὼ δοκῶ μνημονεύειν: καίτοι τό γε μνημονικὸν ἐπελαθόμην σου, ὡς ἔοικε, τέχνημα, ἐν ᾧ σὺ οἴει λαμπρότατος εἶναι: οἶμαι δὲ καὶ [368e] ἄλλα πάμπολλα ἐπιλελῆσθαι. ἀλλ' ὅπερ ἐγὼ λέγω, καὶ εἰς τὰς σαυτοῦ τέχνας βλέψας ἱκαναὶ δὲ καὶ εἰς τὰς τῶν ἄλλων εἰπέ μοι, ἐάν που εὕρῃς ἐκ τῶν ὡμολογημένων ἐμοί τε καὶ σοί, ὅπου ἐστὶν ὁ μὲν ἀληθής, ὁ δὲ ψευδής, χωρὶς καὶ οὐχ ὁ αὐτός; ἐν ᾗτινι βούλει σοφίᾳ τοῦτο σκέψαι ἢ πανουργίᾳ [369a] ἢ ὁτιοῦν χαίρεις ὀνομάζων: ἀλλ' οὐχ εὑρήσεις, ὦ ἑταῖρε οὐ γὰρ ἔστιν ἐπεὶ σὺ εἰπέ.
Ἱππίας:
ἀλλ' οὐκ ἔχω, ὦ Σώκρατες, νῦν γε οὕτως.

Σωκράτης:
οὐδέ γε ἕξεις, ὡς ἐγὼ οἶμαι: εἰ δ' ἐγὼ ἀληθῆ λέγω, μέμνησαι ὃ ἡμῖν συμβαίνει ἐκ τοῦ λόγου, ὦ Ἱππία.
Ἱππίας:
οὐ πάνυ τι ἐννοῶ, ὦ Σώκρατες, ὃ λέγεις.
Σωκράτης:
νυνὶ γὰρ ἴσως οὐ χρῇ τῷ μνημονικῷ τεχνήματι δῆλον γὰρ ὅτι οὐκ οἴει δεῖνἀλλὰ ἐγώ σε ὑπομνήσω. οἶσθα ὅτι τὸν μὲν Ἀχιλλέα ἔφησθα ἀληθῆ εἶναι, τὸν δὲ Ὀδυσσέα [369b] ψευδῆ καὶ πολύτροπον;
Ἱππίας:
ναί.
Σωκράτης:
νῦν οὖν αἰσθάνῃ ὅτι ἀναπέφανται ὁ αὐτὸς ὢν ψευδής τε καὶ ἀληθής, ὥστε εἰ ψευδὴς ὁ Ὀδυσσεὺς ἦν, καὶ ἀληθὴς γίγνεται, καὶ εἰ ἀληθὴς ὁ Ἀχιλλεύς, καὶ ψευδής, καὶ οὐ διάφοροι ἀλλήλων οἱ ἄνδρες οὐδ' ἐναντίοι, ἀλλ' ὅμοιοι;
Ἱππίας:
ὦ Σώκρατες, ἀεὶ σύ τινας τοιούτους πλέκεις λόγους, καὶ ἀπολαμβάνων ὃ ἂν ᾖ δυσχερέστατον τοῦ λόγου, τούτου [369c] ἔχῃ κατὰ σμικρὸν ἐφαπτόμενος, καὶ οὐχ ὅλῳ ἀγωνίζῃ τῷ πράγματι περὶ ὅτου ἂν ὁ λόγος ᾖ: ἐπεὶ καὶ νῦν, ἐὰν βούλῃ, ἐπὶ πολλῶν τεκμηρίων ἀποδείξω σοι ἱκανῷ λόγῳ Ὅμηρον Ἀχιλλέα πεποιηκέναι ἀμείνω Ὀδυσσέως καὶ ἀψευδῆ, τὸν δὲ δολερόν τε καὶ πολλὰ ψευδόμενον καὶ χείρω Ἀχιλλέως. εἰ δὲ βούλει, σὺ αὖ ἀντιπαράβαλλε λόγον παρὰ λόγον, ὡς ὁ ἕτερος ἀμείνων ἐστί: καὶ μᾶλλον εἴσονται οὗτοι ὁπότερος ἄμεινον λέγει. [369d]
Σωκράτης:
ὦ Ἱππία, ἐγώ τοι οὐκ ἀμφισβητῶ μὴ οὐχὶ σὲ εἶναι σοφώτερον ἢ ἐμέ: ἀλλ' ἀεὶ εἴωθα, ἐπειδάν τις λέγῃ τι, προσέχειν τὸν νοῦν, ἄλλως τε καὶ ἐπειδάν μοι δοκῇ σοφὸς εἶναι ὁ λέγων, καὶ ἐπιθυμῶν μαθεῖν ὅτι λέγει διαπυνθάνομαι καὶ ἐπανασκοπῶ καὶ συμβιβάζω τὰ λεγόμενα, ἵνα μάθω: ἐὰν δὲ φαῦλος δοκῇ μοι εἶναι ὁ λέγων, οὔτε ἐπανερωτῶ οὔτε μοι μέλει ὧν λέγει. καὶ γνώσῃ τούτῳ οὓς ἂν ἐγὼ ἡγῶμαι σοφοὺς εἶναι: εὑρήσεις γάρ με λιπαρῆ ὄντα περὶ τὰ λεγόμενα [369e]ὑπὸ τούτου καὶ πυνθανόμενον παρ' αὐτοῦ, ἵνα μαθών τι ὠφεληθῶ. ἐπεὶ καὶ νῦν ἐννενόηκα σοῦ λέγοντος, ὅτι ἐν τοῖς ἔπεσιν οἷς σὺ ἄρτι ἔλεγες, ἐνδεικνύμενος τὸν Ἀχιλλέα εἰς τὸν Ὀδυσσέα λέγειν ὡς ἀλαζόνα ὄντα, ἄτοπόν μοι δοκεῖ εἶναι, εἰ σὺ ἀληθῆ λέγεις, ὅτι ὁ μὲν Ὀδυσσεὺς οὐδαμοῦ [370a] φαίνεται ψευσάμενος, ὁ πολύτροπος, ὁ δὲ Ἀχιλλεὺς πολύτροπός τις φαίνεται κατὰ τὸν σὸν λόγον: ψεύδεται γοῦν. προειπὼν γὰρ ταῦτα τὰ ἔπη, ἅπερ καὶ σὺ εἶπες ἄρτιἐχθρὸς γάρ μοι κεῖνος ὁμῶς Ἀίδαο πύλῃσιν, ὅς χ' ἕτερον μὲν κεύθῃ ἐνὶ φρεσίν,

ἄλλο δὲ εἴπῃ, Hom. Il. 9.312f. [370b] ὀλίγον ὕστερον λέγει ὡς οὔτ' ἂν ἀναπεισθείη ὑπὸ τοῦ Ὀδυσσέως τε καὶ τοῦ Ἀγαμέμνονος οὔτε μένοι τὸ παράπαν ἐν τῇ Τροίᾳ, ἀλλ' αὔριον ἱρὰ Διὶ ῥέξας, φησί, καὶ πᾶσι θεοῖσιν, νηήσας εὖ νῆας, ἐπὴν ἅλαδε προερύσσω,
ὄψεαι, αἴ κ' ἐθέλῃσθα καὶ αἴ κέν τοι τὰ μεμήλῃ,
ἦρι μάλ' Ἑλλήσποντον ἐπ' ἰχθυόεντα πλεούσας [370c]
νῆας ἐμάς, ἐν δ' ἄνδρας ἐρεσσέμεναι μεμαῶτας·
εἰ δέ κεν εὐπλοΐην δώῃ κλυτὸς Ἐννοσίγαιος,
ἤματί κεν τριτάτῳ Φθίην ἐρίβωλον ἱκοίμην.
[Hom. Il. 9.357]
ἔτι δὲ πρότερον τούτων πρὸς τὸν Ἀγαμέμνονα λοιδορούμενος εἶπεννῦν δ' εἶμι Φθίηνδ', ἐπεὶ ἦ πολὺ λώϊόν ἐστιν
οἴκαδ' ἴμεν σὺν νηυσὶ κορωνίσιν, οὐδέ ς' ὀίω
[370d] ἐνθάδ' ἄτιμος ἐὼν ἄφενος καὶ πλοῦτον ἀφύξειν.
[Hom. Il. 1.169]
ταῦτα εἰπὼν τοτὲ μὲν ἐναντίον τῆς στρατιᾶς ἁπάσης, τοτὲ δὲ πρὸς τοὺς ἑαυτοῦ ἑταίρους, οὐδαμοῦ φαίνεται οὔτε παρασκευασάμενος οὔτ' ἐπιχειρήσας καθέλκειν τὰς ναῦς ὡς ἀποπλευσούμενος οἴκαδε, ἀλλὰ πάνυ γενναίως ὀλιγωρῶν τοῦ τἀληθῆ λέγειν. ἐγὼ μὲν οὖν, ὦ Ἱππία, καὶ ἐξ ἀρχῆς σε ἠρόμην ἀπορῶν ὁπότερος τούτοιν τοῖν ἀνδροῖν
ἀμείνων [370e] πεποίηται τῷ ποιητῇ, καὶ ἡγούμενος ἀμφοτέρω ἀρίστω εἶναι καὶ δύσκριτον ὁπότερος ἀμείνων εἴη καὶ περὶ ψεύδους καὶ ἀληθείας καὶ τῆς ἄλλης ἀρετῆς· ἀμφοτέρω γὰρ καὶ κατὰ τοῦτο παραπλησίω ἐστόν.
Ἱππίας: οὐ γὰρ καλῶς σκοπεῖς, ὦ Σώκρατες. ἃ μὲν γὰρ ὁ Ἀχιλλεὺς ψεύδεται, οὐκ ἐξ ἐπιβουλῆς φαίνεται ψευδόμενος ἀλλ' ἄκων, διὰ τὴν συμφορὰν τὴν τοῦ στρατοπέδου ἀναγκασθεὶς καταμεῖναι καὶ βοηθῆσαι· ἃ δὲ ὁ Ὀδυσσεύς, ἑκών τε καὶ ἐξ ἐπιβουλῆς.
Σωκράτης:
ἐξαπατᾷς με, ὦ φίλτατε Ἱππία, καὶ αὐτὸς τὸν Ὀδυσσέα μιμῇ. [371a]
Ἱππίας:
οὐδαμῶς, ὦ Σώκρατες· λέγεις δὴ τί καὶ πρὸς τί;
Σωκράτης:
ὅτι οὐκ ἐξ ἐπιβουλῆς φῂς τὸν Ἀχιλλέα ψεύδεσθαι, ὃς ἦν οὕτω γόης καὶ ἐπίβουλος πρὸς τῇ ἀλαζονείᾳ, ὡς πεποίηκεν Ὅμηρος, ὥστε καὶ τοῦ Ὀδυσσέως τοσοῦτον φαίνεται φρονεῖν πλέον πρὸς τὸ ῥᾳδίως λανθάνειν αὐτὸν ἀλαζονευόμενος, ὥστε ἐναντίον αὐτοῦ αὐτὸς ἑαυτῷ ἐτόλμα ἐναντία λέγειν καὶ ἐλάνθανεν τὸν Ὀδυσσέα· οὐδὲν γοῦν φαίνεται εἰπὼν πρὸς αὐτὸν ὡς αἰσθανόμενος αὐτοῦ ψευδομένου [371b] ὁ Ὀδυσσεύς.

Ἱππίας:
ποῖα δὴ ταῦτα λέγεις, ὦ Σώκρατες;
Σωκράτης:
οὐκ οἶσθα ὅτι λέγων ὕστερον ἢ ὡς πρὸς τὸν Ὀδυσσέα ἔφη ἅμα τῇ ἠοῖ
ἀποπλευσεῖσθαι, πρὸς τὸν Αἴαντα οὐκ αὖ φησιν ἀποπλευσεῖσθαι, ἀλλὰ
ἄλλα λέγει;
Ἱππίας:
ποῦ δή;
Σωκράτης: ἐν οἷς λέγειοὐ γὰρ πρὶν πολέμοιο μεδήσομαι
αἱματόεντος, [371c]
πρίν γ᾽ υἱὸν Πριάμοιο δαΐφρονος, Ἕκτορα δῖον,
Μυρμιδόνων ἐπί τε κλισίας καὶ νῆας ἱκέσθαι
κτείνοντ᾽ Ἀργείους, κατά τε φλέξαι πυρὶ νῆας·
ἀμφὶ δέ μιν τῇ 'μῇ κλισίῃ καὶ νηΐ μελαίνῃ
Ἕκτορα καὶ μεμαῶτα μάχης σχήσεσθαι ὀΐω.
[Hom. Il. 9.360]
σὺ δὴ οὖν, ὦ Ἱππία, πότερον οὕτως ἐπιλήσμονα οἴει εἶναι [371d] τὸν τῆς
Θέτιδός τε καὶ ὑπὸ τοῦ σοφωτάτου Χείρωνος πεπαιδευμένον, ὥστε ὀλίγον
πρότερον λοιδοροῦντα τοὺς ἀλαζόνας τῇ ἐσχάτῃ λοιδορίᾳ αὐτὸν
παραχρῆμα πρὸς μὲν τὸν Ὀδυσσέα φάναι ἀποπλευσεῖσθαι, πρὸς δὲ τὸν
Αἴαντα μενεῖν, ἀλλ᾽ οὐκ ἐπιβουλεύοντά τε καὶ ἡγούμενον ἀρχαῖον εἶναι
τὸν Ὀδυσσέα καὶ αὐτοῦ αὐτῷ τούτῳ τῷ τεχνάζειν τε καὶ ψεύδεσθαι
περιέσεσθαι;
Ἱππίας:
οὔκουν ἔμοιγε δοκεῖ, ὦ Σώκρατες· ἀλλὰ καὶ αὐτὰ [371e] ταῦτα ὑπὸ
εὐνοίας ἀναπεισθεὶς πρὸς τὸν Αἴαντα ἄλλα εἶπεν ἢ πρὸς τὸν Ὀδυσσέα· ὁ
δὲ Ὀδυσσεὺς ἅ τε ἀληθῆ λέγει, ἐπιβουλεύσας ἀεὶ λέγει, καὶ ὅσα ψεύδεται,
ὡσαύτως.
Σωκράτης:
ἀμείνων ἄρ᾽ ἐστίν, ὡς ἔοικεν, ὁ Ὀδυσσεὺς Ἀχιλλέως.
Ἱππίας:
ἥκιστά γε δήπου, ὦ Σώκρατες.
Σωκράτης:
τί δέ; οὐκ ἄρτι ἐφάνησαν οἱ ἑκόντες ψευδόμενοι βελτίους ἢ οἱ ἄκοντες;
Ἱππίας:
καὶ πῶς ἄν, ὦ Σώκρατες, οἱ ἑκόντες ἀδικοῦντες καὶ [372a] ἑκόντες
ἐπιβουλεύσαντες καὶ κακὰ ἐργασάμενοι βελτίους ἂν εἶεν τῶν ἀκόντων, οἷς
πολλὴ δοκεῖ συγγνώμη εἶναι, ἐὰν μὴ εἰδώς τις ἀδικήσῃ ἢ ψεύσηται ἢ ἄλλο
τι κακὸν ποιήσῃ; καὶ οἱ νόμοι δήπου πολὺ χαλεπώτεροί εἰσι τοῖς ἑκοῦσι

κακὰ ἐργαζομένοις καὶ ψευδομένοις ἢ τοῖς ἄκουσιν.
Σωκράτης:
ὁρᾷς, ὦ Ἱππία, ὅτι ἐγὼ ἀληθῆ λέγω, λέγων ὡς [372b] λιπαρής εἰμι πρὸς τὰς ἐρωτήσεις τῶν σοφῶν; καὶ κινδυνεύω ἓν μόνον ἔχειν τοῦτο ἀγαθόν, τἆλλα ἔχων πάνυ φαῦλα: τῶν μὲν γὰρ πραγμάτων ᾗ ἔχει ἔσφαλμαι, καὶ οὐκ οἶδ᾽ ὅπῃ ἐστί. τεκμήριον δέ μοι τούτου ἱκανόν, ὅτι ἐπειδὰν συγγένωμαί τῳ ὑμῶν τῶν εὐδοκιμούντων ἐπὶ σοφίᾳ καὶ οἷς οἱ Ἕλληνες πάντες μάρτυρές εἰσι τῆς σοφίας, φαίνομαι οὐδὲν εἰδώς: οὐδὲν γάρ μοι δοκεῖ τῶν αὐτῶν καὶ ὑμῖν, ὡς ἔπος [372c] εἰπεῖν. καίτοι τί μεῖζον ἀμαθίας τεκμήριον ἢ ἐπειδάν τις σοφοῖς ἀνδράσι διαφέρηται; ἓν δὲ τοῦτο θαυμάσιον ἔχω ἀγαθόν, ὅ με σῴζει: οὐ γὰρ αἰσχύνομαι μανθάνων, ἀλλὰ πυνθάνομαι καὶ ἐρωτῶ καὶ χάριν πολλὴν ἔχω τῷ ἀποκρινομένῳ, καὶ οὐδένα πώποτε ἀπεστέρησα χάριτος. οὐ γὰρ πώποτε ἔξαρνος ἐγενόμην μαθών τι, ἐμαυτοῦ ποιούμενος τὸ μάθημα εἶναι ὡς εὕρημα: ἀλλ᾽ ἐγκωμιάζω τὸν διδάξαντά με ὡς σοφὸν ὄντα, ἀποφαίνων ἃ ἔμαθον παρ᾽ αὐτοῦ. καὶ δὴ καὶ [372d] νῦν ἃ σὺ λέγεις οὐχ ὁμολογῶ σοι, ἀλλὰ διαφέρομαι πάνυ σφόδρα: καὶ τοῦτ᾽ εὖ οἶδα ὅτι δι᾽ ἐμὲ γίγνεται, ὅτι τοιοῦτός εἰμι οἷόσπερ εἰμί, ἵνα μηδὲν ἐμαυτὸν μεῖζον εἴπω. ἐμοὶ γὰρ φαίνεται, ὦ Ἱππία, πᾶν τοὐναντίον ἢ ὃ σὺ λέγεις: οἱ βλάπτοντες τοὺς ἀνθρώπους καὶ ἀδικοῦντες καὶ ψευδόμενοι καὶ ἐξαπατῶντες καὶ ἁμαρτάνοντες ἑκόντες ἀλλὰ μὴ ἄκοντες, βελτίους εἶναι ἢ οἱ ἄκοντες. ἐνίοτε μέντοι καὶ τοὐναντίον δοκεῖ μοι τούτων καὶ πλανῶμαι περὶ ταῦτα, δῆλον ὅτι διὰ [372e] τὸ μὴ εἰδέναι: νυνὶ δὲ ἐν τῷ παρόντι μοι ὥσπερ καταβολὴ περιελήλυθεν, καὶ δοκοῦσί μοι οἱ ἑκόντες ἐξαμαρτάνοντες περί τι βελτίους εἶναι τῶν ἀκόντων. αἰτιῶμαι δὲ τοῦ νῦν παρόντος παθήματος τοὺς ἔμπροσθεν λόγους αἰτίους εἶναι, ὥστε φαίνεσθαι νῦν ἐν τῷ παρόντι τοὺς ἄκοντας τούτων ἕκαστα ποιοῦντας πονηροτέρους ἢ τοὺς ἑκόντας. σὺ οὖν χάρισαι καὶ μὴ φθονήσῃς ἰάσασθαι τὴν ψυχήν μου:
πολὺ [373a] γάρ τοι μεῖζόν με ἀγαθὸν ἐργάσῃ ἀμαθίας παύσας τὴν ψυχὴν ἢ νόσου τὸ σῶμα. μακρὸν μὲν οὖν λόγον εἰ 'θέλεις λέγειν, προλέγω σοι ὅτι οὐκ ἄν με ἰάσαιοοὐ γὰρ ἂν ἀκολουθήσαιμι ὥσπερ δὲ ἄρτι εἰ 'θέλεις μοι ἀποκρίνεσθαι, πάνυ ὀνήσεις, οἶμαι δὲ οὐδ᾽ αὐτὸν σὲ βλαβήσεσθαι. δικαίως δ᾽ ἂν καὶ σὲ παρακαλοίην, ὦ παῖ Ἀπημάντου: σὺ γάρ με ἐπῆρας Ἱππίᾳ διαλέγεσθαι, καὶ νῦν, ἐὰν μή μοι ἐθέλῃ Ἱππίας: ἀποκρίνεσθαι, δέου αὐτοῦ ὑπὲρ ἐμοῦ.
Εὔδικος:
ἀλλ᾽, ὦ Σώκρατες, οἶμαι οὐδὲν δεήσεσθαι Ἱππίαν [373b] τῆς ἡμετέρας δεήσεως: οὐ γὰρ τοιαῦτα αὐτῷ ἐστι τὰ προειρημένα, ἀλλ᾽ ὅτι οὐδενὸς ἂν φύγοι ἀνδρὸς ἐρώτησιν. ἦ γάρ, ὦ Ἱππία; οὐ ταῦτα ἦν ἃ ἔλεγες;

Ἱππίας:
ἔγωγε: ἀλλὰ Σωκράτης, ὦ Εὔδικε, ἀεὶ ταράττει ἐν τοῖς λόγοις καὶ ἔοικεν ὥσπερ κακουργοῦντι.
Σωκράτης:
ὦ βέλτιστε Ἱππία, οὔτι ἑκών γε ταῦτα ἐγὼ ποιῶ σοφὸς γὰρ ἂν ἦ καὶ δεινὸς κατὰ τὸν σὸν λόγονἀλλὰ ἄκων, ὥστε μοι συγγνώμην ἔχε: φῂς γὰρ αὖ δεῖν, ὃς ἂν κακουργῇ ἄκων, συγγνώμην ἔχειν. [373c]
Εὔδικος:
καὶ μηδαμῶς γε, ὦ Ἱππία, ἄλλως ποίει, ἀλλὰ καὶ ἡμῶν ἕνεκα καὶ τῶν προειρημένων σοι λόγων ἀποκρίνου ἃ ἄν σε ἐρωτᾷ Σωκράτης.
Ἱππίας:
ἀλλ' ἀποκρινοῦμαι, σοῦ γε δεομένου. ἀλλ' ἐρώτα ὅτι βούλει.
Σωκράτης:
καὶ μὴν σφόδρα γε ἐπιθυμῶ, ὦ Ἱππία, διασκέψασθαι τὸ νυνδὴ λεγόμενον, πότεροί ποτε ἀμείνους, οἱ ἑκόντες ἢ οἱ ἄκοντες ἁμαρτάνοντες. οἶμαι οὖν ἐπὶ τὴν σκέψιν ὀρθότατ' ἂν ὧδε ἐλθεῖν. ἀλλ' ἀπόκριναι: καλεῖς τινα δρομέα ἀγαθόν; [373d]
Ἱππίας:
ἔγωγε.
Σωκράτης:
καὶ κακόν;
Ἱππίας:
ναί.
Σωκράτης:
οὐκοῦν ἀγαθὸς μὲν ὁ εὖ θέων, κακὸς δὲ ὁ κακῶς;
Ἱππίας:
ναί.
Σωκράτης:
οὐκοῦν ὁ βραδέως θέων κακῶς θεῖ, ὁ δὲ ταχέως εὖ;
Ἱππίας:
ναί.
Σωκράτης:
ἐν δρόμῳ μὲν ἄρα καὶ τῷ θεῖν τάχος μὲν ἀγαθόν, βραδυτὴς δὲ κακόν;
Ἱππίας:
ἀλλὰ τί μέλλει;
Σωκράτης:
πότερος οὖν ἀμείνων δρομεύς, ὁ ἑκὼν βραδέως θέων ἢ ὁ ἄκων;
Ἱππίας:
ὁ ἑκών.

Σωκράτης:
ἆρ' οὖν οὐ ποιεῖν τί ἐστι τὸ θεῖν;
Ἱππίας:
ποιεῖν μὲν οὖν.
Σωκράτης:
εἰ δὲ ποιεῖν, οὐ καὶ ἐργάζεσθαί [373e] τι;
Ἱππίας:
ναί.
Σωκράτης:
ὁ κακῶς ἄρα θέων κακὸν καὶ αἰσχρὸν ἐν δρόμῳ τοῦτο ἐργάζεται;
Ἱππίας:
κακόν: πῶς γὰρ οὔ;
Σωκράτης:
κακῶς δὲ θεῖ ὁ βραδέως θέων;
Ἱππίας:
ναί.
Σωκράτης:
οὐκοῦν ὁ μὲν ἀγαθὸς δρομεὺς ἑκὼν τὸ κακὸν τοῦτο ἐργάζεται καὶ τὸ αἰσχρόν, ὁ δὲ κακὸς ἄκων;
Ἱππίας:
ἔοικέν γε.
Σωκράτης:
ἐν δρόμῳ μὲν ἄρα πονηρότερος ὁ ἄκων κακὰ ἐργαζόμενος [374a] ἢ ὁ ἑκών;
Ἱππίας:
ἐν δρόμῳ γε.
Σωκράτης:
τί δ' ἐν πάλῃ; πότερος παλαιστὴς ἀμείνων, ὁ ἑκὼν πίπτων ἢ ὁ ἄκων;
Ἱππίας:
ὁ ἑκών, ὡς ἔοικεν.
Σωκράτης:
πονηρότερον δὲ καὶ αἴσχιον ἐν πάλῃ τὸ πίπτειν ἢ τὸ καταβάλλειν;
Ἱππίας:
τὸ πίπτειν.
Σωκράτης:
καὶ ἐν πάλῃ ἄρα ὁ ἑκὼν τὰ πονηρὰ καὶ αἰσχρὰ ἐργαζόμενος βελτίων παλαιστὴς ἢ ὁ ἄκων.
Ἱππίας:
ἔοικεν.

Σωκράτης:
τί δὲ ἐν τῇ ἄλλῃ πάσῃ τῇ τοῦ σώματος χρείᾳ; οὐχ ὁ βελτίων τὸ σῶμα δύναται ἀμφότερα ἐργάζεσθαι, καὶ τὰ ἰσχυρὰ καὶ τὰ [374b] ἀσθενῆ, καὶ τὰ αἰσχρὰ καὶ τὰ καλά: ὥστε ὅταν κατὰ τὸ σῶμα πονηρὰ ἐργάζηται, ἑκὼν ἐργάζεται ὁ βελτίων τὸ σῶμα, ὁ δὲ πονηρότερος ἄκων;
Ἱππίας:
ἔοικεν καὶ τὰ κατὰ τὴν ἰσχὺν οὕτως ἔχειν.
Σωκράτης:
τί δὲ κατ' εὐσχημοσύνην, ὦ Ἱππία; οὐ τοῦ βελτίονος σώματός ἐστιν ἑκόντος τὰ αἰσχρὰ καὶ πονηρὰ σχήματα σχηματίζειν, τοῦ δὲ πονηροτέρου ἄκοντος; ἢ πῶς σοι δοκεῖ;
Ἱππίας:
οὕτως.
Σωκράτης:
καὶ ἀσχημοσύνη ἄρα ἡ μὲν ἑκούσιος [374c] πρὸς ἀρετῆς ἐστιν, ἡ δὲ ἀκούσιος πρὸς πονηρίας σώματος.
Ἱππίας:
φαίνεται.
Σωκράτης:
τί δὲ φωνῆς πέρι λέγεις; ποτέραν φῂς εἶναι βελτίω, τὴν ἑκουσίως ἀπᾴδουσαν ἢ τὴν ἀκουσίως;
Ἱππίας:
τὴν ἑκουσίως.
Σωκράτης:
μοχθηροτέραν δὲ τὴν ἀκουσίως;
Ἱππίας:
ναί.
Σωκράτης:
δέξαιο δ' ἂν πότερον τἀγαθὰ κεκτῆσθαι ἢ τὰ κακά;
Ἱππίας:
τἀγαθά.
Σωκράτης:
πότερον οὖν ἂν δέξαιο πόδας κεκτῆσθαι ἑκουσίως χωλαίνοντας ἢ ἀκουσίως; [374d]
Ἱππίας:
ἑκουσίως.
Σωκράτης:
χωλεία δὲ ποδῶν οὐχὶ πονηρία καὶ ἀσχημοσύνη ἐστίν;

Ἱππίας:
ναί.
Σωκράτης:
τί δέ; ἀμβλυωπία οὐ πονηρία ὀφθαλμῶν;
Ἱππίας:
ναί.
Σωκράτης:
ποτέρους οὖν ἂν βούλοιο ὀφθαλμοὺς κεκτῆσθαι καὶ ποτέροις συνεῖναι; οἷς ἑκὼν ἄν τις ἀμβλυώττοι καὶ παρορῴη ἢ οἷς ἄκων;
Ἱππίας:
οἷς ἑκών.
Σωκράτης:
βελτίω ἄρα ἥγησαι τῶν σαυτοῦ τὰ ἑκουσίως πονηρὰ ἐργαζόμενα ἢ τὰ ἀκουσίως;
Ἱππίας:
τὰ γοῦν τοιαῦτα.
Σωκράτης:
οὐκοῦν πάντα, οἷον καὶ ὦτα καὶ ῥῖνας καὶ στόμα καὶ πάσας τὰς αἰσθήσεις, εἷς λόγος συνέχει, τὰς μὲν ἀκόντως [374e] κακὰ ἐργαζομένας ἀκτήτους εἶναι ὡς πονηρὰς οὔσας, τὰς δὲ ἑκουσίως κτητὰς ὡς ἀγαθὰς οὔσας.
Ἱππίας:
ἔμοιγε δοκεῖ.
Σωκράτης:
τί δέ; ὀργάνων ποτέρων βελτίων ἡ κοινωνία, οἷς ἑκών τις κακὰ ἐργάζεται ἢ οἷς ἄκων; οἷον πηδάλιον ᾧ ἄκων κακῶς τις κυβερνήσει βέλτιον ἢ ᾧ ἑκών;
Ἱππίας:
ᾧι ἑκών.
Σωκράτης:
οὐ καὶ τόξον ὡσαύτως καὶ λύρα καὶ αὐλοὶ καὶ τἆλλα σύμπαντα; [375a]
Ἱππίας:
ἀληθῆ λέγεις.
Σωκράτης:
τί δέ; ψυχὴν κεκτῆσθαι ἵππου, ᾗ ἑκών τις κακῶς ἱππεύσει, ἄμεινον ἢ <ᾗ> ἄκων;
Ἱππίας:
ᾗι ἑκών.
Σωκράτης:
ἀμείνων ἄρα ἐστίν.

Ἱππίας:
ναί.
Σωκράτης:
τῇ ἀμείνονι ἄρα ψυχῇ ἵππου τὰ τῆς ψυχῆς ἔργα ταύτης τὰ πονηρὰ ἑκουσίως ἂν ποιοῖ, τῇ δὲ τῆς πονηρᾶς ἀκουσίως;
Ἱππίας:
πάνυ γε.
Σωκράτης:
οὐκοῦν καὶ κυνὸς καὶ τῶν ἄλλων ζῴων πάντων;
Ἱππίας:
ναί.
Σωκράτης:
τί δὲ δή; ἀνθρώπου ψυχὴν ἐκτῆσθαι τοξότου ἄμεινόν ἐστιν, ἥτις ἑκουσίως ἁμαρτάνει [375b] τοῦ σκοποῦ, ἢ ἥτις ἀκουσίως;
Ἱππίας:
ἥτις ἑκουσίως.
Σωκράτης:
οὐκοῦν καὶ αὕτη ἀμείνων εἰς τοξικήν ἐστιν;
Ἱππίας:
ναί.
Σωκράτης:
καὶ ψυχὴ ἄρα ἀκουσίως ἁμαρτάνουσα πονηροτέρα ἢ ἑκουσίως;
Ἱππίας:
ἐν τοξικῇ γε.
Σωκράτης:
τί δ' ἐν ἰατρικῇ; οὐχὶ ἡ ἑκοῦσα κακὰ ἐργαζομένη περὶ τὰ σώματα ἰατρικωτέρα;
Ἱππίας:
ναί.
Σωκράτης:
ἀμείνων ἄρα αὕτη ἐν ταύτῃ τῇ τέχνῃ τῆς μὴ [ἰατρικῆς].
Ἱππίας:
ἀμείνων.
Σωκράτης:
τί δέ; ἡ κιθαριστικωτέρα καὶ αὐλητικωτέρα καὶ τἆλλα πάντα τὰ κατὰ τὰς τέχνας [375c] τε καὶ τὰς ἐπιστήμας, οὐχὶ ἡ ἀμείνων ἑκοῦσα τὰ κακὰ ἐργάζεται καὶ τὰ αἰσχρὰ καὶ ἐξαμαρτάνει, ἡ δὲ πονηροτέρα ἄκουσα;
Ἱππίας:
φαίνεται.

Σωκράτης:
ἀλλὰ μὴν που τάς γε τῶν δούλων ψυχὰς κεκτῆσθαι δεξαίμεθ' ἂν μᾶλλον τὰς ἑκουσίως ἢ τὰς ἀκουσίως ἁμαρτανούσας τε καὶ κακουργούσας, ὡς ἀμείνους οὔσας εἰς ταῦτα.
Ἱππίας:
ναί.
Σωκράτης:
τί δέ; τὴν ἡμετέραν αὐτῶν οὐ βουλοίμεθ' ἂν ὡς βελτίστην ἐκτῆσθαι; [375d]
Ἱππίας:
ναί.
Σωκράτης:
οὐκοῦν βελτίων ἔσται, ἐὰν ἑκοῦσα κακουργῇ τε καὶ ἐξαμαρτάνῃ, ἢ ἐὰν ἄκουσα;
Ἱππίας:
δεινὸν μεντἂν εἴη, ὦ Σώκρατες, εἰ οἱ ἑκόντες ἀδικοῦντες βελτίους ἔσονται ἢ οἱ ἄκοντες.
Σωκράτης:
ἀλλὰ μὴν φαίνονταί γε ἐκ τῶν εἰρημένων.
Ἱππίας:
οὔκουν ἔμοιγε.
Σωκράτης:
ἐγὼ δ' ᾤμην, ὦ Ἱππία, καὶ σοὶ φανῆναι. πάλιν δ' ἀπόκριναι: ἡ δικαιοσύνη οὐχὶ ἢ δύναμίς τίς ἐστιν ἢ ἐπιστήμη ἢ ἀμφότερα; ἢ οὐκ ἀνάγκη ἕν γέ τι τούτων εἶναι τὴν [375e] δικαιοσύνην;
Ἱππίας:
ναί.
Σωκράτης:
οὐκοῦν εἰ μὲν δύναμίς ἐστι τῆς ψυχῆς ἡ δικαιοσύνη, ἡ δυνατωτέρα ψυχὴ δικαιοτέρα ἐστί; βελτίων γὰρ που ἡμῖν ἐφάνη, ὦ ἄριστε, ἡ τοιαύτη.
Ἱππίας:
ἐφάνη γάρ.
Σωκράτης:
τί δ' εἰ ἐπιστήμη; οὐχ ἡ σοφωτέρα ψυχὴ δικαιοτέρα, ἡ δὲ ἀμαθεστέρα ἀδικωτέρα;
<Ἱππίας:
ναί.>
Σωκράτης:
τί δ' εἰ ἀμφότερα; οὐχ ἡ ἀμφοτέρας ἔχουσα, ἐπιστήμην καὶ δύναμιν,

149

δικαιοτέρα, ἡ δ' ἀμαθεστέρα ἀδικωτέρα; οὐχ οὕτως ἀνάγκη ἔχειν;
Ἱππίας:
φαίνεται.
Σωκράτης:
οὐκοῦν ἡ δυνατωτέρα καὶ σοφωτέρα αὕτη ἀμείνων οὖσα ἐφάνη καὶ ἀμφότερα μᾶλλον δυναμένη ποιεῖν, καὶ τὰ [376a] καλὰ καὶ τὰ αἰσχρά, περὶ πᾶσαν ἐργασίαν;
Ἱππίας:
ναί.
Σωκράτης:
ὅταν ἄρα τὰ αἰσχρὰ ἐργάζηται, ἑκοῦσα ἐργάζεται διὰ δύναμιν καὶ τέχνην· ταῦτα δὲ δικαιοσύνης φαίνεται, ἤτοι ἀμφότερα ἢ τὸ ἕτερον.
Ἱππίας:
ἔοικεν.
Σωκράτης:
καὶ τὸ μέν γε ἀδικεῖν κακὰ ποιεῖν ἐστιν, τὸ δὲ μὴ ἀδικεῖν καλά.
Ἱππίας:
ναί.
Σωκράτης:
οὐκοῦν ἡ δυνατωτέρα καὶ ἀμείνων ψυχή, ὅτανπερ ἀδικῇ, ἑκοῦσα ἀδικήσει, ἡ δὲ πονηρὰ ἄκουσα;
Ἱππίας:
φαίνεται. [376b]
Σωκράτης:
οὐκοῦν ἀγαθὸς ἀνὴρ ὁ τὴν ἀγαθὴν ψυχὴν ἔχων, κακὸς δὲ ὁ τὴν κακήν;
Ἱππίας:
ναί.
Σωκράτης:
ἀγαθοῦ μὲν ἄρα ἀνδρός ἐστιν ἑκόντα ἀδικεῖν, κακοῦ δὲ ἄκοντα, εἴπερ ὁ ἀγαθὸς ἀγαθὴν ψυχὴν ἔχει.
Ἱππίας:
ἀλλὰ μὴν ἔχει γε.
Σωκράτης:
ὁ ἄρα ἑκὼν ἁμαρτάνων καὶ αἰσχρὰ καὶ ἄδικα ποιῶν, ὦ Ἱππία, εἴπερ τίς ἐστιν οὗτος, οὐκ ἂν ἄλλος εἴη ἢ ὁ ἀγαθός.
Ἱππίας:
οὐκ ἔχω ὅπως σοι συγχωρήσω, ὦ Σώκρατες, ταῦτα.
Σωκράτης:
οὐδὲ γὰρ ἐγὼ ἐμοί, ὦ Ἱππία· ἀλλ' ἀναγκαῖον οὕτω [376c] φαίνεσθαι νῦν

γε ἡμῖν ἐκ τοῦ λόγου. ὅπερ μέντοι πάλαι ἔλεγον, ἐγὼ περὶ ταῦτα ἄνω καὶ κάτω πλανῶμαι καὶ οὐδέποτε ταὐτά μοι δοκεῖ. καὶ ἐμὲ μὲν οὐδὲν θαυμαστὸν πλανᾶσθαι οὐδὲ ἄλλον ἰδιώτην· εἰ δὲ καὶ ὑμεῖς πλανήσεσθε οἱ σοφοί, τοῦτο ἤδη καὶ ἡμῖν δεινὸν εἰ μηδὲ παρ' ὑμᾶς ἀφικόμενοι παυσόμεθα τῆς πλάνης.

Ἴων

[530a] Σωκράτης
τὸν Ἴωνα χαίρειν. πόθεν τὰ νῦν ἡμῖν ἐπιδεδήμηκας; ἢ οἴκοθεν ἐξ Ἐφέσου;
Ἴων
οὐδαμῶς, ὦ Σώκρατες, ἀλλ' ἐξ Ἐπιδαύρου ἐκ τῶν Ἀσκληπιείων.
Σωκράτης
μῶν καὶ ῥαψῳδῶν ἀγῶνα τιθέασιν τῷ θεῷ οἱ Ἐπιδαύριοι;
Ἴων
πάνυ γε, καὶ τῆς ἄλλης γε μουσικῆς.
Σωκράτης
τί οὖν; ἠγωνίζου τι ἡμῖν; καὶ πῶς τι ἠγωνίσω;
[530b] Ἴων
τὰ πρῶτα τῶν ἄθλων ἠνεγκάμεθα, ὦ Σώκρατες.
Σωκράτης
εὖ λέγεις: ἄγε δὴ ὅπως καὶ τὰ Παναθήναια νικήσομεν.
Ἴων
ἀλλ' ἔσται ταῦτα, ἐὰν θεὸς ἐθέλῃ.
Σωκράτης
καὶ μὴν πολλάκις γε ἐζήλωσα ὑμᾶς τοὺς ῥαψῳδούς, ὦ Ἴων, τῆς τέχνης: τὸ γὰρ ἅμα μὲν τὸ σῶμα κεκοσμῆσθαι ἀεὶ πρέπον ὑμῶν εἶναι τῇ τέχνῃ καὶ ὡς καλλίστοις φαίνεσθαι, ἅμα δὲ ἀναγκαῖον εἶναι ἔν τε ἄλλοις ποιηταῖς διατρίβειν πολλοῖς καὶ ἀγαθοῖς καὶ δὴ καὶ μάλιστα ἐν Ὁμήρῳ, τῷ ἀρίστῳ καὶ θειοτάτῳ τῶν ποιητῶν, καὶ τὴν τούτου διάνοιαν [530c] ἐκμανθάνειν, μὴ μόνον τὰ ἔπη, ζηλωτόν ἐστιν. οὐ γὰρ ἂν γένοιτό ποτε ἀγαθὸς ῥαψῳδός, εἰ μὴ συνείη τὰ λεγόμενα ὑπὸ τοῦ ποιητοῦ. τὸν γὰρ ῥαψῳδὸν ἑρμηνέα δεῖ τοῦ ποιητοῦ τῆς διανοίας γίγνεσθαι τοῖς ἀκούουσι: τοῦτο δὲ καλῶς ποιεῖν μὴ γιγνώσκοντα ὅτι λέγει ὁ ποιητὴς ἀδύνατον. ταῦτα οὖν πάντα ἄξια ζηλοῦσθαι.
Ἴων
ἀληθῆ λέγεις, ὦ Σώκρατες: ἐμοὶ γοῦν τοῦτο πλεῖστον ἔργον παρέσχεν τῆς τέχνης, καὶ οἶμαι κάλλιστα ἀνθρώπων λέγειν περὶ Ὁμήρου, ὡς οὔτε Μητρόδωρος ὁ [530d] Λαμψακηνὸς οὔτε Στησίμβροτος ὁ Θάσιος οὔτε

Γλαύκων οὔτε ἄλλος οὐδεὶς τῶν πώποτε γενομένων ἔσχεν εἰπεῖν οὕτω πολλὰς καὶ καλὰς διανοίας περὶ Ὁμήρου ὅσας ἐγώ.
Σωκράτης
εὖ λέγεις, ὦ Ἴων· δῆλον γὰρ ὅτι οὐ φθονήσεις μοι ἐπιδεῖξαι.
Ἴων
καὶ μὴν ἄξιόν γε ἀκοῦσαι, ὦ Σώκρατες, ὡς εὖ κεκόσμηκα τὸν Ὅμηρον· ὥστε οἶμαι ὑπὸ Ὁμηριδῶν ἄξιος εἶναι χρυσῷ στεφάνῳ στεφανωθῆναι.
Σωκράτης
καὶ μὴν ἐγὼ ἔτι ποιήσομαι σχολὴν ἀκροάσασθαί [531a] σου, νῦν δέ μοι τοσόνδε ἀπόκριναι· πότερον περὶ Ὁμήρου μόνον δεινὸς εἶ ἢ καὶ περὶ Ἡσιόδου καὶ Ἀρχιλόχου;
Ἴων
οὐδαμῶς, ἀλλὰ περὶ Ὁμήρου μόνον· ἱκανὸν γάρ μοι δοκεῖ εἶναι.
Σωκράτης
ἔστι δὲ περὶ ὅτου Ὅμηρός τε καὶ Ἡσίοδος ταὐτὰ λέγετον;
Ἴων
οἶμαι ἔγωγε καὶ πολλά.
Σωκράτης
πότερον οὖν περὶ τούτων κάλλιον ἂν ἐξηγήσαιο ἃ Ὅμηρος λέγει ἢ ἃ Ἡσίοδος;
Ἴων
ὁμοίως ἂν περί γε τούτων, ὦ [531b] Σώκρατες, περὶ ὧν ταὐτὰ λέγουσιν.
Σωκράτης
τί δὲ ὧν πέρι μὴ ταὐτὰ λέγουσιν; οἷον περὶ μαντικῆς λέγει τι Ὅμηρός τε καὶ Ἡσίοδος.
Ἴων
πάνυ γε.
Σωκράτης
τί οὖν; ὅσα τε ὁμοίως καὶ ὅσα διαφόρως περὶ μαντικῆς λέγετον τὼ ποιητὰ τούτω, πότερον σὺ κάλλιον ἂν ἐξηγήσαιο ἢ τῶν μάντεών τις τῶν ἀγαθῶν;
Ἴων
τῶν μάντεων.
Σωκράτης
εἰ δὲ σὺ ἦσθα μάντις, οὐκ, εἴπερ περὶ τῶν ὁμοίως λεγομένων οἷός τ' ἦσθα ἐξηγήσασθαι, καὶ περὶ τῶν διαφόρως λεγομένων ἠπίστω ἂν ἐξηγεῖσθαι;
Ἴων
δῆλον ὅτι.
[531c] Σωκράτης
τί οὖν ποτε περὶ μὲν Ὁμήρου δεινὸς εἶ, περὶ δὲ Ἡσιόδου οὔ, οὐδὲ τῶν

153

ἄλλων ποιητῶν; ἢ Ὅμηρος περὶ ἄλλων τινῶν λέγει ἢ ὧνπερ σύμπαντες οἱ ἄλλοι ποιηταί; οὐ περὶ πολέμου τε τὰ πολλὰ διελήλυθεν καὶ περὶ ὁμιλιῶν πρὸς ἀλλήλους ἀνθρώπων ἀγαθῶν τε καὶ κακῶν καὶ ἰδιωτῶν καὶ δημιουργῶν, καὶ περὶ θεῶν πρὸς ἀλλήλους καὶ πρὸς ἀνθρώπους ὁμιλούντων, ὡς ὁμιλοῦσι, καὶ περὶ τῶν οὐρανίων παθημάτων καὶ περὶ τῶν ἐν Ἅιδου, καὶ γενέσεις καὶ θεῶν [531d] καὶ ἡρώων; οὐ ταῦτά ἐστι περὶ ὧν Ὅμηρος τὴν ποίησιν πεποίηκεν;
Ἴων
ἀληθῆ λέγεις, ὦ Σώκρατες.
Σωκράτης
τί δὲ οἱ ἄλλοι ποιηταί; οὐ περὶ τῶν αὐτῶν τούτων;
Ἴων
ναί, ἀλλ', ὦ Σώκρατες, οὐχ ὁμοίως πεποιήκασι καὶ Ὅμηρος.
Σωκράτης
τί μήν; κάκιον;
Ἴων
πολύ γε.
Σωκράτης
Ὅμηρος δὲ ἄμεινον;
Ἴων
ἄμεινον μέντοι νὴ Δία.
Σωκράτης
οὐκοῦν, ὦ φίλη κεφαλὴ Ἴων, ὅταν περὶ ἀριθμοῦ πολλῶν λεγόντων εἷς τις ἄριστα λέγῃ, γνώσεται δήπου τις [531e] τὸν εὖ λέγοντα;
Ἴων
φημί.
Σωκράτης
πότερον οὖν ὁ αὐτὸς ὅσπερ καὶ τοὺς κακῶς λέγοντας, ἢ ἄλλος;
Ἴων
ὁ αὐτὸς δήπου.
Σωκράτης
οὐκοῦν ὁ τὴν ἀριθμητικὴν τέχνην ἔχων οὗτός ἐστιν;
Ἴων
ναί.
Σωκράτης
τί δ'; ὅταν πολλῶν λεγόντων περὶ ὑγιεινῶν σιτίων ὁποῖά ἐστιν, εἷς τις ἄριστα λέγῃ, πότερον ἕτερος μέν τις τὸν ἄριστα λέγοντα γνώσεται ὅτι ἄριστα λέγει, ἕτερος δὲ τὸν κάκιον ὅτι κάκιον, ἢ ὁ αὐτός;

Ἴων
δῆλον δήπου, ὁ αὐτός.
Σωκράτης
τίς οὗτος; τί ὄνομα αὐτῷ;
Ἴων
ἰατρός.
Σωκράτης
οὐκοῦν ἐν κεφαλαίῳ λέγομεν ὡς ὁ αὐτὸς γνώσεται ἀεί, περὶ τῶν αὐτῶν πολλῶν λεγόντων, [532a] ὅστις τε εὖ λέγει καὶ ὅστις κακῶς: ἢ εἰ μὴ γνώσεται τὸν κακῶς λέγοντα, δῆλον ὅτι οὐδὲ τὸν εὖ, περί γε τοῦ αὐτοῦ.
Ἴων
οὕτως.
Σωκράτης
οὐκοῦν ὁ αὐτὸς γίγνεται δεινὸς περὶ ἀμφοτέρων;
Ἴων
ναί.
Σωκράτης
οὐκοῦν σὺ φῂς καὶ Ὅμηρον καὶ τοὺς ἄλλους ποιητάς, ἐν οἷς καὶ Ἡσίοδος καὶ Ἀρχίλοχός ἐστιν, περί γε τῶν αὐτῶν λέγειν, ἀλλ' οὐχ ὁμοίως, ἀλλὰ τὸν μὲν εὖ γε, τοὺς δὲ χεῖρον;
Ἴων
καὶ ἀληθῆ λέγω.
Σωκράτης
οὐκοῦν, εἴπερ τὸν εὖ λέγοντα γιγνώσκεις, [532b] καὶ τοὺς χεῖρον λέγοντας γιγνώσκοις ἂν ὅτι χεῖρον λέγουσιν.
Ἴων
ἔοικέν γε.
Σωκράτης
οὐκοῦν, ὦ βέλτιστε, ὁμοίως τὸν Ἴωνα λέγοντες περὶ Ὁμήρου τε δεινὸν εἶναι καὶ περὶ τῶν ἄλλων ποιητῶν οὐχ ἁμαρτησόμεθα, ἐπειδή γε αὐτὸς ὁμολογῇ τὸν αὐτὸν ἔσεσθαι κριτὴν ἱκανὸν πάντων ὅσοι ἂν περὶ τῶν αὐτῶν λέγωσι, τοὺς δὲ ποιητὰς σχεδὸν ἅπαντας τὰ αὐτὰ ποιεῖν.
Ἴων
τί οὖν ποτε τὸ αἴτιον, ὦ Σώκρατες, ὅτι ἐγώ, ὅταν μέν τις περὶ ἄλλου του ποιητοῦ διαλέγηται, οὔτε προσέχω [532c] τὸν νοῦν ἀδυνατῶ τε καὶ ὁτιοῦν συμβαλέσθαι λόγου ἄξιον, ἀλλ' ἀτεχνῶς νυστάζω, ἐπειδὰν δέ τις περὶ Ὁμήρου μνησθῇ, εὐθύς τε ἐγρήγορα καὶ προσέχω τὸν νοῦν καὶ εὐπορῶ ὅτι λέγω;

Σωκράτης
οὐ χαλεπὸν τοῦτό γε εἰκάσαι, ὦ ἑταῖρε, ἀλλὰ παντὶ δῆλον ὅτι τέχνῃ καὶ ἐπιστήμῃ περὶ Ὁμήρου λέγειν ἀδύνατος εἶ: εἰ γὰρ τέχνῃ οἷός τε ἦσθα, καὶ περὶ τῶν ἄλλων ποιητῶν ἁπάντων λέγειν οἷός τ' ἂν ἦσθα: ποιητικὴ γὰρ πού ἐστιν τὸ ὅλον. ἢ οὔ;
Ἴων
ναί.
[532d] Σωκράτης
οὐκοῦν ἐπειδὰν λάβῃ τις καὶ ἄλλην τέχνην ἡντινοῦν ὅλην, ὁ αὐτὸς τρόπος τῆς σκέψεως ἔσται περὶ ἁπασῶν τῶν τεχνῶν; πῶς τοῦτο λέγω, δέῃ τί μου ἀκοῦσαι, ὦ Ἴων;
Ἴων
ναὶ μὰ τὸν Δία, ὦ Σώκρατες, ἔγωγε: χαίρω γὰρ ἀκούων ὑμῶν τῶν σοφῶν.
Σωκράτης
βουλοίμην ἄν σε ἀληθῆ λέγειν, ὦ Ἴων: ἀλλὰ σοφοὶ μέν πού ἐστε ὑμεῖς οἱ ῥαψῳδοὶ καὶ ὑποκριταὶ καὶ ὧν ὑμεῖς ᾄδετε τὰ ποιήματα, ἐγὼ δὲ οὐδὲν ἄλλο ἢ τἀληθῆ λέγω, [532e] οἷον εἰκὸς ἰδιώτην ἄνθρωπον. ἐπεὶ καὶ περὶ τούτου οὗ νῦν ἠρόμην σε, θέασαι ὡς φαῦλον καὶ ἰδιωτικόν ἐστι καὶ παντὸς ἀνδρὸς γνῶναι ὃ ἔλεγον, τὴν αὐτὴν εἶναι σκέψιν, ἐπειδάν τις ὅλην τέχνην λάβῃ. λάβωμεν γὰρ τῷ λόγῳ: γραφικὴ γάρ τίς ἐστι τέχνη τὸ ὅλον;
Ἴων
ναί.
Σωκράτης
οὐκοῦν καὶ γραφῆς πολλοὶ καὶ εἰσὶ καὶ γεγόνασιν ἀγαθοὶ καὶ φαῦλοι;
Ἴων
πάνυ γε.
Σωκράτης
ἤδη οὖν τινα εἶδες ὅστις περὶ μὲν Πολυγνώτου τοῦ Ἀγλαοφῶντος δεινός ἐστιν ἀποφαίνειν ἃ εὖ τε γράφει καὶ ἃ μή, περὶ δὲ τῶν ἄλλων γραφέων [533a] ἀδύνατος; καὶ ἐπειδὰν μέν τις τὰ τῶν ἄλλων ζωγράφων ἔργα ἐπιδεικνύῃ, νυστάζει τε καὶ ἀπορεῖ καὶ οὐκ ἔχει ὅτι συμβάληται, ἐπειδὰν δὲ περὶ Πολυγνώτου ἢ ἄλλου ὅτου βούλει τῶν γραφέων ἑνὸς μόνου δέῃ ἀποφήνασθαι γνώμην, ἐγρήγορέν τε καὶ προσέχει τὸν νοῦν καὶ εὐπορεῖ ὅτι εἴπῃ;
Ἴων
οὐ μὰ τὸν Δία, οὐ δῆτα.
Σωκράτης
τί δέ; ἐν ἀνδριαντοποιίᾳ ἤδη τιν' εἶδες ὅστις περὶ μὲν Δαιδάλου τοῦ Μητίονος [533b] ἢ Ἐπειοῦ τοῦ Πανοπέως ἢ Θεοδώρου τοῦ Σαμίου ἢ

ἄλλου τινὸς ἀνδριαντοποιοῦ ἑνὸς πέρι δεινός ἐστιν ἐξηγεῖσθαι ἃ εὖ πεποίηκεν, ἐν δὲ τοῖς τῶν ἄλλων ἀνδριαντοποιῶν ἔργοις ἀπορεῖ τε καὶ νυστάζει, οὐκ ἔχων ὅτι εἴπῃ;
Ἴων
οὐ μὰ τὸν Δία, οὐδὲ τοῦτον ἑώρακα.
Σωκράτης
ἀλλὰ μήν, ὥς γ' ἐγὼ οἶμαι, οὐδ' ἐν αὐλήσει γε οὐδὲ ἐν κιθαρίσει οὐδὲ ἐν κιθαρῳδίᾳ οὐδὲ ἐν ῥαψῳδίᾳ οὐδεπώποτ' εἶδες ἄνδρα ὅστις περὶ μὲν Ὀλύμπου δεινός ἐστιν ἐξηγεῖσθαι ἢ περὶ Θαμύρου ἢ περὶ [533c] Ὀρφέως ἢ περὶ Φημίου τοῦ Ἰθακησίου ῥαψῳδοῦ, περὶ δὲ Ἴωνος τοῦ Ἐφεσίου [ῥαψῳδοῦ] ἀπορεῖ καὶ οὐκ ἔχει συμβαλέσθαι ἅ τε εὖ ῥαψῳδεῖ καὶ ἃ μή.
Ἴων
οὐκ ἔχω σοι περὶ τούτου ἀντιλέγειν, ὦ Σώκρατες: ἀλλ' ἐκεῖνο ἐμαυτῷ σύνοιδα, ὅτι περὶ Ὁμήρου κάλλιστ' ἀνθρώπων λέγω καὶ εὐπορῶ καὶ οἱ ἄλλοι πάντες μέ φασιν εὖ λέγειν, περὶ δὲ τῶν ἄλλων οὔ. καίτοι ὅρα τοῦτο τί ἔστιν.
Σωκράτης
καὶ ὁρῶ, ὦ Ἴων, καὶ ἔρχομαί γέ σοι ἀποφανούμενος [533d] ὅ μοι δοκεῖ τοῦτο εἶναι. ἔστι γὰρ τοῦτο τέχνη μὲν οὐκ ὂν παρὰ σοὶ περὶ Ὁμήρου εὖ λέγειν, ὃ νυνδὴ ἔλεγον, θεία δὲ δύναμις ἥ σε κινεῖ, ὥσπερ ἐν τῇ λίθῳ ἣν Εὐριπίδης μὲν Μαγνῆτιν ὠνόμασεν, οἱ δὲ πολλοὶ Ἡρακλείαν. καὶ γὰρ αὕτη ἡ λίθος οὐ μόνον αὐτοὺς τοὺς δακτυλίους ἄγει τοὺς σιδηροῦς, ἀλλὰ καὶ δύναμιν ἐντίθησι τοῖς δακτυλίοις ὥστ' αὖ δύνασθαι ταὐτὸν τοῦτο ποιεῖν ὅπερ ἡ λίθος, ἄλλους [533e] ἄγειν δακτυλίους, ὥστ' ἐνίοτε ὁρμαθὸς μακρὸς πάνυ σιδηρίων καὶ δακτυλίων ἐξ ἀλλήλων ἤρτηται: πᾶσι δὲ τούτοις ἐξ ἐκείνης τῆς λίθου ἡ δύναμις ἀνήρτηται. οὕτω δὲ καὶ ἡ Μοῦσα ἐνθέους μὲν ποιεῖ αὐτή, διὰ δὲ τῶν ἐνθέων τούτων ἄλλων ἐνθουσιαζόντων ὁρμαθὸς ἐξαρτᾶται. πάντες γὰρ οἵ τε τῶν ἐπῶν ποιηταὶ οἱ ἀγαθοὶ οὐκ ἐκ τέχνης ἀλλ' ἔνθεοι ὄντες καὶ κατεχόμενοι πάντα ταῦτα τὰ καλὰ λέγουσι ποιήματα, καὶ οἱ μελοποιοὶ οἱ ἀγαθοὶ ὡσαύτως, ὥσπερ οἱ κορυβαντιῶντες [534a] οὐκ ἔμφρονες ὄντες ὀρχοῦνται, οὕτω καὶ οἱ μελοποιοὶ οὐκ ἔμφρονες ὄντες τὰ καλὰ μέλη ταῦτα ποιοῦσιν, ἀλλ' ἐπειδὰν ἐμβῶσιν εἰς τὴν ἁρμονίαν καὶ εἰς τὸν ῥυθμόν, βακχεύουσι καὶ κατεχόμενοι, ὥσπερ αἱ βάκχαι ἀρύονται ἐκ τῶν ποταμῶν μέλι καὶ γάλα κατεχόμεναι, ἔμφρονες δὲ οὖσαι οὔ, καὶ τῶν μελοποιῶν ἡ ψυχὴ τοῦτο ἐργάζεται, ὅπερ αὐτοὶ λέγουσι. λέγουσι γὰρ δήπουθεν πρὸς ἡμᾶς οἱ ποιηταὶ ὅτι [534b] ἀπὸ κρηνῶν μελιρρύτων ἐκ Μουσῶν κήπων τινῶν καὶ ναπῶν δρεπόμενοι τὰ μέλη ἡμῖν φέρουσιν ὥσπερ αἱ μέλιτται, καὶ αὐτοὶ οὕτω πετόμενοι: καὶ ἀληθῆ λέγουσι. κοῦφον γὰρ χρῆμα ποιητής ἐστιν καὶ πτηνὸν καὶ ἱερόν, καὶ

οὐ πρότερον οἷός τε ποιεῖν πρὶν ἂν ἔνθεός τε γένηται καὶ ἔκφρων καὶ ὁ νοῦς μηκέτι ἐν αὐτῷ ἐνῇ: ἕως δ' ἂν τουτὶ ἔχῃ τὸ κτῆμα, ἀδύνατος πᾶς ποιεῖν ἄνθρωπός ἐστιν καὶ χρησμῳδεῖν. ἅτε οὖν οὐ τέχνῃ ποιοῦντες καὶ πολλὰ λέγοντες καὶ καλὰ περὶ [534c] τῶν πραγμάτων, ὥσπερ σὺ περὶ Ὁμήρου, ἀλλὰ θείᾳ μοίρᾳ, τοῦτο μόνον οἷός τε ἕκαστος ποιεῖν καλῶς ἐφ' ὃ ἡ Μοῦσα αὐτὸν ὥρμησεν, ὁ μὲν διθυράμβους, ὁ δὲ ἐγκώμια, ὁ δὲ ὑπορχήματα, ὁ δ' ἔπη, ὁ δ' ἰάμβους: τὰ δ' ἄλλα φαῦλος αὐτῶν ἕκαστός ἐστιν. οὐ γὰρ τέχνῃ ταῦτα λέγουσιν ἀλλὰ θείᾳ δυνάμει, ἐπεί, εἰ περὶ ἑνὸς τέχνῃ καλῶς ἠπίσταντο λέγειν, κἂν περὶ τῶν ἄλλων ἁπάντων: διὰ ταῦτα δὲ ὁ θεὸς ἐξαιρούμενος τούτων τὸν νοῦν τούτοις χρῆται ὑπηρέταις καὶ [534d] τοῖς χρησμῳδοῖς καὶ τοῖς μάντεσι τοῖς θείοις, ἵνα ἡμεῖς οἱ ἀκούοντες εἰδῶμεν ὅτι οὐχ οὗτοί εἰσιν οἱ ταῦτα λέγοντες οὕτω πολλοῦ ἄξια, οἷς νοῦς μὴ πάρεστιν, ἀλλ' ὁ θεὸς αὐτός ἐστιν ὁ λέγων, διὰ τούτων δὲ φθέγγεται πρὸς ἡμᾶς. μέγιστον δὲ τεκμήριον τῷ λόγῳ Τύννιχος ὁ Χαλκιδεύς, ὃς ἄλλο μὲν οὐδὲν πώποτε ἐποίησε ποίημα ὅτου τις ἂν ἀξιώσειεν μνησθῆναι, τὸν δὲ παίωνα ὃν πάντες ᾄδουσι, σχεδόν τι πάντων μελῶν κάλλιστον, ἀτεχνῶς, ὅπερ αὐτὸς λέγει, [534e] "εὕρημά τι Μοισᾶν." ἐν τούτῳ γὰρ δὴ μάλιστά μοι δοκεῖ ὁ θεὸς ἐνδείξασθαι ἡμῖν, ἵνα μὴ διστάζωμεν, ὅτι οὐκ ἀνθρώπινά ἐστιν τὰ καλὰ ταῦτα ποιήματα οὐδὲ ἀνθρώπων, ἀλλὰ θεῖα καὶ θεῶν, οἱ δὲ ποιηταὶ οὐδὲν ἀλλ' ἢ ἑρμηνῆς εἰσιν τῶν θεῶν, κατεχόμενοι ἐξ ὅτου ἂν ἕκαστος κατέχηται. ταῦτα ἐνδεικνύμενος ὁ θεὸς ἐξεπίτηδες διὰ τοῦ φαυλοτάτου [535a] ποιητοῦ τὸ κάλλιστον μέλος ᾖσεν: ἢ οὐ δοκῶ σοι ἀληθῆ λέγειν, ὦ Ἴων;

Ἴων

ναὶ μὰ τὸν Δία, ἔμοιγε: ἅπτει γάρ πώς μου τοῖς λόγοις τῆς ψυχῆς, ὦ Σώκρατες, καί μοι δοκοῦσι θείᾳ μοίρᾳ ἡμῖν παρὰ τῶν θεῶν ταῦτα οἱ ἀγαθοὶ ποιηταὶ ἑρμηνεύειν.

Σωκράτης

οὐκοῦν ὑμεῖς αὖ οἱ ῥαψῳδοὶ τὰ τῶν ποιητῶν ἑρμηνεύετε;

Ἴων

καὶ τοῦτο ἀληθὲς λέγεις.

Σωκράτης

οὐκοῦν ἑρμηνέων ἑρμηνῆς γίγνεσθε;

Ἴων

παντάπασί γε.

[535b] Σωκράτης

ἔχε δή μοι τόδε εἰπέ, ὦ Ἴων, καὶ μὴ ἀποκρύψῃ ὅτι ἄν σε ἔρωμαι: ὅταν εὖ εἴπῃς ἔπη καὶ ἐκπλήξῃς μάλιστα τοὺς θεωμένους, ἢ τὸν Ὀδυσσέα ὅταν ἐπὶ τὸν οὐδὸν ἐφαλλόμενον ᾄδῃς, ἐκφανῆ γιγνόμενον τοῖς μνηστῆρσι καὶ

ἐκχέοντα τοὺς ὀιστοὺς πρὸ τῶν ποδῶν, ἢ Ἀχιλλέα ἐπὶ τὸν Ἕκτορα ὁρμῶντα, ἢ καὶ τῶν περὶ Ἀνδρομάχην ἐλεινῶν τι ἢ περὶ Ἑκάβην ἢ περὶ Πρίαμον, τότε πότερον ἔμφρων εἶ ἢ ἔξω [535c] σαυτοῦ γίγνῃ καὶ παρὰ τοῖς πράγμασιν οἴεταί σου εἶναι ἡ ψυχὴ οἷς λέγεις ἐνθουσιάζουσα, ἢ ἐν Ἰθάκῃ οὖσιν ἢ ἐν Τροίᾳ ἢ ὅπως ἂν καὶ τὰ ἔπη ἔχῃ;
Ἴων
ὡς ἐναργές μοι τοῦτο, ὦ Σώκρατες, τὸ τεκμήριον εἶπες: οὐ γάρ σε ἀποκρυψάμενος ἐρῶ. ἐγὼ γὰρ ὅταν ἐλεινόν τι λέγω, δακρύων ἐμπίμπλανταί μου οἱ ὀφθαλμοί: ὅταν τε φοβερὸν ἢ δεινόν, ὀρθαὶ αἱ τρίχες ἵστανται ὑπὸ φόβου καὶ ἡ καρδία πηδᾷ.

[535d] Σωκράτης
τί οὖν; φῶμεν, ὦ Ἴων, ἔμφρονα εἶναι τότε τοῦτον τὸν ἄνθρωπον, ὃς ἂν κεκοσμημένος ἐσθῆτι ποικίλῃ καὶ χρυσοῖσι στεφάνοις κλάῃ τ' ἐν θυσίαις καὶ ἑορταῖς, μηδὲν ἀπολωλεκὼς τούτων, ἢ φοβῆται πλέον ἢ ἐν δισμυρίοις ἀνθρώποις ἑστηκὼς φιλίοις, μηδενὸς ἀποδύοντος μηδὲ ἀδικοῦντος;
Ἴων
οὐ μὰ τὸν Δία, οὐ πάνυ, ὦ Σώκρατες, ὥς γε τἀληθὲς εἰρῆσθαι.
Σωκράτης
οἶσθα οὖν ὅτι καὶ τῶν θεατῶν τοὺς πολλοὺς ταὐτὰ ταῦτα ὑμεῖς ἐργάζεσθε;

[535e] Ἴων
καὶ μάλα καλῶς οἶδα: καθορῶ γὰρ ἑκάστοτε αὐτοὺς ἄνωθεν ἀπὸ τοῦ βήματος κλάοντάς τε καὶ δεινὸν ἐμβλέποντας καὶ συνθαμβοῦντας τοῖς λεγομένοις. δεῖ γάρ με καὶ σφόδρ' αὐτοῖς τὸν νοῦν προσέχειν: ὡς ἐὰν μὲν κλάοντας αὐτοὺς καθίσω, αὐτὸς γελάσομαι ἀργύριον λαμβάνων, ἐὰν δὲ γελῶντας, αὐτὸς κλαύσομαι ἀργύριον ἀπολλύς.
Σωκράτης
οἶσθα οὖν ὅτι οὗτός ἐστιν ὁ θεατὴς τῶν δακτυλίων ὁ ἔσχατος, ὧν ἐγὼ ἔλεγον ὑπὸ τῆς Ἡρακλειώτιδος λίθου ἀπ' ἀλλήλων τὴν δύναμιν λαμβάνειν; ὁ δὲ μέσος σὺ ὁ [536a] ῥαψῳδὸς καὶ ὑποκριτής, ὁ δὲ πρῶτος αὐτὸς ὁ ποιητής: ὁ δὲ θεὸς διὰ πάντων τούτων ἕλκει τὴν ψυχὴν ὅποι ἂν βούληται τῶν ἀνθρώπων, ἀνακρεμαννὺς ἐξ ἀλλήλων τὴν δύναμιν. καὶ ὥσπερ ἐκ τῆς λίθου ἐκείνης ὁρμαθὸς πάμπολυς ἐξήρτηται χορευτῶν τε καὶ διδασκάλων καὶ ὑποδιδασκάλων, ἐκ πλαγίου ἐξηρτημένων τῶν τῆς Μούσης ἐκκρεμαμένων δακτυλίων. καὶ ὁ μὲν τῶν ποιητῶν ἐξ ἄλλης Μούσης, ὁ δὲ ἐξ ἄλλης ἐξήρτηται--ὀνομάζομεν δὲ αὐτὸ κατέχεται, τὸ δέ [536b] ἐστι παραπλήσιον: ἔχεται γάρ--ἐκ δὲ τούτων τῶν πρώτων δακτυλίων, τῶν ποιητῶν, ἄλλοι ἐξ ἄλλου αὖ ἠρτημένοι εἰσὶ καὶ ἐνθουσιάζουσιν, οἱ μὲν ἐξ Ὀρφέως, οἱ δὲ ἐκ Μουσαίου: οἱ δὲ πολλοὶ ἐξ

159

Ὁμήρου κατέχονταί τε καὶ ἔχονται. ὧν σύ, ὦ Ἴων, εἷς εἶ καὶ κατέχῃ ἐξ Ὁμήρου, καὶ ἐπειδὰν μέν τις ἄλλου του ποιητοῦ ᾄδῃ, καθεύδεις τε καὶ ἀπορεῖς ὅτι λέγῃς, ἐπειδὰν δὲ τούτου τοῦ ποιητοῦ φθέγξηταί τις μέλος, εὐθὺς ἐγρήγορας καὶ ὀρχεῖταί σου ἡ ψυχὴ καὶ εὐπορεῖς ὅτι [536c] λέγῃς: οὐ γὰρ τέχνῃ οὐδ' ἐπιστήμῃ περὶ Ὁμήρου λέγεις ἃ λέγεις, ἀλλὰ θείᾳ μοίρᾳ καὶ κατοκωχῇ, ὥσπερ οἱ κορυβαντιῶντες ἐκείνου μόνου αἰσθάνονται τοῦ μέλους ὀξέως ὃ ἂν ᾖ τοῦ θεοῦ ἐξ ὅτου ἂν κατέχωνται, καὶ εἰς ἐκεῖνο τὸ μέλος καὶ σχημάτων καὶ ῥημάτων εὐποροῦσι, τῶν δὲ ἄλλων οὐ φροντίζουσιν: οὕτω καὶ σύ, ὦ Ἴων, περὶ μὲν Ὁμήρου ὅταν τις μνησθῇ, εὐπορεῖς, περὶ δὲ τῶν ἄλλων ἀπορεῖς: [536d] τούτου δ' ἐστὶ τὸ αἴτιον, ὅ μ' ἐρωτᾷς, δι' ὅτι σὺ περὶ μὲν Ὁμήρου εὐπορεῖς, περὶ δὲ τῶν ἄλλων οὔ, ὅτι οὐ τέχνῃ ἀλλὰ θείᾳ μοίρᾳ Ὁμήρου δεινὸς εἶ ἐπαινέτης.

Ἴων
σὺ μὲν εὖ λέγεις, ὦ Σώκρατες: θαυμάζοιμι μεντἂν εἰ οὕτως εὖ εἴποις, ὥστε με ἀναπεῖσαι ὡς ἐγὼ κατεχόμενος καὶ μαινόμενος Ὅμηρον ἐπαινῶ. οἶμαι δὲ οὐδ' ἂν σοὶ δόξαιμι, εἴ μου ἀκούσαις λέγοντος περὶ Ὁμήρου.

Σωκράτης
καὶ μὴν ἐθέλω γε ἀκοῦσαι, οὐ μέντοι πρότερον [536e] πρὶν ἄν μοι ἀποκρίνῃ τόδε: ὧν Ὅμηρος λέγει περὶ τίνος εὖ λέγεις; οὐ γὰρ δήπου περὶ ἁπάντων γε.

Ἴων
εὖ ἴσθι, ὦ Σώκρατες, περὶ οὐδενὸς ὅτου οὔ.

Σωκράτης
οὐ δήπου καὶ περὶ τούτων ὧν σὺ μὲν τυγχάνεις οὐκ εἰδώς, Ὅμηρος δὲ λέγει.

Ἴων
καὶ ταῦτα ποῖά ἐστιν ἃ Ὅμηρος μὲν λέγει, ἐγὼ δὲ οὐκ οἶδα;

[537a] Σωκράτης
οὐ καὶ περὶ τεχνῶν μέντοι λέγει πολλαχοῦ Ὅμηρος καὶ πολλά; οἷον καὶ περὶ ἡνιοχείας--ἐὰν μνησθῶ τὰ ἔπη, ἐγώ σοι φράσω.

Ἴων
ἀλλ' ἐγὼ ἐρῶ: ἐγὼ γὰρ μέμνημαι.

Σωκράτης
εἰπὲ δή μοι ἃ λέγει Νέστωρ Ἀντιλόχῳ τῷ ὑεῖ, παραινῶν εὐλαβηθῆναι περὶ τὴν καμπὴν ἐν τῇ ἱπποδρομίᾳ τῇ ἐπὶ Πατρόκλῳ.

Ἴων
κλινθῆναι δέ, φησί, καὶ αὐτὸς ἐυξέστῳ ἐνὶ δίφρῳ
[537b] ἦκ' ἐπ' ἀριστερὰ τοῖιν: ἀτὰρ τὸν δεξιὸν ἵππον
κένσαι ὁμοκλήσας, εἶξαί τέ οἱ ἡνία χερσίν.

ἐν νύσσῃ δέ τοι ἵππος ἀριστερὸς ἐγχριμφθήτω,
ὡς ἄν τοι πλήμνη γε δοάσσεται ἄκρον ἱκέσθαι
κύκλου ποιητοῖο: λίθου δ' ἀλέασθαι ἐπαυρεῖν.
[537c] Σωκράτης
ἀρκεῖ. ταῦτα δή, ὦ Ἴων, τὰ ἔπη εἴτε ὀρθῶς λέγει Ὅμηρος εἴτε μή, πότερος ἂν γνοίη ἄμεινον, ἰατρὸς ἢ ἡνίοχος;
Ἴων
Ἡνίοχος δήπου.
Σωκράτης
πότερον ὅτι τέχνην ταύτην ἔχει ἢ κατ' ἄλλο τι;
Ἴων
οὔκ, ἀλλ' ὅτι τέχνην.
Σωκράτης
οὐκοῦν ἑκάστῃ τῶν τεχνῶν ἀποδέδοταί τι ὑπὸ τοῦ θεοῦ ἔργον οἵα τε εἶναι γιγνώσκειν; οὐ γάρ που ἃ κυβερνητικῇ γιγνώσκομεν, γνωσόμεθα καὶ ἰατρικῇ.
Ἴων
οὐ δῆτα.
Σωκράτης
οὐδέ γε ἃ ἰατρικῇ, ταῦτα καὶ τεκτονικῇ.
Ἴων
[537d] οὐ δῆτα.
Σωκράτης
οὐκοῦν οὕτω καὶ κατὰ πασῶν τῶν τεχνῶν, ἃ τῇ ἑτέρᾳ τέχνῃ γιγνώσκομεν, οὐ γνωσόμεθα τῇ ἑτέρᾳ; τόδε δέ μοι πρότερον τούτου ἀπόκριναι: τὴν μὲν ἑτέραν φῂς εἶναί τινα τέχνην, τὴν δ' ἑτέραν;
Ἴων
ναί.
Σωκράτης
ἆρα ὥσπερ ἐγὼ τεκμαιρόμενος, ὅταν ἡ μὲν ἑτέρων πραγμάτων ᾖ ἐπιστήμη, ἡ δ' ἑτέρων, οὕτω καλῶ τὴν μὲν ἄλλην, τὴν δὲ ἄλλην [537e] τέχνην, οὕτω καὶ σύ;
Ἴων
ναί.
Σωκράτης
εἰ γάρ που τῶν αὐτῶν πραγμάτων ἐπιστήμη εἴη τις, τί ἂν τὴν μὲν ἑτέραν φαῖμεν εἶναι, τὴν δ' ἑτέραν, ὁπότε γε ταὐτὰ εἴη εἰδέναι ἀπ' ἀμφοτέρων; ὥσπερ ἐγώ τε γιγνώσκω ὅτι πέντε εἰσὶν οὗτοι οἱ δάκτυλοι, καὶ σύ, ὥσπερ ἐγώ, περὶ τούτων ταὐτὰ γιγνώσκεις: καὶ εἴ σε ἐγὼ ἐροίμην εἰ τῇ αὐτῇ

τέχνῃ γιγνώσκομεν τῇ ἀριθμητικῇ τὰ αὐτὰ ἐγώ τε καὶ σὺ ἢ ἄλλῃ, φαίης ἂν δήπου τῇ αὐτῇ.
Ἴων
ναί.
[538a] Σωκράτης
ὃ τοίνυν ἄρτι ἔμελλον ἐρήσεσθαί σε, νυνὶ εἰπέ, εἰ κατὰ πασῶν τῶν τεχνῶν οὕτω σοι δοκεῖ, τῇ μὲν αὐτῇ τέχνῃ τὰ αὐτὰ ἀναγκαῖον εἶναι γιγνώσκειν, τῇ δ' ἑτέρα μὴ τὰ αὐτά, ἀλλ' εἴπερ ἄλλη ἐστίν, ἀναγκαῖον καὶ ἕτερα γιγνώσκειν.
Ἴων
οὕτω μοι δοκεῖ, ὦ Σώκρατες.
Σωκράτης
οὐκοῦν ὅστις ἂν μὴ ἔχῃ τινὰ τέχνην, ταύτης τῆς τέχνης τὰ λεγόμενα ἢ πραττόμενα καλῶς γιγνώσκειν οὐχ οἷός τ' ἔσται;
Ἴων
[538b] ἀληθῆ λέγεις.
Σωκράτης
πότερον οὖν περὶ τῶν ἐπῶν ὧν εἶπες, εἴτε καλῶς λέγει Ὅμηρος εἴτε μή, σὺ κάλλιον γνώσῃ ἢ ἡνίοχος;
Ἴων
Ἡνίοχος.
Σωκράτης
Ῥαψῳδὸς γάρ που εἶ ἀλλ' οὐχ ἡνίοχος.
Ἴων
ναί.
Σωκράτης
ἡ δὲ ῥαψῳδικὴ τέχνη ἑτέρα ἐστὶ τῆς ἡνιοχικῆς;
Ἴων
ναί.
Σωκράτης
εἰ ἄρα ἑτέρα, περὶ ἑτέρων καὶ ἐπιστήμη πραγμάτων ἐστίν.
Ἴων
ναί.
Σωκράτης
τί δὲ δὴ ὅταν Ὅμηρος λέγῃ ὡς τετρωμένῳ τῷ Μαχάονι Ἑκαμήδη ἡ Νέστορος παλλακὴ κυκεῶνα πίνειν [538c] δίδωσι; καὶ λέγει πως οὕτως--
οἴνῳ πραμνείῳ, φησίν, ἐπὶ δ' αἴγειον κνῆ τυρὸν
κνήστι χαλκείῃ· παρὰ δὲ κρόμυον ποτῷ ὄψον·
ταῦτα εἴτε ὀρθῶς λέγει Ὅμηρος εἴτε μή, πότερον ἰατρικῆς ἐστι διαγνῶναι

καλῶς ἢ ῥαψῳδικῆς;
Ἴων
Ἰατρικῆς.
Σωκράτης
τί δέ, ὅταν λέγῃ Ὅμηρος--
[538d] ἡ δὲ μολυβδαίνῃ ἰκέλη ἐς βυσσὸν ἵκανεν,
ἥ τε κατ' ἀγραύλοιο βοὸς κέρας ἐμμεμαυῖα
ἔρχεται ὠμηστῇσι μετ' ἰχθύσι πῆμα φέρουσα:
ταῦτα πότερον φῶμεν ἁλιευτικῆς εἶναι τέχνης μᾶλλον κρῖναι ἢ
ῥαψῳδικῆς, ἅττα λέγει καὶ εἴτε καλῶς εἴτε μή;
Ἴων
δῆλον δή, ὦ Σώκρατες, ὅτι ἁλιευτικῆς.
Σωκράτης
σκέψαι δή, σοῦ ἐρομένου, εἰ ἔροιό με: "ἐπειδὴ [538e] τοίνυν, ὦ Σώκρατες,
τούτων τῶν τεχνῶν ἐν Ὁμήρῳ εὑρίσκεις ἃ προσήκει ἑκάστῃ διακρίνειν, ἴθι
μοι ἔξευρε καὶ τὰ τοῦ μάντεώς τε καὶ μαντικῆς, ποῖά ἐστιν ἃ προσήκει
αὐτῷ οἵῳ τ' εἶναι διαγιγνώσκειν, εἴτε εὖ εἴτε κακῶς πεποίηται" -- σκέψαι
ὡς ῥᾳδίως τε καὶ ἀληθῆ ἐγώ σοι ἀποκρινοῦμαι. πολλαχοῦ μὲν γὰρ καὶ ἐν
Ὀδυσσείᾳ λέγει, οἷον καὶ ἃ ὁ τῶν Μελαμποδιδῶν λέγει μάντις πρὸς τοὺς
μνηστῆρας, Θεοκλύμενος--
[539a] δαιμόνιοι, τί κακὸν τόδε πάσχετε; νυκτὶ μὲν ὑμέων
εἰλύαται κεφαλαί τε πρόσωπά τε νέρθε τε γυῖα,
οἰμωγὴ δὲ δέδηε, δεδάκρυνται δὲ παρειαί:
εἰδώλων τε πλέον πρόθυρον, πλείη δὲ καὶ αὐλὴ
ἱεμένων ἔρεβόσδε ὑπὸ ζόφον: ἠέλιος δὲ
[539b] οὐρανοῦ ἐξαπόλωλε, κακὴ δ' ἐπιδέδρομεν ἀχλύς:
πολλαχοῦ δὲ καὶ ἐν Ἰλιάδι, οἷον καὶ ἐπὶ τειχομαχίᾳ: λέγει γὰρ καὶ
ἐνταῦθα--
ὄρνις γάρ σφιν ἐπῆλθε περησέμεναι μεμαῶσιν,
αἰετὸς ὑψιπέτης, ἐπ' ἀριστερὰ λαὸν ἐέργων,
[539c] φοινήεντα δράκοντα φέρων ὀνύχεσσι πέλωρον,
ζῶον, ἔτ' ἀσπαίροντα: καὶ οὔπω λήθετο χάρμης.
κόψε γὰρ αὐτὸν ἔχοντα κατὰ στῆθος παρὰ δειρὴν
ἰδνωθεὶς ὀπίσω, ὁ δ' ἀπὸ ἕθεν ἧκε χαμᾶζε
ἀλγήσας ὀδύνῃσι, μέσῳ δ' ἐνὶ κάββαλ' ὁμίλῳ:
[539d] αὐτὸς δὲ κλάγξας πέτετο πνοιῇς ἀνέμοιο.
ταῦτα φήσω καὶ τὰ τοιαῦτα τῷ μάντει προσήκειν καὶ σκοπεῖν καὶ κρίνειν.
Ἴων
ἀληθῆ γε σὺ λέγων, ὦ Σώκρατες.

Σωκράτης
καὶ σύ γε, ὦ Ἴων, ἀληθῆ ταῦτα λέγεις. ἴθι δὴ καὶ σὺ ἐμοί, ὥσπερ ἐγὼ σοὶ ἐξέλεξα καὶ ἐξ Ὀδυσσείας καὶ ἐξ Ἰλιάδος ὁποῖα τοῦ μάντεώς ἐστι καὶ ὁποῖα τοῦ ἰατροῦ καὶ [539e] ὁποῖα τοῦ ἁλιέως, οὕτω καὶ σὺ ἐμοὶ ἔκλεξον, ἐπειδὴ καὶ ἐμπειρότερος εἶ ἐμοῦ τῶν Ὁμήρου, ὁποῖα τοῦ ῥαψῳδοῦ ἐστιν, ὦ Ἴων, καὶ τῆς τέχνης τῆς ῥαψῳδικῆς, ἃ τῷ ῥαψῳδῷ προσήκει καὶ σκοπεῖσθαι καὶ διακρίνειν παρὰ τοὺς ἄλλους ἀνθρώπους.
Ἴων
ἐγὼ μέν φημι, ὦ Σώκρατες, ἅπαντα.
Σωκράτης
οὐ σύ γε φῄς, ὦ Ἴων, ἅπαντα: ἢ οὕτως ἐπιλήσμων εἶ; καίτοι οὐκ ἂν πρέποι γε ἐπιλήσμονα εἶναι ῥαψῳδὸν ἄνδρα.
[540a] Ἴων
τί δὲ δὴ ἐπιλανθάνομαι;
Σωκράτης
οὐ μέμνησαι ὅτι ἔφησθα τὴν ῥαψῳδικὴν τέχνην ἑτέραν εἶναι τῆς ἡνιοχικῆς;
Ἴων
μέμνημαι.
Σωκράτης
οὐκοῦν καὶ ἑτέραν οὖσαν ἕτερα γνώσεσθαι ὡμολόγεις;
Ἴων
ναί.
Σωκράτης
οὐκ ἄρα πάντα γε γνώσεται ἡ ῥαψῳδικὴ κατὰ τὸν σὸν λόγον οὐδὲ ὁ ῥαψῳδός.
Ἴων
πλήν γε ἴσως τὰ τοιαῦτα, ὦ Σώκρατες.
[540b] Σωκράτης
τὰ τοιαῦτα δὲ λέγεις πλὴν τὰ τῶν ἄλλων τεχνῶν σχεδόν τι: ἀλλὰ ποῖα δὴ γνώσεται, ἐπειδὴ οὐχ ἅπαντα;
Ἴων
ἃ πρέπει, οἶμαι ἔγωγε, ἀνδρὶ εἰπεῖν καὶ ὁποῖα γυναικί, καὶ ὁποῖα δούλῳ καὶ ὁποῖα ἐλευθέρῳ, καὶ ὁποῖα ἀρχομένῳ καὶ ὁποῖα ἄρχοντι.
Σωκράτης
ἆρα ὁποῖα ἄρχοντι, λέγεις, ἐν θαλάττῃ χειμαζομένου πλοίου πρέπει εἰπεῖν, ὁ ῥαψῳδὸς γνώσεται κάλλιον ἢ ὁ κυβερνήτης;
Ἴων
οὔκ, ἀλλὰ ὁ κυβερνήτης τοῦτό γε.

[540c] Σωκράτης
ἀλλ' ὁποῖα ἄρχοντι κάμνοντος πρέπει εἰπεῖν, ὁ ῥαψῳδὸς γνώσεται κάλλιον ἢ ὁ ἰατρός;
Ἴων
οὐδὲ τοῦτο.
Σωκράτης
ἀλλ' οἷα δούλῳ πρέπει, λέγεις;
Ἴων
ναί.
Σωκράτης
οἷον βουκόλῳ λέγεις δούλῳ ἃ πρέπει εἰπεῖν ἀγριαινουσῶν βοῶν παραμυθουμένῳ, ὁ ῥαψῳδὸς γνώσεται ἀλλ' οὐχ ὁ βουκόλος;
Ἴων
οὐ δῆτα.
Σωκράτης
ἀλλ' οἷα γυναικὶ πρέποντά ἐστιν εἰπεῖν ταλασιουργῷ περὶ ἐρίων [540d] ἐργασίας;
Ἴων
οὔ.
Σωκράτης
ἀλλ' οἷα ἀνδρὶ πρέπει εἰπεῖν γνώσεται στρατηγῷ στρατιώταις παραινοῦντι;
Ἴων
ναί, τὰ τοιαῦτα γνώσεται ὁ ῥαψῳδός.
Σωκράτης
τί δέ; ἡ ῥαψῳδικὴ τέχνη στρατηγική ἐστιν;
Ἴων
Γνοίην γοῦν ἂν ἔγωγε οἷα στρατηγὸν πρέπει εἰπεῖν.
Σωκράτης
ἴσως γὰρ εἶ καὶ στρατηγικός, ὦ Ἴων. καὶ γὰρ εἰ ἐτύγχανες ἱππικὸς ὢν ἅμα καὶ κιθαριστικός, ἔγνως ἂν ἵππους [540e] εὖ καὶ κακῶς ἱππαζομένους· ἀλλ' εἴ σ' ἐγὼ ἠρόμην· "ποτέρᾳ δὴ τέχνῃ, ὦ Ἴων, γιγνώσκεις τοὺς εὖ ἱππαζομένους ἵππους; ᾗ ἱππεὺς εἶ ἢ ᾗ κιθαριστής;" τί ἄν μοι ἀπεκρίνω;
Ἴων
ᾗ ἱππεύς, ἔγωγ' ἄν.
Σωκράτης
οὐκοῦν εἰ καὶ τοὺς εὖ κιθαρίζοντας διεγίγνωσκες, ὡμολόγεις ἄν, ᾗ κιθαριστὴς εἶ, ταύτῃ διαγιγνώσκειν, ἀλλ' οὐχ ᾗ ἱππεύς.

Ἴων
ναί.
Σωκράτης
ἐπειδὴ δὲ τὰ στρατιωτικὰ γιγνώσκεις, πότερον ᾗ στρατηγικὸς εἶ γιγνώσκεις ἢ ᾗ ῥαψῳδὸς ἀγαθός;
Ἴων
οὐδὲν ἔμοιγε δοκεῖ διαφέρειν.
[541a] Σωκράτης
πῶς; οὐδὲν λέγεις διαφέρειν; μίαν λέγεις τέχνην εἶναι τὴν ῥαψῳδικὴν καὶ τὴν στρατηγικὴν ἢ δύο;
Ἴων
μία ἔμοιγε δοκεῖ.
Σωκράτης
ὅστις ἄρα ἀγαθὸς ῥαψῳδός ἐστιν, οὗτος καὶ ἀγαθὸς στρατηγὸς τυγχάνει ὤν;
Ἴων
μάλιστα, ὦ Σώκρατες.
Σωκράτης
οὐκοῦν καὶ ὅστις ἀγαθὸς στρατηγὸς τυγχάνει ὤν, ἀγαθὸς καὶ ῥαψῳδός ἐστιν.
Ἴων
οὐκ αὖ μοι δοκεῖ τοῦτο.
Σωκράτης
ἀλλ' ἐκεῖνο μὴν δοκεῖ σοι, ὅστις γε ἀγαθὸς [541b] ῥαψῳδός, καὶ στρατηγὸς ἀγαθὸς εἶναι;
Ἴων
πάνυ γε.
Σωκράτης
οὐκοῦν σὺ τῶν Ἑλλήνων ἄριστος ῥαψῳδὸς εἶ;
Ἴων
πολύ γε, ὦ Σώκρατες.
Σωκράτης
ἦ καὶ στρατηγός, ὦ Ἴων, τῶν Ἑλλήνων ἄριστος εἶ;
Ἴων
εὖ ἴσθι, ὦ Σώκρατες: καὶ ταῦτά γε ἐκ τῶν Ὁμήρου μαθών.
Σωκράτης
τί δή ποτ' οὖν πρὸς τῶν θεῶν, ὦ Ἴων, ἀμφότερα ἄριστος ὢν τῶν Ἑλλήνων, καὶ στρατηγὸς καὶ ῥαψῳδός, ῥαψῳδεῖς μὲν περιιὼν τοῖς Ἕλλησι, στρατηγεῖς δ' οὔ; ἢ [541c] ῥαψῳδοῦ μὲν δοκεῖ σοι χρυσῷ

στεφάνῳ ἐστεφανωμένου πολλὴ χρεία εἶναι τοῖς Ἕλλησι, στρατηγοῦ δὲ οὐδεμία;
Ἴων
ἡ μὲν γὰρ ἡμετέρα, ὦ Σώκρατες, πόλις ἄρχεται ὑπὸ ὑμῶν καὶ στρατηγεῖται καὶ οὐδὲν δεῖται στρατηγοῦ, ἡ δὲ ὑμετέρα καὶ ἡ Λακεδαιμονίων οὐκ ἄν με ἕλοιτο στρατηγόν: αὐτοὶ γὰρ οἴεσθε ἱκανοὶ εἶναι.
Σωκράτης
ὦ βέλτιστε Ἴων, Ἀπολλόδωρον οὐ γιγνώσκεις τὸν Κυζικηνόν;
Ἴων
ποῖον τοῦτον;
Σωκράτης
ὃν Ἀθηναῖοι πολλάκις ἑαυτῶν στρατηγὸν ᾕρηνται [541d] ξένον ὄντα: καὶ Φανοσθένη τὸν Ἄνδριον καὶ Ἡρακλείδην τὸν Κλαζομένιον, οὓς ἥδε ἡ πόλις ξένους ὄντας, ἐνδειξαμένους ὅτι ἄξιοι λόγου εἰσί, καὶ εἰς στρατηγίας καὶ εἰς τὰς ἄλλας ἀρχὰς ἄγει: Ἴωνα δ' ἄρα τὸν Ἐφέσιον οὐχ αἱρήσεται στρατηγὸν καὶ τιμήσει, ἐὰν δοκῇ ἄξιος λόγου εἶναι; τί δέ; οὐκ Ἀθηναῖοι μέν ἐστε οἱ Ἐφέσιοι τὸ ἀρχαῖον, καὶ ἡ Ἔφεσος [541e] οὐδεμιᾶς ἐλάττων πόλεως; ἀλλὰ γὰρ σύ, ὦ Ἴων, εἰ μὲν ἀληθῆ λέγεις ὡς τέχνῃ καὶ ἐπιστήμῃ οἷός τε εἶ Ὅμηρον ἐπαινεῖν, ἀδικεῖς, ὅστις ἐμοὶ ὑποσχόμενος ὡς πολλὰ καὶ καλὰ περὶ Ὁμήρου ἐπίστασαι καὶ φάσκων ἐπιδείξειν, ἐξαπατᾷς με καὶ πολλοῦ δεῖς ἐπιδεῖξαι, ὅς γε οὐδὲ ἄττα ἐστὶ ταῦτα περὶ ὧν δεινὸς εἶ ἐθέλεις εἰπεῖν, πάλαι ἐμοῦ λιπαροῦντος, ἀλλὰ ἀτεχνῶς ὥσπερ ὁ Πρωτεὺς παντοδαπὸς γίγνῃ στρεφόμενος ἄνω καὶ κάτω, ἕως τελευτῶν διαφυγών με στρατηγὸς ἀνεφάνης, [542a] ἵνα μὴ ἐπιδείξῃς ὡς δεινὸς εἶ τὴν περὶ Ὁμήρου σοφίαν. εἰ μὲν οὖν τεχνικὸς ὤν, ὅπερ νυνδὴ ἔλεγον, περὶ Ὁμήρου ὑποσχόμενος ἐπιδείξειν ἐξαπατᾷς με, ἄδικος εἶ: εἰ δὲ μὴ τεχνικὸς εἶ, ἀλλὰ θείᾳ μοίρᾳ κατεχόμενος ἐξ Ὁμήρου μηδὲν εἰδὼς πολλὰ καὶ καλὰ λέγεις περὶ τοῦ ποιητοῦ, ὥσπερ ἐγὼ εἶπον περὶ σοῦ, οὐδὲν ἀδικεῖς. ἑλοῦ οὖν πότερα βούλει νομίζεσθαι ὑπὸ ἡμῶν ἄδικος ἀνὴρ εἶναι ἢ θεῖος.
[542b] Ἴων
πολὺ διαφέρει, ὦ Σώκρατες: πολὺ γὰρ κάλλιον τὸ θεῖον νομίζεσθαι.
Σωκράτης
τοῦτο τοίνυν τὸ κάλλιον ὑπάρχει σοι παρ' ἡμῖν, ὦ Ἴων, θεῖον εἶναι καὶ μὴ τεχνικὸν περὶ Ὁμήρου ἐπαινέτην.

Λάχης

[178a] Λυσίμαχος
τεθέασθε μὲν τὸν ἄνδρα μαχόμενον ἐν ὅπλοις, ὦ Νικία τε καὶ Λάχης· οὗ δ' ἕνεκα ὑμᾶς ἐκελεύσαμεν συνθεάσασθαι ἐγώ τε καὶ Μελησίας ὅδε, τότε μὲν οὐκ εἴπομεν, νῦν δ' ἐροῦμεν. ἡγούμεθα γὰρ χρῆναι πρός γε ὑμᾶς παρρησιάζεσθαι. εἰσὶ γάρ τινες οἳ τῶν τοιούτων καταγελῶσι, καὶ ἐάν [178b] τις αὐτοῖς συμβουλεύσηται, οὐκ ἂν εἴποιεν ἃ νοοῦσιν, ἀλλὰ στοχαζόμενοι τοῦ συμβουλευομένου ἄλλα λέγουσι παρὰ τὴν αὐτῶν δόξαν· ὑμᾶς δὲ ἡμεῖς ἡγησάμενοι καὶ ἱκανοὺς γνῶναι καὶ γνόντας ἁπλῶς ἂν εἰπεῖν ἃ δοκεῖ ὑμῖν, οὕτω παρελάβομεν ἐπὶ τὴν συμβουλὴν περὶ ὧν μέλλομεν ἀνακοινοῦσθαι. ἔστιν [179a] οὖν τοῦτο, περὶ οὗ πάλαι τοσαῦτα προοιμιάζομαι, τόδε. ἡμῖν εἰσὶν υἱεῖς οὑτοιί, ὅδε μὲν τοῦδε, πάππου ἔχων ὄνομα Θουκυδίδης, ἐμὸς δὲ αὖ ὅδε--παππῷον δὲ καὶ οὗτος ὄνομ' ἔχει τοὐμοῦ πατρός· Ἀριστείδην γὰρ αὐτὸν καλοῦμεν--ἡμῖν οὖν τούτων δέδοκται ἐπιμεληθῆναι ὡς οἷόν τε μάλιστα, καὶ μὴ ποιῆσαι ὅπερ οἱ πολλοί, ἐπειδὴ μειράκια γέγονεν, ἀνεῖναι αὐτοὺς ὅτι βούλονται ποιεῖν, ἀλλὰ νῦν δὴ καὶ ἄρχεσθαι αὐτῶν ἐπιμελεῖσθαι καθ' ὅσον οἷοί τ' ἐσμέν. εἰδότες οὖν καὶ [179b] ὑμῖν υἱεῖς ὄντας ἡγησάμεθα μεμεληκέναι περὶ αὐτῶν, εἴπερ τισὶν ἄλλοις, πῶς ἂν θεραπευθέντες γένοιντο ἄριστοι· εἰ δ' ἄρα πολλάκις μὴ προσεσχήκατε τὸν νοῦν τῷ τοιούτῳ, ὑπομνήσοντες ὅτι οὐ χρὴ αὐτοῦ ἀμελεῖν, καὶ παρακαλοῦντες ὑμᾶς ἐπὶ τὸ ἐπιμέλειάν τινα ποιήσασθαι τῶν ὑέων κοινῇ μεθ' ἡμῶν. ὅθεν δὲ ἡμῖν ταῦτ' ἔδοξεν, ὦ Νικία τε καὶ Λάχης, χρὴ ἀκοῦσαι, κἂν ᾖ ὀλίγῳ μακρότερα. συσσιτοῦμεν γὰρ δὴ ἐγώ τε καὶ Μελησίας ὅδε, καὶ ἡμῖν τὰ μειράκια παρασιτεῖ. [179c] ὅπερ οὖν καὶ ἀρχόμενος εἶπον τοῦ λόγου, παρρησιασόμεθα πρὸς ὑμᾶς. ἡμῶν γὰρ ἑκάτερος περὶ τοῦ ἑαυτοῦ πατρὸς πολλὰ καὶ καλὰ ἔργα ἔχει λέγειν πρὸς τοὺς νεανίσκους, καὶ ὅσα ἐν πολέμῳ ἠργάσαντο καὶ ὅσα ἐν εἰρήνῃ, διοικοῦντες τά τε τῶν συμμάχων καὶ τὰ τῆσδε τῆς πόλεως· ἡμέτερα δ' αὐτῶν ἔργα οὐδέτερος ἔχει λέγειν. ταῦτα δὴ ὑπαισχυνόμεθά τε τούσδε καὶ αἰτιώμεθα τοὺς πατέρας ἡμῶν ὅτι ἡμᾶς μὲν [179d] εἴων τρυφᾶν, ἐπειδὴ μειράκια ἐγενόμεθα, τὰ δὲ τῶν ἄλλων πράγματα ἔπραττον· καὶ τοῖσδε τοῖς νεανίσκοις αὐτὰ ταῦτα ἐνδεικνύμεθα, λέγοντες ὅτι εἰ μὲν ἀμελήσουσιν ἑαυτῶν καὶ μὴ πείσονται ἡμῖν, ἀκλεεῖς γενήσονται, εἰ δ'

ἐπιμελήσονται, τάχ' ἂν τῶν ὀνομάτων ἄξιοι γένοιντο ἃ ἔχουσιν. οὗτοι μὲν οὖν φασιν πείσεσθαι: ἡμεῖς δὲ δὴ τοῦτο σκοποῦμεν, τί ἂν οὗτοι μαθόντες ἢ ἐπιτηδεύσαντες ὅτι ἄριστοι γένοιντο. [179e]εἰσηγήσατο οὖν τις ἡμῖν καὶ τοῦτο τὸ μάθημα, ὅτι καλὸν εἴη τῷ νέῳ μαθεῖν ἐν ὅπλοις μάχεσθαι: καὶ ἐπῄνει τοῦτον ὃν νῦν ὑμεῖς ἐθεάσασθε ἐπιδεικνύμενον, κᾆτ' ἐκέλευε θεάσασθαι. ἔδοξε δὴ χρῆναι αὐτούς τε ἐλθεῖν ἐπὶ θέαν τἀνδρὸς καὶ ὑμᾶς συμπαραλαβεῖν ἅμα μὲν συνθεατάς, ἅμα δὲ συμβούλους τε καὶ κοινωνούς, ἐὰν βούλησθε, περὶ τῆς τῶν ὑέων ἐπιμελείας. [180a] ταῦτ' ἐστὶν ἃ ἐβουλόμεθα ὑμῖν ἀνακοινώσασθαι. ἤδη οὖν ὑμέτερον μέρος συμβουλεύειν καὶ περὶ τούτου τοῦ μαθήματος, εἴτε δοκεῖ χρῆναι μανθάνειν εἴτε μή, καὶ περὶ τῶν ἄλλων, εἴ τι ἔχετε ἐπαινέσαι μάθημα νέῳ ἀνδρὶ ἢ ἐπιτήδευμα, καὶ περὶ τῆς κοινωνίας λέγειν ὁποῖόν τι ποιήσετε.
Νικίας
ἐγὼ μέν, ὦ Λυσίμαχε καὶ Μελησία, ἐπαινῶ τε ὑμῶν τὴν διάνοιαν καὶ κοινωνεῖν ἕτοιμος, οἶμαι δὲ καὶ Λάχητα τόνδε.
[180b] Λάχης
ἀληθῆ γὰρ οἴει, ὦ Νικία. ὡς ὅ γε ἔλεγεν ὁ Λυσίμαχος ἄρτι περὶ τοῦ πατρὸς τοῦ αὑτοῦ τε καὶ τοῦ Μελησίου, πάνυ μοι δοκεῖ εὖ εἰρῆσθαι καὶ εἰς ἐκείνους καὶ εἰς ἡμᾶς καὶ εἰς ἅπαντας ὅσοι τὰ τῶν πόλεων πράττουσιν, ὅτι αὐτοῖς σχεδόν τι ταῦτα συμβαίνει ἃ οὗτος λέγει καὶ περὶ παῖδας καὶ περὶ τἆλλα, τὰ ἴδια ὀλιγωρεῖσθαί τε καὶ ἀμελῶς διατίθεσθαι. ταῦτα μὲν οὖν καλῶς λέγεις, ὦ Λυσίμαχε: ὅτι δ' ἡμᾶς μὲν συμβούλους παρακαλεῖς ἐπὶ τὴν τῶν νεανίσκων [180c] παιδείαν, Σωκράτη δὲ τόνδε οὐ παρακαλεῖς, θαυμάζω, πρῶτον μὲν ὄντα δημότην, ἔπειτα ἐνταῦθα ἀεὶ τὰς διατριβὰς ποιούμενον ὅπου τί ἐστι τῶν τοιούτων ὧν σὺ ζητεῖς περὶ τοὺς νέους ἢ μάθημα ἢ ἐπιτήδευμα καλόν.
Λυσίμαχος
πῶς λέγεις, ὦ Λάχης; Σωκράτης γὰρ ὅδε τινὸς τῶν τοιούτων ἐπιμέλειαν πεποίηται;
Λάχης
πάνυ μὲν οὖν, ὦ Λυσίμαχε.
Νικίας
τοῦτο μέν σοι κἂν ἐγὼ ἔχοιμι εἰπεῖν οὐ χεῖρον Λάχητος: καὶ γὰρ αὐτῷ μοι ἔναγχος ἄνδρα προυξένησε τῷ [180d] ὑεῖ διδάσκαλον μουσικῆς, Ἀγαθοκλέους μαθητὴν Δάμωνα, ἀνδρῶν χαριέστατον οὐ μόνον τὴν μουσικήν, ἀλλὰ καὶ τἆλλα ὁπόσου βούλει ἄξιον συνδιατρίβειν τηλικούτοις νεανίσκοις.
Λυσίμαχος
οὗτοι, ὦ Σώκρατές τε καὶ Νικία καὶ Λάχης, οἱ ἡλίκοι ἐγὼ ἔτι γιγνώσκομεν

τοὺς νεωτέρους, ἄτε κατ' οἰκίαν τὰ πολλὰ διατρίβοντες ὑπὸ τῆς ἡλικίας:
ἀλλ' εἴ τι καὶ σύ, ὦ παῖ Σωφρονίσκου, ἔχεις τῷδε τῷ σαυτοῦ δημότῃ
ἀγαθὸν [180e]συμβουλεῦσαι, χρὴ συμβουλεύειν. δίκαιος δ' εἶ: καὶ γὰρ
πατρικὸς ἡμῖν φίλος τυγχάνεις ὤν: ἀεὶ γὰρ ἐγὼ καὶ ὁ σὸς πατὴρ ἑταίρω τε
καὶ φίλω ἦμεν, καὶ πρότερον ἐκεῖνος ἐτελεύτησε, πρίν τι ἐμοὶ διενεχθῆναι.
περιφέρει δέ τίς με καὶ μνήμη ἄρτι τῶνδε λεγόντων: τὰ γὰρ μειράκια τάδε
πρὸς ἀλλήλους οἴκοι διαλεγόμενοι θαμὰ ἐπιμέμνηνται Σωκράτους καὶ
σφόδρα ἐπαινοῦσιν: οὐ μέντοι πώποτε αὐτοὺς ἀνηρώτησα [181a] εἰ τὸν
Σωφρονίσκου λέγοιεν. ἀλλ', ὦ παῖδες, λέγετέ μοι, ὅδ' ἐστὶ Σωκράτης, περὶ
οὗ ἑκάστοτε ἐμέμνησθε;
Παῖδες
πάνυ μὲν οὖν, ὦ πάτερ, οὗτος.
Λυσίμαχος
εὖ γε νὴ τὴν Ἥραν, ὦ Σώκρατες, ὅτι ὀρθοῖς τὸν πατέρα, ἄριστον ἀνδρῶν
ὄντα, καὶ ἄλλως καὶ δὴ καὶ ὅτι οἰκεῖα τά τε σὰ ἡμῖν ὑπάρξει καὶ σοὶ τὰ
ἡμέτερα.
Λάχης
καὶ μήν, ὦ Λυσίμαχε, μὴ ἀφίεσό γε τἀνδρός: ὡς ἐγὼ καὶ ἄλλοθί γε αὐτὸν
ἐθεασάμην οὐ μόνον τὸν πατέρα [181b] ἀλλὰ καὶ τὴν πατρίδα ὀρθοῦντα:
ἐν γὰρ τῇ ἀπὸ Δηλίου φυγῇ μετ' ἐμοῦ συνανεχώρει, κἀγώ σοι λέγω ὅτι εἰ
οἱ ἄλλοι ἤθελον τοιοῦτοι εἶναι, ὀρθὴ ἂν ἡμῶν ἡ πόλις ἦν καὶ οὐκ ἂν ἔπεσε
τότε τοιοῦτον πτῶμα.
Λυσίμαχος
ὦ Σώκρατες, οὗτος μέντοι ὁ ἔπαινός ἐστιν καλός, ὃν σὺ νῦν ἐπαινῇ ὑπ'
ἀνδρῶν ἀξίων πιστεύεσθαι καὶ εἰς ταῦτα εἰς ἃ οὗτοι ἐπαινοῦσιν. εὖ οὖν
ἴσθι ὅτι ἐγὼ ταῦτα ἀκούων χαίρω ὅτι εὐδοκιμεῖς, καὶ σὺ δὲ ἡγοῦ με ἐν τοῖς
εὐνούστατόν [181c] σοι εἶναι. χρῆν μὲν οὖν καὶ πρότερόν γε φοιτᾶν αὐτὸν
παρ' ἡμᾶς καὶ οἰκείους ἡγεῖσθαι, ὥσπερ τὸ δίκαιον: νῦν δ' οὖν ἀπὸ τῆσδε
τῆς ἡμέρας, ἐπειδὴ ἀνεγνωρίσαμεν ἀλλήλους, μὴ ἄλλως ποίει, ἀλλὰ
σύνισθί τε καὶ γνώριζε καὶ ἡμᾶς καὶ τούσδε τοὺς νεωτέρους, ὅπως ἂν
διασῴζητε καὶ ὑμεῖς τὴν ἡμετέραν φιλίαν. ταῦτα μὲν οὖν καὶ σὺ ποιήσεις
καὶ ἡμεῖς σε καὶ αὖθις ὑπομνήσομεν: περὶ δὲ ὧν ἠρξάμεθα τί φατε; τί
δοκεῖ; τὸ μάθημα τοῖς μειρακίοις ἐπιτήδειον εἶναι ἢ οὔ, τὸ μαθεῖν ἐν ὅπλοις
μάχεσθαι;
[181d] Σωκράτης
ἀλλὰ καὶ τούτων πέρι, ὦ Λυσίμαχε, ἔγωγε πειράσομαι συμβουλεύειν ἄν τι
δύνωμαι, καὶ αὖ ἃ προκαλῇ πάντα ποιεῖν. δικαιότατον μέντοι μοι δοκεῖ
εἶναι ἐμὲ νεώτερον ὄντα τῶνδε καὶ ἀπειρότερον τούτων ἀκούειν
πρότερον τί λέγουσιν καὶ μανθάνειν παρ' αὐτῶν: ἐὰν δ' ἔχω τι ἄλλο παρὰ

τὰ ὑπὸ τούτων λεγόμενα, τότ' ἤδη διδάσκειν καὶ πείθειν καὶ σὲ καὶ τούτους. ἀλλ', ὦ Νικία, τί οὐ λέγει πότερος ὑμῶν;
Νικίας
ἀλλ' οὐδὲν κωλύει, ὦ Σώκρατες. δοκεῖ γὰρ καὶ [181e] ἐμοὶ τοῦτο τὸ μάθημα τοῖς νέοις ὠφέλιμον εἶναι ἐπίστασθαι πολλαχῇ. καὶ γὰρ τὸ μὴ ἄλλοθι διατρίβειν, ἐν οἷς δὴ φιλοῦσιν οἱ νέοι τὰς διατριβὰς ποιεῖσθαι ὅταν σχολὴν ἄγωσιν, ἀλλ' ἐν τούτῳ, εὖ ἔχει, ὅθεν καὶ τὸ σῶμα βέλτιον ἴσχειν ἀνάγκη--οὐδενὸς γὰρ τῶν γυμνασίων φαυλότερον οὐδ' [182a] ἐλάττω πόνον ἔχει--καὶ ἅμα προσήκει μάλιστ' ἐλευθέρῳ τοῦτό τε τὸ γυμνάσιον καὶ ἡ ἱππική: οὗ γὰρ ἀγῶνος ἀθληταί ἐσμεν καὶ ἐν οἷς ἡμῖν ὁ ἀγὼν πρόκειται, μόνοι οὗτοι γυμνάζονται οἱ ἐν τούτοις τοῖς [τὸν] περὶ τὸν πόλεμον ὀργάνοις γυμναζόμενοι. ἔπειτα ὀνήσει μέν τι τοῦτο τὸ μάθημα καὶ ἐν τῇ μάχῃ αὐτῇ, ὅταν ἐν τάξει δέῃ μάχεσθαι μετὰ πολλῶν ἄλλων: μέγιστον μέντοι αὐτοῦ ὄφελος, ὅταν λυθῶσιν αἱ τάξεις καὶ ἤδη τι δέῃ μόνον πρὸς μόνον ἢ διώκοντα ἀμυνομένῳ [182b] τινὶ ἐπιθέσθαι ἢ καὶ ἐν φυγῇ ἐπιτιθεμένου ἄλλου ἀμύνασθαι αὐτόν: οὔτ' ἂν ὑπό γε ἑνὸς εἷς ὁ τοῦτ' ἐπιστάμενος οὐδὲν ἂν πάθοι, ἴσως δ' οὐδὲ ὑπὸ πλειόνων, ἀλλὰ πανταχῇ ἂν ταύτῃ πλεονεκτοῖ. ἔτι δὲ καὶ εἰς ἄλλου καλοῦ μαθήματος ἐπιθυμίαν παρακαλεῖ τὸ τοιοῦτον: πᾶς γὰρ ἂν μαθὼν ἐν ὅπλοις μάχεσθαι ἐπιθυμήσειε καὶ τοῦ ἑξῆς μαθήματος τοῦ περὶ τὰς τάξεις, καὶ ταῦτα λαβὼν καὶ φιλοτιμηθεὶς [182c] ἐν αὐτοῖς ἐπὶ πᾶν ἂν τὸ περὶ τὰς στρατηγίας ὁρμήσειε: καὶ ἤδη δῆλον ὅτι τὰ τούτων ἐχόμενα καὶ μαθήματα πάντα καὶ ἐπιτηδεύματα καὶ καλὰ καὶ πολλοῦ ἄξια ἀνδρὶ μαθεῖν τε καὶ ἐπιτηδεῦσαι, ὧν καθηγήσαιτ' ἂν τοῦτο τὸ μάθημα. προσθήσομεν δ' αὐτῷ οὐ σμικρὰν προσθήκην, ὅτι πάντα ἄνδρα ἐν πολέμῳ καὶ θαρραλεώτερον καὶ ἀνδρειότερον ἂν ποιήσειεν αὐτὸν αὑτοῦ οὐκ ὀλίγῳ αὕτη ἡ ἐπιστήμη. μὴ ἀτιμάσωμεν δὲ εἰπεῖν, εἰ καί τῳ σμικρότερον δοκεῖ εἶναι, ὅτι καὶ εὐσχημονέστερον ἐνταῦθα οὗ χρὴ τὸν ἄνδρα εὐσχημονέστερον [182d] φαίνεσθαι, οὗ ἅμα καὶ δεινότερος τοῖς ἐχθροῖς φανεῖται διὰ τὴν εὐσχημοσύνην. ἐμοὶ μὲν οὖν, ὦ Λυσίμαχε, ὥσπερ λέγω, δοκεῖ τε χρῆναι διδάσκειν τοὺς νεανίσκους ταῦτα καὶ δι' ἃ δοκεῖ εἴρηκα: Λάχητος δ', εἴ τι παρὰ ταῦτα λέγει, κἂν αὐτὸς ἡδέως ἀκούσαιμι.
Λάχης
ἀλλ' ἔστι μέν, ὦ Νικία, χαλεπὸν λέγειν περὶ ὁτουοῦν μαθήματος ὡς οὐ χρὴ μανθάνειν: πάντα γὰρ ἐπίστασθαι ἀγαθὸν δοκεῖ εἶναι. καὶ δὴ καὶ τὸ ὁπλιτικὸν τοῦτο, [182e] εἰ μέν ἐστιν μάθημα, ὅπερ φασὶν οἱ διδάσκοντες, καὶ οἷον Νικίας λέγει, χρὴ αὐτὸ μανθάνειν: εἰ δ' ἔστιν μὲν μὴ μάθημα, ἀλλ' ἐξαπατῶσιν οἱ ὑπισχνούμενοι, ἢ μάθημα μὲν τυγχάνει ὄν, μὴ μέντοι πάνυ σπουδαῖον, τί καὶ δέοι ἂν αὐτὸ μανθάνειν; λέγω δὲ ταῦτα περὶ αὐτοῦ εἰς

τάδε ἀποβλέψας, ὅτι οἶμαι ἐγὼ τοῦτο, εἴ τι ἦν, οὐκ ἂν λεληθέναι Λακεδαιμονίους, οἷς οὐδὲν ἄλλο μέλει ἐν τῷ βίῳ ἢ τοῦτο ζητεῖν καὶ ἐπιτηδεύειν, [183a] ὅτι ἂν μαθόντες καὶ ἐπιτηδεύσαντες πλεονεκτοῖεν τῶν ἄλλων περὶ τὸν πόλεμον. εἰ δ' ἐκείνους λέληθεν, ἀλλ' οὐ τούτους γε τοὺς διδασκάλους αὐτοῦ λέληθεν αὐτὸ τοῦτο, ὅτι ἐκεῖνοι μάλιστα τῶν Ἑλλήνων σπουδάζουσιν ἐπὶ τοῖς τοιούτοις καὶ ὅτι παρ' ἐκείνοις ἄν τις τιμηθεὶς εἰς ταῦτα καὶ παρὰ τῶν ἄλλων πλεῖστ' ἂν ἐργάζοιτο χρήματα, ὥσπερ γε καὶ τραγῳδίας ποιητὴς παρ' ἡμῖν τιμηθείς. τοιγάρτοι ὃς ἂν οἴηται τραγῳδίαν καλῶς ποιεῖν, οὐκ ἔξωθεν κύκλῳ περὶ τὴν Ἀττικὴν [183b] κατὰ τὰς ἄλλας πόλεις ἐπιδεικνύμενος περιέρχεται, ἀλλ' εὐθὺς δεῦρο φέρεται καὶ τοῖσδ' ἐπιδείκνυσιν εἰκότως· τοὺς δὲ ἐν ὅπλοις μαχομένους ἐγὼ τούτους ὁρῶ τὴν μὲν Λακεδαίμονα ἡγουμένους εἶναι ἄβατον ἱερὸν καὶ οὐδὲ ἄκρῳ ποδὶ ἐπιβαίνοντας, κύκλῳ δὲ περιιόντας αὐτὴν καὶ πᾶσι μᾶλλον ἐπιδεικνυμένους, καὶ μάλιστα τούτοις οἳ κἂν αὐτοὶ ὁμολογήσειαν πολλοὺς σφῶν προτέρους εἶναι πρὸς τὰ τοῦ πολέμου. [183c] ἔπειτα, ὦ Λυσίμαχε, οὐ πάνυ ὀλίγοις ἐγὼ τούτων παραγέγονα ἐν αὐτῷ τῷ ἔργῳ, καὶ ὁρῶ οἷοί εἰσιν. ἔξεστι δὲ καὶ αὐτόθεν ἡμῖν σκέψασθαι. ὥσπερ γὰρ ἐπίτηδες οὐδεὶς πώποτ' εὐδόκιμος γέγονεν ἐν τῷ πολέμῳ ἀνὴρ τῶν τὰ ὁπλιτικὰ ἐπιτηδευσάντων. καίτοι εἴς γε τἆλλα πάντα ἐκ τούτων οἱ ὀνομαστοὶ γίγνονται, ἐκ τῶν ἐπιτηδευσάντων ἕκαστα· οὗτοι δ', ὡς ἔοικε, παρὰ τοὺς ἄλλους οὕτω σφόδρα εἰς τοῦτο δεδυστυχήκασιν. ἐπεὶ καὶ τοῦτον τὸν Στησίλεων, ὃν ὑμεῖς [183d] μετ' ἐμοῦ ἐν τοσούτῳ ὄχλῳ ἐθεάσασθε ἐπιδεικνύμενον καὶ τὰ μεγάλα περὶ αὑτοῦ λέγοντα ἃ ἔλεγεν, ἑτέρωθι ἐγὼ κάλλιον ἐθεασάμην ἐν τῇ ἀληθείᾳ ὡς ἀληθῶς ἐπιδεικνύμενον οὐχ ἑκόντα. προσβαλούσης γὰρ τῆς νεὼς ἐφ' ᾗ ἐπεβάτευεν πρὸς ὁλκάδα τινά, ἐμάχετο ἔχων δορυδρέπανον, διαφέρον δὴ ὅπλον ἅτε καὶ αὐτὸς τῶν ἄλλων διαφέρων. τὰ μὲν οὖν ἄλλα οὐκ ἄξια λέγειν περὶ τἀνδρός, τὸ δὲ σόφισμα τὸ τοῦ δρεπάνου [183e]τοῦ πρὸς τῇ λόγχῃ οἷον ἀπέβη. μαχομένου γὰρ αὐτοῦ ἐνέσχετό που ἐν τοῖς τῆς νεὼς σκεύεσιν καὶ ἀντελάβετο· εἷλκεν οὖν ὁ Στησίλεως βουλόμενος ἀπολῦσαι, καὶ οὐχ οἷός τ' ἦν, ἡ δὲ ναῦς τὴν ναῦν παρῄει. τέως μὲν οὖν παρέθει ἐν τῇ νηὶ ἀντεχόμενος τοῦ δόρατος· ἐπεὶ δὲ δὴ παρημείβετο ἡ ναῦς τὴν ναῦν καὶ ἐπέσπα αὐτὸν τοῦ δόρατος ἐχόμενον, [184a] ἐφίει τὸ δόρυ διὰ τῆς χειρός, ἕως ἄκρου τοῦ στύρακος ἀντελάβετο. ἦν δὲ γέλως καὶ κρότος ὑπὸ τῶν ἐκ τῆς ὁλκάδος ἐπί τε τῷ σχήματι αὐτοῦ, καὶ ἐπειδὴ βαλόντος τινὸς λίθῳ παρὰ τοὺς πόδας αὐτοῦ ἐπὶ τὸ κατάστρωμα ἀφίεται τοῦ δόρατος, τότ' ἤδη καὶ οἱ ἐκ τῆς τριήρους οὐκέτι οἷοί τ' ἦσαν τὸν γέλωτα κατέχειν, ὁρῶντες αἰωρούμενον ἐκ τῆς ὁλκάδος τὸ δορυδρέπανον ἐκεῖνο. ἴσως μὲν οὖν εἴη ἂν τὶ ταῦτα, ὥσπερ Νικίας λέγει· οἷς δ' οὖν ἐγὼ ἐντετύχηκα, τοιαῦτ' [184b] ἄττα ἐστίν. ὃ οὖν καὶ ἐξ ἀρχῆς εἶπον, εἴτε οὕτω σμικρᾶς ὠφελίας ἔχει μάθημα ὄν, εἴτε μὴ ὂν φασὶ καὶ προσποιοῦνται αὐτὸ εἶναι μάθημα, οὐκ ἄξιον ἐπιχειρεῖν μανθάνειν. καὶ γὰρ οὖν μοι δοκεῖ, εἰ μὲν δειλός τις ὢν οἴοιτο αὐτὸ ἐπίστασθαι, θρασύτερος ἂν δι' αὐτὸ γενόμενος ἐπιφανέστερος γένοιτο οἷος ἦν, εἰ δὲ ἀνδρεῖος, φυλαττόμενος ἂν ὑπὸ τῶν ἀνθρώπων, εἰ καὶ σμικρὸν ἐξαμάρτοι, μεγάλας ἂν διαβολὰς ἴσχειν: [184c] ἐπίφθονος γὰρ ἡ προσποίησις τῆς τοιαύτης ἐπιστήμης, ὥστ' εἰ μή τι θαυμαστὸν ὅσον διαφέρει τῇ ἀρετῇ τῶν ἄλλων, οὐκ ἔσθ' ὅπως ἄν τις φύγοι τὸ καταγέλαστος γενέσθαι φάσκων ἔχειν ταύτην τὴν ἐπιστήμην. τοιαύτη τις ἔμοιγε δοκεῖ, ὦ Λυσίμαχε, ἡ περὶ τοῦτο τὸ μάθημα εἶναι σπουδή: χρὴ δ' ὅπερ σοι ἐξ ἀρχῆς ἔλεγον, καὶ Σωκράτη τόνδε μὴ ἀφιέναι, ἀλλὰ δεῖσθαι συμβουλεύειν ὅπῃ δοκεῖ αὐτῷ περὶ τοῦ προκειμένου.

Λυσίμαχος
ἀλλὰ δέομαι ἔγωγε, ὦ Σώκρατες: καὶ γὰρ ὥσπερ [184d] τοῦ ἐπιδιακρινοῦντος δοκεῖ μοι δεῖν ἡμῖν ἡ βουλή. εἰ μὲν γὰρ συνεφερέσθην τώδε, ἧττον ἂν τοῦ τοιούτου ἔδει: νῦν δὲ τὴν ἐναντίαν γάρ, ὡς ὁρᾷς, Λάχης Νικίᾳ ἔθετο, εὖ δὴ ἔχει ἀκοῦσαι καὶ σοῦ ποτέρῳ τοῖν ἀνδροῖν σύμψηφος εἶ.

Σωκράτης
τί δέ, ὦ Λυσίμαχε; ὁπότερ' ἂν οἱ πλείους ἐπαινῶσιν ἡμῶν, τούτοις μέλλεις χρῆσθαι;

Λυσίμαχος
τί γὰρ ἄν τις καὶ ποιοῖ, ὦ Σώκρατες;

Σωκράτης
ἦ καὶ σύ, ὦ Μελησία, οὕτως ἂν ποιοῖς; κἂν εἴ [184e] τις περὶ ἀγωνίας τοῦ ὑέος σοι βουλὴ εἴη τί χρὴ ἀσκεῖν, ἆρα τοῖς πλείοσιν ἂν ἡμῶν πείθοιο, ἢ 'κείνῳ ὅστις τυγχάνει ὑπὸ παιδοτρίβῃ ἀγαθῷ πεπαιδευμένος καὶ ἠσκηκώς;

Μελησίας
ἐκείνῳ εἰκός γε, ὦ Σώκρατες.

Σωκράτης
αὐτῷ ἄρ' ἂν μᾶλλον πείθοιο ἢ τέτταρσιν οὖσιν ἡμῖν;

Μελησίας
ἴσως.

Σωκράτης
ἐπιστήμῃ γὰρ οἶμαι δεῖ κρίνεσθαι ἀλλ' οὐ πλήθει τὸ μέλλον καλῶς κριθήσεσθαι.

Μελησίας
πῶς γὰρ οὔ;

Σωκράτης
οὐκοῦν καὶ νῦν χρὴ πρῶτον αὐτὸ τοῦτο σκέψασθαι, [185a] εἴ ἔστιν τις ἡμῶν τεχνικὸς περὶ οὗ βουλευόμεθα ἢ οὔ· καὶ εἰ μὲν ἔστιν, ἐκείνῳ πείθεσθαι ἑνὶ ὄντι, τοὺς δ' ἄλλους ἐᾶν, εἰ δὲ μή, ἄλλον τινὰ ζητεῖν. ἢ περὶ σμικροῦ οἴεσθε νυνὶ κινδυνεύειν καὶ σὺ καὶ Λυσίμαχος ἀλλ' οὐ περὶ τούτου τοῦ κτήματος ὃ τῶν ὑμετέρων μέγιστον ὂν τυγχάνει; ὑέων γάρ που ἢ χρηστῶν ἢ τἀναντία γενομένων καὶ πᾶς ὁ οἶκος ὁ τοῦ πατρὸς οὕτως οἰκήσεται, ὁποῖοι ἄν τινες οἱ παῖδες γένωνται.
Μελησίας
ἀληθῆ λέγεις.
Σωκράτης
πολλὴν ἄρα δεῖ προμηθίαν αὐτοῦ ἔχειν.
Μελησίας
πάνυ γε.
[185b] Σωκράτης
πῶς οὖν, ὃ ἐγὼ ἄρτι ἔλεγον, ἐσκοποῦμεν ἄν, εἰ ἐβουλόμεθα σκέψασθαι τίς ἡμῶν περὶ ἀγωνίαν τεχνικώτατος; ἆρ' οὐχ ὁ μαθὼν καὶ ἐπιτηδεύσας, ᾧ καὶ διδάσκαλοι ἀγαθοὶ γεγονότες ἦσαν αὐτοῦ τούτου;
Μελησίας
ἔμοιγε δοκεῖ.
Σωκράτης
οὐκοῦν ἔτι πρότερον, τίνος ὄντος τούτου [οὗ] ζητοῦμεν τοὺς διδασκάλους;
Μελησίας
πῶς λέγεις;
Σωκράτης
ὧδε ἴσως μᾶλλον κατάδηλον ἔσται. οὔ μοι δοκεῖ ἐξ ἀρχῆς ἡμῖν ὡμολογῆσθαι τί ποτ' ἔστιν περὶ οὗ βουλευόμεθα [καὶ σκεπτόμεθα], ὅστις ἡμῶν τεχνικὸς καὶ τούτου [185c] ἕνεκα διδασκάλους ἐκτήσατο, καὶ ὅστις μή.
Νικίας
οὐ γάρ, ὦ Σώκρατες, περὶ τοῦ ἐν ὅπλοις μάχεσθαι σκοποῦμεν, εἴτε χρὴ αὐτὸ τοὺς νεανίσκους μανθάνειν εἴτε μή;
Σωκράτης
πάνυ μὲν οὖν, ὦ Νικία. ἀλλ' ὅταν περὶ φαρμάκου τίς του πρὸς ὀφθαλμοὺς σκοπῆται, εἴτε χρὴ αὐτὸ ὑπαλείφεσθαι εἴτε μή, πότερον οἴει τότε εἶναι τὴν βουλὴν περὶ τοῦ φαρμάκου ἢ περὶ τῶν ὀφθαλμῶν;
Νικίας
περὶ τῶν ὀφθαλμῶν.

[185d] Σωκράτης
οὐκοῦν καὶ ὅταν ἵππῳ χαλινὸν σκοπῆταί τις εἰ προσοιστέον ἢ μή, καὶ ὁπότε, τότε που περὶ τοῦ ἵππου βουλεύεται ἀλλ' οὐ περὶ τοῦ χαλινοῦ;
Νικίας
ἀληθῆ.
Σωκράτης
οὐκοῦν ἑνὶ λόγῳ, ὅταν τίς τι ἕνεκά του σκοπῇ, περὶ ἐκείνου ἡ βουλὴ τυγχάνει οὖσα οὗ ἕνεκα ἐσκόπει, ἀλλ' οὐ περὶ τοῦ ὃ ἕνεκα ἄλλου ἐζήτει.
Νικίας
ἀνάγκη.
Σωκράτης
δεῖ ἄρα καὶ τὸν σύμβουλον σκοπεῖν ἆρα τεχνικός ἐστιν εἰς ἐκείνου θεραπείαν, οὗ ἕνεκα σκοπούμενοι σκοποῦμεν.
Νικίας
πάνυ γε.
[185e] Σωκράτης
οὐκοῦν νῦν φαμεν περὶ μαθήματος σκοπεῖν τῆς ψυχῆς ἕνεκα τῆς τῶν νεανίσκων;
Νικίας
ναί.
Σωκράτης
εἴ τις ἄρα ἡμῶν τεχνικὸς περὶ ψυχῆς θεραπείαν καὶ οἷός τε καλῶς τοῦτο θεραπεῦσαι, καὶ ὅτῳ διδάσκαλοι ἀγαθοὶ γεγόνασιν, τοῦτο σκεπτέον.
Λάχης
τί δέ, ὦ Σώκρατες; οὔπω ἑώρακας ἄνευ διδασκάλων τεχνικωτέρους γεγονότας εἰς ἔνια ἢ μετὰ διδασκάλων;
Σωκράτης
ἔγωγε, ὦ Λάχης: οἷς γε σὺ οὐκ ἂν ἐθέλοις πιστεῦσαι, εἰ φαῖεν ἀγαθοὶ εἶναι δημιουργοί, εἰ μή τί σοι τῆς αὑτῶν τέχνης ἔργον ἔχοιεν ἐπιδεῖξαι εὖ εἰργασμένον, καὶ ἓν [186a] καὶ πλείω.
Λάχης
τοῦτο μὲν ἀληθῆ λέγεις.
Σωκράτης
καὶ ἡμᾶς ἄρα δεῖ, ὦ Λάχης τε καὶ Νικία--ἐπειδὴ Λυσίμαχος καὶ Μελησίας εἰς συμβουλὴν παρεκαλεσάτην ἡμᾶς περὶ τοῖν ὑέοιν, προθυμούμενοι αὐτοῖν ὅτι ἀρίστας γενέσθαι τὰς ψυχάς--εἰ μέν φαμεν ἔχειν, ἐπιδεῖξαι αὐτοῖς καὶ διδασκάλους οἵτινες [ἡμῶν γεγόνασιν] αὐτοὶ πρῶτον ἀγαθοὶ ὄντες καὶ πολλῶν νέων τεθεραπευκότες ψυχὰς ἔπειτα [186b] καὶ ἡμᾶς διδάξαντες φαίνονται: ἢ εἴ τις ἡμῶν αὑτῶν ἑαυτῷ διδάσκαλον μὲν οὔ

φησι γεγονέναι, ἀλλ' οὖν ἔργα αὐτὸν αὑτοῦ ἔχειν εἰπεῖν καὶ ἐπιδεῖξαι τίνες
Ἀθηναίων ἢ τῶν ξένων, ἢ δοῦλοι ἢ ἐλεύθεροι, δι' ἐκεῖνον ὁμολογουμένως
ἀγαθοὶ γεγόνασιν: εἰ δὲ μηδὲν ἡμῖν τούτων ὑπάρχει, ἄλλους κελεύειν
ζητεῖν καὶ μὴ ἐν ἑταίρων ἀνδρῶν ὑέσιν κινδυνεύειν διαφθείροντας τὴν
μεγίστην αἰτίαν ἔχειν ὑπὸ τῶν οἰκειοτάτων. ἐγὼ μὲν οὖν, ὦ Λυσίμαχέ τε
καὶ Μελησία, πρῶτος [186c] περὶ ἐμαυτοῦ λέγω ὅτι διδάσκαλός μοι οὐ
γέγονε τούτου πέρι. καίτοι ἐπιθυμῶ γε τοῦ πράγματος ἐκ νέου ἀρξάμενος.
ἀλλὰ τοῖς μὲν σοφισταῖς οὐκ ἔχω τελεῖν μισθούς, οἵπερ μόνοι
ἐπηγγέλλοντό με οἷοί τ' εἶναι ποιῆσαι καλόν τε κἀγαθόν: αὐτὸς δ' αὖ
εὑρεῖν τὴν τέχνην ἀδυνατῶ ἔτι νυνί. εἰ δὲ Νικίας ἢ Λάχης ηὕρηκεν ἢ
μεμάθηκεν, οὐκ ἂν θαυμάσαιμι: καὶ γὰρ χρήμασιν ἐμοῦ δυνατώτεροι,
ὥστε μαθεῖν παρ' ἄλλων, καὶ ἅμα πρεσβύτεροι, ὥστε ἤδη ηὑρηκέναι.
δοκοῦσι [186d] δή μοι δυνατοὶ εἶναι παιδεῦσαι ἄνθρωπον: οὐ γὰρ ἄν ποτε
ἀδεῶς ἀπεφαίνοντο περὶ ἐπιτηδευμάτων νέῳ χρηστῶν τε καὶ πονηρῶν, εἰ
μὴ αὑτοῖς ἐπίστευον ἱκανῶς εἰδέναι. τὰ μὲν οὖν ἄλλα ἔγωγε τούτοις
πιστεύω: ὅτι δὲ διαφέρεσθον ἀλλήλοιν, ἐθαύμασα. τοῦτο οὖν σου ἐγὼ
ἀντιδέομαι, ὦ Λυσίμαχε: καθάπερ ἄρτι Λάχης μὴ ἀφίεσθαί σε ἐμοῦ
διεκελεύετο ἀλλὰ ἐρωτᾶν, καὶ ἐγὼ νῦν παρακελεύομαί σοι μὴ ἀφίεσθαι
Λάχητος μηδὲ Νικίου, ἀλλ' ἐρωτᾶν λέγοντα ὅτι ὁ μὲν Σωκράτης
οὔ [186e] φησιν ἐπαΐειν περὶ τοῦ πράγματος οὐδ' ἱκανὸς εἶναι διακρῖναι
ὁπότερος ὑμῶν ἀληθῆ λέγει--οὔτε γὰρ εὑρετὴς οὔτε μαθητὴς οὐδενὸς περὶ
τῶν τοιούτων γεγονέναι--σὺ δ', ὦ Λάχης καὶ Νικία, εἴπετον ἡμῖν ἑκάτερος
τίνι δὴ δεινοτάτῳ συγγεγόνατον περὶ τῆς τῶν νέων τροφῆς, καὶ πότερα
μαθόντε παρά του ἐπίστασθον ἢ αὐτὼ ἐξευρόντε, καὶ εἰ μὲν
μαθόντε, [187a] τίς ὁ διδάσκαλος ἑκατέρῳ καὶ τίνες ἄλλοι ὁμότεχνοι
αὐτοῖς, ἵν', ἂν μὴ ὑμῖν σχολὴ ᾖ ὑπὸ τῶν τῆς πόλεως πραγμάτων, ἐπ'
ἐκείνους ἴωμεν καὶ πείθωμεν ἢ δώροις ἢ χάρισιν ἢ ἀμφότερα
ἐπιμεληθῆναι καὶ τῶν ἡμετέρων καὶ τῶν ὑμετέρων παίδων, ὅπως μὴ
καταισχύνωσι τοὺς αὑτῶν προγόνους φαῦλοι γενόμενοι: εἰ δ' αὐτοὶ
εὑρεταὶ γεγονότε τοῦ τοιούτου, δότε παράδειγμα τίνων ἤδη ἄλλων
ἐπιμεληθέντες ἐκ φαύλων καλούς τε κἀγαθοὺς ἐποιήσατε. εἰ γὰρ νῦν
πρῶτον ἄρξεσθε [187b]παιδεύειν, σκοπεῖν χρὴ μὴ οὐκ ἐν τῷ Καρὶ ὑμῖν ὁ
κίνδυνος κινδυνεύηται, ἀλλ' ἐν τοῖς ὑέσι τε καὶ ἐν τοῖς τῶν φίλων παισί,
καὶ ἀτεχνῶς τὸ λεγόμενον κατὰ τὴν παροιμίαν ὑμῖν συμβαίνῃ ἐν πίθῳ ἡ
κεραμεία γιγνομένη. λέγετε οὖν τί τούτων ἢ φατὲ ὑμῖν ὑπάρχειν τε καὶ
προσήκειν ἢ οὔ φατε. ταῦτ', ὦ Λυσίμαχε, παρ' αὐτῶν πυνθάνου τε καὶ μὴ
μεθίει τοὺς ἄνδρας.
Λυσίμαχος
καλῶς μὲν ἔμοιγε δοκεῖ, ὦ ἄνδρες, Σωκράτης λέγειν: [187c] εἰ δὲ

βουλομένοις ὑμῖν ἐστι περὶ τῶν τοιούτων ἐρωτᾶσθαί τε καὶ διδόναι λόγον, αὐτοὺς δὴ χρὴ γιγνώσκειν, ὦ Νικία τε καὶ Λάχης. ἐμοὶ μὲν γὰρ καὶ Μελησίᾳ τῷδε δῆλον ὅτι ἡδομένοις ἂν εἴη εἰ πάντα ἃ Σωκράτης ἐρωτᾷ ἐθέλοιτε λόγῳ διεξιέναι: καὶ γὰρ ἐξ ἀρχῆς ἐντεῦθεν ἠρχόμην λέγων, ὅτι εἰς συμβουλὴν διὰ ταῦτα ὑμᾶς παρακαλέσαιμεν, ὅτι μεμεληκέναι ὑμῖν ἡγούμεθα, ὡς εἰκός, περὶ τῶν τοιούτων, καὶ ἄλλως καὶ ἐπειδὴ οἱ παῖδες ὑμῖν ὀλίγου ὥσπερ οἱ ἡμέτεροι ἡλικίαν [187d] ἔχουσι παιδεύεσθαι. εἰ οὖν ὑμῖν μή τι διαφέρει, εἴπατε καὶ κοινῇ μετὰ Σωκράτους σκέψασθε, διδόντες τε καὶ δεχόμενοι λόγον παρ' ἀλλήλων: εὖ γὰρ καὶ τοῦτο λέγει ὅδε, ὅτι περὶ τοῦ μεγίστου νῦν βουλευόμεθα τῶν ἡμετέρων. ἀλλ' ὁρᾶτε εἰ δοκεῖ χρῆναι οὕτω ποιεῖν.

Νικίας
ὦ Λυσίμαχε, δοκεῖς μοι ὡς ἀληθῶς Σωκράτη πατρόθεν γιγνώσκειν μόνον, αὐτῷ δ' οὐ συγγεγονέναι ἀλλ' ἢ [187e] παιδὶ ὄντι, εἴ που ἐν τοῖς δημόταις μετὰ τοῦ πατρὸς ἀκολουθῶν ἐπλησίασέν σοι ἢ ἐν ἱερῷ ἢ ἐν ἄλλῳ τῳ συλλόγῳ τῶν δημοτῶν: ἐπειδὴ δὲ πρεσβύτερος γέγονεν, οὐκ ἐντετυχηκὼς τῷ ἀνδρὶ δῆλος ἔτι εἶ.

Λυσίμαχος
τί μάλιστα, ὦ Νικία;

Νικίας
οὔ μοι δοκεῖς εἰδέναι ὅτι ὃς ἂν ἐγγύτατα Σωκράτους ᾖ [λόγῳ ὥσπερ γένει] καὶ πλησιάζῃ διαλεγόμενος, ἀνάγκη αὐτῷ, ἐὰν ἄρα καὶ περὶ ἄλλου του πρότερον ἄρξηται διαλέγεσθαι, μὴ παύεσθαι ὑπὸ τούτου περιαγόμενον τῷ λόγῳ, πρὶν ἐμπέσῃ εἰς τὸ διδόναι περὶ αὐτοῦ λόγον, ὅντινα [188a] τρόπον νῦν τε ζῇ καὶ ὅντινα τὸν παρεληλυθότα βίον βεβίωκεν: ἐπειδὰν δ' ἐμπέσῃ, ὅτι οὐ πρότερον αὐτὸν ἀφήσει Σωκράτης, πρὶν ἂν βασανίσῃ ταῦτα εὖ τε καὶ καλῶς ἅπαντα. ἐγὼ δὲ συνήθης τέ εἰμι τῷδε καὶ οἶδ' ὅτι ἀνάγκη ὑπὸ τούτου πάσχειν ταῦτα, καὶ ἔτι γε αὐτὸς ὅτι πείσομαι ταῦτα εὖ οἶδα: χαίρω γάρ, ὦ Λυσίμαχε, τῷ ἀνδρὶ πλησιάζων, καὶ οὐδὲν οἶμαι κακὸν εἶναι τὸ ὑπομιμνῄσκεσθαι ὅτι μὴ καλῶς ἢ πεποιήκαμεν[188b] ἢ ποιοῦμεν, ἀλλ' εἰς τὸν ἔπειτα βίον προμηθέστερον ἀνάγκη εἶναι τὸν ταῦτα μὴ φεύγοντα ἀλλ' ἐθέλοντα κατὰ τὸ τοῦ Σόλωνος καὶ ἀξιοῦντα μανθάνειν ἕωσπερ ἂν ζῇ, καὶ μὴ οἰόμενον αὐτῷ τὸ γῆρας νοῦν ἔχον προσιέναι. ἐμοὶ μὲν οὖν οὐδὲν ἄηθες οὐδ' αὖ ἀηδὲς ὑπὸ Σωκράτους βασανίζεσθαι, ἀλλὰ καὶ πάλαι σχεδόν τι ἠπιστάμην ὅτι οὐ περὶ τῶν μειρακίων ἡμῖν ὁ λόγος ἔσοιτο Σωκράτους παρόντος, ἀλλὰ περὶ [188c] ἡμῶν αὐτῶν. ὅπερ οὖν λέγω, τὸ μὲν ἐμὸν οὐδὲν κωλύει Σωκράτει συνδιατρίβειν ὅπως οὗτος βούλεται: Λάχητα δὲ τόνδε ὅρα ὅπως ἔχει περὶ τοῦ τοιούτου.

Λάχης
ἁπλοῦν τό γ' ἐμόν, ὦ Νικία, περὶ λόγων ἐστίν, εἰ δὲ βούλει, οὐχ ἁπλοῦν
ἀλλὰ διπλοῦν: καὶ γὰρ ἂν δόξαιμί τῳ φιλόλογος εἶναι καὶ αὖ μισόλογος.
ὅταν μὲν γὰρ ἀκούω ἀνδρὸς περὶ ἀρετῆς διαλεγομένου ἢ περί τινος
σοφίας ὡς ἀληθῶς ὄντος ἀνδρὸς καὶ ἀξίου τῶν λόγων ὧν
λέγει, [188d] χαίρω ὑπερφυῶς, θεώμενος ἅμα τόν τε λέγοντα καὶ τὰ
λεγόμενα ὅτι πρέποντα ἀλλήλοις καὶ ἁρμόττοντά ἐστι. καὶ κομιδῇ μοι
δοκεῖ μουσικὸς ὁ τοιοῦτος εἶναι, ἁρμονίαν καλλίστην ἡρμοσμένος οὐ
λύραν οὐδὲ παιδιᾶς ὄργανα, ἀλλὰ τῷ ὄντι [ζῆν ἡρμοσμένος οὗ] αὐτὸς
αὑτοῦ τὸν βίον σύμφωνον τοῖς λόγοις πρὸς τὰ ἔργα, ἀτεχνῶς δωριστὶ ἀλλ'
οὐκ ἰαστί, οἴομαι δὲ οὐδὲ φρυγιστὶ οὐδὲ λυδιστί, ἀλλ' ἥπερ μόνη Ἑλληνική
ἐστιν ἁρμονία. ὁ μὲν οὖν τοιοῦτος χαίρειν με ποιεῖ [188e] φθεγγόμενος καὶ
δοκεῖν ὁτῳοῦν φιλόλογον εἶναι--οὕτω σφόδρα ἀποδέχομαι παρ' αὐτοῦ τὰ
λεγόμενα--ὁ δὲ τἀναντία τούτου πράττων λυπεῖ με, ὅσῳ ἂν δοκῇ ἄμεινον
λέγειν, τοσούτῳ μᾶλλον, καὶ ποιεῖ αὖ δοκεῖν εἶναι μισόλογον. Σωκράτους
δ' ἐγὼ τῶν μὲν λόγων οὐκ ἔμπειρός εἰμι, ἀλλὰ πρότερον, ὡς ἔοικε, τῶν
ἔργων ἐπειράθην, καὶ ἐκεῖ αὐτὸν [189a] ηὗρον ἄξιον ὄντα λόγων καλῶν
καὶ πάσης παρρησίας. εἰ οὖν καὶ τοῦτο ἔχει, συμβούλομαι τἀνδρί, καὶ
ἥδιστ' ἂν ἐξεταζοίμην ὑπὸ τοῦ τοιούτου, καὶ οὐκ ἂν ἀχθοίμην μανθάνων,
ἀλλὰ καὶ ἐγὼ τῷ Σόλωνι, ἓν μόνον προσλαβών, συγχωρῶ: γηράσκων γὰρ
πολλὰ διδάσκεσθαι ἐθέλω ὑπὸ χρηστῶν μόνον. τοῦτο γάρ μοι
συγχωρείτω, ἀγαθὸν καὶ αὐτὸν εἶναι τὸν διδάσκαλον, ἵνα μὴ δυσμαθὴς
φαίνωμαι ἀηδῶς μανθάνων: εἰ δὲ νεώτερος ὁ διδάσκων ἔσται ἢ μήπω ἐν
δόξῃ ὢν ἤ τι [189b] ἄλλο τῶν τοιούτων ἔχων, οὐδέν μοι μέλει. σοὶ οὖν, ὦ
Σώκρατες, ἐγὼ ἐπαγγέλλομαι καὶ διδάσκειν καὶ ἐλέγχειν ἐμὲ ὅτι ἂν βούλῃ,
καὶ μανθάνειν γε ὅτι αὖ ἐγὼ οἶδα: οὕτω σὺ παρ' ἐμοὶ διάκεισαι ἀπ' ἐκείνης
τῆς ἡμέρας ᾗ μετ' ἐμοῦ συνδιεκινδύνευσας καὶ ἔδωκας σαυτοῦ πεῖραν
ἀρετῆς ἣν χρὴ διδόναι τὸν μέλλοντα δικαίως δώσειν. λέγ' οὖν ὅτι σοι
φίλον, μηδὲν τὴν ἡμετέραν ἡλικίαν ὑπόλογον ποιούμενος.
[189c] Σωκράτης
οὐ τὰ ὑμέτερα, ὡς ἔοικεν, αἰτιασόμεθα μὴ οὐχ ἕτοιμα εἶναι καὶ
συμβουλεύειν καὶ συσκοπεῖν.
Λυσίμαχος
ἀλλ' ἡμέτερον δὴ ἔργον, ὦ Σώκρατες--ἕνα γάρ σε ἔγωγε ἡμῶν τίθημι--
σκόπει οὖν ἀντ' ἐμοῦ ὑπὲρ τῶν νεανίσκων ὅτι δεόμεθα παρὰ τῶνδε
πυνθάνεσθαι, καὶ συμβούλευε διαλεγόμενος τούτοις. ἐγὼ μὲν γὰρ καὶ
ἐπιλανθάνομαι ἤδη τὰ πολλὰ διὰ τὴν ἡλικίαν ὧν ἂν διανοηθῶ ἐρέσθαι καὶ
αὖ ἃ ἂν ἀκούσω: ἐὰν δὲ μεταξὺ ἄλλοι λόγοι γένωνται, οὐ
πάνυ [189d] μέμνημαι. ὑμεῖς οὖν λέγετε καὶ διέξιτε πρὸς ὑμᾶς αὐτοὺς περὶ

ὧν προυθέμεθα: ἐγὼ δ' ἀκούσομαι καὶ ἀκούσας αὖ μετὰ Μελησίου τοῦδε ποιήσω τοῦτο ὅτι ἂν καὶ ὑμῖν δοκῇ.
Σωκράτης
πειστέον, ὦ Νικία τε καὶ Λάχης, Λυσιμάχῳ καὶ Μελησίᾳ. ἃ μὲν οὖν νυνδὴ ἐπεχειρήσαμεν σκοπεῖν, τίνες οἱ διδάσκαλοι ἡμῖν τῆς τοιαύτης παιδείας γεγόνασιν ἢ τίνας ἄλλους βελτίους πεποιήκαμεν, ἴσως μὲν οὐ κακῶς εἶχεν [189e] ἐξετάζειν καὶ τὰ τοιαῦτα ἡμᾶς αὐτούς: ἀλλ' οἶμαι καὶ ἡ τοιάδε σκέψις εἰς ταὐτὸν φέρει, σχεδὸν δέ τι καὶ μᾶλλον ἐξ ἀρχῆς εἴη ἄν. εἰ γὰρ τυγχάνομεν ἐπιστάμενοι ὁτουοῦν πέρι ὅτι παραγενόμενόν τῳ βέλτιον ποιεῖ ἐκεῖνο ᾧ παρεγένετο, καὶ προσέτι οἷοί τέ ἐσμεν αὐτὸ ποιεῖν παραγίγνεσθαι ἐκείνῳ, δῆλον ὅτι αὐτό γε ἴσμεν τοῦτο οὗ πέρι σύμβουλοι ἂν γενοίμεθα ὡς ἄν τις αὐτὸ ῥᾷστα καὶ ἄριστ' ἂν κτήσαιτο. ἴσως οὖν οὐ μανθάνετέ μου ὅτι λέγω, ἀλλ' ὧδε ῥᾷον μαθήσεσθε. [190a] εἰ τυγχάνομεν ἐπιστάμενοι ὅτι ὄψις παραγενομένη ὀφθαλμοῖς βελτίους ποιεῖ ἐκείνους οἷς παρεγένετο, καὶ προσέτι οἷοί τ' ἐσμὲν ποιεῖν αὐτὴν παραγίγνεσθαι ὄμμασι, δῆλον ὅτι ὄψιν γε ἴσμεν αὐτὴν ὅτι ποτ' ἔστιν, ἧς πέρι σύμβουλοι ἂν γενοίμεθα ὡς ἄν τις αὐτὴν ῥᾷστα καὶ ἄριστα κτήσαιτο. εἰ γὰρ μηδ' αὐτὸ τοῦτο εἰδεῖμεν, ὅτι ποτ' ἔστιν ὄψις ἢ ὅτι ἔστιν ἀκοή, σχολῇ ἄν σύμβουλοί γε ἄξιοι λόγου γενοίμεθα καὶ ἰατροὶ ἢ περὶ ὀφθαλμῶν ἢ περὶ ὤτων, ὅντινα τρόπον [190b] ἀκοὴν ἢ ὄψιν κάλλιστ' ἂν κτήσαιτό τις.
Λάχης
ἀληθῆ λέγεις, ὦ Σώκρατες.
Σωκράτης
οὐκοῦν, ὦ Λάχης, καὶ νῦν ἡμᾶς τώδε παρακαλεῖτον εἰς συμβουλήν, τίν' ἂν τρόπον τοῖς ὑέσιν αὐτῶν ἀρετὴ παραγενομένη ταῖς ψυχαῖς ἀμείνους ποιήσειε;
Λάχης
πάνυ γε.
Σωκράτης
ἆρ' οὖν ἡμῖν τοῦτό γ' ὑπάρχειν δεῖ, τὸ εἰδέναι ὅτι ποτ' ἔστιν ἀρετή; εἰ γάρ που μηδ' ἀρετὴν εἰδεῖμεν τὸ παράπαν ὅτι ποτε τυγχάνει ὄν, τίν' ἂν τρόπον τούτου [190c] σύμβουλοι γενοίμεθ' ἂν ὁτῳοῦν, ὅπως ἂν αὐτὸ κάλλιστα κτήσαιτο;
Λάχης
οὐδένα, ἔμοιγε δοκεῖ, ὦ Σώκρατες.
Σωκράτης
φαμὲν ἄρα, ὦ Λάχης, εἰδέναι αὐτὸ ὅτι ἔστιν.
Λάχης
φαμὲν μέντοι.

Σωκράτης
οὐκοῦν ὅ γε ἴσμεν, κἂν εἴποιμεν δήπου τί ἐστιν.
Λάχης
πῶς γὰρ οὔ;
Σωκράτης
μὴ τοίνυν, ὦ ἄριστε, περὶ ὅλης ἀρετῆς εὐθέως σκοπώμεθα--πλέον γὰρ ἴσως ἔργον--ἀλλὰ μέρους τινὸς πέρι πρῶτον ἴδωμεν εἰ ἱκανῶς ἔχομεν πρὸς τὸ εἰδέναι: καὶ [190d] ἡμῖν, ὡς τὸ εἰκός, ῥάων ἡ σκέψις ἔσται.
Λάχης
ἀλλ' οὕτω ποιῶμεν, ὦ Σώκρατες, ὡς σὺ βούλει.
Σωκράτης
τί οὖν ἂν προελοίμεθα τῶν τῆς ἀρετῆς μερῶν; ἢ δῆλον δὴ ὅτι τοῦτο εἰς ὃ τείνειν δοκεῖ ἡ ἐν τοῖς ὅπλοις μάθησις; δοκεῖ δέ που τοῖς πολλοῖς εἰς ἀνδρείαν. ἦ γάρ;
Λάχης
καὶ μάλα δὴ οὕτω δοκεῖ.
Σωκράτης
τοῦτο τοίνυν πρῶτον ἐπιχειρήσωμεν, ὦ Λάχης, εἰπεῖν, ἀνδρεία τί ποτ' ἐστίν: ἔπειτα μετὰ τοῦτο σκεψόμεθα [190e] καὶ ὅτῳ ἂν τρόπῳ τοῖς νεανίσκοις παραγένοιτο, καθ' ὅσον οἷόν τε ἐξ ἐπιτηδευμάτων τε καὶ μαθημάτων παραγενέσθαι. ἀλλὰ πειρῶ εἰπεῖν ὃ λέγω, τί ἐστιν ἀνδρεία.
Λάχης
οὐ μὰ τὸν Δία, ὦ Σώκρατες, οὐ χαλεπὸν εἰπεῖν: εἰ γάρ τις ἐθέλοι ἐν τῇ τάξει μένων ἀμύνεσθαι τοὺς πολεμίους καὶ μὴ φεύγοι, εὖ ἴσθι ὅτι ἀνδρεῖος ἂν εἴη.
Σωκράτης
εὖ μὲν λέγεις, ὦ Λάχης: ἀλλ' ἴσως ἐγὼ αἴτιος, οὐ σαφῶς εἰπών, τὸ σὲ ἀποκρίνασθαι μὴ τοῦτο ὃ διανοούμενος ἠρόμην, ἀλλ' ἕτερον.
Λάχης
πῶς τοῦτο λέγεις, ὦ Σώκρατες;
[191a] Σωκράτης
ἐγὼ φράσω, ἐὰν οἷός τε γένωμαι. ἀνδρεῖός που οὗτος, ὃν καὶ σὺ λέγεις, ὃς ἂν ἐν τῇ τάξει μένων μάχηται τοῖς πολεμίοις.
Λάχης
ἐγὼ γοῦν φημι.
Σωκράτης
καὶ γὰρ ἐγώ. ἀλλὰ τί αὖ ὅδε, ὃς ἂν φεύγων μάχηται τοῖς πολεμίοις ἀλλὰ μὴ μένων;

Λάχης
πῶς φεύγων;
Σωκράτης
ὥσπερ που καὶ Σκύθαι λέγονται οὐχ ἧττον φεύγοντες ἢ διώκοντες μάχεσθαι, καὶ Ὅμηρός που ἐπαινῶν τοὺς τοῦ Αἰνείου ἵππους κραιπνὰ μάλ' ἔνθα καὶ ἔνθα ηομ. ιλ. 8.107-108 [191b] ἔφη αὐτοὺς ἐπίστασθαι διώκειν ἠδὲ φέβεσθαι: καὶ αὐτὸν τὸν Αἰνείαν κατὰ τοῦτ' ἐνεκωμίασε, κατὰ τὴν τοῦ φόβου ἐπιστήμην, καὶ εἶπεν αὐτὸν εἶναι μήστωρα φόβοιο.ηομ. ιλ. 8.107-108
Λάχης
καὶ καλῶς γε, ὦ Σώκρατες: περὶ ἁρμάτων γὰρ ἔλεγε. καὶ σὺ τὸ τῶν Σκυθῶν ἱππέων πέρι λέγεις: τὸ μὲν γὰρ ἱππικὸν [τὸ ἐκείνων] οὕτω μάχεται, τὸ δὲ ὁπλιτικὸν [τό γε τῶν Ἑλλήνων], ὡς ἐγὼ λέγω.
Σωκράτης
πλήν γ' ἴσως, ὦ Λάχης, τὸ Λακεδαιμονίων. Λακεδαιμονίους [191c] γάρ φασιν ἐν Πλαταιαῖς, ἐπειδὴ πρὸς τοῖς γερροφόροις ἐγένοντο, οὐκ ἐθέλειν μένοντας πρὸς αὐτοὺς μάχεσθαι, ἀλλὰ φεύγειν, ἐπειδὴ δ' ἐλύθησαν αἱ τάξεις τῶν Περσῶν, ἀναστρεφομένους ὥσπερ ἱππέας μάχεσθαι καὶ οὕτω νικῆσαι τὴν ἐκεῖ μάχην.
Λάχης
ἀληθῆ λέγεις.
Σωκράτης
τοῦτο τοίνυν ὃ ἄρτι ἔλεγον, ὅτι ἐγὼ αἴτιος μὴ καλῶς σε ἀποκρίνασθαι, ὅτι οὐ καλῶς ἠρόμην--βουλόμενος [191d] γάρ σου πυθέσθαι μὴ μόνον τοὺς ἐν τῷ ὁπλιτικῷ ἀνδρείους, ἀλλὰ καὶ τοὺς ἐν τῷ ἱππικῷ καὶ ἐν σύμπαντι τῷ πολεμικῷ εἴδει, καὶ μὴ μόνον τοὺς ἐν τῷ πολέμῳ, ἀλλὰ καὶ τοὺς ἐν τοῖς πρὸς τὴν θάλατταν κινδύνοις ἀνδρείους ὄντας, καὶ ὅσοι γε πρὸς νόσους καὶ ὅσοι πρὸς πενίας ἢ καὶ πρὸς τὰ πολιτικὰ ἀνδρεῖοί εἰσιν, καὶ ἔτι αὖ μὴ μόνον ὅσοι πρὸς λύπας ἀνδρεῖοί εἰσιν ἢ φόβους, ἀλλὰ καὶ πρὸς ἐπιθυμίας ἢ ἡδονὰς δεινοὶ [191e] μάχεσθαι, καὶ μένοντες καὶ ἀναστρέφοντες--εἰσὶ γάρ πού τινες, ὦ Λάχης, καὶ ἐν τοῖς τοιούτοις ἀνδρεῖοι--
Λάχης
καὶ σφόδρα, ὦ Σώκρατες.
Σωκράτης
οὐκοῦν ἀνδρεῖοι μὲν πάντες οὗτοί εἰσιν, ἀλλ' οἱ μὲν ἐν ἡδοναῖς, οἱ δ' ἐν λύπαις, οἱ δ' ἐν ἐπιθυμίαις, οἱ δ' ἐν φόβοις τὴν ἀνδρείαν κέκτηνται: οἱ δέ γ' οἶμαι δειλίαν ἐν τοῖς αὐτοῖς τούτοις.
Λάχης
πάνυ γε.

181

Σωκράτης
τί ποτε ὂν ἑκάτερον τούτων; τοῦτο ἐπυνθανόμην. πάλιν οὖν πειρῶ εἰπεῖν ἀνδρείαν πρῶτον τί ὂν ἐν πᾶσι τούτοις ταὐτόν ἐστιν: ἢ οὔπω καταμανθάνεις ὃ λέγω;
Λάχης
οὐ πάνυ τι.
[192a] Σωκράτης
ἀλλ' ὧδε λέγω, ὥσπερ ἂν εἰ τάχος ἠρώτων τί ποτ' ἐστίν, ὃ καὶ ἐν τῷ τρέχειν τυγχάνει ὂν ἡμῖν καὶ ἐν τῷ κιθαρίζειν καὶ ἐν τῷ λέγειν καὶ ἐν τῷ μανθάνειν καὶ ἐν ἄλλοις πολλοῖς, καὶ σχεδόν τι αὐτὸ κεκτήμεθα, οὗ καὶ πέρι ἄξιον λέγειν, ἢ ἐν ταῖς τῶν χειρῶν πράξεσιν ἢ σκελῶν ἢ στόματός τε καὶ φωνῆς ἢ διανοίας: ἢ οὐχ οὕτω καὶ σὺ λέγεις;
Λάχης
πάνυ γε.
Σωκράτης
εἰ τοίνυν τίς με ἔροιτο: "ὦ Σώκρατες, τί λέγεις τοῦτο ὃ ἐν πᾶσιν ὀνομάζεις ταχυτῆτα εἶναι;" εἴποιμ' ἂν [192b] αὐτῷ ὅτι τὴν ἐν ὀλίγῳ χρόνῳ πολλὰ διαπραττομένην δύναμιν ταχυτῆτα ἔγωγε καλῶ καὶ περὶ φωνὴν καὶ περὶ δρόμον καὶ περὶ τἆλλα πάντα.
Λάχης
ὀρθῶς γε σὺ λέγων.
Σωκράτης
πειρῶ δὴ καὶ σύ, ὦ Λάχης, τὴν ἀνδρείαν οὕτως εἰπεῖν τίς οὖσα δύναμις ἡ αὐτὴ ἐν ἡδονῇ καὶ ἐν λύπῃ καὶ ἐν ἅπασιν οἷς νυνδὴ ἐλέγομεν αὐτὴν εἶναι, ἔπειτα ἀνδρεία κέκληται.
Λάχης
δοκεῖ τοίνυν μοι καρτερία τις εἶναι τῆς ψυχῆς, εἰ [192c] τό γε διὰ πάντων [περὶ ἀνδρείας] πεφυκὸς δεῖ εἰπεῖν.
Σωκράτης
ἀλλὰ μὴν δεῖ, εἴ γε τὸ ἐρωτώμενον ἀποκρινούμεθα ἡμῖν αὐτοῖς. τοῦτο τοίνυν ἔμοιγε φαίνεται: οὔτι πᾶσά γε, ὡς ἐγᾦμαι, καρτερία ἀνδρεία σοι φαίνεται. τεκμαίρομαι δὲ ἐνθένδε: σχεδὸν γάρ τι οἶδα, ὦ Λάχης, ὅτι τῶν πάνυ καλῶν πραγμάτων ἡγῇ σὺ ἀνδρείαν εἶναι.
Λάχης
εὖ μὲν οὖν ἴσθι ὅτι τῶν καλλίστων.
Σωκράτης
οὐκοῦν ἡ μὲν μετὰ φρονήσεως καρτερία καλὴ κἀγαθή;
Λάχης
πάνυ γε.

[192d] Σωκράτης
τί δ' ἡ μετ' ἀφροσύνης; οὐ τοὐναντίον ταύτῃ βλαβερὰ καὶ κακοῦργος;
Λάχης
ναί.
Σωκράτης
καλὸν οὖν τι φήσεις σὺ εἶναι τὸ τοιοῦτον, ὂν κακοῦργόν τε καὶ βλαβερόν;
Λάχης
οὔκουν δίκαιόν γε, ὦ Σώκρατες.
Σωκράτης
οὐκ ἄρα τήν γε τοιαύτην καρτερίαν ἀνδρείαν ὁμολογήσεις εἶναι,
ἐπειδήπερ οὐ καλή ἐστιν, ἡ δὲ ἀνδρεία καλόν ἐστιν.
Λάχης
ἀληθῆ λέγεις.
Σωκράτης
ἡ φρόνιμος ἄρα καρτερία κατὰ τὸν σὸν λόγον ἀνδρεία ἂν εἴη.
Λάχης
ἔοικεν.
[192e] Σωκράτης
ἴδωμεν δή, ἡ εἰς τί φρόνιμος; ἢ ἡ εἰς ἅπαντα καὶ τὰ μεγάλα καὶ τὰ σμικρά;
οἷον εἴ τις καρτερεῖ ἀναλίσκων ἀργύριον φρονίμως, εἰδὼς ὅτι ἀναλώσας
πλέον ἐκτήσεται, τοῦτον ἀνδρεῖον καλοῖς ἄν;
Λάχης
μὰ Δί' οὐκ ἔγωγε.
Σωκράτης
ἀλλ' οἷον εἴ τις ἰατρὸς ὤν, περιπλευμονίᾳ τοῦ ὑέος ἐχομένου ἢ ἄλλου τινὸς
καὶ δεομένου πιεῖν ἢ φαγεῖν [193a] δοῦναι, μὴ κάμπτοιτο ἀλλὰ καρτεροῖ;
Λάχης
οὐδ' ὁπωστιοῦν οὐδ' αὕτη.
Σωκράτης
ἀλλ' ἐν πολέμῳ καρτεροῦντα ἄνδρα καὶ ἐθέλοντα μάχεσθαι, φρονίμως
λογιζόμενον, εἰδότα μὲν ὅτι βοηθήσουσιν ἄλλοι αὐτῷ, πρὸς ἐλάττους δὲ
καὶ φαυλοτέρους μαχεῖται ἢ μεθ' ὧν αὐτός ἐστιν, ἔτι δὲ χωρία ἔχει
κρείττω, τοῦτον τὸν μετὰ τῆς τοιαύτης φρονήσεως καὶ παρασκευῆς
καρτεροῦντα ἀνδρειότερον ἂν φαίης ἢ τὸν ἐν τῷ ἐναντίῳ στρατοπέδῳ
ἐθέλοντα ὑπομένειν τε καὶ καρτερεῖν;
[193b] Λάχης
τὸν ἐν τῷ ἐναντίῳ, ἔμοιγε δοκεῖ, ὦ Σώκρατες.
Σωκράτης
ἀλλὰ μὴν ἀφρονεστέρα γε ἡ τούτου ἢ ἡ τοῦ ἑτέρου καρτερία.

Λάχης
ἀληθῆ λέγεις.
Σωκράτης
καὶ τὸν μετ' ἐπιστήμης ἄρα ἱππικῆς καρτεροῦντα ἐν ἱππομαχίᾳ ἧττον
φήσεις ἀνδρεῖον εἶναι ἢ τὸν ἄνευ ἐπιστήμης.
Λάχης
ἔμοιγε δοκεῖ.
Σωκράτης
καὶ τὸν μετὰ σφενδονητικῆς ἢ τοξικῆς ἢ ἄλλης τινὸς τέχνης καρτεροῦντα.
[193c] Λάχης
πάνυ γε.
Σωκράτης
καὶ ὅσοι ἂν ἐθέλωσιν εἰς φρέαρ καταβαίνοντες καὶ κολυμβῶντες
καρτερεῖν ἐν τούτῳ τῷ ἔργῳ, μὴ ὄντες δεινοί, ἢ ἔν τινι ἄλλῳ τοιούτῳ,
ἀνδρειοτέρους φήσεις τῶν ταῦτα δεινῶν.
Λάχης
τί γὰρ ἄν τις ἄλλο φαίη, ὦ Σώκρατες;
Σωκράτης
οὐδέν, εἴπερ οἴοιτό γε οὕτως.
Λάχης
ἀλλὰ μὴν οἶμαί γε.
Σωκράτης
καὶ μήν που ἀφρονεστέρως γε, ὦ Λάχης, οἱ τοιοῦτοι κινδυνεύουσίν τε καὶ
καρτεροῦσιν ἢ οἱ μετὰ τέχνης αὐτὸ πράττοντες.
Λάχης
φαίνονται.
[193d] Σωκράτης
οὐκοῦν αἰσχρὰ ἡ ἄφρων τόλμα τε καὶ καρτέρησις ἐν τῷ πρόσθεν ἐφάνη
ἡμῖν οὖσα καὶ βλαβερά;
Λάχης
πάνυ γε.
Σωκράτης
ἡ δέ γε ἀνδρεία ὡμολογεῖτο καλόν τι εἶναι.
Λάχης
ὡμολογεῖτο γάρ.
Σωκράτης
νῦν δ' αὖ πάλιν φαμὲν ἐκεῖνο τὸ αἰσχρόν, τὴν ἄφρονα καρτέρησιν,
ἀνδρείαν εἶναι.

Λάχης
ἐοίκαμεν.
Σωκράτης
καλῶς οὖν σοι δοκοῦμεν λέγειν;
Λάχης
μὰ τὸν Δί', ὦ Σώκρατες, ἐμοὶ μὲν οὔ.
Σωκράτης
οὐκ ἄρα που κατὰ τὸν σὸν λόγον δωριστὶ ἡρμόσμεθα [193e] ἐγώ τε καὶ σύ, ὦ Λάχης: τὰ γὰρ ἔργα οὐ συμφωνεῖ ἡμῖν τοῖς λόγοις. ἔργῳ μὲν γάρ, ὡς ἔοικε, φαίη ἄν τις ἡμᾶς ἀνδρείας μετέχειν, λόγῳ δ', ὡς ἐγᾦμαι, οὐκ ἄν, εἰ νῦν ἡμῶν ἀκούσειε διαλεγομένων.
Λάχης
ἀληθέστατα λέγεις.
Σωκράτης
τί οὖν; δοκεῖ καλὸν εἶναι οὕτως ἡμᾶς διακεῖσθαι;
Λάχης
οὐδ' ὁπωστιοῦν.
Σωκράτης
βούλει οὖν ᾧ λέγομεν πειθώμεθα τό γε τοσοῦτον;
Λάχης
τὸ ποῖον δὴ τοῦτο, καὶ τίνι τούτῳ;
[194a] Σωκράτης
τῷ λόγῳ ὃς καρτερεῖν κελεύει. εἰ οὖν βούλει, καὶ ἡμεῖς ἐπὶ τῇ ζητήσει ἐπιμείνωμέν τε καὶ καρτερήσωμεν, ἵνα καὶ μὴ ἡμῶν αὐτὴ ἡ ἀνδρεία καταγελάσῃ, ὅτι οὐκ ἀνδρείως αὐτὴν ζητοῦμεν, εἰ ἄρα πολλάκις αὐτὴ ἡ καρτέρησίς ἐστιν ἀνδρεία.
Λάχης
ἐγὼ μὲν ἕτοιμος, ὦ Σώκρατες, μὴ προαφίστασθαι. καίτοι ἀήθης γ' εἰμὶ τῶν τοιούτων λόγων: ἀλλά τίς με καὶ φιλονικία εἴληφεν πρὸς τὰ εἰρημένα, καὶ ὡς ἀληθῶς ἀγανακτῶ [194b] εἰ οὑτωσὶ ἃ νοῶ μὴ οἷός τ' εἰμὶ εἰπεῖν. νοεῖν μὲν γὰρ ἔμοιγε δοκῶ περὶ ἀνδρείας ὅτι ἔστιν, οὐκ οἶδα δ' ὅπῃ με ἄρτι διέφυγεν, ὥστε μὴ συλλαβεῖν τῷ λόγῳ αὐτὴν καὶ εἰπεῖν ὅτι ἔστιν.
Σωκράτης
οὐκοῦν, ὦ φίλε, τὸν ἀγαθὸν κυνηγέτην μεταθεῖν χρὴ καὶ μὴ ἀνιέναι.
Λάχης
παντάπασι μὲν οὖν.
Σωκράτης
βούλει οὖν καὶ Νικίαν τόνδε παρακαλῶμεν ἐπὶ τὸ κυνηγέσιον, εἴ τι ἡμῶν εὐπορώτερός ἐστιν;

[194c] Λάχης
βούλομαι· πῶς γὰρ οὔ;
Σωκράτης
ἴθι δή, ὦ Νικία, ἀνδράσι φίλοις χειμαζομένοις ἐν λόγῳ καὶ ἀποροῦσιν βοήθησον, εἴ τινα ἔχεις δύναμιν. τὰ μὲν γὰρ δὴ ἡμέτερα ὁρᾷς ὡς ἄπορα· σὺ δ' εἰπὼν ὅτι ἡγῇ ἀνδρείαν εἶναι, ἡμᾶς τε τῆς ἀπορίας ἔκλυσαι καὶ αὐτὸς ἃ νοεῖς τῷ λόγῳ βεβαίωσαι.
Νικίας
δοκεῖτε τοίνυν μοι πάλαι οὐ καλῶς, ὦ Σώκρατες, ὁρίζεσθαι τὴν ἀνδρείαν· ὃ γὰρ ἐγὼ σοῦ ἤδη καλῶς λέγοντος ἀκήκοα, τούτῳ οὐ χρῆσθε.
Σωκράτης
ποίῳ δή, ὦ Νικία;
[194d] Νικίας
πολλάκις ἀκήκοά σου λέγοντος ὅτι ταῦτα ἀγαθὸς ἕκαστος ἡμῶν ἅπερ σοφός, ἃ δὲ ἀμαθής, ταῦτα δὲ κακός.
Σωκράτης
ἀληθῆ μέντοι νὴ Δία λέγεις, ὦ Νικία.
Νικίας
οὐκοῦν εἴπερ ὁ ἀνδρεῖος ἀγαθός, δῆλον ὅτι σοφός ἐστιν.
Σωκράτης
ἤκουσας, ὦ Λάχης;
Λάχης
ἔγωγε, καὶ οὐ σφόδρα γε μανθάνω ὃ λέγει.
Σωκράτης
ἀλλ' ἐγὼ δοκῶ μανθάνειν, καί μοι δοκεῖ ἁνὴρ σοφίαν τινὰ τὴν ἀνδρείαν λέγειν.
Λάχης
ποίαν, ὦ Σώκρατες, σοφίαν;
[194e] Σωκράτης
οὐκοῦν τόνδε τοῦτο ἐρωτᾷς;
Λάχης
ἔγωγε.
Σωκράτης
ἴθι δή, αὐτῷ εἰπέ, ὦ Νικία, ποία σοφία ἀνδρεία ἂν εἴη κατὰ τὸν σὸν λόγον. οὐ γάρ που ἥ γε αὐλητική.
Νικίας
οὐδαμῶς.
Σωκράτης
οὐδὲ μὴν ἡ κιθαριστική.

Νικίας
ού δῆτα.
Σωκράτης
ἀλλὰ τίς δὴ αὕτη ἢ τίνος ἐπιστήμη;
Λάχης
πάνυ μὲν οὖν ὀρθῶς αὐτὸν ἐρωτᾷς, ὦ Σώκρατες, καὶ εἰπέτω γε τίνα φησὶν αὐτὴν εἶναι.
Νικίας
ταύτην ἔγωγε, ὦ Λάχης, τὴν τῶν δεινῶν καὶ θαρραλέων [195a] ἐπιστήμην καὶ ἐν πολέμῳ καὶ ἐν τοῖς ἄλλοις ἅπασιν.
Λάχης
ὡς ἄτοπα λέγει, ὦ Σώκρατες.
Σωκράτης
πρὸς τί τοῦτ' εἶπες βλέψας, ὦ Λάχης;
Λάχης
πρὸς ὅτι; χωρὶς δήπου σοφία ἐστὶν ἀνδρείας.
Σωκράτης
οὔκουν φησί γε Νικίας.
Λάχης
οὐ μέντοι μὰ Δία: ταῦτά τοι καὶ ληρεῖ.
Σωκράτης
οὐκοῦν διδάσκωμεν αὐτὸν ἀλλὰ μὴ λοιδορῶμεν.
Νικίας
οὔκ, ἀλλά μοι δοκεῖ, ὦ Σώκρατες, Λάχης ἐπιθυμεῖν κἀμὲ φανῆναι μηδὲν λέγοντα, ὅτι καὶ αὐτὸς ἄρτι τοιοῦτός [195b] τις ἐφάνη.
Λάχης
πάνυ μὲν οὖν, ὦ Νικία, καὶ πειράσομαί γε ἀποφῆναι: οὐδὲν γὰρ λέγεις. ἐπεὶ αὐτίκα ἐν ταῖς νόσοις οὐχ οἱ ἰατροὶ τὰ δεινὰ ἐπίστανται; ἢ οἱ ἀνδρεῖοι δοκοῦσί σοι ἐπίστασθαι; ἢ τοὺς ἰατροὺς σὺ ἀνδρείους καλεῖς;
Νικίας
οὐδ' ὁπωστιοῦν.
Λάχης
οὐδέ γε τοὺς γεωργοὺς οἶμαι. καίτοι τά γε ἐν τῇ γεωργίᾳ δεινὰ οὗτοι δήπου ἐπίστανται, καὶ οἱ ἄλλοι δημιουργοὶ ἅπαντες τὰ ἐν ταῖς αὐτῶν τέχναις δεινά τε καὶ [195c] θαρραλέα ἴσασιν: ἀλλ' οὐδέν τι μᾶλλον οὗτοι ἀνδρεῖοί εἰσιν.
Σωκράτης
τί δοκεῖ Λάχης λέγειν, ὦ Νικία; ἔοικεν μέντοι λέγειν τι.

Νικίας
καὶ γὰρ λέγει γέ τι, οὐ μέντοι ἀληθές γε.
Σωκράτης
πῶς δή;
Νικίας
ὅτι οἴεται τοὺς ἰατροὺς πλέον τι εἰδέναι περὶ τοὺς κάμνοντας ἢ τὸ ὑγιεινὸν εἰπεῖν οἷόν τε καὶ νοσῶδες. οἱ δὲ δήπου τοσοῦτον μόνον ἴσασιν· εἰ δὲ δεινόν τῳ τοῦτό ἐστιν τὸ ὑγιαίνειν μᾶλλον ἢ τὸ κάμνειν, ἡγῇ σὺ τουτί, ὦ Λάχης, τοὺς ἰατροὺς ἐπίστασθαι; ἢ οὐ πολλοῖς οἴει ἐκ τῆς νόσου ἄμεινον εἶναι μὴ ἀναστῆναι ἢ ἀναστῆναι; τοῦτο γὰρ εἰπέ· [195d] σὺ πᾶσι φῂς ἄμεινον εἶναι ζῆν καὶ οὐ πολλοῖς κρεῖττον τεθνάναι;
Λάχης
οἶμαι ἔγωγε τοῦτό γε.
Νικίας
οἷς οὖν τεθνάναι λυσιτελεῖ, ταὐτὰ οἴει δεινὰ εἶναι καὶ οἷς ζῆν;
Λάχης
οὐκ ἔγωγε.
Νικίας
ἀλλὰ τοῦτο δὴ σὺ δίδως τοῖς ἰατροῖς γιγνώσκειν ἢ ἄλλῳ τινὶ δημιουργῷ πλὴν τῷ τῶν δεινῶν καὶ μὴ δεινῶν ἐπιστήμονι, ὃν ἐγὼ ἀνδρεῖον καλῶ;
Σωκράτης
κατανοεῖς, ὦ Λάχης, ὅτι λέγει;
[195e] Λάχης
ἔγωγε, ὅτι γε τοὺς μάντεις καλεῖ τοὺς ἀνδρείους· τίς γὰρ δὴ ἄλλος εἴσεται ὅτῳ ἄμεινον ζῆν ἢ τεθνάναι; καίτοι σύ, ὦ Νικία, πότερον ὁμολογεῖς μάντις εἶναι ἢ οὔτε μάντις οὔτε ἀνδρεῖος;
Νικίας
τί δέ; μάντει αὖ οἴει προσήκει τὰ δεινὰ γιγνώσκειν καὶ τὰ θαρραλέα;
Λάχης
ἔγωγε· τίνι γὰρ ἄλλῳ;
Νικίας
ᾧ ἐγὼ λέγω πολὺ μᾶλλον, ὦ βέλτιστε· ἐπεὶ μάντιν γε τὰ σημεῖα μόνον δεῖ γιγνώσκειν τῶν ἐσομένων, εἴτε τῳ θάνατος εἴτε νόσος εἴτε ἀποβολὴ χρημάτων ἔσται, [196a] εἴτε νίκη εἴτε ἧττα ἢ πολέμου ἢ καὶ ἄλλης τινὸς ἀγωνίας· ὅτι δέ τῳ ἄμεινον τούτων ἢ παθεῖν ἢ μὴ παθεῖν, τί μᾶλλον μάντει προσήκει κρῖναι ἢ ἄλλῳ ὁτῳοῦν;
Λάχης
ἀλλ' ἐγὼ τούτου οὐ μανθάνω, ὦ Σώκρατες, ὅτι βούλεται λέγειν· οὔτε γὰρ μάντιν οὔτε ἰατρὸν οὔτε ἄλλον οὐδένα δηλοῖ ὅντινα λέγει τὸν ἀνδρεῖον, εἰ

μὴ εἰ θεόν τινα λέγει αὐτὸν εἶναι. ἐμοὶ μὲν οὖν φαίνεται Νικίας οὐκ ἐθέλειν [196b] γενναίως ὁμολογεῖν ὅτι οὐδὲν λέγει, ἀλλὰ στρέφεται ἄνω καὶ κάτω ἐπικρυπτόμενος τὴν αὐτοῦ ἀπορίαν: καίτοι κἂν ἡμεῖς οἷοί τε ἦμεν ἄρτι ἐγώ τε καὶ σὺ τοιαῦτα στρέφεσθαι, εἰ ἐβουλόμεθα μὴ δοκεῖν ἐναντία ἡμῖν αὐτοῖς λέγειν. εἰ μὲν οὖν ἐν δικαστηρίῳ ἡμῖν οἱ λόγοι ἦσαν, εἶχεν ἄν τινα λόγον ταῦτα ποιεῖν: νῦν δὲ τί ἄν τις ἐν συνουσίᾳ τοιᾷδε μάτην κενοῖς λόγοις αὐτὸς αὑτὸν κοσμοῖ;
[196c] Σωκράτης
οὐδὲν οὐδ' ἐμοὶ δοκεῖ, ὦ Λάχης: ἀλλ' ὁρῶμεν μὴ Νικίας οἴεταί τι λέγειν καὶ οὐ λόγου ἕνεκα ταῦτα λέγει. αὐτοῦ οὖν σαφέστερον πυθώμεθα τί ποτε νοεῖ: καὶ ἐάν τι φαίνηται λέγων, συγχωρησόμεθα, εἰ δὲ μή, διδάξομεν.
Λάχης
σὺ τοίνυν, ὦ Σώκρατες, εἰ βούλει πυνθάνεσθαι, πυνθάνου: ἐγὼ δ' ἴσως ἱκανῶς πέπυσμαι.
Σωκράτης
ἀλλ' οὐδέν με κωλύει: κοινὴ γὰρ ἔσται ἡ πύστις ὑπὲρ ἐμοῦ τε καὶ σοῦ.
Λάχης
πάνυ μὲν οὖν.
Σωκράτης
λέγε δή μοι, ὦ Νικία--μᾶλλον δ' ἡμῖν: κοινούμεθα [196d] γὰρ ἐγώ τε καὶ Λάχης τὸν λόγον--τὴν ἀνδρείαν ἐπιστήμην φῂς δεινῶν τε καὶ θαρραλέων εἶναι;
Νικίας
ἔγωγε.
Σωκράτης
τοῦτο δὲ οὐ παντὸς δὴ εἶναι ἀνδρὸς γνῶναι, ὁπότε γε μήτε ἰατρὸς μήτε μάντις αὐτὸ γνώσεται μηδὲ ἀνδρεῖος ἔσται, ἐὰν μὴ αὐτὴν ταύτην τὴν ἐπιστήμην προσλάβῃ: οὐχ οὕτως ἔλεγες;
Νικίας
οὕτω μὲν οὖν.
Σωκράτης
κατὰ τὴν παροιμίαν ἄρα τῷ ὄντι οὐκ ἂν πᾶσα ὗς γνοίη οὐδ' ἂν ἀνδρεία γένοιτο.
Νικίας
οὔ μοι δοκεῖ.
[196e] Σωκράτης
δῆλον δή, ὦ Νικία, ὅτι οὐδὲ τὴν Κρομμυωνίαν ὗν πιστεύεις σύ γε ἀνδρείαν γεγονέναι. τοῦτο δὲ λέγω οὐ παίζων, ἀλλ' ἀναγκαῖον οἶμαι τῷ ταῦτα λέγοντι μηδενὸς θηρίου ἀποδέχεσθαι ἀνδρείαν, ἢ συγχωρεῖν θηρίον τι

οὕτω σοφὸν εἶναι, ὥστε ἃ ὀλίγοι ἀνθρώπων ἴσασι διὰ τὸ χαλεπὰ εἶναι
γνῶναι, ταῦτα λέοντα ἢ πάρδαλιν ἤ τινα κάπρον φάναι εἰδέναι· ἀλλ'
ἀνάγκη ὁμοίως λέοντα καὶ ἔλαφον καὶ ταῦρον καὶ πίθηκον πρὸς ἀνδρείαν
φάναι πεφυκέναι τὸν τιθέμενον ἀνδρείαν τοῦθ' ὅπερ σὺ τίθεσαι.
[197a] Λάχης
νὴ τοὺς θεούς, καὶ εὖ γε λέγεις, ὦ Σώκρατες. καὶ ἡμῖν ὡς ἀληθῶς τοῦτο
ἀπόκριναι, ὦ Νικία, πότερον σοφώτερα φὴς ἡμῶν ταῦτα εἶναι τὰ θηρία, ἃ
πάντες ὁμολογοῦμεν ἀνδρεῖα εἶναι, ἢ πᾶσιν ἐναντιούμενος τολμᾷς μηδὲ
ἀνδρεῖα αὐτὰ καλεῖν;
Νικίας
οὐ γάρ τι, ὦ Λάχης, ἔγωγε ἀνδρεῖα καλῶ οὔτε θηρία οὔτε ἄλλο οὐδὲν τὸ τὰ
δεινὰ ὑπὸ ἀνοίας μὴ φοβούμενον, ἀλλ' ἄφοβον καὶ μῶρον· ἢ καὶ τὰ παιδία
πάντα οἴει με [197b] ἀνδρεῖα καλεῖν, ἃ δι' ἄνοιαν οὐδὲν δέδοικεν; ἀλλ'
οἶμαι τὸ ἄφοβον καὶ τὸ ἀνδρεῖον οὐ ταὐτόν ἐστιν. ἐγὼ δὲ ἀνδρείας μὲν καὶ
προμηθίας πάνυ τισὶν ὀλίγοις οἶμαι μετεῖναι, θρασύτητος δὲ καὶ τόλμης
καὶ τοῦ ἀφόβου μετὰ ἀπρομηθίας πάνυ πολλοῖς καὶ ἀνδρῶν καὶ γυναικῶν
καὶ παίδων καὶ θηρίων. ταῦτ' οὖν ἃ σὺ καλεῖς ἀνδρεῖα καὶ οἱ πολλοί,
ἐγὼ [197c] θρασέα καλῶ, ἀνδρεῖα δὲ τὰ φρόνιμα περὶ ὧν λέγω.
Λάχης
θέασαι, ὦ Σώκρατες, ὡς εὖ ὅδε ἑαυτὸν δή, ὡς οἴεται, κοσμεῖ τῷ λόγῳ· οὓς
δὲ πάντες ὁμολογοῦσιν ἀνδρείους εἶναι, τούτους ἀποστερεῖν ἐπιχειρεῖ
ταύτης τῆς τιμῆς.
Νικίας
οὔκουν σέ γε, ὦ Λάχης, ἀλλὰ θάρρει· φημὶ γάρ σε εἶναι σοφόν, καὶ
Λάμαχόν γε, εἴπερ ἐστὲ ἀνδρεῖοι, καὶ ἄλλους γε συχνοὺς Ἀθηναίων.
Λάχης
οὐδὲν ἐρῶ πρὸς ταῦτα, ἔχων εἰπεῖν, ἵνα μή με φῇς ὡς ἀληθῶς Αἰξωνέα
εἶναι.
[197d] Σωκράτης
μηδέ γε εἴπῃς, ὦ Λάχης· καὶ γάρ μοι δοκεῖς οὐδὲ ᾐσθῆσθαι ὅτι ταύτην τὴν
σοφίαν παρὰ Δάμωνος τοῦ ἡμετέρου ἑταίρου παρείληφεν, ὁ δὲ Δάμων τῷ
προδίκῳ πολλὰ πλησιάζει, ὃς δὴ δοκεῖ τῶν σοφιστῶν κάλλιστα τὰ
τοιαῦτα ὀνόματα διαιρεῖν.
Λάχης
καὶ γὰρ πρέπει, ὦ Σώκρατες, σοφιστῇ τὰ τοιαῦτα μᾶλλον κομψεύεσθαι ἢ
ἀνδρὶ ὃν ἡ πόλις ἀξιοῖ αὑτῆς προεστάναι.
[197e] Σωκράτης
πρέπει μέν που, ὦ μακάριε, τῶν μεγίστων προστατοῦντι μεγίστης
φρονήσεως μετέχειν· δοκεῖ δέ μοι Νικίας ἄξιος εἶναι ἐπισκέψεως, ὅποι

ποτὲ βλέπων τοὔνομα τοῦτο τίθησι τὴν ἀνδρείαν.
Λάχης
αὐτὸς τοίνυν σκόπει, ὦ Σώκρατες.
Σωκράτης
τοῦτο μέλλω ποιεῖν, ὦ ἄριστε: μὴ μέντοι οἴου με ἀφήσειν σε τῆς κοινωνίας τοῦ λόγου, ἀλλὰ πρόσεχε τὸν νοῦν καὶ συσκόπει τὰ λεγόμενα.
Λάχης
ταῦτα δὴ ἔστω, εἰ δοκεῖ χρῆναι.
Σωκράτης
ἀλλὰ δοκεῖ. σὺ δέ, Νικία, λέγε ἡμῖν πάλιν ἐξ [198a] ἀρχῆς: οἶσθ' ὅτι τὴν ἀνδρείαν κατ' ἀρχὰς τοῦ λόγου ἐσκοποῦμεν ὡς μέρος ἀρετῆς σκοποῦντες;
Νικίας
πάνυ γε.
Σωκράτης
οὐκοῦν καὶ σὺ τοῦτο ἀπεκρίνω ὡς μόριον, ὄντων δὴ καὶ ἄλλων μερῶν, ἃ σύμπαντα ἀρετὴ κέκληται;
Νικίας
πῶς γὰρ οὔ;
Σωκράτης
ἆρ' οὖν ἅπερ ἐγὼ καὶ σὺ ταῦτα λέγεις; ἐγὼ δὲ καλῶ πρὸς ἀνδρείᾳ σωφροσύνην καὶ δικαιοσύνην καὶ ἄλλ' ἄττα τοιαῦτα. οὐ καὶ σύ;
[198b] Νικίας
πάνυ μὲν οὖν.
Σωκράτης
ἔχε δή. ταῦτα μὲν γὰρ ὁμολογοῦμεν, περὶ δὲ τῶν δεινῶν καὶ θαρραλέων σκεψώμεθα, ὅπως μὴ σὺ μὲν ἄλλ' ἄττα ἡγῇ, ἡμεῖς δὲ ἄλλα. ἃ μὲν οὖν ἡμεῖς ἡγούμεθα, φράσομέν σοι: σὺ δὲ ἂν μὴ ὁμολογῇς, διδάξεις. ἡγούμεθα δ' ἡμεῖς δεινὰ μὲν εἶναι ἃ καὶ δέος παρέχει, θαρραλέα δὲ ἃ μὴ δέος παρέχει-- δέος δὲ παρέχει οὐ τὰ γεγονότα οὐδὲ τὰ παρόντα τῶν κακῶν, ἀλλὰ τὰ προσδοκώμενα: δέος γὰρ εἶναι προσδοκίαν μέλλοντος κακοῦ--ἢ οὐχ οὕτω καὶ συνδοκεῖ, ὦ Λάχης;
[198c] Λάχης
πάνυ γε σφόδρα, ὦ Σώκρατες.
Σωκράτης
τὰ μὲν ἡμέτερα τοίνυν, ὦ Νικία, ἀκούεις, ὅτι δεινὰ μὲν τὰ μέλλοντα κακὰ φαμεν εἶναι, θαρραλέα δὲ τὰ μὴ κακὰ ἢ ἀγαθὰ μέλλοντα: σὺ δὲ ταύτῃ ἢ ἄλλῃ περὶ τούτων λέγεις;
Νικίας
ταύτῃ ἔγωγε.

Σωκράτης
τούτων δέ γε τὴν ἐπιστήμην ἀνδρείαν προσαγορεύεις;
Νικίας
κομιδῇ γε.
Σωκράτης
ἔτι δὴ τὸ τρίτον σκεψώμεθα εἰ συνδοκεῖ σοί τε καὶ ἡμῖν.
Νικίας
τὸ ποῖον δὴ τοῦτο;
[198d] Σωκράτης
ἐγὼ δὴ φράσω. δοκεῖ γὰρ δὴ ἐμοί τε καὶ τῷδε, περὶ ὅσων ἐστὶν ἐπιστήμη, οὐκ ἄλλη μὲν εἶναι περὶ γεγονότος εἰδέναι ὅπῃ γέγονεν, ἄλλη δὲ περὶ γιγνομένων ὅπῃ γίγνεται, ἄλλη δὲ ὅπῃ ἂν κάλλιστα γένοιτο καὶ γενήσεται τὸ μήπω γεγονός, ἀλλ' ἡ αὐτή. οἷον περὶ τὸ ὑγιεινὸν εἰς ἅπαντας τοὺς χρόνους οὐκ ἄλλη τις ἢ ἰατρική, μία οὖσα, ἐφορᾷ καὶ γιγνόμενα καὶ γεγονότα καὶ γενησόμενα ὅπῃ [198e] γενήσεται· καὶ περὶ τὰ ἐκ τῆς γῆς αὖ φυόμενα ἡ γεωργία ὡσαύτως ἔχει· καὶ δήπου τὰ περὶ τὸν πόλεμον αὐτοὶ ἂν μαρτυρήσαιτε ὅτι ἡ στρατηγία κάλλιστα προμηθεῖται τά τε ἄλλα καὶ περὶ τὸ μέλλον ἔσεσθαι, οὐδὲ τῇ μαντικῇ οἴεται δεῖν ὑπηρετεῖν ἀλλὰ ἄρχειν, ὡς εἰδυῖα κάλλιον [199a] τὰ περὶ τὸν πόλεμον καὶ γιγνόμενα καὶ γενησόμενα· καὶ ὁ νόμος οὕτω τάττει, μὴ τὸν μάντιν τοῦ στρατηγοῦ ἄρχειν, ἀλλὰ τὸν στρατηγὸν τοῦ μάντεως. φήσομεν ταῦτα, ὦ Λάχης;
Λάχης
φήσομεν.
Σωκράτης
τί δέ; σὺ ἡμῖν, ὦ Νικία, σύμφῃς περὶ τῶν αὐτῶν τὴν αὐτὴν ἐπιστήμην καὶ ἐσομένων καὶ γιγνομένων καὶ γεγονότων ἐπαΐειν;
Νικίας
ἔγωγε· δοκεῖ γάρ μοι οὕτως, ὦ Σώκρατες.
Σωκράτης
οὐκοῦν, ὦ ἄριστε, καὶ ἡ ἀνδρεία τῶν δεινῶν ἐπιστήμη [199b] ἐστὶν καὶ θαρραλέων, ὡς φῄς· ἦ γάρ;
Νικίας
ναί.
Σωκράτης
τὰ δὲ δεινὰ ὡμολόγηται καὶ τὰ θαρραλέα τὰ μὲν μέλλοντα ἀγαθά, τὰ δὲ μέλλοντα κακὰ εἶναι.
Νικίας
πάνυ γε.

Σωκράτης
ἡ δέ γ' αὕτη ἐπιστήμη τῶν αὐτῶν καὶ μελλόντων καὶ πάντως ἐχόντων εἶναι.
Νικίας
ἔστι ταῦτα.
Σωκράτης
οὐ μόνον ἄρα τῶν δεινῶν καὶ θαρραλέων ἡ ἀνδρεία ἐπιστήμη ἐστίν· οὐ γὰρ μελλόντων μόνον πέρι τῶν ἀγαθῶν τε καὶ κακῶν ἐπαΐει, ἀλλὰ καὶ γιγνομένων καὶ γεγονότων [199c] καὶ πάντως ἐχόντων, ὥσπερ αἱ ἄλλαι ἐπιστῆμαι.
Νικίας
ἔοικέν γε.
Σωκράτης
μέρος ἄρα ἀνδρείας ἡμῖν, ὦ Νικία, ἀπεκρίνω σχεδόν τι τρίτον· καίτοι ἡμεῖς ἠρωτῶμεν ὅλην ἀνδρείαν ὅτι εἴη. καὶ νῦν δή, ὡς ἔοικεν, κατὰ τὸν σὸν λόγον οὐ μόνον δεινῶν τε καὶ θαρραλέων ἐπιστήμη ἡ ἀνδρεία ἐστίν, ἀλλὰ σχεδόν τι ἡ περὶ πάντων ἀγαθῶν τε καὶ κακῶν καὶ πάντως ἐχόντων, ὡς [199d] νῦν αὖ ὁ σὸς λόγος, ἀνδρεία ἂν εἴη. οὕτως αὖ μετατίθεσθαι ἢ πῶς λέγεις, ὦ Νικία;
Νικίας
ἔμοιγε δοκεῖ, ὦ Σώκρατες.
Σωκράτης
δοκεῖ οὖν σοι, ὦ δαιμόνιε, ἀπολείπειν ἄν τι ὁ τοιοῦτος ἀρετῆς, εἴπερ εἰδείη τά τε ἀγαθὰ πάντα καὶ παντάπασιν ὡς γίγνεται καὶ γενήσεται καὶ γέγονε, καὶ τὰ κακὰ ὡσαύτως; καὶ τοῦτον οἴει ἂν σὺ ἐνδεᾶ εἶναι σωφροσύνης ἢ δικαιοσύνης τε καὶ ὁσιότητος, ᾧ γε μόνῳ προσήκει καὶ περὶ θεοὺς καὶ περὶ ἀνθρώπους ἐξευλαβεῖσθαί τε τὰ δεινὰ καὶ τὰ [199e] μή, καὶ τἀγαθὰ πορίζεσθαι, ἐπισταμένῳ ὀρθῶς προσομιλεῖν;
Νικίας
λέγειν τὶ ὦ Σώκρατές μοι δοκεῖς.
Σωκράτης
οὐκ ἄρα, ὦ Νικία, μόριον ἀρετῆς ἂν εἴη τὸ νῦν σοι λεγόμενον, ἀλλὰ σύμπασα ἀρετή.
Νικίας
ἔοικεν.
Σωκράτης
καὶ μὴν ἔφαμέν γε τὴν ἀνδρείαν μόριον εἶναι ἓν τῶν τῆς ἀρετῆς.
Νικίας
ἔφαμεν γάρ.

Σωκράτης
τὸ δέ γε νῦν λεγόμενον οὐ φαίνεται.
Νικίας
οὐκ ἔοικεν.
Σωκράτης
οὐκ ἄρα ηὑρήκαμεν, ὦ Νικία, ἀνδρεία ὅτι ἔστιν.
Νικίας
οὐ φαινόμεθα.
Λάχης
καὶ μὴν ἔγωγε, ὦ φίλε Νικία, ᾤμην σε εὑρήσειν, [200a] ἐπειδὴ ἐμοῦ κατεφρόνησας Σωκράτει ἀποκριναμένου· πάνυ δὴ μεγάλην ἐλπίδα εἶχον, ὡς τῇ παρὰ τοῦ Δάμωνος σοφίᾳ αὐτὴν ἀνευρήσεις.
Νικίας
εὖ γε, ὦ Λάχης, ὅτι οὐδὲν οἴει σὺ ἔτι πρᾶγμα εἶναι ὅτι αὐτὸς ἄρτι ἐφάνης ἀνδρείας πέρι οὐδὲν εἰδώς, ἀλλ᾽ εἰ καὶ ἐγὼ ἕτερος τοιοῦτος ἀναφανήσομαι, πρὸς τοῦτο βλέπεις, καὶ οὐδὲν ἔτι διοίσει, ὡς ἔοικε, σοὶ μετ᾽ ἐμοῦ μηδὲν εἰδέναι ὧν προσήκει ἐπιστήμην ἔχειν ἀνδρὶ οἰομένῳ τὶ εἶναι. σὺ [200b] μὲν οὖν μοι δοκεῖς ὡς ἀληθῶς ἀνθρώπειον πρᾶγμα ἐργάζεσθαι οὐδὲ πρὸς σαυτὸν βλέπειν ἀλλὰ πρὸς τοὺς ἄλλους· ἐγὼ δ᾽ οἶμαι ἐμοὶ περὶ ὧν ἐλέγομεν νῦν τε ἐπιεικῶς εἰρῆσθαι, καὶ εἴ τι αὐτῶν μὴ ἱκανῶς εἴρηται, ὕστερον ἐπανορθώσεσθαι καὶ μετὰ Δάμωνος--οὗ σύ που οἴει καταγελᾶν, καὶ ταῦτα οὐδ᾽ ἰδὼν πώποτε τὸν Δάμωνα--καὶ μετ᾽ ἄλλων· καὶ ἐπειδὰν βεβαιώσωμαι αὐτά, διδάξω καὶ σέ, καὶ οὐ φθονήσω· δοκεῖς [200c] γάρ μοι καὶ μάλα σφόδρα δεῖσθαι μαθεῖν.
Λάχης
σοφὸς γάρ τοι σὺ εἶ, ὦ Νικία. ἀλλ᾽ ὅμως ἐγὼ Λυσιμάχῳ τῷδε καὶ Μελησίᾳ συμβουλεύω σὲ μὲν καὶ ἐμὲ περὶ τῆς παιδείας τῶν νεανίσκων χαίρειν ἐᾶν, Σωκράτη δὲ τουτονί, ὅπερ ἐξ ἀρχῆς ἔλεγον, μὴ ἀφιέναι· εἰ δὲ καὶ ἐμοὶ ἐν ἡλικίᾳ ἦσαν οἱ παῖδες, ταὐτὰ ἂν ταῦτ᾽ ἐποίουν.
Νικίας
ταῦτα μὲν κἀγὼ συγχωρῶ· ἐάνπερ ἐθέλῃ Σωκράτης τῶν μειρακίων ἐπιμελεῖσθαι, μηδένα ἄλλον ζητεῖν. ἐπεὶ κἂν [200d] ἐγὼ τὸν Νικήρατον τούτῳ ἥδιστα ἐπιτρέποιμι, εἰ ἐθέλοι οὗτος· ἀλλὰ γὰρ ἄλλους μοι ἑκάστοτε συνίστησιν, ὅταν τι αὐτῷ περὶ τούτου μνησθῶ, αὐτὸς δὲ οὐκ ἐθέλει. ἀλλ᾽ ὅρα, ὦ Λυσίμαχε, εἴ τι σοῦ ἂν μᾶλλον ὑπακούοι Σωκράτης.
Λυσίμαχος
δίκαιόν γέ τοι, ὦ Νικία, ἐπεὶ καὶ ἐγὼ τούτῳ πολλὰ ἂν ἐθελήσαιμι ποιεῖν, ἃ οὐκ ἂν ἄλλοις πάνυ πολλοῖς ἐθέλοιμι. πῶς οὖν φῄς, ὦ Σώκρατες; ὑπακούσῃ τι καὶ συμπροθυμήσῃ ὡς βελτίστοις γενέσθαι τοῖς μειρακίοις;

[200e] Σωκράτης
καὶ γὰρ ἂν δεινὸν εἴη, ὦ Λυσίμαχε, τοῦτό γε, μὴ ἐθέλειν τῳ συμπροθυμεῖσθαι ὡς βελτίστῳ γενέσθαι. εἰ μὲν οὖν ἐν τοῖς διαλόγοις τοῖς ἄρτι ἐγὼ μὲν ἐφάνην εἰδώς, τώδε δὲ μὴ εἰδότε, δίκαιον ἂν ἦν ἐμὲ μάλιστα ἐπὶ τοῦτο τὸ ἔργον παρακαλεῖν, νῦν δ' ὁμοίως γὰρ πάντες ἐν ἀπορίᾳ ἐγενόμεθα: τί οὖν ἄν τις ἡμῶν τίνα προαιροῖτο; ἐμοὶ μὲν οὖν δὴ αὐτῷ [201a] δοκεῖ οὐδένα: ἀλλ' ἐπειδὴ ταῦτα οὕτως ἔχει, σκέψασθε ἄν τι δόξω συμβουλεύειν ὑμῖν. ἐγὼ γάρ φημι χρῆναι, ὦ ἄνδρες --οὐδεὶς γὰρ ἔκφορος λόγος--κοινῇ πάντας ἡμᾶς ζητεῖν μάλιστα μὲν ἡμῖν αὐτοῖς διδάσκαλον ὡς ἄριστον--δεόμεθα γάρ--ἔπειτα καὶ τοῖς μειρακίοις, μήτε χρημάτων φειδομένους μήτε ἄλλου μηδενός: ἐᾶν δὲ ἡμᾶς αὐτοὺς ἔχειν ὡς νῦν ἔχομεν οὐ συμβουλεύω. εἰ δέ τις ἡμῶν καταγελάσεται,
ὅτι [201b] τηλικοίδε ὄντες εἰς διδασκάλων ἀξιοῦμεν φοιτᾶν, τὸν Ὅμηρον δοκεῖ μοι χρῆναι προβάλλεσθαι, ὃς ἔφη οὐκ ἀγαθὴνημ. οδ. 17.347 εἶναι αἰδῶ κεχρημένῳ ἀνδρὶ παρεῖναι. καὶ ἡμεῖς οὖν ἐάσαντες χαίρειν εἴ τίς τι ἐρεῖ, κοινῇ ἡμῶν αὐτῶν καὶ τῶν μειρακίων ἐπιμέλειαν ποιησώμεθα.

Λυσίμαχος
ἐμοὶ μὲν ἀρέσκει, ὦ Σώκρατες, ἃ λέγεις: καὶ ἐθέλω, ὅσῳπερ γεραίτατός εἰμι, τοσούτῳ προθυμότατα μανθάνειν μετὰ τῶν νεανίσκων. ἀλλά μοι οὑτωσὶ ποίησον: αὔριον [201c] ἕωθεν ἀφίκου οἴκαδε καὶ μὴ ἄλλως ποιήσῃς, ἵνα βουλευσώμεθα περὶ αὐτῶν τούτων, τὸ δὲ νῦν εἶναι τὴν συνουσίαν διαλύσωμεν.

Σωκράτης
ἀλλὰ ποιήσω, ὦ Λυσίμαχε, ταῦτα, καὶ ἥξω παρὰ σὲ αὔριον, ἐὰν θεὸς ἐθέλῃ.

Λύσις

[203a] Σωκράτης:
ἐπορευόμην μὲν ἐξ Ἀκαδημείας εὐθὺ Λυκείου τὴν ἔξω τείχους ὑπ' αὐτὸ τὸ τεῖχος· ἐπειδὴ δ' ἐγενόμην κατὰ τὴν πυλίδα ᾗ ἡ Πάνοπος κρήνη, ἐνταῦθα συνέτυχον Ἱπποθάλει τε τῷ Ἱερωνύμου καὶ Κτησίππῳ τῷ Παιανιεῖ καὶ ἄλλοις μετὰ τούτων νεανίσκοις ἀθρόοις συνεστῶσι. καί με προσιόντα ὁ Ἱπποθάλης ἰδών, ὦ Σώκρατες, ἔφη, ποῖ δὴ πορεύῃ καὶ [203b] πόθεν;
ἐξ Ἀκαδημείας, ἦν δ' ἐγώ, πορεύομαι εὐθὺ Λυκείου.
δεῦρο δή, ἦ δ' ὅς, εὐθὺ ἡμῶν. οὐ παραβάλλεις; ἄξιον μέντοι.
ποῖ, ἔφην ἐγώ, λέγεις, καὶ παρὰ τίνας τοὺς ὑμᾶς;
δεῦρο, ἔφη, δείξας μοι ἐν τῷ καταντικρὺ τοῦ τείχους περίβολόν τέ τινα καὶ θύραν ἀνεῳγμένην. διατρίβομεν δέ, ἦ δ' ὅς, αὐτόθι ἡμεῖς τε αὐτοὶ καὶ ἄλλοι πάνυ πολλοὶ καὶ καλοί. [204a]
ἔστιν δὲ δὴ τί τοῦτο, καὶ τίς ἡ διατριβή;
παλαίστρα, ἔφη, νεωστὶ ᾠκοδομημένη· ἡ δὲ διατριβὴ τὰ πολλὰ ἐν λόγοις, ὧν ἡδέως ἄν σοι μεταδιδοῖμεν.
καλῶς γε, ἦν δ' ἐγώ, ποιοῦντες· διδάσκει δὲ τίς αὐτόθι;
σὸς ἑταῖρός γε, ἦ δ' ὅς, καὶ ἐπαινέτης, Μίκκος.
μὰ Δία, ἦν δ' ἐγώ, οὐ φαῦλός γε ἀνήρ, ἀλλ' ἱκανὸς σοφιστής.
βούλει οὖν ἕπεσθαι, ἔφη, ἵνα καὶ ἴδῃς τοὺς ὄντας αὐτόθι [αὐτοῦ]; [204b]
πρῶτον ἡδέως ἀκούσαιμ' ἂν ἐπὶ τῷ καὶ εἴσειμι καὶ τίς ὁ καλός.
ἄλλος, ἔφη, ἄλλῳ ἡμῶν δοκεῖ, ὦ Σώκρατες.
σοὶ δὲ δὴ τίς, ὦ Ἱππόθαλες; τοῦτό μοι εἰπέ.
καὶ ὃς ἐρωτηθεὶς ἠρυθρίασεν. καὶ ἐγὼ εἶπον· ὦ παῖ Ἱερωνύμου Ἱππόθαλες, τοῦτο μὲν μηκέτι εἴπῃς, εἴτε ἐρᾷς του εἴτε μή· οἶδα γὰρ ὅτι οὐ μόνον ἐρᾷς, ἀλλὰ καὶ πόρρω ἤδη εἶ πορευόμενος τοῦ ἔρωτος. εἰμὶ δ' ἐγὼ τὰ μὲν ἄλλα φαῦλος [204c] καὶ ἄχρηστος, τοῦτο δέ μοί πως ἐκ θεοῦ δέδοται, ταχὺ οἴῳ τ' εἶναι γνῶναι ἐρῶντά τε καὶ ἐρώμενον.
καὶ ὃς ἀκούσας πολὺ ἔτι μᾶλλον ἠρυθρίασεν. ὁ οὖν Κτήσιππος, Ἀστεῖόν γε, ἦ δ' ὅς, ὅτι ἐρυθριᾷς, ὦ Ἱππόθαλες, καὶ ὀκνεῖς εἰπεῖν Σωκράτει τοὔνομα· ἐὰν δ' οὗτος καὶ σμικρὸν χρόνον συνδιατρίψῃ σοι, παραταθήσεται ὑπὸ σοῦ ἀκούων θαμὰ λέγοντος. ἡμῶν γοῦν, ὦ Σώκρατες, ἐκκεκώφωκε τὰ [204d] ὦτα καὶ ἐμπέπληκε Λύσιδος· ἂν μὲν δὴ καὶ ὑποπίῃ, εὐμαρία ἡμῖν

ἐστιν καὶ ἐξ ὕπνου ἐγρομένοις Λύσιδος οἴεσθαι τοὔνομα ἀκούειν. καὶ ἃ μὲν καταλογάδην διηγεῖται, δεινὰ ὄντα, οὐ πάνυ τι δεινά ἐστιν, ἀλλ' ἐπειδὰν τὰ ποιήματα ἡμῶν ἐπιχειρήσῃ καταντλεῖν καὶ συγγράμματα. καὶ ὅ ἐστιν τούτων δεινότερον, ὅτι καὶ ᾄδει εἰς τὰ παιδικὰ φωνῇ θαυμασίᾳ, ἣν ἡμᾶς δεῖ ἀκούοντας ἀνέχεσθαι. νῦν δὲ ἐρωτώμενος ὑπὸ σοῦ ἐρυθριᾷ. [204e] ἔστιν δέ, ἦν δ' ἐγώ, ὁ Λύσις νέος τις, ὡς ἔοικε: τεκμαίρομαι δέ, ὅτι ἀκούσας τοὔνομα οὐκ ἔγνων.
οὐ γὰρ πάνυ, ἔφη, τὶ αὐτοῦ τοὔνομα λέγουσιν, ἀλλ' ἔτι πατρόθεν ἐπονομάζεται διὰ τὸ σφόδρα τὸν πατέρα γιγνώσκεσθαι αὐτοῦ. ἐπεὶ εὖ οἶδ' ὅτι πολλοῦ δεῖς τὸ εἶδος ἀγνοεῖν τοῦ παιδός: ἱκανὸς γὰρ καὶ ἀπὸ μόνου τούτου γιγνώσκεσθαι.
λεγέσθω, ἦν δ' ἐγώ, οὗτινος ἔστιν.
Δημοκράτους, ἔφη, τοῦ Αἰξωνέως ὁ πρεσβύτατος ὑός.
εἶεν, ἦν δ' ἐγώ, ὦ Ἱππόθαλες, ὡς γενναῖον καὶ νεανικὸν τοῦτον τὸν ἔρωτα πανταχῇ ἀνηῦρες: καί μοι ἴθι ἐπίδειξαι ἃ [205a] καὶ τοῖσδε ἐπιδείκνυσαι, ἵνα εἰδῶ εἰ ἐπίστασαι ἃ χρὴ ἐραστὴν περὶ παιδικῶν πρὸς αὐτὸν ἢ πρὸς ἄλλους λέγειν.
τούτων δέ τι, ἔφη, σταθμᾷ, ὦ Σώκρατες, ὧν ὅδε λέγει;
πότερον, ἦν δ' ἐγώ, καὶ τὸ ἐρᾶν ἔξαρνος εἶ οὗ λέγει ὅδε;
οὐκ ἔγωγε, ἔφη, ἀλλὰ μὴ ποιεῖν εἰς τὰ παιδικὰ μηδὲ συγγράφειν.
οὐχ ὑγιαίνει, ἔφη ὁ Κτήσιππος, ἀλλὰ ληρεῖ τε καὶ μαίνεται.
καὶ ἐγὼ εἶπον: ὦ Ἱππόθαλες, οὔ τι τῶν μέτρων δέομαι [205b] ἀκοῦσαι οὐδὲ μέλος εἴ τι πεποίηκας εἰς τὸν νεανίσκον, ἀλλὰ τῆς διανοίας, ἵνα εἰδῶ τίνα τρόπον προσφέρῃ πρὸς τὰ παιδικά.
ὅδε δήπου σοι, ἔφη, ἐρεῖ: ἀκριβῶς γὰρ ἐπίσταται καὶ μέμνηται, εἴπερ, ὡς λέγει, ὑπ' ἐμοῦ ἀεὶ ἀκούων διατεθρύληται.
νὴ τοὺς θεούς, ἔφη ὁ Κτήσιππος, πάνυ γε. καὶ γάρ ἐστι καταγέλαστα, ὦ Σώκρατες. τὸ γὰρ ἐραστὴν ὄντα καὶ διαφερόντως τῶν ἄλλων τὸν νοῦν προσέχοντα τῷ παιδὶ ἴδιον [205c] μὲν μηδὲν ἔχειν λέγειν ὃ οὐχὶ κἂν παῖς εἴποι, πῶς οὐχὶ καταγέλαστον; ἃ δὲ ἡ πόλις ὅλη ᾄδει περὶ Δημοκράτους καὶ Λύσιδος τοῦ πάππου τοῦ παιδὸς καὶ πάντων πέρι τῶν προγόνων, πλούτους τε καὶ ἱπποτροφίας καὶ νίκας Πυθοῖ καὶ Ἰσθμοῖ καὶ Νεμέᾳ τεθρίπποις τε καὶ κέλησι, ταῦτα ποιεῖ τε καὶ λέγει, πρὸς δὲ τούτοις ἔτι τούτων κρονικώτερα. τὸν γὰρ τοῦ Ἡρακλέους ξενισμὸν πρῴην ἡμῖν ἐν ποιήματί τινι διῄει, ὡς διὰ τὴν τοῦ Ἡρακλέους συγγένειαν ὁ πρόγονος αὐτῶν [205d] ὑποδέξαιτο τὸν Ἡρακλέα, γεγονὼς αὐτὸς ἐκ Διός τε καὶ τῆς τοῦ δήμου ἀρχηγέτου θυγατρός, ἅπερ αἱ γραῖαι ᾄδουσι, καὶ ἄλλα πολλὰ τοιαῦτα, ὦ Σώκρατες: ταῦτ' ἐστὶν ἃ οὗτος λέγων τε καὶ ᾄδων ἀναγκάζει καὶ ἡμᾶς ἀκροᾶσθαι.

καὶ ἐγὼ ἀκούσας εἶπον: ὦ καταγέλαστε Ἱππόθαλες, πρὶν νενικηκέναι
ποιεῖς τε καὶ ᾄδεις εἰς σαυτὸν ἐγκώμιον;
ἀλλ' οὐκ εἰς ἐμαυτόν, ἔφη, ὦ Σώκρατες, οὔτε ποιῶ οὔτε ᾄδω.
οὐκ οἴει γε, ἦν δ' ἐγώ.
τὸ δὲ πῶς ἔχει; ἔφη. [205e]
πάντων μάλιστα, εἶπον, εἰς σὲ τείνουσιν αὗται αἱ ᾠδαί. ἐὰν μὲν γὰρ ἕλῃς
τὰ παιδικὰ τοιαῦτα ὄντα, κόσμος σοι ἔσται τὰ λεχθέντα καὶ ᾀσθέντα καὶ
τῷ ὄντι ἐγκώμια ὥσπερ νενικηκότι, ὅτι τοιούτων παιδικῶν ἔτυχες: ἐὰν δέ
σε διαφύγῃ, ὅσῳ ἂν μείζω σοι εἰρημένα ᾖ ἐγκώμια περὶ τῶν παιδικῶν,
τοσούτῳ μειζόνων δόξεις καλῶν τε καὶ ἀγαθῶν
ἐστερημένος [206a] καταγέλαστος εἶναι. ὅστις οὖν τὰ ἐρωτικά, ὦ φίλε,
σοφός, οὐκ ἐπαινεῖ τὸν ἐρώμενον πρὶν ἂν ἕλῃ, δεδιὼς τὸ μέλλον ὅπῃ
ἀποβήσεται. καὶ ἅμα οἱ καλοί, ἐπειδάν τις αὐτοὺς ἐπαινῇ καὶ αὔξῃ,
φρονήματος ἐμπίμπλανται καὶ μεγαλαυχίας: ἢ οὐκ οἴει;
ἔγωγε, ἔφη.
οὐκοῦν ὅσῳ ἂν μεγαλαυχότεροι ὦσιν, δυσαλωτότεροι γίγνονται;
εἰκός γε.
ποῖός τις οὖν ἄν σοι δοκεῖ θηρευτὴς εἶναι, εἰ ἀνασοβοῖ θηρεύων καὶ
δυσαλωτοτέραν τὴν ἄγραν ποιοῖ; [206b]
δῆλον ὅτι φαῦλος.
καὶ μὲν δὴ λόγοις τε καὶ ᾠδαῖς μὴ κηλεῖν ἀλλ' ἐξαγριαίνειν πολλὴ ἀμουσία:
ἦ γάρ;
δοκεῖ μοι.
σκόπει δή, ὦ Ἱππόθαλες, ὅπως μὴ πᾶσι τούτοις ἔνοχον σαυτὸν ποιήσεις
διὰ τὴν ποίησιν: καίτοι οἶμαι ἐγὼ ἄνδρα ποιήσει βλάπτοντα ἑαυτὸν οὐκ ἂν
σε ἐθέλειν ὁμολογῆσαι ὡς ἀγαθός ποτ' ἐστὶν ποιητής, βλαβερὸς ὢν ἑαυτῷ.
οὐ μὰ τὸν Δία, ἔφη: πολλὴ γὰρ ἂν ἀλογία εἴη. ἀλλὰ διὰ [206c] ταῦτα δή
σοι, ὦ Σώκρατες, ἀνακοινοῦμαι, καὶ εἴ τι ἄλλο ἔχεις, συμβούλευε τίνα ἄν
τις λόγον διαλεγόμενος ἢ τί πράττων προσφιλὴς παιδικοῖς γένοιτο.
οὐ ῥᾴδιον, ἦν δ' ἐγώ, εἰπεῖν: ἀλλ' εἴ μοι ἐθελήσαις αὐτὸν ποιῆσαι εἰς
λόγους ἐλθεῖν, ἴσως ἂν δυναίμην σοι ἐπιδεῖξαι ἃ χρὴ αὐτῷ διαλέγεσθαι
ἀντὶ τούτων ὧν οὗτοι λέγειν τε καὶ ᾄδειν φασί σε.
ἀλλ' οὐδέν, ἔφη, χαλεπόν. ἂν γὰρ εἰσέλθῃς μετὰ Κτησίππου τοῦδε καὶ
καθεζόμενος διαλέγῃ, οἶμαι μὲν καὶ αὐτός σοι πρόσεισι φιλήκοος γάρ, ὦ
Σώκρατες, διαφερόντως [206d] ἐστίν, καὶ ἅμα, ὡς Ἑρμαῖα ἄγουσιν,
ἀναμεμειγμένοι ἐν ταὐτῷ εἰσιν οἵ τε νεανίσκοι καὶ οἱ παῖδες πρόσεισιν οὖν
σοι. εἰ δὲ μή, Κτησίππῳ συνήθης ἐστὶν διὰ τὸν τούτου ἀνεψιὸν Μενέξενον:
Μενεξένῳ μὲν γὰρ δὴ πάντων μάλιστα ἑταῖρος ὢν τυγχάνει. καλεσάτω
οὖν οὗτος αὐτόν, ἐὰν ἄρα μὴ προσίῃ αὐτός.

ταῦτα, ἦν δ' ἐγώ, χρὴ ποιεῖν. καὶ ἅμα λαβὼν τὸν [206e] Κτήσιππον προσῇα εἰς τὴν παλαίστραν· οἱ δ' ἄλλοι ὕστεροι ἡμῶν ἦσαν.
εἰσελθόντες δὲ κατελάβομεν αὐτόθι τεθυκότας τε τοὺς παῖδας καὶ τὰ περὶ τὰ ἱερεῖα σχεδόν τι ἤδη πεποιημένα, ἀστραγαλίζοντάς τε δὴ καὶ κεκοσμημένους ἅπαντας. οἱ μὲν οὖν πολλοὶ ἐν τῇ αὐλῇ ἔπαιζον ἔξω, οἱ δέ τινες τοῦ ἀποδυτηρίου ἐν γωνίᾳ ἠρτίαζον ἀστραγάλοις παμπόλλοις, ἐκ φορμίσκων τινῶν προαιρούμενοι· τούτους δὲ περιέστασαν ἄλλοι θεωροῦντες. ὧν δὴ καὶ ὁ Λύσις ἦν, καὶ εἰστήκει ἐν [207a] τοῖς παισί τε καὶ νεανίσκοις ἐστεφανωμένος καὶ τὴν ὄψιν διαφέρων, οὐ τὸ καλὸς εἶναι μόνον ἄξιος ἀκοῦσαι, ἀλλ' ὅτι καλός τε κἀγαθός. καὶ ἡμεῖς εἰς τὸ καταντικρὺ ἀποχωρήσαντες ἐκαθεζόμεθα ἦν γὰρ αὐτόθι ἡσυχία καὶ τι ἀλλήλοις διελεγόμεθα. περιστρεφόμενος οὖν ὁ Λύσις θαμὰ ἐπεσκοπεῖτο ἡμᾶς, καὶ δῆλος ἦν ἐπιθυμῶν προσελθεῖν. τέως μὲν οὖν ἠπόρει τε καὶ ὤκνει μόνος προσιέναι, ἔπειτα ὁ Μενέξενος [207b] ἐκ τῆς αὐλῆς μεταξὺ παίζων εἰσέρχεται, καὶ ὡς εἶδεν ἐμέ τε καὶ τὸν Κτήσιππον, ᾔει παρακαθιζησόμενος· ἰδὼν οὖν αὐτὸν ὁ Λύσις εἵπετο καὶ συμπαρεκαθέζετο μετὰ τοῦ Μενεξένου. προσῆλθον δὴ καὶ οἱ ἄλλοι, καὶ δὴ καὶ ὁ Ἱπποθάλης, ἐπειδὴ πλείους ἑώρα ἐφισταμένους, τούτους ἐπηλυγισάμενος προσέστη ᾗ μὴ ᾤετο κατόψεσθαι τὸν λύσιν, δεδιὼς μὴ αὐτῷ ἀπεχθάνοιτο· καὶ οὕτω προσεστὼς ἠκροᾶτο.
καὶ ἐγὼ πρὸς τὸν Μενέξενον ἀποβλέψας, ὦ παῖ Δημοφῶντος, [207c] ἦν δ' ἐγώ, πότερος ὑμῶν πρεσβύτερος;
ἀμφισβητοῦμεν, ἔφη.
οὐκοῦν καὶ ὁπότερος γενναιότερος, ἐρίζοιτ' ἄν, ἦν δ' ἐγώ.
πάνυ γε, ἔφη.
καὶ μὴν ὁπότερός γε καλλίων, ὡσαύτως.
ἐγελασάτην οὖν ἄμφω.
οὐ μὴν ὁπότερός γε, ἔφην, πλουσιώτερος ὑμῶν, οὐκ ἐρήσομαι· φίλω γάρ ἐστον. ἦ γάρ;
πάνυ γ', ἐφάτην.
οὐκοῦν κοινὰ τά γε φίλων λέγεται, ὥστε τούτῳ γε οὐδὲν διοίσετον, εἴπερ ἀληθῆ περὶ τῆς φιλίας λέγετον.
συνεφάτην. [207d]
ἐπεχείρουν δὴ μετὰ τοῦτο ἐρωτᾶν ὁπότερος δικαιότερος καὶ σοφώτερος αὐτῶν εἴη. μεταξὺ οὖν τις προσελθὼν ἀνέστησε τὸν Μενέξενον, φάσκων καλεῖν τὸν παιδοτρίβην· ἐδόκει γάρ μοι ἱεροποιῶν τυγχάνειν. ἐκεῖνος μὲν οὖν ᾤχετο· ἐγὼ δὲ τὸν λύσιν ἠρόμην, ἦ που, ἦν δ' ἐγώ, ὦ Λύσι, σφόδρα φιλεῖ σε ὁ πατὴρ καὶ ἡ μήτηρ;
πάνυ γε, ἦ δ' ὅς.

οὐκοῦν βούλοιντο ἄν σε ὡς εὐδαιμονέστατον εἶναι;
[207e] πῶς γὰρ οὔ;
δοκεῖ δέ σοι εὐδαίμων εἶναι ἄνθρωπος δουλεύων τε καὶ ᾧ μηδὲν ἐξείη ποιεῖν ὧν ἐπιθυμοῖ;
μὰ Δί' οὐκ ἔμοιγε, ἔφη.
οὐκοῦν εἴ σε φιλεῖ ὁ πατὴρ καὶ ἡ μήτηρ καὶ εὐδαίμονά σε ἐπιθυμοῦσι γενέσθαι, τοῦτο παντὶ τρόπῳ δῆλον ὅτι προθυμοῦνται ὅπως ἂν εὐδαιμονοίης.
πῶς γὰρ οὐχί; ἔφη.
ἐῶσιν ἄρα σε ἃ βούλει ποιεῖν, καὶ οὐδὲν ἐπιπλήττουσιν οὐδὲ διακωλύουσι ποιεῖν ὧν ἂν ἐπιθυμῇς;
ναὶ μὰ Δία ἐμέ γε, ὦ Σώκρατες, καὶ μάλα γε πολλὰ κωλύουσιν.
πῶς λέγεις; ἦν δ' ἐγώ. βουλόμενοί σε μακάριον [208a] εἶναι διακωλύουσι τοῦτο ποιεῖν ὃ ἂν βούλῃ; ὧδε δέ μοι λέγε. ἢν ἐπιθυμήσῃς ἐπί τινος τῶν τοῦ πατρὸς ἁρμάτων ὀχεῖσθαι λαβὼν τὰς ἡνίας, ὅταν ἁμιλλᾶται, οὐκ ἂν ἐῷέν σε ἀλλὰ διακωλύοιεν;
μὰ Δί' οὐ μέντοι ἄν, ἔφη, ἐῷεν.
ἀλλὰ τίνα μήν;
ἔστιν τις ἡνίοχος παρὰ τοῦ πατρὸς μισθὸν φέρων.
πῶς λέγεις; μισθωτῷ μᾶλλον ἐπιτρέπουσιν ἢ σοὶ ποιεῖν ὅτι ἂν βούληται περὶ τοὺς ἵππους, καὶ προσέτι [208b] αὐτοῦ τούτου ἀργύριον τελοῦσιν;
ἀλλὰ τί μήν; ἔφη.
ἀλλὰ τοῦ ὀρικοῦ ζεύγους οἶμαι ἐπιτρέπουσίν σοι ἄρχειν, κἂν εἰ βούλοιο λαβὼν τὴν μάστιγα τύπτειν, ἐῷεν ἄν.
πόθεν, ἦ δ' ὅς, ἐῷεν;
τί δέ; ἦν δ' ἐγώ: οὐδενὶ ἔξεστιν αὐτοὺς τύπτειν;
καὶ μάλα, ἔφη, τῷ ὀρεοκόμῳ.
δούλῳ ὄντι ἢ ἐλευθέρῳ;
δούλῳ, ἔφη.
καὶ δοῦλον, ὡς ἔοικεν, ἡγοῦνται περὶ πλείονος ἢ σὲ τὸν ὑόν, καὶ ἐπιτρέπουσι τὰ ἑαυτῶν μᾶλλον ἢ σοί, καὶ ἐῶσιν ποιεῖν ὅτι βούλεται, σὲ δὲ [208c] διακωλύουσι; καί μοι ἔτι τόδε εἰπέ. σὲ αὐτὸν ἐῶσιν ἄρχειν σεαυτοῦ, ἢ οὐδὲ τοῦτο ἐπιτρέπουσί σοι;
πῶς γάρ, ἔφη, ἐπιτρέπουσιν;
ἀλλ' ἄρχει τίς σου;
ὅδε, παιδαγωγός, ἔφη.
μῶν δοῦλος ὤν;
ἀλλὰ τί μήν; ἡμέτερός γε, ἔφη.
ἦ δεινόν, ἦν δ' ἐγώ, ἐλεύθερον ὄντα ὑπὸ δούλου ἄρχεσθαι. τί δὲ ποιῶν αὖ

οὗτος ὁ παιδαγωγός σου ἄρχει;
ἄγων δήπου, ἔφη, εἰς διδασκάλου.
μῶν μὴ καὶ οὗτοί σου ἄρχουσιν, οἱ [208d] διδάσκαλοι;
πάντως δήπου.
παμπόλλους ἄρα σοι δεσπότας καὶ ἄρχοντας ἑκὼν ὁ πατὴρ ἐφίστησιν.
ἀλλ' ἆρα ἐπειδὰν οἴκαδε ἔλθῃς παρὰ τὴν μητέρα, ἐκείνη σε ἐᾷ ποιεῖν ὅτι ἂν βούλῃ, ἵν' αὐτῇ μακάριος ᾖς, ἢ περὶ τὰ ἔρια ἢ περὶ τὸν ἱστόν, ὅταν ὑφαίνῃ; οὔ τι γάρ που διακωλύει σε ἢ τῆς σπάθης ἢ τῆς κερκίδος ἢ ἄλλου του τῶν περὶ ταλασιουργίαν ὀργάνων ἅπτεσθαι.
καὶ ὃς γελάσας, μὰ Δία, ἔφη, ὦ [208e] Σώκρατες, οὐ μόνον γε διακωλύει, ἀλλὰ καὶ τυπτοίμην ἂν εἰ ἁπτοίμην.
Ἡράκλεις, ἦν δ' ἐγώ, μῶν μή τι ἠδίκηκας τὸν πατέρα ἢ τὴν μητέρα;
μὰ Δί' οὐκ ἔγωγε, ἔφη.
ἀλλ' ἀντὶ τίνος μὴν οὕτω σε δεινῶς διακωλύουσιν εὐδαίμονα εἶναι καὶ ποιεῖν ὅτι ἂν βούλῃ, καὶ δι' ἡμέρας ὅλης τρέφουσί σε ἀεί τῳ δουλεύοντα καὶ ἑνὶ λόγῳ ὀλίγου ὧν ἐπιθυμεῖς οὐδὲν ποιοῦντα; ὥστε σοι, ὡς ἔοικεν, οὔτε τῶν χρημάτων τοσούτων ὄντων οὐδὲν ὄφελος, ἀλλὰ
πάντες [209a] αὐτῶν μᾶλλον ἄρχουσιν ἢ σύ, οὔτε τοῦ σώματος οὕτω γενναίου ὄντος, ἀλλὰ καὶ τοῦτο ἄλλος ποιμαίνει καὶ θεραπεύει· σὺ δὲ ἄρχεις οὐδενός, ὦ Λύσι, οὐδὲ ποιεῖς οὐδὲν ὧν ἐπιθυμεῖς.
οὐ γάρ πω, ἔφη, ἡλικίαν ἔχω, ὦ Σώκρατες.
μὴ οὐ τοῦτό σε, ὦ παῖ Δημοκράτους, κωλύῃ, ἐπεὶ τό γε τοσόνδε, ὡς ἐγᾦμαι, καὶ ὁ πατὴρ καὶ ἡ μήτηρ σοι ἐπιτρέπουσιν καὶ οὐκ ἀναμένουσιν ἕως ἂν ἡλικίαν ἔχῃς. ὅταν γὰρ βούλωνται αὑτοῖς τινα ἀναγνωσθῆναι ἢ γραφῆναι, σέ, ὡς ἐγᾦμαι,[209b] πρῶτον τῶν ἐν τῇ οἰκίᾳ ἐπὶ τοῦτο τάττουσιν. ἦ γάρ;
πάνυ γ', ἔφη.
οὐκοῦν ἔξεστί σοι ἐνταῦθ' ὅτι ἂν βούλῃ πρῶτον τῶν γραμμάτων γράφειν καὶ ὅτι ἂν δεύτερον· καὶ ἀναγιγνώσκειν ὡσαύτως ἔξεστιν. καὶ ἐπειδάν, ὡς ἐγᾦμαι, τὴν λύραν λάβῃς, οὐ διακωλύουσί σε οὔτε ὁ πατὴρ οὔτε ἡ μήτηρ ἐπιτεῖναί τε καὶ ἀνεῖναι ἣν ἂν βούλῃ τῶν χορδῶν, καὶ ψῆλαι καὶ κρούειν τῷ πλήκτρῳ. ἢ διακωλύουσιν;
οὐ δῆτα.
τί ποτ' ἂν οὖν εἴη, ὦ Λύσι, τὸ αἴτιον ὅτι ἐνταῦθα [209c] μὲν οὐ διακωλύουσιν, ἐν οἷς δὲ ἄρτι ἐλέγομεν κωλύουσι;
ὅτι οἶμαι, ἔφη, ταῦτα μὲν ἐπίσταμαι, ἐκεῖνα δ' οὔ.
εἶεν, ἦν δ' ἐγώ, ὦ ἄριστε· οὐκ ἄρα τὴν ἡλικίαν σου περιμένει ὁ πατὴρ ἐπιτρέπειν πάντα, ἀλλ' ᾗ ἂν ἡμέρᾳ ἡγήσηταί σε βέλτιον αὑτοῦ φρονεῖν, ταύτῃ ἐπιτρέψει σοι καὶ αὑτὸν καὶ τὰ αὑτοῦ.

οἶμαι ἔγωγε, ἔφη.
εἶεν, ἦν δ' ἐγώ: τί δέ; τῷ γείτονι ἆρ' οὐχ ὁ αὐτὸς ὅρος ὅσπερ τῷ πατρὶ περὶ σοῦ; [209d] πότερον οἴει αὐτὸν ἐπιτρέψειν σοι τὴν αὑτοῦ οἰκίαν οἰκονομεῖν, ὅταν σε ἡγήσηται βέλτιον περὶ οἰκονομίας ἑαυτοῦ φρονεῖν, ἢ αὐτὸν ἐπιστατήσειν;
ἐμοὶ ἐπιτρέψειν οἶμαι.
τί δ'; Ἀθηναίους οἴει σοι οὐκ ἐπιτρέψειν τὰ αὑτῶν, ὅταν αἰσθάνωνται ὅτι ἱκανῶς φρονεῖς;
ἔγωγε.
πρὸς Διός, ἦν δ' ἐγώ, τί ἄρα ὁ μέγας βασιλεύς; πότερον τῷ πρεσβυτάτῳ ὑεῖ, οὗ ἡ τῆς Ἀσίας ἀρχὴ γίγνεται, μᾶλλον ἂν ἐπιτρέψειεν ἑψομένων κρεῶν [ἐμβάλλειν] ὅτι ἂν βούληται ἐμβαλεῖν [209e] εἰς τὸν ζωμόν, ἢ ἡμῖν, εἰ ἀφικόμενοι παρ' ἐκεῖνον ἐνδειξαίμεθα αὐτῷ ὅτι ἡμεῖς κάλλιον φρονοῦμεν ἢ ὁ ὑὸς αὐτοῦ περὶ ὄψου σκευασίας; ἡμῖν δῆλον ὅτι, ἔφη.
καὶ τὸν μέν γε οὐδ' ἂν σμικρὸν ἐάσειεν ἐμβαλεῖν: ἡμᾶς δέ, κἂν εἰ βουλοίμεθα δραξάμενοι τῶν ἁλῶν, ἐῴη ἂν ἐμβαλεῖν.
πῶς γὰρ οὔ;
τί δ' εἰ τοὺς ὀφθαλμοὺς ὁ ὑὸς αὐτοῦ ἀσθενοῖ, ἆρα ἐῴη ἂν αὐτὸν ἅπτεσθαι τῶν ἑαυτοῦ [210a] ὀφθαλμῶν, μὴ ἰατρὸν ἡγούμενος, ἢ κωλύοι ἄν;
κωλύοι ἄν.
ἡμᾶς δέ γε εἰ ὑπολαμβάνοι ἰατρικοὺς εἶναι, κἂν εἰ βουλοίμεθα διανοίγοντες τοὺς ὀφθαλμοὺς ἐμπᾶσαι τῆς τέφρας, οἶμαι οὐκ ἂν κωλύσειεν, ἡγούμενος ὀρθῶς φρονεῖν.
ἀληθῆ λέγεις.
ἆρ' οὖν καὶ τἆλλα πάντα ἡμῖν ἐπιτρέποι ἂν μᾶλλον ἢ ἑαυτῷ καὶ τῷ ὑεῖ, περὶ ὅσων ἂν δόξωμεν αὐτῷ σοφώτεροι ἐκείνων εἶναι;
ἀνάγκη, ἔφη, ὦ Σώκρατες.
οὕτως ἄρα ἔχει, ἦν δ' ἐγώ, ὦ φίλε Λύσι: εἰς μὲν ταῦτα, [210b] ἃ ἂν φρόνιμοι γενώμεθα, ἅπαντες ἡμῖν ἐπιτρέψουσιν, Ἕλληνές τε καὶ βάρβαροι καὶ ἄνδρες καὶ γυναῖκες, ποιήσομέν τε ἐν τούτοις ὅτι ἂν βουλώμεθα, καὶ οὐδεὶς ἡμᾶς ἑκὼν εἶναι ἐμποδιεῖ, ἀλλ' αὐτοί τε ἐλεύθεροι ἐσόμεθα ἐν αὐτοῖς καὶ ἄλλων ἄρχοντες, ἡμέτερά τε ταῦτα ἔσται
ὀνησόμεθα γὰρ ἀπ' αὐτῶν εἰς ἃ δ' ἂν νοῦν μὴ κτησώμεθα, οὔτε τις ἡμῖν ἐπιτρέψει περὶ αὐτὰ ποιεῖν τὰ ἡμῖν δοκοῦντα, ἀλλ'
ἐμποδιοῦσι [210c]πάντες καθ' ὅτι ἂν δύνωνται, οὐ μόνον οἱ ἀλλότριοι, ἀλλὰ καὶ ὁ πατὴρ καὶ ἡ μήτηρ καὶ εἴ τι τούτων οἰκειότερόν ἐστιν, αὐτοί τε ἐν αὐτοῖς ἐσόμεθα ἄλλων ὑπήκοοι, καὶ ἡμῖν ἔσται ἀλλότρια: οὐδὲν γὰρ ἀπ' αὐτῶν ὀνησόμεθα. συγχωρεῖς οὕτως ἔχειν;
συγχωρῶ.

ἆρ' οὖν τῳ φίλοι ἐσόμεθα καί τις ἡμᾶς φιλήσει ἐν τούτοις, ἐν οἷς ἂν ὦμεν ἀνωφελεῖς;
οὐ δῆτα, ἔφη.
νῦν ἄρα οὐδὲ σὲ ὁ πατὴρ οὐδὲ ἄλλος ἄλλον οὐδένα φιλεῖ, καθ' ὅσον ἂν ᾖ ἄχρηστος.
οὐκ ἔοικεν, [210d] ἔφη.
ἐὰν μὲν ἄρα σοφὸς γένῃ, ὦ παῖ, πάντες σοι φίλοι καὶ πάντες σοι οἰκεῖοι ἔσονται χρήσιμος γὰρ καὶ ἀγαθὸς ἔσῃ εἰ δὲ μή, σοὶ οὔτε ἄλλος οὐδεὶς οὔτε ὁ πατὴρ φίλος ἔσται οὔτε ἡ μήτηρ οὔτε οἱ οἰκεῖοι. οἷόν τε οὖν ἐπὶ τούτοις, ὦ Λύσι, μέγα φρονεῖν, ἐν οἷς τις μήπω φρονεῖ;
καὶ πῶς ἄν; ἔφη.
εἰ δ' ἄρα σὺ διδασκάλου δέῃ, οὔπω φρονεῖς.
ἀληθῆ.
οὐδ' ἄρα μεγαλόφρων εἶ, εἴπερ ἄφρων ἔτι.
μὰ Δία, ἔφη, ὦ Σώκρατες, οὔ μοι δοκεῖ. [210e]
καὶ ἐγὼ ἀκούσας αὐτοῦ ἀπέβλεψα πρὸς τὸν Ἱπποθάλη, καὶ ὀλίγου ἐξήμαρτον: ἐπῆλθε γάρ μοι εἰπεῖν ὅτι οὕτω χρή, ὦ Ἱππόθαλες, τοῖς παιδικοῖς διαλέγεσθαι, ταπεινοῦντα καὶ συστέλλοντα, ἀλλὰ μὴ ὥσπερ σὺ χαυνοῦντα καὶ διαθρύπτοντα. κατιδὼν οὖν αὐτὸν ἀγωνιῶντα καὶ τεθορυβημένον ὑπὸ τῶν λεγομένων, ἀνεμνήσθην ὅτι καὶ προσεστὼς λανθάνειν τὸν λύσιν ἐβούλετο: ἀνέλαβον οὖν ἐμαυτὸν καὶ [211a] ἐπέσχον τοῦ λόγου. καὶ ἐν τούτῳ ὁ Μενέξενος πάλιν ἧκεν, καὶ ἐκαθέζετο παρὰ τὸν λύσιν, ὅθεν καὶ ἐξανέστη. ὁ οὖν Λύσις μάλα παιδικῶς καὶ φιλικῶς, λάθρα τοῦ Μενεξένου, σμικρὸν πρός με λέγων ἔφη: ὦ Σώκρατες, ἅπερ καὶ ἐμοὶ λέγεις, εἰπὲ καὶ Μενεξένῳ.
καὶ ἐγὼ εἶπον, ταῦτα μὲν σὺ αὐτῷ ἐρεῖς, ὦ Λύσι: πάντως γὰρ προσεῖχες τὸν νοῦν.
πάνυ μὲν οὖν, ἔφη.
πειρῶ τοίνυν, ἦν δ' ἐγώ, ἀπομνημονεῦσαι αὐτὰ ὅτι [211b] μάλιστα, ἵνα τούτῳ σαφῶς πάντα εἴπῃς: ἐὰν δέ τι αὐτῶν ἐπιλάθῃ, αὖθίς με ἀνερέσθαι ὅταν ἐντύχῃς πρῶτον. ἀλλὰ ποιήσω, ἔφη, ταῦτα, ὦ Σώκρατες, πάνυ σφόδρα, εὖ ἴσθι. ἀλλά τι ἄλλο αὐτῷ λέγε, ἵνα καὶ ἐγὼ ἀκούω, ἕως ἂν οἴκαδε ὥρα ᾖ ἀπιέναι.
ἀλλὰ χρὴ ποιεῖν ταῦτα, ἦν δ' ἐγώ, ἐπειδή γε καὶ σὺ κελεύεις. ἀλλὰ ὅρα ὅπως ἐπικουρήσεις μοι, ἐάν με ἐλέγχειν ἐπιχειρῇ ὁ Μενέξενος: ἢ οὐκ οἶσθα ὅτι ἐριστικός ἐστιν;
ναὶ μὰ Δία, ἔφη, σφόδρα γε: διὰ ταῦτά τοι καὶ βούλομαί [211c] σε αὐτῷ διαλέγεσθαι.
ἵνα, ἦν δ' ἐγώ, καταγέλαστος γένωμαι;

οὐ μὰ Δία, ἔφη, ἀλλ' ἵνα αὐτὸν κολάσῃς.
πόθεν; ἦν δ' ἐγώ. οὐ ῥᾴδιον: δεινὸς γὰρ ὁ ἄνθρωπος, Κτησίππου μαθητής.
πάρεστι δέ τοι αὐτός οὐχ ὁρᾷς; Κτήσιππος.
μηδενός σοι, ἔφη, μελέτω, ὦ Σώκρατες, ἀλλ' ἴθι διαλέγου αὐτῷ.
διαλεκτέον, ἦν δ' ἐγώ.
ταῦτα οὖν ἡμῶν λεγόντων πρὸς ἡμᾶς αὐτούς, τί ὑμεῖς, ἔφη ὁ Κτήσιππος, αὐτὼ μόνω ἐστιᾶσθον, ἡμῖν δὲ οὐ [211d] μεταδίδοτον τῶν λόγων;
ἀλλὰ μήν, ἦν δ' ἐγώ, μεταδοτέον. ὅδε γάρ τι ὧν λέγω οὐ μανθάνει, ἀλλά φησιν οἴεσθαι Μενέξενον εἰδέναι, καὶ κελεύει τοῦτον ἐρωτᾶν.
τί οὖν, ἦ δ' ὅς, οὐκ ἐρωτᾷς;
ἀλλ' ἐρήσομαι, ἦν δ' ἐγώ. καί μοι εἰπέ, ὦ Μενέξενε, ὃ ἄν σε ἔρωμαι. τυγχάνω γὰρ ἐκ παιδὸς ἐπιθυμῶν κτήματός του, ὥσπερ ἄλλος ἄλλου. ὁ μὲν γάρ τις ἵππους [211e] ἐπιθυμεῖ κτᾶσθαι, ὁ δὲ κύνας, ὁ δὲ χρυσίον, ὁ δὲ τιμάς: ἐγὼ δὲ πρὸς μὲν ταῦτα πρᾴως ἔχω, πρὸς δὲ τὴν τῶν φίλων κτῆσιν πάνυ ἐρωτικῶς, καὶ βουλοίμην ἄν μοι φίλον ἀγαθὸν γενέσθαι μᾶλλον ἢ τὸν ἄριστον ἐν ἀνθρώποις ὄρτυγα ἢ ἀλεκτρυόνα, καὶ ναὶ μὰ Δία ἔγωγε μᾶλλον ἢ ἵππον τε καὶ κύνα οἶμαι δέ, νὴ τὸν κύνα, μᾶλλον ἢ τὸ Δαρείου χρυσίον κτήσασθαι δεξαίμην πολὺ πρότερον ἑταῖρον, μᾶλλον <δὲ> ἢ αὐτὸν Δαρεῖον οὕτως ἐγὼ φιλέταιρός τίς εἰμι. ὑμᾶς [212a] οὖν ὁρῶν, σέ τε καὶ Λύσιν, ἐκπέπληγμαι καὶ εὐδαιμονίζω ὅτι οὕτω νέοι ὄντες οἷοι τ' ἐστὸν τοῦτο τὸ κτῆμα ταχὺ καὶ ῥᾳδίως κτᾶσθαι, καὶ σύ τε τοῦτον οὕτω φίλον ἐκτήσω ταχύ τε καὶ σφόδρα, καὶ αὖ οὗτος σέ: ἐγὼ δὲ οὕτω πόρρω εἰμὶ τοῦ κτήματος, ὥστε οὐδ' ὅντινα τρόπον γίγνεται φίλος ἕτερος ἑτέρου οἶδα, ἀλλὰ ταῦτα δὴ αὐτά σε βούλομαι ἐρέσθαι ἅτε ἔμπειρον. καί μοι εἰπέ: ἐπειδάν τίς τινα φιλῇ, πότερος ποτέρου [212b] φίλος γίγνεται, ὁ φιλῶν τοῦ φιλουμένου ἢ ὁ φιλούμενος τοῦ φιλοῦντος: ἢ οὐδὲν διαφέρει; οὐδέν, ἔφη, ἔμοιγε δοκεῖ διαφέρειν.
πῶς λέγεις; ἦν δ' ἐγώ: ἀμφότεροι ἄρα ἀλλήλων φίλοι γίγνονται, ἐὰν μόνος ὁ ἕτερος τὸν ἕτερον φιλῇ;
ἔμοιγε, ἔφη, δοκεῖ.
τί δέ; οὐκ ἔστιν φιλοῦντα μὴ ἀντιφιλεῖσθαι ὑπὸ τούτου ὃν ἂν φιλῇ;
ἔστιν.
τί δέ; ἆρα ἔστιν καὶ μισεῖσθαι φιλοῦντα; οἷόν που ἐνίοτε δοκοῦσι καὶ οἱ ἐρασταὶ πάσχειν πρὸς τὰ παιδικά: φιλοῦντες γὰρ [212c] ὡς οἷόν τε μάλιστα οἱ μὲν οἴονται οὐκ ἀντιφιλεῖσθαι, οἱ δὲ καὶ μισεῖσθαι. ἢ οὐκ ἀληθὲς δοκεῖ σοι τοῦτο;
σφόδρα γε, ἔφη, ἀληθές.
οὐκοῦν ἐν τῷ τοιούτῳ, ἦν δ' ἐγώ, ὁ μὲν φιλεῖ, ὁ δὲ φιλεῖται;
ναί.

πότερος οὖν αὐτῶν ποτέρου φίλος ἐστίν; ὁ φιλῶν τοῦ φιλουμένου, ἐάντε καὶ ἀντιφιλῆται ἐάντε καὶ μισῆται, ἢ ὁ φιλούμενος τοῦ φιλοῦντος; ἢ οὐδέτερος αὖ ἐν τῷ τοιούτῳ οὐδετέρου φίλος ἐστίν, ἂν μὴ ἀμφότεροι ἀλλήλους φιλῶσιν;
ἔοικε γοῦν [212d] οὕτως ἔχειν.
ἀλλοίως ἄρα νῦν ἡμῖν δοκεῖ ἢ πρότερον ἔδοξεν. τότε μὲν γάρ, εἰ ὁ ἕτερος φιλοῖ, φίλω εἶναι ἄμφω· νῦν δέ, ἂν μὴ ἀμφότεροι φιλῶσιν, οὐδέτερος φίλος.
κινδυνεύει, ἔφη.
οὐκ ἄρα ἐστὶν φίλον τῷ φιλοῦντι οὐδὲν μὴ οὐκ ἀντιφιλοῦν.
οὐκ ἔοικεν.
οὐδ' ἄρα φίλιπποί εἰσιν οὓς ἂν οἱ ἵπποι μὴ ἀντιφιλῶσιν, οὐδὲ φιλόρτυγες, οὐδ' αὖ φιλόκυνές γε καὶ φίλοινοι καὶ φιλογυμνασταὶ καὶ φιλόσοφοι, ἂν μὴ ἡ σοφία αὐτοὺς ἀντιφιλῇ. ἢ φιλοῦσι μὲν ταῦτα [212e] ἕκαστοι, οὐ μέντοι φίλα ὄντα, ἀλλὰ ψεύδεθ' ὁ ποιητής, ὃς ἔφη ὄλβιος, ᾧ παῖδές τε φίλοι καὶ μώνυχες ἵπποι καὶ κύνες ἀγρευταὶ καὶ ξένος ἀλλοδαπός;
Solon 21.2
οὐκ ἔμοιγε δοκεῖ, ἦ δ' ὅς.
ἀλλ' ἀληθῆ δοκεῖ λέγειν σοι;
ναί.
τὸ φιλούμενον ἄρα τῷ φιλοῦντι φίλον ἐστίν, ὡς ἔοικεν, ὦ Μενέξενε, ἐάντε φιλῇ ἐάντε καὶ μισῇ· οἷον καὶ τὰ νεωστὶ γεγονότα παιδία, τὰ μὲν οὐδέπω φιλοῦντα, τὰ [213a] δὲ καὶ μισοῦντα, ὅταν κολάζηται ὑπὸ τῆς μητρὸς ἢ ὑπὸ τοῦ πατρός, ὅμως καὶ μισοῦντα ἐν ἐκείνῳ τῷ χρόνῳ πάντων μάλιστά ἐστι τοῖς γονεῦσι φίλτατα.
ἔμοιγε δοκεῖ, ἔφη, οὕτως ἔχειν.
οὐκ ἄρα ὁ φιλῶν φίλος ἐκ τούτου τοῦ λόγου, ἀλλ' ὁ φιλούμενος.
ἔοικεν.
καὶ ὁ μισούμενος ἐχθρὸς ἄρα, ἀλλ' οὐχ ὁ μισῶν.
φαίνεται.
πολλοὶ ἄρα ὑπὸ τῶν ἐχθρῶν φιλοῦνται, ὑπὸ δὲ τῶν φίλων μισοῦνται, καὶ τοῖς [213b] μὲν ἐχθροῖς φίλοι εἰσίν, τοῖς δὲ φίλοις ἐχθροί, εἰ τὸ φιλούμενον φίλον ἐστὶν ἀλλὰ μὴ τὸ φιλοῦν. καίτοι πολλὴ ἀλογία, ὦ φίλε ἑταῖρε, μᾶλλον δὲ οἶμαι καὶ ἀδύνατον, τῷ τε φίλῳ ἐχθρὸν καὶ τῷ ἐχθρῷ φίλον εἶναι.
ἀληθῆ, ἔφη, ἔοικας λέγειν, ὦ Σώκρατες.
οὐκοῦν εἰ τοῦτ' ἀδύνατον, τὸ φιλοῦν ἂν εἴη φίλον τοῦ φιλουμένου.
φαίνεται.
τὸ μισοῦν ἄρα πάλιν ἐχθρὸν τοῦ μισουμένου.

ἀνάγκη.
οὐκοῦν ταὐτὰ ἡμῖν συμβήσεται ἀναγκαῖον εἶναι ὁμολογεῖν, [213c] ἅπερ ἐπὶ τῶν πρότερον, πολλάκις φίλον εἶναι μὴ φίλου, πολλάκις δὲ καὶ ἐχθροῦ, ὅταν ἢ μὴ φιλοῦν τις φιλῇ ἢ καὶ μισοῦν φιλῇ· πολλάκις δ' ἐχθρὸν εἶναι μὴ ἐχθροῦ ἢ καὶ φίλου, ὅταν ἢ <μὴ> μισοῦν τις μισῇ ἢ καὶ φιλοῦν μισῇ.
κινδυνεύει, ἔφη.
τί οὖν δὴ χρησώμεθα, ἦν δ' ἐγώ, εἰ μήτε οἱ φιλοῦντες φίλοι ἔσονται μήτε οἱ φιλούμενοι μήτε οἱ φιλοῦντές τε καὶ φιλούμενοι· ἀλλὰ καὶ παρὰ ταῦτα ἄλλους τινὰς ἔτι φήσομεν εἶναι φίλους ἀλλήλοις γιγνομένους;
οὐ μὰ τὸν Δία, ἔφη, ὦ Σώκρατες, οὐ πάνυ εὐπορῶ ἔγωγε. [213d]
ἆρα μή, ἦν δ' ἐγώ, ὦ Μενέξενε, τὸ παράπαν οὐκ ὀρθῶς ἐζητοῦμεν;
οὔκ ἔμοιγε δοκεῖ, ὦ Σώκρατες, ἔφη, ὁ Λύσις, καὶ ἅμα εἰπὼν ἠρυθρίασεν· ἐδόκει γάρ μοι ἄκοντ' αὐτὸν ἐκφεύγειν τὸ λεχθὲν διὰ τὸ σφόδρα προσέχειν τὸν νοῦν τοῖς λεγομένοις, δῆλος δ' ἦν καὶ ὅτε ἠκροᾶτο οὕτως ἔχων.
ἐγὼ οὖν βουλόμενος τόν τε Μενέξενον ἀναπαῦσαι καὶ ἐκείνου ἡσθεὶς τῇ φιλοσοφίᾳ, οὕτω μεταβαλὼν πρὸς τὸν [213e] Λύσιν ἐποιούμην τοὺς λόγους, καὶ εἶπον· ὦ Λύσι, ἀληθῆ μοι δοκεῖς λέγειν ὅτι εἰ ὀρθῶς ἡμεῖς ἐσκοποῦμεν, οὐκ ἄν ποτε οὕτως ἐπλανώμεθα. ἀλλὰ ταύτῃ μὲν μηκέτι ἴωμεν καὶ γὰρ χαλεπή τίς μοι φαίνεται ὥσπερ ὁδὸς ἡ σκέψις· ᾗ δὲ ἐτράπημεν, δοκεῖ μοι χρῆναι ἰέναι, σκοποῦντα [τὰ] κατὰ [214a] τοὺς ποιητάς· οὗτοι γὰρ ἡμῖν ὥσπερ πατέρες τῆς σοφίας εἰσὶν καὶ ἡγεμόνες. λέγουσι δὲ δήπου οὐ φαύλως ἀποφαινόμενοι περὶ τῶν φίλων, οἳ τυγχάνουσιν ὄντες· ἀλλὰ τὸν θεὸν αὐτόν φασιν ποιεῖν φίλους αὐτούς, ἄγοντα παρ' ἀλλήλους. λέγουσι δέ πως ταῦτα, ὡς ἐγᾦμαι, ὡδί αἰεί τοι τὸν ὁμοῖον ἄγει θεὸς ὡς τὸν ὁμοῖον Hom. Od. 17.218 [214b] καὶ ποιεῖ γνώριμον· ἢ οὐκ ἐντετύχηκας τούτοις τοῖς ἔπεσιν;
ἔγωγ', ἔφη.
οὐκοῦν καὶ τοῖς τῶν σοφωτάτων συγγράμμασιν ἐντετύχηκας ταῦτα αὐτὰ λέγουσιν, ὅτι τὸ ὅμοιον τῷ ὁμοίῳ ἀνάγκη ἀεὶ φίλον εἶναι; εἰσὶν δέ που οὗτοι οἱ περὶ φύσεώς τε καὶ τοῦ ὅλου διαλεγόμενοι καὶ γράφοντες.
ἀληθῆ, ἔφη, λέγεις.
ἆρ' οὖν, ἦν δ' ἐγώ, εὖ λέγουσιν;
ἴσως, ἔφη.
ἴσως, ἦν δ' ἐγώ, τὸ ἥμισυ αὐτοῦ, ἴσως δὲ καὶ πᾶν, ἀλλ' ἡμεῖς οὐ συνίεμεν. δοκεῖ γὰρ ἡμῖν ὅ γε πονηρὸς [214c] τῷ πονηρῷ, ὅσῳ ἂν ἐγγυτέρω προσίῃ καὶ μᾶλλον ὁμιλῇ, τοσούτῳ ἐχθίων γίγνεσθαι. ἀδικεῖ γάρ· ἀδικοῦντας δὲ καὶ ἀδικουμένους ἀδύνατόν που φίλους εἶναι. οὐχ οὕτως;
ναί, ἦ δ' ὅς.

ταύτῃ μὲν ἂν τοίνυν τοῦ λεγομένου τὸ ἥμισυ οὐκ ἀληθὲς εἴη, εἴπερ οἱ πονηροὶ ἀλλήλοις ὅμοιοι.

ἀληθῆ λέγεις.

ἀλλά μοι δοκοῦσιν λέγειν τοὺς ἀγαθοὺς ὁμοίους εἶναι ἀλλήλοις καὶ φίλους, τοὺς δὲ κακούς, ὅπερ καὶ λέγεται περὶ αὐτῶν, μηδέποτε ὁμοίους μηδ' αὐτοὺς αὑτοῖς εἶναι, ἀλλ' [214d] ἐμπλήκτους τε καὶ ἀσταθμήτους· ὃ δὲ αὐτὸ αὑτῷ ἀνόμοιον εἴη καὶ διάφορον, σχολῇ γέ τῳ ἄλλῳ ὅμοιον ἢ φίλον γένοιτ' ἄν. ἢ οὐ καὶ σοὶ δοκεῖ οὕτως; ἔμοιγ', ἔφη.

τοῦτο τοίνυν αἰνίττονται, ὡς ἐμοὶ δοκοῦσιν, ὦ ἑταῖρε, οἱ τὸ ὅμοιον τῷ ὁμοίῳ φίλον λέγοντες, ὡς ὁ ἀγαθὸς τῷ ἀγαθῷ μόνος μόνῳ φίλος, ὁ δὲ κακὸς οὔτε ἀγαθῷ οὔτε κακῷ οὐδέποτε εἰς ἀληθῆ φιλίαν ἔρχεται.

συνδοκεῖ σοι;

κατένευσεν.

ἔχομεν ἄρα ἤδη τίνες εἰσὶν οἱ φίλοι· ὁ γὰρ λόγος ἡμῖν [214e] σημαίνει ὅτι οἳ ἂν ὦσιν ἀγαθοί.

πάνυ γε, ἔφη, δοκεῖ.

καὶ ἐμοί, ἦν δ' ἐγώ. καίτοι δυσχεραίνω τί γε ἐν αὐτῷ· φέρε οὖν, ὦ πρὸς Διός, ἴδωμεν τί καὶ ὑποπτεύω. ὁ ὅμοιος τῷ ὁμοίῳ καθ' ὅσον ὅμοιος φίλος, καὶ ἔστιν χρήσιμος ὁ τοιοῦτος τῷ τοιούτῳ; μᾶλλον δὲ ὧδε· ὁτιοῦν ὅμοιον ὁτῳοῦν ὁμοίῳ τίνα ὠφελίαν ἔχειν ἢ τίνα βλάβην ἂν ποιῆσαι δύναιτο, ὃ μὴ καὶ αὐτὸ αὑτῷ; ἢ τί ἂν παθεῖν, ὃ μὴ καὶ ὑφ' [215a] αὑτοῦ πάθοι; τὰ δὴ τοιαῦτα πῶς ἂν ὑπ' ἀλλήλων ἀγαπηθείη, μηδεμίαν ἐπικουρίαν ἀλλήλοις ἔχοντα; ἔστιν ὅπως; οὐκ ἔστιν.

ὃ δὲ μὴ ἀγαπῷτο, πῶς φίλον;

οὐδαμῶς.

ἀλλὰ δὴ ὁ μὲν ὅμοιος τῷ ὁμοίῳ οὐ φίλος· ὁ δὲ ἀγαθὸς τῷ ἀγαθῷ καθ' ὅσον ἀγαθός, οὐ καθ' ὅσον ὅμοιος, φίλος ἂν εἴη;

ἴσως.

τί δέ; οὐχ ὁ ἀγαθός, καθ' ὅσον ἀγαθός, κατὰ τοσοῦτον ἱκανὸς ἂν εἴη αὑτῷ;

ναί.

ὁ δέ γε ἱκανὸς οὐδενὸς δεόμενος κατὰ τὴν ἱκανότητα.

πῶς γὰρ οὔ;

ὁ δὲ μή του [215b] δεόμενος οὐδέ τι ἀγαπῴη ἄν.

οὐ γὰρ οὖν.

ὃ δὲ μὴ ἀγαπῴη, οὐδ' ἂν φιλοῖ.

οὐ δῆτα.

ὁ δὲ μὴ φιλῶν γε οὐ φίλος.

οὐ φαίνεται.

πῶς οὖν οἱ ἀγαθοὶ τοῖς ἀγαθοῖς ἡμῖν φίλοι ἔσονται τὴν ἀρχήν, οἳ μήτε

ἀπόντες ποθεινοὶ ἀλλήλοις ἱκανοὶ γὰρ ἑαυτοῖς καὶ χωρὶς ὄντες μήτε
παρόντες χρείαν αὐτῶν ἔχουσιν; τοὺς δὴ τοιούτους τίς μηχανὴ περὶ
πολλοῦ ποιεῖσθαι ἀλλήλους;
οὐδεμία, ἔφη.
φίλοι [215c] δέ γε οὐκ ἂν εἶεν μὴ περὶ πολλοῦ ποιούμενοι ἑαυτούς.
ἀληθῆ.
ἄθρει δή, ὦ Λύσι, πῇ παρακρουόμεθα. ἆρά γε ὅλῳ τινὶ ἐξαπατώμεθα;
πῶς δή; ἔφη.
ἤδη ποτέ του ἤκουσα λέγοντος, καὶ ἄρτι ἀναμιμνῄσκομαι, ὅτι τὸ μὲν
ὅμοιον τῷ ὁμοίῳ καὶ οἱ ἀγαθοὶ τοῖς ἀγαθοῖς πολεμιώτατοι εἶεν: καὶ δὴ καὶ
τὸν Ἡσίοδον ἐπήγετο μάρτυρα, λέγων ὡς ἄρα καὶ κεραμεὺς κεραμεῖ
κοτέει καὶ ἀοιδὸς ἀοιδῷ[215d]
καὶ πτωχὸς πτωχῷ, ...
Hes. WD 25
καὶ τἆλλα δὴ πάντα οὕτως ἔφη ἀναγκαῖον εἶναι μάλιστα τὰ ὁμοιότατα
<πρὸς> ἄλληλα φθόνου τε καὶ φιλονικίας καὶ ἔχθρας ἐμπίμπλασθαι, τὰ δ᾽
ἀνομοιότατα φιλίας: τὸν γὰρ πένητα τῷ πλουσίῳ ἀναγκάζεσθαι φίλον
εἶναι καὶ τὸν ἀσθενῆ τῷ ἰσχυρῷ τῆς ἐπικουρίας ἕνεκα, καὶ τὸν κάμνοντα
τῷ ἰατρῷ, καὶ πάντα δὴ τὸν μὴ εἰδότα ἀγαπᾶν τὸν εἰδότα καὶ
φιλεῖν. [215e] καὶ δὴ καὶ ἔτι ἐπεξῄει τῷ λόγῳ μεγαλοπρεπέστερον, λέγων
ὡς ἄρα παντὸς δέοι τὸ ὅμοιον τῷ ὁμοίῳ φίλον εἶναι, ἀλλ᾽ αὐτὸ τὸ
ἐναντίον εἴη τούτου: τὸ γὰρ ἐναντιώτατον τῷ ἐναντιωτάτῳ εἶναι μάλιστα
φίλον. ἐπιθυμεῖν γὰρ τοῦ τοιούτου ἕκαστον, ἀλλ᾽ οὐ τοῦ ὁμοίου: τὸ μὲν
γὰρ ξηρὸν ὑγροῦ, τὸ δὲ ψυχρὸν θερμοῦ, τὸ δὲ πικρὸν γλυκέος, τὸ δὲ ὀξὺ
ἀμβλέος, τὸ δὲ κενὸν πληρώσεως, καὶ τὸ πλῆρες δὲ κενώσεως, καὶ τἆλλα
οὕτω κατὰ τὸν αὐτὸν λόγον. τροφὴν γὰρ εἶναι τὸ ἐναντίον τῷ ἐναντίῳ: τὸ
γὰρ ὅμοιον τοῦ ὁμοίου [216a] οὐδὲν ἂν ἀπολαῦσαι. καὶ μέντοι, ὦ ἑταῖρε,
καὶ κομψὸς ἐδόκει εἶναι ταῦτα λέγων: εὖ γὰρ ἔλεγεν. ὑμῖν δέ, ἦν δ᾽ ἐγώ,
πῶς δοκεῖ λέγειν;
εὖ γε, ἔφη ὁ Μενέξενος, ὥς γε οὑτωσὶ ἀκοῦσαι.
φῶμεν ἄρα τὸ ἐναντίον τῷ ἐναντίῳ μάλιστα φίλον εἶναι;
πάνυ γε.
εἶεν, ἦν δ᾽ ἐγώ: οὐκ ἀλλόκοτον, ὦ Μενέξενε; καὶ ἡμῖν εὐθὺς ἄσμενοι
ἐπιπηδήσονται οὗτοι οἱ πάσσοφοι ἄνδρες, οἱ ἀντιλογικοί, καὶ ἐρήσονται
εἰ [216b] οὐκ ἐναντιώτατον ἔχθρα φιλίᾳ; οἷς τί ἀποκρινούμεθα; ἢ οὐκ
ἀνάγκη ὁμολογεῖν ὅτι ἀληθῆ λέγουσιν;
ἀνάγκη.
ἆρ᾽ οὖν, φήσουσιν, τὸ ἐχθρὸν τῷ φίλῳ φίλον ἢ τὸ φίλον τῷ ἐχθρῷ;
οὐδέτερα, ἔφη.

ἀλλὰ τὸ δίκαιον τῷ ἀδίκῳ, ἢ τὸ σῶφρον τῷ ἀκολάστῳ, ἢ τὸ ἀγαθὸν τῷ κακῷ;
οὐκ ἄν μοι δοκεῖ οὕτως ἔχειν.
ἀλλὰ μέντοι, ἦν δ' ἐγώ, εἴπερ γε κατὰ τὴν ἐναντιότητά τί τῳ [φίλῳ] φίλον ἐστίν, ἀνάγκη καὶ ταῦτα φίλα εἶναι.
ἀνάγκη.
οὔτε ἄρα τὸ ὅμοιον τῷ ὁμοίῳ οὔτε τὸ ἐναντίον τῷ ἐναντίῳ φίλον.
οὐκ ἔοικεν. [216c]
ἔτι δὲ καὶ τόδε σκεψώμεθα, μὴ ἔτι μᾶλλον ἡμᾶς λανθάνει τὸ φίλον ὡς ἀληθῶς οὐδὲν τούτων ὄν, ἀλλὰ τὸ μήτε ἀγαθὸν μήτε κακὸν φίλον οὕτω ποτὲ γιγνόμενον τοῦ ἀγαθοῦ. πῶς, ἦ δ' ὅς, λέγεις;
ἀλλὰ μὰ Δία, ἦν δ' ἐγώ, οὐκ οἶδα, ἀλλὰ τῷ ὄντι αὐτὸς εἰλιγγιῶ ὑπὸ τῆς τοῦ λόγου ἀπορίας, καὶ κινδυνεύει κατὰ τὴν ἀρχαίαν παροιμίαν τὸ καλὸν φίλον εἶναι. ἔοικε γοῦν μαλακῷ τινι καὶ λείῳ καὶ λιπαρῷ: [216d] διὸ καὶ ἴσως ῥᾳδίως διολισθαίνει καὶ διαδύεται ἡμᾶς, ἅτε τοιοῦτον ὄν. λέγω γὰρ τἀγαθὸν καλὸν εἶναι: σὺ δ' οὐκ οἴει;
ἔγωγε.
λέγω τοίνυν ἀπομαντευόμενος, τοῦ καλοῦ τε καὶ ἀγαθοῦ φίλον εἶναι τὸ μήτε ἀγαθὸν μήτε κακόν: πρὸς ἃ δὲ λέγων μαντεύομαι, ἄκουσον. δοκεῖ μοι ὡσπερεὶ τρία ἄττα εἶναι γένη, τὸ μὲν ἀγαθόν, τὸ δὲ κακόν, τὸ δ' οὔτ' ἀγαθὸν οὔτε κακόν: τί δὲ σοί;
καὶ ἐμοί, ἔφη.
καὶ οὔτε τἀγαθὸν τἀγαθῷ οὔτε τὸ κακὸν τῷ κακῷ οὔτε τἀγαθὸν τῷ [216e] κακῷ φίλον εἶναι, ὥσπερ οὐδ' ὁ ἔμπροσθεν λόγος ἐᾷ: λείπεται δή, εἴπερ τῴ τί ἐστιν φίλον, τὸ μήτε ἀγαθὸν μήτε κακὸν φίλον εἶναι ἢ τοῦ ἀγαθοῦ ἢ τοῦ τοιούτου οἷον αὐτό ἐστιν. οὐ γὰρ ἄν που τῷ κακῷ φίλον ἄν τι γένοιτο. ἀληθῆ.
οὐδὲ μὴν τὸ ὅμοιον τῷ ὁμοίῳ ἔφαμεν ἄρτι: ἦ γάρ;
ναί.
οὐκ ἄρα ἔσται τῷ μήτε ἀγαθῷ μήτε κακῷ τὸ τοιοῦτον φίλον οἷον αὐτό.
οὐ φαίνεται.
τῷ ἀγαθῷ ἄρα [217a] τὸ μήτε ἀγαθὸν μήτε κακὸν μόνῳ μόνον συμβαίνει γίγνεσθαι φίλον.
ἀνάγκη, ὡς ἔοικεν.
ἆρ' οὖν καὶ καλῶς, ἦν δ' ἐγώ, ὦ παῖδες, ὑφηγεῖται ἡμῖν τὸ νῦν λεγόμενον; εἰ γοῦν θέλοιμεν ἐννοῆσαι τὸ ὑγιαῖνον σῶμα, οὐδὲν ἰατρικῆς δεῖται οὐδὲ ὠφελίας: ἱκανῶς γὰρ ἔχει, ὥστε ὑγιαίνων οὐδεὶς ἰατρῷ φίλος διὰ τὴν ὑγίειαν. ἦ γάρ;
οὐδείς.

ἀλλ' ὁ κάμνων οἶμαι διὰ τὴν νόσον.
πῶς γὰρ [217b] οὔ;
νόσος μὲν δὴ κακόν, ἰατρικὴ δὲ ὠφέλιμον καὶ ἀγαθόν.
ναί.
σῶμα δέ γέ που κατὰ τὸ σῶμα εἶναι οὔτε ἀγαθὸν οὔτε κακόν.
οὕτως.
ἀναγκάζεται δέ γε σῶμα διὰ νόσον ἰατρικὴν ἀσπάζεσθαι καὶ φιλεῖν.
δοκεῖ μοι.
τὸ μήτε κακὸν ἄρα μήτ' ἀγαθὸν φίλον γίγνεται τοῦ ἀγαθοῦ διὰ κακοῦ παρουσίαν.
ἔοικεν.
δῆλον δέ γε ὅτι πρὶν γενέσθαι αὐτὸ κακὸν ὑπὸ τοῦ κακοῦ οὗ ἔχει. οὐ γὰρ δή γε κακὸν γεγονὸς [217c] ἔτι ἄν τι τοῦ ἀγαθοῦ [οὗ] ἐπιθυμοῖ καὶ φίλον εἴη· ἀδύνατον γὰρ ἔφαμεν κακὸν ἀγαθῷ φίλον εἶναι.
ἀδύνατον γάρ.
σκέψασθε δὴ ὃ λέγω. λέγω γὰρ ὅτι ἔνια μέν, οἷον ἂν ᾖ τὸ παρόν, τοιαῦτά ἐστι καὶ αὐτά, ἔνια δὲ οὔ. ὥσπερ εἰ ἐθέλοι τις χρώματί τῳ ὁτιοῦν [τι] ἀλεῖψαι, πάρεστίν που τῷ ἀλειφθέντι τὸ ἐπαλειφθέν.
πάνυ γε.
ἆρ' οὖν καὶ ἔστιν τότε τοιοῦτον τὴν χρόαν τὸ ἀλειφθέν, οἷον τὸ ἐπόν; [217d]
οὐ μανθάνω, ἦ δ' ὅς.
ἀλλ' ὧδε, ἦν δ' ἐγώ. εἴ τίς σου ξανθὰς οὔσας τὰς τρίχας ψιμυθίῳ ἀλείψειεν, πότερον τότε λευκαὶ εἶεν ἢ φαίνοιντ' ἄν;
φαίνοιντ' ἄν, ἦ δ' ὅς.
καὶ μὴν παρείη γ' ἂν αὐταῖς λευκότης.
ναί.
ἀλλ' ὅμως οὐδέν τι μᾶλλον ἂν εἶεν λευκαί πω, ἀλλὰ παρούσης λευκότητος οὔτε τι λευκαὶ οὔτε μέλαιναί εἰσιν.
ἀληθῆ.
ἀλλ' ὅταν δή, ὦ φίλε, τὸ γῆρας αὐταῖς ταὐτὸν τοῦτο χρῶμα ἐπαγάγῃ, τότε ἐγένοντο οἷόνπερ τὸ παρόν, λευκοῦ παρουσίᾳ [217e] λευκαί.
πῶς γὰρ οὔ;
τοῦτο τοίνυν ἐρωτῶ νῦν δή, εἰ ᾧ ἄν τι παρῇ, τοιοῦτον ἔσται τὸ ἔχον οἷον τὸ παρόν· ἢ ἐὰν μὲν κατὰ τινα τρόπον παρῇ, ἔσται, ἐὰν δὲ μή, οὔ;
οὕτω μᾶλλον, ἔφη.
καὶ τὸ μήτε κακὸν ἄρα μήτ' ἀγαθὸν ἐνίοτε κακοῦ παρόντος οὔπω κακόν ἐστιν, ἔστιν δ' ὅτε ἤδη τὸ τοιοῦτον γέγονεν.
πάνυ γε.

οὐκοῦν ὅταν μήπω κακὸν ᾖ κακοῦ παρόντος, αὕτη μὲν ἡ παρουσία ἀγαθοῦ αὐτὸ ποιεῖ ἐπιθυμεῖν: ἡ δὲ κακὸν ποιοῦσα ἀποστερεῖ αὐτὸ τῆς τε ἐπιθυμίας ἅμα καὶ τῆς φιλίας τοῦ ἀγαθοῦ. οὐ γὰρ ἔτι ἐστὶν [218a] οὔτε κακὸν οὔτε ἀγαθόν, ἀλλὰ κακόν: φίλον δὲ ἀγαθῷ κακὸν οὐκ ἦν.
οὐ γὰρ οὖν.
διὰ ταῦτα δὴ φαῖμεν ἂν καὶ τοὺς ἤδη σοφοὺς μηκέτι φιλοσοφεῖν, εἴτε θεοὶ εἴτε ἄνθρωποί εἰσιν οὗτοι: οὐδ᾽ αὖ ἐκείνους φιλοσοφεῖν τοὺς οὕτως ἄγνοιαν ἔχοντας ὥστε κακοὺς εἶναι: κακὸν γὰρ καὶ ἀμαθῆ οὐδένα φιλοσοφεῖν. λείπονται δὴ οἱ ἔχοντες μὲν τὸ κακὸν τοῦτο, τὴν ἄγνοιαν, μήπω δὲ ὑπ᾽ αὐτοῦ ὄντες ἀγνώμονες μηδὲ [218b] ἀμαθεῖς, ἀλλ᾽ ἔτι ἡγούμενοι μὴ εἰδέναι ἃ μὴ ἴσασιν. διὸ δὴ καὶ φιλοσοφοῦσιν οἱ οὔτε ἀγαθοὶ οὔτε κακοί πω ὄντες, ὅσοι δὲ κακοὶ οὐ φιλοσοφοῦσιν, οὐδὲ οἱ ἀγαθοί: οὔτε γὰρ τὸ ἐναντίον τοῦ ἐναντίου οὔτε τὸ ὅμοιον τοῦ ὁμοίου φίλον ἡμῖν ἐφάνη ἐν τοῖς ἔμπροσθεν λόγοις. ἢ οὐ μέμνησθε;
πάνυ γε, ἐφάτην.
νῦν ἄρα, ἦν δ᾽ ἐγώ, ὦ Λύσι τε καὶ Μενέξενε, παντὸς μᾶλλον ἐξηυρήκαμεν ὃ ἔστιν τὸ φίλον καὶ οὔ. φαμὲν γὰρ αὐτό, καὶ κατὰ τὴν ψυχὴν καὶ κατὰ τὸ [218c] σῶμα καὶ πανταχοῦ, τὸ μήτε κακὸν μήτε ἀγαθὸν διὰ κακοῦ παρουσίαν τοῦ ἀγαθοῦ φίλον εἶναι.
παντάπασιν ἐφάτην τε καὶ συνεχωρείτην οὕτω τοῦτ᾽ ἔχειν.
καὶ δὴ καὶ αὐτὸς ἐγὼ πάνυ ἔχαιρον, ὥσπερ θηρευτής τις, ἔχων ἀγαπητῶς ὃ ἐθηρευόμην. κἄπειτ᾽ οὐκ οἶδ᾽ ὁπόθεν μοι ἀτοπωτάτη τις ὑποψία εἰσῆλθεν ὡς οὐκ ἀληθῆ εἴη τὰ ὡμολογημένα ἡμῖν, καὶ εὐθὺς ἀχθεσθεὶς εἶπον: βαβαῖ, ὦ Λύσι τε καὶ Μενέξενε, κινδυνεύομεν ὄναρ πεπλουτηκέναι. [218d]
τί μάλιστα; ἔφη ὁ Μενέξενος.
φοβοῦμαι, ἦν δ᾽ ἐγώ, μὴ ὥσπερ ἀνθρώποις ἀλαζόσιν λόγοις τισὶν τοιούτοις [ψευδέσιν] ἐντετυχήκαμεν περὶ τοῦ φίλου.
πῶς δή; ἔφη.
ὧδε, ἦν δ᾽ ἐγώ, σκοπῶμεν: φίλος ὃς ἂν εἴη, πότερόν ἐστιν τῳ φίλος ἢ οὔ;
ἀνάγκη, ἔφη.
πότερον οὖν οὐδενὸς ἕνεκα καὶ δι᾽ οὐδέν, ἢ ἕνεκά του καὶ διά τι;
ἕνεκά του καὶ διά τι.
πότερον φίλου ὄντος ἐκείνου τοῦ πράγματος, οὗ ἕνεκα φίλος ὁ φίλος τῷ φίλῳ, ἢ οὔτε φίλου οὔτε ἐχθροῦ; [218e]
οὐ πάνυ, ἔφη, ἕπομαι.
εἰκότως γε, ἦν δ᾽ ἐγώ: ἀλλ᾽ ὧδε ἴσως ἀκολουθήσεις, οἶμαι δὲ καὶ ἐγὼ μᾶλλον εἴσομαι ὅτι λέγω. ὁ κάμνων, νυνδὴ ἔφαμεν, τοῦ ἰατροῦ φίλος: οὐχ οὕτως;

ναί.
οὐκοῦν διὰ νόσον ἕνεκα ὑγιείας τοῦ ἰατροῦ φίλος;
ναί.
ἡ δέ γε νόσος κακόν;
πῶς δ' οὔ;
τί δὲ ὑγίεια; ἦν δ' ἐγώ: ἀγαθὸν ἢ κακὸν ἢ οὐδέτερα;
ἀγαθόν, [219a] ἔφη.
ἐλέγομεν δ' ἄρα, ὡς ἔοικεν, ὅτι τὸ σῶμα, οὔτε ἀγαθὸν οὔτε κακὸν <ὄν>, διὰ τὴν νόσον, τοῦτο δὲ διὰ τὸ κακόν, τῆς ἰατρικῆς φίλον ἐστίν, ἀγαθὸν δὲ ἰατρική: ἕνεκα δὲ τῆς ὑγιείας τὴν φιλίαν ἡ ἰατρικὴ ἀνῄρηται, ἡ δὲ ὑγίεια ἀγαθόν. ἦ γάρ;
ναί.
φίλον δὲ ἢ οὐ φίλον ἡ ὑγίεια;
φίλον.
ἡ δὲ νόσος ἐχθρόν.
πάνυ γε.
τὸ οὔτε κακὸν οὔτε [219b] ἀγαθὸν ἄρα διὰ τὸ κακὸν καὶ τὸ ἐχθρὸν τοῦ ἀγαθοῦ φίλον ἐστὶν ἕνεκα τοῦ ἀγαθοῦ καὶ φίλου.
φαίνεται.
ἕνεκα ἄρα τοῦ φίλου <τοῦ φίλου> τὸ φίλον φίλον διὰ τὸ ἐχθρόν.
ἔοικεν.
εἶεν, ἦν δ' ἐγώ. ἐπειδὴ ἐνταῦθα ἥκομεν, ὦ παῖδες, πρόσσχωμεν τὸν νοῦν μὴ ἐξαπατηθῶμεν. ὅτι μὲν γὰρ φίλον τοῦ φίλου τὸ φίλον γέγονεν, ἐῶ χαίρειν, καὶ τοῦ ὁμοίου γε τὸ ὅμοιον φίλον γίγνεται, ὃ φαμεν ἀδύνατον εἶναι: ἀλλ' ὅμως τόδε σκεψώμεθα, μὴ ἡμᾶς ἐξαπατήσῃ τὸ νῦν λεγόμενον. [219c] ἡ ἰατρική, φαμέν, ἕνεκα τῆς ὑγιείας φίλον.
ναί.
οὐκοῦν καὶ ἡ ὑγίεια φίλον;
πάνυ γε.
εἰ ἄρα φίλον, ἕνεκά του.
ναί.
φίλου γέ τινος δή, εἴπερ ἀκολουθήσει τῇ πρόσθεν ὁμολογίᾳ.
πάνυ γε.
οὐκοῦν καὶ ἐκεῖνο φίλον αὖ ἔσται ἕνεκα φίλου;
ναί.
ἆρ' οὖν οὐκ ἀνάγκη ἀπειπεῖν ἡμᾶς οὕτως ἰόντας ἢ ἀφικέσθαι ἐπί τινα ἀρχήν, ἢ οὐκέτ' ἐπανοίσει ἐπ' ἄλλο φίλον, ἀλλ' ἥξει ἐπ' ἐκεῖνο ὃ ἔστιν [219d] πρῶτον φίλον, οὗ ἕνεκα καὶ τὰ ἄλλα φαμὲν πάντα φίλα εἶναι;

ἀνάγκη.

τοῦτο δή ἐστιν ὃ λέγω, μὴ ἡμᾶς τἆλλα πάντα ἃ εἴπομεν ἐκείνου ἕνεκα φίλα εἶναι, ὥσπερ εἴδωλα ἄττα ὄντα αὐτοῦ, ἐξαπατᾷ, ᾖ δ' ἐκεῖνο τὸ πρῶτον, ὃ ὡς ἀληθῶς ἐστι φίλον. ἐννοήσωμεν γὰρ οὑτωσί: ὅταν τίς τι περὶ πολλοῦ ποιῆται, οἷόνπερ ἐνίοτε πατὴρ ὑὸν ἀντὶ πάντων τῶν ἄλλων χρημάτων προτιμᾷ, ὁ δὴ τοιοῦτος ἕνεκα τοῦ τὸν [219e] ὑὸν περὶ παντὸς ἡγεῖσθαι ἆρα καὶ ἄλλο τι ἂν περὶ πολλοῦ ποιοῖτο; οἷον εἰ αἰσθάνοιτο αὐτὸν κώνειον πεπωκότα, ἆρα περὶ πολλοῦ ποιοῖτ' ἂν οἶνον, εἴπερ τοῦτο ἡγοῖτο τὸν ὑὸν σώσειν;

τί μήν; ἔφη.

οὐκοῦν καὶ τὸ ἀγγεῖον, ἐν ᾧ ὁ οἶνος ἐνείη;

πάνυ γε.

ἆρ' οὖν τότε οὐδὲν περὶ πλείονος ποιεῖται, κύλικα κεραμέαν ἢ τὸν ὑὸν τὸν αὑτοῦ, οὐδὲ τρεῖς κοτύλας οἴνου ἢ τὸν ὑόν; ἢ ὧδέ πως ἔχει: πᾶσα ἡ τοιαύτη σπουδὴ οὐκ ἐπὶ τούτοις ἐστὶν ἐσπουδασμένη, ἐπὶ τοῖς ἕνεκά του παρασκευαζομένοις, ἀλλ' ἐπ' ἐκείνῳ οὗ ἕνεκα πάντα τὰ [220a] τοιαῦτα παρασκευάζεται. οὐχ ὅτι πολλάκις λέγομεν ὡς περὶ πολλοῦ ποιούμεθα χρυσίον καὶ ἀργύριον: ἀλλὰ μὴ οὐδέν τι μᾶλλον οὕτω τό γε ἀληθὲς ἔχῃ, ἀλλ' ἐκεῖνό ἐστιν ὃ περὶ παντὸς ποιούμεθα, ὃ ἂν φανῇ ὄν, ὅτου ἕνεκα καὶ χρυσίον καὶ πάντα τὰ παρασκευαζόμενα παρασκευάζεται. ἆρ' οὕτως φήσομεν;

πάνυ γε.

οὐκοῦν καὶ περὶ τοῦ φίλου ὁ αὐτὸς λόγος; ὅσα γάρ φαμεν φίλα εἶναι ἡμῖν ἕνεκα φίλου [220b] τινὸς ἑτέρου, ῥήματι φαινόμεθα λέγοντες αὐτό: φίλον δὲ τῷ ὄντι κινδυνεύει ἐκεῖνο αὐτὸ εἶναι, εἰς ὃ πᾶσαι αὗται αἱ λεγόμεναι φιλίαι τελευτῶσιν.

κινδυνεύει οὕτως, ἔφη, ἔχειν.

οὐκοῦν τό γε τῷ ὄντι φίλον οὐ φίλου τινὸς ἕνεκα φίλον ἐστίν;

ἀληθῆ.

τοῦτο μὲν δὴ ἀπήλλακται, μὴ φίλου τινὸς ἕνεκα τὸ φίλον φίλον εἶναι: ἀλλ' ἆρα τὸ ἀγαθόν ἐστιν φίλον;

ἔμοιγε δοκεῖ.

ἆρ' οὖν διὰ τὸ κακὸν τὸ ἀγαθὸν φιλεῖται, [220c] καὶ ἔχει ὧδε: εἰ τριῶν ὄντων ὧν νυνδὴ ἐλέγομεν, ἀγαθοῦ καὶ κακοῦ καὶ μήτε ἀγαθοῦ μήτε κακοῦ, τὰ δύο λειφθείη, τὸ δὲ κακὸν ἐκποδὼν ἀπέλθοι καὶ μηδενὸς ἐφάπτοιτο μήτε σώματος μήτε ψυχῆς μήτε τῶν ἄλλων, ἃ δή φαμεν αὐτὰ καθ' αὑτὰ οὔτε κακὰ εἶναι οὔτε ἀγαθά, ἆρα τότε οὐδὲν ἂν ἡμῖν χρήσιμον εἴη τὸ ἀγαθόν, ἀλλ' ἄχρηστον ἂν γεγονὸς εἴη; εἰ γὰρ μηδὲν ἡμᾶς ἔτι βλάπτοι, οὐδὲν ἂν οὐδεμιᾶς [220d] ὠφελίας δεοίμεθα, καὶ οὕτω δὴ ἂν τότε γένοιτο κατάδηλον ὅτι διὰ τὸ κακὸν τἀγαθὸν ἠγαπῶμεν καὶ ἐφιλοῦμεν, ὡς φάρμακον ὂν τοῦ κακοῦ τὸ ἀγαθόν, τὸ δὲ κακὸν νόσημα· νοσήματος δὲ μὴ ὄντος οὐδὲν δεῖ φαρμάκου. ἆρ' οὕτω πέφυκέ τε καὶ φιλεῖται τἀγαθὸν διὰ τὸ κακὸν ὑφ' ἡμῶν, τῶν μεταξὺ ὄντων τοῦ κακοῦ τε καὶ τἀγαθοῦ, αὐτὸ δ' ἑαυτοῦ ἕνεκα οὐδεμίαν χρείαν ἔχει; ἔοικεν, ἦ δ' ὅς, οὕτως ἔχειν.

τὸ ἄρα φίλον ἡμῖν ἐκεῖνο, εἰς ὃ ἐτελεύτα πάντα τὰ ἄλλα [220e] ἕνεκα ἑτέρου φίλου φίλα ἔφαμεν εἶναι ἐκεῖνα οὐδὲν [δὲ] τούτοις ἔοικεν. ταῦτα μὲν γὰρ φίλου ἕνεκα φίλα κέκληται, τὸ δὲ τῷ ὄντι φίλον πᾶν τοὐναντίον τούτου φαίνεται πεφυκός· φίλον γὰρ ἡμῖν ἀνεφάνη ὂν ἐχθροῦ ἕνεκα, εἰ δὲ τὸ ἐχθρὸν ἀπέλθοι, οὐκέτι, ὡς ἔοικ', ἔσθ' ἡμῖν φίλον.

οὔ μοι δοκεῖ, ἔφη, ὥς γε νῦν λέγεται.

πότερον, ἦν δ' ἐγώ, πρὸς Διός, ἐὰν τὸ κακὸν ἀπόληται, οὐδὲ πεινῆν ἔτι ἔσται οὐδὲ [221a] διψῆν οὐδὲ ἄλλο οὐδὲν τῶν τοιούτων; ἢ πείνη μὲν ἔσται, ἐάνπερ ἄνθρωποί τε καὶ τἆλλα ζῷα ᾖ, οὐ μέντοι βλαβερά γε· καὶ δίψα δὴ καὶ αἱ ἄλλαι ἐπιθυμίαι, ἀλλ' οὐ κακαί, ἅτε τοῦ κακοῦ ἀπολωλότος; ἢ γελοῖον τὸ ἐρώτημα, ὅτι ποτ' ἔσται τότε ἢ μὴ ἔσται; τίς γὰρ οἶδεν; ἀλλ' οὖν τόδε γ' ἴσμεν, ὅτι καὶ νῦν ἔστιν πεινῶντα βλάπτεσθαι, ἔστιν δὲ καὶ ὠφελεῖσθαι. ἦ γάρ;

πάνυ γε.

οὐκοῦν καὶ διψῶντα καὶ [221b] τῶν ἄλλων τῶν τοιούτων πάντων ἐπιθυμοῦντα ἔστιν ἐνίοτε μὲν ὠφελίμως ἐπιθυμεῖν, ἐνίοτε δὲ βλαβερῶς, ἐνίοτε δὲ μηδέτερα;

σφόδρα γε.

οὐκοῦν ἐὰν ἀπολλύηται τὰ κακά, ἅ γε μὴ τυγχάνει ὄντα κακά, τί προσήκει τοῖς κακοῖς συναπόλλυσθαι;

οὐδέν.

ἔσονται ἄρα αἱ μήτε ἀγαθαὶ μήτε κακαὶ ἐπιθυμίαι καὶ ἐὰν ἀπόληται τὰ κακά.

φαίνεται.

οἷόν τε οὖν ἐστιν ἐπιθυμοῦντα καὶ ἐρῶντα τούτου οὗ ἐπιθυμεῖ καὶ ἐρᾷ μὴ φιλεῖν;

οὐκ ἔμοιγε δοκεῖ.

ἔσται ἄρα [221c] καὶ τῶν κακῶν ἀπολομένων, ὡς ἔοικεν, φίλ' ἄττα.

ναί.

οὐκ ἄν, εἴ γε τὸ κακὸν αἴτιον ἦν τοῦ φίλον τι εἶναι, οὐκ ἂν ἦν τούτου ἀπολομένου φίλον ἕτερον ἑτέρῳ. αἰτίας γὰρ ἀπολομένης ἀδύνατόν που ἦν ἔτ' ἐκεῖνο εἶναι, οὗ ἦν αὕτη ἡ αἰτία.

ὀρθῶς λέγεις.

οὐκοῦν ὡμολόγηται ἡμῖν τὸ φίλον φιλεῖν τι καὶ διά τι· καὶ ᾠήθημεν τότε γε διὰ τὸ κακὸν τὸ μήτε ἀγαθὸν μήτε κακὸν τὸ ἀγαθὸν φιλεῖν;
ἀληθῆ.
[221d] νῦν δέ γε, ὡς ἔοικε, φαίνεται ἄλλη τις αἰτία τοῦ φιλεῖν τε καὶ φιλεῖσθαι.
ἔοικεν.
ἆρ᾽ οὖν τῷ ὄντι, ὥσπερ ἄρτι ἐλέγομεν, ἡ ἐπιθυμία τῆς φιλίας αἰτία, καὶ τὸ ἐπιθυμοῦν φίλον ἐστὶν τούτῳ οὗ ἐπιθυμεῖ καὶ τότε ὅταν ἐπιθυμῇ, ὃ δὲ τὸ πρότερον ἐλέγομεν φίλον εἶναι, ὕθλος τις ἦν, ὥσπερ ποίημα μακρὸν συγκείμενον;
κινδυνεύει, ἔφη.
ἀλλὰ μέντοι, ἦν δ᾽ ἐγώ, τό γε ἐπιθυμοῦν, οὗ ἂν ἐνδεὲς ᾖ, τούτου [221e] ἐπιθυμεῖ. ἦ γάρ;
ναί.
τὸ δ᾽ ἐνδεὲς ἄρα φίλον ἐκείνου οὗ ἂν ἐνδεὲς ᾖ;
δοκεῖ μοι.
ἐνδεὲς δὲ γίγνεται οὗ ἄν τι ἀφαιρῆται.
πῶς δ᾽ οὔ;
τοῦ οἰκείου δή, ὡς ἔοικεν, ὅ τε ἔρως καὶ ἡ φιλία καὶ ἡ ἐπιθυμία τυγχάνει οὖσα, ὡς φαίνεται, ὦ Μενέξενέ τε καὶ Λύσι.
συνεφάτην.
ὑμεῖς ἄρα εἰ φίλοι ἐστὸν ἀλλήλοις, φύσει πῃ οἰκεῖοί ἐσθ᾽ ὑμῖν αὐτοῖς.
κομιδῇ, ἐφάτην.
καὶ εἰ ἄρα τις ἕτερος ἑτέρου ἐπιθυμεῖ, ἦν δ᾽ ἐγώ, [222a] ὦ παῖδες, ἢ ἐρᾷ, οὐκ ἄν ποτε ἐπεθύμει οὐδὲ ἤρα οὐδὲ ἐφίλει, εἰ μὴ οἰκεῖός πῃ τῷ ἐρωμένῳ ἐτύγχανεν ὢν ἢ κατὰ τὴν ψυχὴν ἢ κατά τι τῆς ψυχῆς ἦθος ἢ τρόπους ἢ εἶδος.
πάνυ γε, ἔφη ὁ Μενέξενος· ὁ δὲ Λύσις ἐσίγησεν.
εἶεν, ἦν δ᾽ ἐγώ. τὸ μὲν δὴ φύσει οἰκεῖον ἀναγκαῖον ἡμῖν πέφανται φιλεῖν.
ἔοικεν, ἔφη.
ἀναγκαῖον ἄρα τῷ γνησίῳ ἐραστῇ καὶ μὴ προσποιήτῳ φιλεῖσθαι ὑπὸ τῶν παιδικῶν. [222b] ὁ μὲν οὖν Λύσις καὶ ὁ Μενέξενος μόγις πως ἐπενευσάτην, ὁ δὲ Ἱπποθάλης ὑπὸ τῆς ἡδονῆς παντοδαπὰ ἠφίει χρώματα.
καὶ ἐγὼ εἶπον, βουλόμενος τὸν λόγον ἐπισκέψασθαι, εἰ μέν τι τὸ οἰκεῖον τοῦ ὁμοίου διαφέρει, λέγοιμεν ἄν τι, ὡς ἐμοὶ δοκεῖ, ὦ Λύσι τε καὶ Μενέξενε, περὶ φίλου, ὃ ἔστιν· εἰ δὲ ταὐτὸν τυγχάνει ὂν ὅμοιόν τε καὶ οἰκεῖον, οὐ ῥᾴδιον ἀποβαλεῖν τὸν πρόσθεν λόγον, ὡς οὐ τὸ ὅμοιον τῷ ὁμοίῳ κατὰ τὴν ὁμοιότητα ἄχρηστον· τὸ δὲ ἄχρηστον φίλον [222c] ὁμολογεῖν πλημμελές.
βούλεσθ᾽ οὖν, ἦν δ᾽ ἐγώ, ἐπειδὴ ὥσπερ μεθύομεν ὑπὸ τοῦ λόγου,

215

συγχωρήσωμεν καὶ φῶμεν ἕτερόν τι εἶναι τὸ οἰκεῖον τοῦ ὁμοίου; πάνυ γε.
πότερον οὖν καὶ τἀγαθὸν οἰκεῖον θήσομεν παντί, τὸ δὲ κακὸν ἀλλότριον εἶναι; ἢ τὸ μὲν κακὸν τῷ κακῷ οἰκεῖον, τῷ δὲ ἀγαθῷ τὸ ἀγαθόν, τῷ δὲ μήτε ἀγαθῷ μήτε κακῷ τὸ μήτε ἀγαθὸν μήτε κακόν;
οὕτως ἐφάτην δοκεῖν σφίσιν ἕκαστον ἑκάστῳ [222d] οἰκεῖον εἶναι.
πάλιν ἄρα, ἦν δ' ἐγώ, ὦ παῖδες, οὓς τὸ πρῶτον λόγους ἀπεβαλόμεθα περὶ φιλίας, εἰς τούτους εἰσπεπτώκαμεν: ὁ γὰρ ἄδικος τῷ ἀδίκῳ καὶ ὁ κακὸς τῷ κακῷ οὐδὲν ἧττον φίλος ἔσται ἢ ὁ ἀγαθὸς τῷ ἀγαθῷ.
ἔοικεν, ἔφη.
τί δέ; τὸ ἀγαθὸν καὶ τὸ οἰκεῖον ἂν ταὐτὸν φῶμεν εἶναι, ἄλλο τι ἢ ὁ ἀγαθὸς τῷ ἀγαθῷ μόνον φίλος;
πάνυ γε.
ἀλλὰ μὴν καὶ τοῦτό γε ᾠόμεθα ἐξελέγξαι ἡμᾶς αὐτούς: ἢ οὐ μέμνησθε;
μεμνήμεθα. [222e]
τί οὖν ἂν ἔτι χρησαίμεθα τῷ λόγῳ; ἢ δῆλον ὅτι οὐδέν; δέομαι οὖν, ὥσπερ οἱ σοφοὶ ἐν τοῖς δικαστηρίοις, τὰ εἰρημένα ἅπαντα ἀναπεμπάσασθαι. εἰ γὰρ μήτε οἱ φιλούμενοι μήτε οἱ φιλοῦντες μήτε οἱ ὅμοιοι μήτε οἱ ἀνόμοιοι μήτε οἱ ἀγαθοὶ μήτε οἱ οἰκεῖοι μήτε τὰ ἄλλα ὅσα διεληλύθαμεν οὐ γὰρ ἔγωγε ἔτι μέμνημαι ὑπὸ τοῦ πλήθους ἀλλ' εἰ μηδὲν τούτων φίλον ἐστίν, ἐγὼ μὲν οὐκέτι ἔχω τί λέγω. [223a]
ταῦτα δ' εἰπὼν ἐν νῷ εἶχον ἄλλον ἤδη τινὰ τῶν πρεσβυτέρων κινεῖν: κᾆτα, ὥσπερ δαίμονές τινες, προσελθόντες οἱ παιδαγωγοί, ὅ τε τοῦ Μενεξένου καὶ ὁ τοῦ Λύσιδος, ἔχοντες αὐτῶν τοὺς ἀδελφούς, παρεκάλουν καὶ ἐκέλευον αὐτοὺς οἴκαδ' ἀπιέναι: ἤδη γὰρ ἦν ὀψέ. τὸ μὲν οὖν πρῶτον καὶ ἡμεῖς καὶ οἱ περιεστῶτες αὐτοὺς ἀπηλαύνομεν: ἐπειδὴ δὲ οὐδὲν ἐφρόντιζον ἡμῶν, ἀλλ' ὑποβαρβαρίζοντες ἠγανάκτουν τε καὶ [223b] οὐδὲν ἧττον ἐκάλουν, ἀλλ' ἐδόκουν ἡμῖν ὑποπεπωκότες ἐν τοῖς Ἑρμαίοις ἄποροι εἶναι προσφέρεσθαι, ἡττηθέντες οὖν αὐτῶν διελύσαμεν τὴν συνουσίαν. ὅμως δ' ἔγωγε ἤδη ἀπιόντων αὐτῶν, νῦν μέν, ἦν δ' ἐγώ, ὦ Λύσι τε καὶ Μενέξενε, καταγέλαστοι γεγόναμεν ἐγώ τε, γέρων ἀνήρ, καὶ ὑμεῖς. ἐροῦσι γὰρ οἵδε ἀπιόντες ὡς οἰόμεθα ἡμεῖς ἀλλήλων φίλοι εἶναι καὶ ἐμὲ γὰρ ἐν ὑμῖν τίθημι οὔπω δὲ ὅτι ἔστιν ὁ φίλος οἷοί τε ἐγενόμεθα ἐξευρεῖν.

Also Available from JiaHu Books

Πολιτεία - The Republic (Ancient Greek) - 9781909669482

Ἰλιάς - The Iliad (Ancient Greek) - 9781909669222

Ὀδύσσεια - The Odyssey (Ancient Greek) - 9781909669260

Ἀνάβασις - Anabasis (Ancient Greek) 9781909669321

Μήδεια – Βάκχαι Medea and Bacchae (Ancient Greek) – 9781909669765

Νεφέλαι – Λυσιστράτη Clouds and Lysistrata (Ancient Greek) - 9781909669956

De rerum natura – Lucretius

Metamorphoses – Ovid (Latin)

Satyricon - Gaius Petronius Arbiter (Latin)

Metamorphoses – Asinus Aureus (Latin)

Plays of Terence (Latin)

Complete Works of Pliny the Younger (Latin)

Egils Saga (Old Norse)

Egils Saga (Icelandic)

Brennu-Njáls saga (Icelandic)

Laxdæla Saga (Icelandic)

अभीज्ञानशाकुन्ताकम्- Recognition of Sakuntala (Sanskrit) - 9781909669192

易經 – 9781909669383

春秋左氏傳 - 9781909669390

尚書 – 9781909669635

www.ingramcontent.com/pod-product-compliance
Lightning Source LLC
Chambersburg PA
CBHW022356040426
42450CB00005B/213